韓國茶文化史

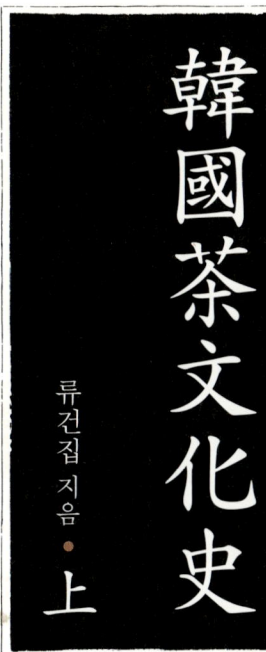

韓國茶文化史

류건집 지음

上

이른아침

머리말

인류는 자연 상태에서 벗어나 일정한 목적 또는 이상을 실현하려고 의식주를 비롯한 학문·예술·종교·법률·경제 등 외적 물질적인 문명을 계승 발전시켜 나간다. 문화란 이에 대하여 인간의 내적 정신활동의 소산을 지칭한다. 때로는 문명과 문화를 혼용하기도 하나 학문적으로는 문명을 물질문명으로, 문화는 정신문명으로 구분하여 쓰는 것이 일반적이고 여기서도 그런 면을 강조하여 기술하려 한다.

현대인들은 급변하는 물결에 휩쓸려 자신을 지탱하기 힘들어한다. 문 밖엔 고층빌딩이 즐비하고 지하철이 거미줄처럼 얽혀 있으며, 황금의 위력이 모든 것을 밟고 서 있다. 안에서는 가족 모두가 제 일에 바빠 옆도 돌아볼 틈이 없고 피곤에 지쳐 정겨운 대화는 끊어진 지 오래다. 그래서 우리 마음속에는 영혼이 살아 있는 아날로그에 대한 향수와 소박한 개성이 돋보이는 자연스런 리듬에 젖은 시간과 공간을 희원(希願)하고 있다. 이런 전통을 이어가고 내가 남과 다름을 알 수 있는 길이 차를 마시는 일이다. 촉박함 속에 여유를, 기계적 사유 속에 인간미(人間味)를, 조직의 일원이 아닌 나를 찾을 수 있는 시간이기 때문이다.

우리가 차를 마시기 시작한 것이 줄잡아 1,500년이 넘었는데도 아직까지 이렇다 할 문화적 사관(史觀)이 뚜렷하게 자리 잡지 못하고 있음도 사실이다. 먼저 시작한 분들이 꾸준히 노력했으나 그 사료가 지극히 제한적인 현실 때문에 바탕이 빈약할 수밖에 없었다. 그래서 지금부터라도 우리 선인들의 차 생활의 실상과 그 사상적 측면을 고찰하여 오늘의 차 생활에 귀감으로 삼고, 올바른 정신적 유산을 확립해서 후대에 전하여, 우리 차 문화 발전에 이바지해야 한다는 사명감을 가진다.

아직도 주변에는 직접 가볼 수 없는 유적이 많고, 기록이 유실되고 유물이 인멸(湮滅)된 것도 많으며, 국가적 이해관계로 공개하지 않는 이웃들도 있으니, 쉽지 않은 작업임을 인정한다.

하지만 역사적 기술이란 유물이나 유적 및 기록으로 미완의 상태에서 시작할 수밖에 없다. 기록이란 원래 대부분이 사실과 다르게 왜곡, 과장, 축소되거나 주관적 해석물이기 때문에 역사상의 사실 그대로를 알기는 어렵다. 곧 그 시대를 지배하던 이론이나 사상적 경향을 읽거나 역사를 기술한 사람의 견해를 들을 뿐이다.

이렇게 본다면 사서(史書)를 기록하는 이들의 책무가 매우 크다고 할 것이다. 대중매체가 발달되고 세분된 법률이 분명한 지금 우리 시대의 일도 사실 그대로 밝히기는 매우 어렵고 대부분의 사건들은 시대적 역학의 작용 때문에 일방적 해석이나 미궁으로 끝나고 만다. 그러다가 얼마 후에 새로운 힘이 등장하면 그 사건은 다시 아주 다른 각도로 해석되어 어느 것이 진실인지 오리무중(五里霧中)이 되기 일쑤다. 진실은 존재하고 있지만 우리는 색깔로 물든 베일에 가려진 것을 볼 수 있을 뿐이다.

　세월이 지나고 후학들이 나와 좀더 많은 자료를 얻는다면 더욱 바르고 깊게 연구할 수 있을 것이다. 특히 내가 여기서 주로 취급하는 정신적 측면은 나름대로 확신을 가지고 기술했다. 왜냐하면 민족의 정신이란 돌연변이가 생기지 않는 한, 전통과 인습을 계승하여 오게 되는 특징이 있다. 그러니 우리의 조선(祖先)들이 가졌던 저 깊은 운의(韻意)와 그 연면히 이어온 한유(閑裕) 속에 다성(茶性)을 추구한 군자행(君子行)과 선수행(禪修行)의 마음가짐이 눈에 선하게 보이는 듯하다. 더구나 그들이 남긴 기록과 많지 않은 유물들로도 충분히 미루어 생각할 수 있는 것이다. 역사란 원래 조사 기록일 뿐 창작은 아니다. 그러나 역사적 사실이나 기록을 어떻게 연관 짓고 해석하느냐 하는 것이 필자의 몫이고 그의 사관이다. 따라서 사실과 기록에 근거해서 유추하여 기록하는 부분도 있게 마련이다. 이때 그 유추가 잘못되면 역사를 오도할 수도 있다.

　이런 큰 일이 한 개인의 힘으로 완성되기는 어렵다. 더구나 다서(茶書)를 접한 지 비록 오래다 하나, 아직 쌓은 바 얕아 향상(香象)의 경지에 이르지 못했고, 더구나 올바른 차 스승 하나 없는 내가 감히 이런 용기를 내는 것은, 주변의 권유에 이기지 못하고, 또 누구든 우리 차 문화의 자취와 그 정신에 관해 정리할 때가 되었다고 생각했기 때문에 문표(文豹)의 기다림을 본받지 못하고 말았다.

여러 곳 부족하고 미비한 데가 있더라도 제현(諸賢)께서 넓게 아량으로 보아 주시길 바랄 뿐이다.

이 책이 나오기까지 좌우에서 격려해 주신 동도(同道)들과 자료나 조사를 거들어준 동학들에게 감사한다. 그리고 많은 어려움 속에서도 선뜻 이 책의 상재를 맡아 애써 준 이른아침의 김환기 사장님과 출판에 애쓴 분들에게 찬사를 보낸다.

丙戌 大呂 朔日에
雲月山房에서
著者 識

차례 한국 차 문화사 · 上

머리말 · 4

제1부 한국 차 문화사 개론

1장 차 나무와 차의 개념 · 16
2장 차의 원산지와 분포 · 20

제2부 차의 기원과 전래

1장 차의 기원 · 26
  1. 중국 · 26
  2. 한국 · 29
    자생설 · 29   전래설 · 32   결어 · 33

2장 차의 전래에 관하여 · 35
  1. 해로전래설 · 35
    허 왕후의 도래 · 36   여타의 해로유입설 · 40
  2. 육로전래설 · 40

제3부 사국시대의 차 문화

1장 개관 · 46
2장 고구려의 차 문화 · 54
3장 백제의 차 문화 · 60
4장 신라의 차 문화 · 67
  화랑들의 차 문화 · 71   원효의 차 생활 · 74
5장 가야의 차 문화 · 78

제4부 남북국시대의 차 문화

1장 개관 •86

2장 통일신라의 차 문화 •88

대렴의 차 전래에 관하여 •95
설총의 『계왕서』 •97
무상 스님 •99
월명사의 다습 •104
사선의 유적과 묘련사 석지조 •107
진감국사의 비문 •115
그 이외의 자료들 •119

임해전지 출토품 •95
보천 효명의 불전헌다 •98
지장 스님 •101
충담의 다통 •105
다연원 •115
최치원의 차 •117

3장 발해의 차 문화 •121

제5부 고려의 차 문화

1장 개관 •124

2장 고려의 차 종류 •132

용봉차 •133   뇌원차 •136
대차 •142   유차 •144
작설차 •151   자순차 •153
백산차 •154

3장 궁중의 차 문화 •158

1. 다방제도 •159

설치 •159   소임 •160
관원 •161   기타 •163

2. 왕실의 생활 차 •163
3. 궁중의 의식다례 •164

4장 사원의 차 문화 •174

1. 개관 •174
2. 다촌 •177
3. 선가의 차인들 •180

대각의천 •180	진각혜심 •182
진정천책 •187	원감충지 •189
백운경한 •193	태고보우 •194
나옹혜근 •196	

5장 관료와 문인들의 차 문화 •200

1. 개관 •200
2. 다시 •203
3. 유가의 차인들 •204

이자현 •204	정지상 •207
임춘 •208	김극기 •210
곽여 •213	홍간 •214
최자 •216	김지대 •217
이연종 •218	이인로 •221
이규보 •223	이제현 •232
민사평 •236	이곡 •238
유숙 •241	이색 •244
이종학 •251	정몽주 •253
김구용 •255	성석린 •256
이숭인 •258	한수 •263
안축 •264	길재 •265
이원 •267	

6장 기타의 다사 · 273

1. 다원 · 273
2. 다소와 공다 · 275
3. 다석과 다점 · 277
4. 투다와 서민의 차 생활 · 279
5. 다구 · 280

    가루 내는 다구들 · 280   끓이는 다구들 · 281
    마시는 다구들 · 282

제6부 조선 전기의 차 문화

1장 개관 · 286

2장 궁중의 차 문화 · 295

1. 개관 · 295
2. 다방과 사존원 · 298

    설치 · 298   소임 · 299   관원 · 301

3. 의식다례 · 305

3장 사원의 차 문화 · 309

1. 개관 · 309
2. 선가의 차인들 · 313

    함허기화 · 313   벽송지엄 · 316
    허응보우 · 317   청허휴정 · 322
    정관일선 · 326   운곡충휘 · 327
    부휴선수 · 329   사명유정 · 330

4장 관료와 문인들의 차 문화 · 333

1. 개관 · 333
2. 다시 · 336
3. 유가의 차인들 · 342

원천석 · 342	권근 · 347
이행 · 350	변계량 · 352
하연 · 357	유방선 · 361
정극인 · 366	김수온 · 369
서거정 · 371	이승소 · 384
김시습 · 386	김종직 · 399
유호인 · 403	남효온 · 408
조위 · 411	정희량 · 413
이목 · 418	홍귀달 · 422
성현 · 423	이식 · 425
홍언필과 섬 · 427	김안국과 정국 · 429
이행 · 432	소세양 · 434
서경덕 · 435	정사룡 · 436
주세붕 · 438	박상과 임억령 · 440
이황 · 442	최연 · 446
정유길 · 449	황준량 · 451
권벽과 필 · 453	권호문 · 457
고경명 · 461	이이 · 463
이산해 · 467	김성일 · 469
유성룡 · 472	최립 · 474
이정암 · 476	양대박 · 477
임제 · 478	이호민 · 481
차천로 · 483	심희수 · 485
이항복 · 487	허균 일가 · 488
유몽인 · 494	이준 · 495

차례 한국 차 문화사 • 下

제7부 조선 후기의 차 문화

1장 개관

2장 궁중의 차 문화
1. 개관
2. 다시(茶時)

3장 사원의 차 문화
1. 개관
2. 선가의 차인들
   소요태능 · 백곡처능 · 백암성총 · 풍계명찰 · 설암추붕 · 무경자수 · 함월해원
   오암의민 · 묵암최눌 · 연담유일 · 경암응윤 · 아암혜장 · 초의의순 · 철선혜즙
   범해각안 · 용악혜견 · 금명보정 · 한영정호 · 만해용운 · 경봉정석

4장 관료와 선비들의 차 문화
1. 개관
2. 유가의 차인들
   김상용과 상헌의 집안 · 이수광 · 이정구 · 신흠 · 이민성 · 이안눌 · 목대흠 · 조희일
   정홍명 · 이식 · 이단하 · 최명길 · 장유 · 윤선도 · 신익성 · 신익전과 정
   이민구와 현석 · 이경석과 진망 · 이명한과 단상 · 하진 · 황호 · 김득신 · 김익희 · 박장원
   남용익 · 김만기와 만중 · 임상원 · 임수간 · 오도일 · 최석정 · 김창흡의 형제들 · 채팽윤
   조태억 · 이하곤 · 조문명 · 정래교 · 신유한 · 윤봉구 · 심육 · 이광덕 · 조현명 · 민우수
   이천보 · 유정원 · 송명흠 · 이상정 · 신경준 · 신광수 · 이민보 · 서명응 · 채제공
   유도원 · 정범조 · 홍량호 · 박지원 · 정약용 · 신위 · 김정희 · 홍현주 · 이상적

5장 여성들의 차 문화
1. 개관
2. 여류 차인들
   난설헌 허초희 · 영수합 서씨 · 숙선옹주 · 유한당 홍씨 · 용당 김운초
   금원당 김씨 · 죽서당 박씨 · 파 오효원 · 지재당 강씨

이 책을 마치며 · 연표 · 참고문헌 · 색인

제1부
한국 차 문화사 개론

차 나무와 차의 개념

 차는 지금까지 연구된 바로는 동백나무 과(科)의 동백나무 속(屬)에 들어가는 다년생 상록식물(학명 : Camellia Sinensis)로 그 나무의 잎이나 줄기가 가공되어 음료나 약재로 사용되는 귀한 유일종의 나무다. 이 학명은 식물학자 린네에 의해 붙여졌다. 산지(産地)의 기후나 풍토에 따라 큰 교목으로 자라는 것도 있고, 야생으로 3~4미터 정도 자라는 것도 있다. 하지만 지금은 인공재배를 하느라고 가공에 편리하고 생산량을 늘리기 위해 0.8~1.2미터 정도의 크기로 제약하여 대량으로 기른다.

 대부분 새싹을 따서 차를 만드는데, 그 제다(製茶) 과정에 따라 여러 종류의 차가 만들어진다. 차가 예부터 약재(藥材)로서의 확고한 기능이 있었던 것은 그 안에 많은 영양은 물론 해독과 소갈(消渴)을 멈추게 하고 잠을 쫓게 하는 약리적인 면 때문이었다. 그러나 중국의 당대(唐代) 이후 차츰 그 기능이 바뀌어져 지금은 어디에서나 차가 기호음료로 각광을 받

차는 처음에는 약재로 사용되다가 8세기경 육우(陸羽) 때부터 기호음료로 바뀌었다.

고 있다.

찻잎은 큰 것이 치자나무 잎과 같고 가장자리에 작은 톱니 같은 굴곡이 있다. 가을부터 초겨울 사이(9~11월)에 작은 백장미 같은 홑겹[單辨]의 꽃이 피어 은은한 향기를 뿜고, 열매를 맺어 다음해 초가을쯤 완전 결실한다. 꽃이 완전히 개화하면 수술과 암술 머리는 끝부분이 밝은 노란색을 띤다. 나무 아래쪽에는 열매가 달리고 위쪽에 꽃이 핀다. 진한 갈색의 열매는 저절로 땅에 떨어져 발아(發芽)하나, 열매를 주워 와서 잘못 보관하면 나중에 심어도 발아하기 힘들다.

차는 차 나무의 새 잎과 연한 줄기를 채취해서 불로 덖거나, 증기로 찌거나, 햇볕에 말려서 더운물에 우리거나, 타서 마시는 음료이다. 잎차[散

茶] 형태의 것은 뜨거운 물[湯水]에 우려서 마시고, 가루 형태의 것은 타서 마시고, 덩이차 종류도 우리거나 달여서 마신다. 전혀 발효시키지 않은 것과 반쯤 발효시킨 것, 완전 발효시킨 것이 있는데 맛과 향이 모두 다르다.

차 나무의 종류는 처음 영국의 와트(Watt)에 의해 4개의 변종으로 나뉘었다. 그러나 그 분류 기준에 결점이 발견되어 1919년 네덜란드의 식물학자 코헨 스튜어트(Cohen Stuart)가 다시 4개의 변종으로 재분류했다.

① 중국종 [보헤아(Bohea)]
잎이 작고 중국 동남부로부터 우리나라 일본까지 걸쳐서 자라고 있다.

② 중국대엽종(운남대엽종)
잎이 크고 사천(四川), 운남(雲南) 등지에서 자란다.

③ 샨종(Shan)
미얀마의 샨 고원에서 자생하는 대엽종이다.

④ 앗삼종(Var assamica)
잎이 아주 크고 인도 북부 앗삼 지방의 마니프르, 카챠루 등지에서 자생하는 것이다.

그 후에 영국의 식물학자 할러(C. R. Harler)는 이것을 2개의 변종으로 대별하여 분류했다.

① 중국종 [발 시넨시스(Var sinensis)]

키가 2~3미터 정도이고 줄기가 밀생하며 수명이 길어(150~200년) 재배하는 농가가 많다. 농가에서는 키를 1미터 전후로 잘라 싹이 많이 나게 하고, 경제수명을 60년 정도로 본다. 또 내한성(耐寒性)이 강해 비교적 북쪽에서도 재배 가능하여 우리나라 중부 지역까지 분포되어 있다.

② 앗삼종

키가 크고 가지가 듬성듬성하며 잎도 넓고 크다. 미얀마 고원지대와 타일랜드 북부 및 인도 앗삼 지방에 분포되어 있다.

차의 원산지와 분포

    차의 원산지 문제는 19세기 초부터 꾸준하게 서구에서 시작되었다. 이는 식물의 기원과 깊은 관련이 있어서 지구 형성의 지층과 진화론적인 이론이 함께 연구되어야 할 문제다. 일부에서는 이미 이런 시도가 있어왔다. 그 결과 차 나무는 백악기(白堊期)의 제3기에 1000만 년의 시간을 두고 진화 발생했을 것으로 여겨진다. 현재의 속(屬)으로 분화된 것은 100만 년 전 정도로 추정된다.

    차 나무의 생장 적정지는 남위 25도부터 북위 40도 사이로 연평균 1,300밀리미터 정도의 강우량에 12도 정도의 기온이 유지되는 지역이다. 중국의 양자강을 중심으로 한 남쪽 지역과 동남아 전역, 인도의 북부 지역에서 실론까지, 한국의 남쪽 지역과 일본의 대부분 지역에서 차가 생산된다.

    차 나무의 원산지에 관해서는 다음과 같다.

| 인도 원산지설 |

영국이 인도를 침략한 후에 앗삼 지방에 차밭을 만들려고 개발할 때, 영국군이던 브루스(R. Bruce)가 이라와시 강 근처에 주둔하면서 북인도와 샴의 경계 지역 사디야(Sadiya) 산 중턱에서 높이 13미터 밑둘레 1미터 가량의 대다수(大茶樹)를 발견하였다. 이듬해 그의 형 브루스(C. A. Bruce)가 와서 시브사가르(Sibsagar)에서 비슷한 차 나무를 발견하여 보고함으로써 학계에 알려지고 그로부터 인도 원산지설이 나왔다.

그 후 1972년 영국의 식물학자 블랙(J. H. Black), 브라마(Bramah), 입손(Iblson) 등과 일본의 가등번(加藤繁, 가토 시게루) 등이 이 주장을 따랐다.

| 인도와 중국의 이원적 원산지설 |

1919년 코헨 스튜어트(Cohen Stuart)가 한 주장으로 대엽다수(大葉茶樹)는 중국의 서장고원에 있는 사천과 운남 및 베트남, 샴, 타이, 인도의 앗삼 등지가 원산지이고, 소엽종다수(小葉種茶樹)는 중국의 동부 및 동남부가 원산지라고 했다. 1933년에는 영국의 식물학자 할러도 이 주장을 뒷받침하는 보고서를 냈다.

| 동남아 각국의 자연 원산지설 |

1935년 미국인 비커스(W. Vkers)의 주장으로 타이 북부나 샴 동부, 베트남, 중국의 운남, 인도의 앗삼 등지는 기후, 토양, 강우량이 차가 크기에 적합하기 때문에 모두가 원산지일 수가 있다. 이는 우리나라와 일본의 차의 기원과 깊은 관계가 있다.

| 인도와 샴, 그리고 중국과의 국경 지역에 있는 고지(高地)설 |

1974년 영국인 이든(T. Eden)이 중국의 운남과 티베트에 가까운 지역(인도와 샴의 일부)에 부채꼴로 걸쳐서 분포되어 있다고 주장했다.

| 중국의 사천과 운남 원산지설 |

주로 중국 학자들의 주장으로 다음과 같다.

첫째, 야생대다수가 이 지역에 수많이 분포된 것을 들고 있다. 당나라 육우의 『다경(茶經)』 이후 송대 송자안(宋子安)의 『동계시다록(東溪試茶錄)』, 청대의 『이아주소(爾雅註疏)』 등의 내용과 부합하고, 운남, 귀주, 사천, 광서, 광동, 호남, 복건, 장사 등에서 발견된 고대다수(古大茶樹)가 무려 198처나 있다.

오래된 대다수는 대표적인 것이 1951년에 운남 태족(傣族) 자치주인 맹해현(勐海縣), 곧 서쌍판납(西雙版納)의 것은 높이 20여 미터에 지름이 1미터 가량이나 되며, 1961년 같은 맹해현의 대흑산(大黑山)에서 발견된 것은 높이 32미터에 밑지름이 1미터가 넘고 수폭(樹幅)이 10미터에 이르는 수령 약 1000년을 헤아리는 큰 나무다. 이처럼 대부분의 대다수가 운남 맹해현의 남나산(南糯山)과 대흑산, 그리고 금평현(金平縣)의 다목 원시림에서 많이 발견되고, 귀주 무천현(婺川縣)의 차 나무들은 수령이 대부분 500년을 넘는 것들이다.

둘째, 해저(海底)의 지층을 탐사한 결과, 빙하기 이전부터 다속(茶屬)이 분화되어 생긴 식물이라면 인도 북부는 될 수가 없고 운남 지역은 가능하다.

셋째, 지질 변화를 볼 때 약 2억만 년 이전부터 남북의 대륙이 지각변동을 일으켜서 지중해가 생겼다. 따라서 차 나무가 생장할 수 있었던 지

운남 지방의 대흑산에 위치한 고대다수(古大茶樹) 높이가 23.6m, 직경이 1m 가량 된다.

역은 북위 20~30도 사이라고 볼 때 이는 운남이 될 수밖에 없다.

그 이후에 1935년 식물학자 월리히(Wallich) 박사와 그리피히(Griffich) 박사는 브루스(R. Bruce)가 발견한 인도의 대다수는 중국에서 전해진 변종(變種)이라고 결론을 내렸다. 이어서 1892년 미국 월치(J. M. Walch)의 『차의 역사와 그 비결』, 윌슨(Wilson)의 『중국 서남부 기행』, 1893년 러시아의 브렐슈네더(E. Brelschneder)의 『식물과학』, 프랑스의 기니네(D. Genine)의 『식물의 자연 분류』 등에서 모두 중국이 차의 원산지라고 했다.

1900년대에 들어서자 중국과 일본 학자들이 이 주장을 뒷받침하는 많은 연구를 했다. 1970~1980년 사이에 일본의 육종학자 지촌교(志村喬, 시무라 다카시)와 교본실(橋本實, 하시모토 미노루)은 유전세포학 실험으로 운남과 사천 일대가 원산지라고 했다. 이어서 중국의 농학자 오각농(吳覺農)은 작금의 이론들을 종합해서 차의 원산지는 운남과 사천 일대가 확실하다고 주장했다.

1979년 진연(陳椽)과 진진고(陳震古)는 「중국운남시다수원산지(中國雲南是茶樹原産地)」라는 글에서 중국 고로종(苦露種)이 원종이므로 운남 지구가 원산지라고 했다. 1981년 장만방(莊晚芳)은 사천, 귀주, 운남 세 곳이 인접한 운귀고원(雲貴高原)이 원산지라 주장했다.

이상의 주장들이 나름대로 근거를 제시하고 있으나, 중요한 것은 오래된 고다수를 많이 가지고 있다는 사실은 절대적 논거는 아니더라도 객관적 근거는 될 수 있다는 것이다. 다음으로 지층이나 유전학적 방법으로 접근하는 것은 상당한 객관적 근거가 된다. 따라서 현재까지는 중국의 운남과 사천이 차의 원산지라고 보고 있다.

제2부
차의 기원과 전래

차의 기원

1. 중국

차의 역사는 중국이 가장 오래되었다. 신화전설시대인 신농씨(神農氏)가 여러 약초(藥草)를 먹어 보느라고 독초에 중독되었을 때 차를 마시고 해독되었다는 기록이 있는데, 그대로라면 오천 년의 장구한 역사라고 할 수 있으나 그것은 하나의 전설로 간주된다. 그 후에도 기원전 11세기경에 나온 주공(周公) 단(旦)이 쓴 『이아(爾雅)』에 차를 말하는 '가(檟)'자가 들어 있다. 또 사마천(司馬遷)의 『사기(史記)』에 기원전 1066년 파촉(巴蜀) 지방에 차가 있었다고 했다. 『화양국지(華陽國志)』에도 주나라 무왕(武王)이 은(殷)을 정복했을 때 파촉에 차가 있었다는 내용이 있다.

기원전 6세기에 쓴 『안자춘추(晏子春秋)』에 차를 재배하는 이야기가 있고, 안영(晏嬰)이 차 나물을 먹었다고 했다. 기원전 6세기에는 윤희(尹

흠)가 노자에게 차를 올렸고, 기원전 2세기의『한서(漢書)』에는 호남성에 있는 신농의 묘를 다릉(茶陵)이라 칭했다.

한대(漢代)의 선인 단구자(丹丘子)와 황산군(黃山君)이 차를 즐겼고, 사마상여(司馬相如)의『범장편(凡將篇)』에 차를 천타(荈詫)라 하여 약재로 취급했으며, 양웅(揚雄)이 차를 마셨다고『다경』에 쓰였다.

황지근(黃志根)은 그의『중화다문화(中華茶文化)』에서 "중국은 차의 원산지로서 인류가 차를 발견해 이용한 시작이며, 이미 사오천 년의 역사가 있다. 고대 신농씨로부터 전하여 지금까지 이용되고 있다"고 하여 이 시기의 것을 정식 사료로 취급하려 했다.

그러나 이들의 기록 대부분이 약간은 황당하기도 하고, 그 기록 자체가 후대에 첨기(添記)되기도 해서 신빙성이 결여된다. 그래서 대부분의 학자들이 이 부분을 '신화전설기'의 사료로 취급한다.

가장 믿을 만한 것은 전한 선제(前漢宣帝 : 기원전 74~기원전 49) 연간에 왕포(王襃)라는 선비가 노비 매매 문서인「동약(僮約)」에 적은 내용이다. 과부 양혜(楊惠)의 집에서 사 온 노비 편료(便了)가 해야 할 일 중에 차 끓이는 일〔烹茶〕과 무양(武陽)에서 차를 사오는 일〔武陽買茶〕이 적혀 있다.

> 신작 3년 정월 15일 자중의 남자 왕연이 성도 안지리의 여자 양혜로부터 남편이 죽고 난 후 수염이 있는 집안의 종 편료를 만오천 냥의 값으로 산다. 종은 온갖 일을 시켜도 다른 말은 할 수 없다. 새벽에 일어나 청소하고 식사 후 설거지하고 (중략) 차를 달일 때 기구를 준비하고 나중에 그릇을 잘 치우고 무양에 가서 차를 사온다.
> 神爵三年 正月十五日 資中男子王淵 從成都安志里女子楊惠 賣亡夫時 戶下髥

奴便了 決賣萬五千 奴從百役使 不得有二言 晨起灑掃 食了洗滌 (중략) 烹茶盡
具 鋪已盖藏 武陽買茶

－「동약」 중 일부

'무양'은 지금 사천성 미주의 팽산현으로 중국차의 원산지 근처이다. 이 내용으로 보면 당시 지배계층의 차 생활이 아주 보편화되었고, 차를 매매하는 시장이 형성되어 있음을 알 수 있다. 집안에 다구들이 갖추어져 있고, 노비들이 빼놓을 수 없는 일 중에 차 시중을 들어야 할 정도로 차 문화가 형성되어 있었다. 이렇게 본다면 차의 역사는 2000년을 족히 넘는다. 그래서 중국 사람들은 세계에서 차를 제일 먼저 마신 나라가 중국이라 주장한다.

은위(殷偉)는 그의 『중국다사연의(中國茶史演義)』에서 "중국은 차의 발상지이며 차의 고향이고, 중국의 여러 곳에서 차를 가장 먼저 발견하여 제일 먼저 음용(飮用)했다"고 주장했다. 중국이 차를 제일 먼저 마셨다는 주장은 은위의 말이 아니라도 거의 정설처럼 되어 있다. 앞에 서술한 차의 고수(古樹)들이 운남과 사천 여러 지방에서 수백 그루가 넘게 현존한다는 사실만으로도 그 주장을 꺾기 힘들다.

예부터 중국인들은 위로는 왕후장상(王侯將相)과 소인묵객(騷人墨客), 고승노도(高僧老道)로부터 아래로는 시중 상인들이나 주졸촌부(走卒村夫)에 이르기까지 차를 마시지 않는 이가 없어 "3일 동안 굶을 수는 있어도, 차는 하루도 없어서는 안 된다"고 할 정도로 국민적인 음료가 되었다.

2. 한국

언제부터 차를 마셔왔는가라는 화제에서 으레 나오는 얘기가 오곡차(五穀茶)나 백산차(白山茶) 얘기다. 그러나 여기서 말하는 차는 그런 대용차가 아니라 차 나무에서 채취하여 만든 차를 말하는 것이다. 따라서 대용차를 마시는 것이 차를 마실 전조는 된다고 하더라도 그 자체를 '음다'의 시작이라고 보기는 어렵다. 그렇다면 우리나라의 음다는 언제부터인가? 여기에는 세 가지 정도의 경우를 생각해 볼 수 있다. 먼저 아주 먼 고대로 올라가 기원전부터라고 생각할 수 있다. 다음은 기원전부터는 아니더라도 기록상 차가 처음 수입되었다는 대렴 때보다는 훨씬 이른 시기부터 차를 마셨다는 견해다. 마지막이 우리에게는 차가 없었는데, 828년 대렴이 중국으로부터 차 씨를 가져다 심은 것이 처음이라고 하는 주장이다.

처음의 견해, 즉 우리가 중국의 「동약」 이전부터나 혹은 그 비슷한 시기에 차를 마셨다는 증거는 아직 아무것도 발견하지 못하고 있다. 그래서 이른바 자생설(自生說)의 두 번째 경우와 마지막 주장, 즉 전래설(傳來說)을 하나씩 살펴보기로 하자.

자생설

여기서 말하는 자생설도 따지고 보면 중국보다 빠르거나 같은 시기가 아닌 이상 자생이라고 하기는 어렵다. 그런데 언제부터인지는 모르나 민간 사이의 전래든 자생적인 것이든 간에 저절로 차 마시는 풍속과 의식이 생겼다는 것이다. 이 주장을 뒷받침하는 것은 그 시기가 얼마나 소급되느냐의 문제를 제외하고는 남은 기록이나 여러 유물들로서 가능하다.

우리는 고조선 때(기원전 4세기경) 이미 스키타이 문화와 맥을 같이하는 철기시대의 유물을 많이 가지고 있고, 기원전 1세기경에는 신라 도공이 일본으로 건너간 기록도 있다. 그리고 서기 4년에 원시사년명이배(元始四年銘耳杯)를 시작으로 건무칠이배(建武漆耳杯), 영평명이배(永平銘耳杯) 등이 출토되었다. 철기문화가 있었고, 도공이 그릇 만드는 기술을 다른 나라에 전할 정도면 음식문화의 정도를 가늠할 수 있다. 더구나 귀〔손잡이〕가 달린 잔이라면 뜨거운 것을 마시거나 의식용의 잔임이 확실하니 술이 아닌 다른 음용으로 사용된 것이 분명하다. 그렇다면 여러 정황으로 볼 때 차를 마셨다고 추측할 수 있다. 그리고 이때 중국에서는 후한이 건국되고 청자의 차항아리가 만들어지고 있었다.

문화란 고인 물처럼 외부와 교섭 없이 자생하는 것이 아니고 공기처럼 여기저기를 흐르면서 섞이게 마련이다. 이것이 발전의 기틀이 되어 좀더 전진하는 것이다. 이런 교류가 아주 오랜 기간이 소요되는 경우는 드물고 물이 흐르듯이 자연스럽게 이루어진다. 이런 맥락에서 3세기에 왕인(王仁)이 일본으로 갔고, 4세기에는 동수(冬壽)가 고구려로 귀화했다. 백제에서는 『서기(書記)』가 편찬되었고, 고구려와 백제에 불교가 전래되어 사찰이 건립되었다. 무엇보다 4세기 말에는 고구려에 향과 다기(茶器)가 있었으니 우리의 음다생활은 늦어도 3, 4세기를 상회한다고 볼 수 있다.

이처럼 우리나라는 사국시대에 이미 차 마시는 풍습이 있었으나 그 차가 지금의 차와 같은 것이었는지 혹은 중국에서 완제품을 가져와 마셨는지는 자세히 알 수 없다. 일부에선 중국에서 초기에 과로(瓜露)잎을 마셨듯이 우리도 다른 식물을 차로 사용했으리라 추측한다. 그러나 몇 가지 기록으로 볼 때, 대렴이 중국에서 차를 가져와 심기 전에 벌써 남쪽에 자생하는 차가 있었던 것이 분명하다. 따라서 차 마시는 풍속도 자생한 것이라는 주장이다.

그 주장의 근거는 다음과 같다.

첫째, 문화란 항상 교류 속에서 발전하기는 하나 차란 자연의 소산물로서 분포 지역 어디에서나 자생이 가능하다. 우리 기록에 나오는 대렴(大廉)의 종자(種子) 운운(云云)은 외래종이 들어온 것일 뿐, 그 이전에 벌써 우리는 여러 종의 차를 마시고 있었다.

둘째, 현재 기록물이 적은 것은 우리가 한자문화권에 속하여 민간의 기록이 여의치 않았을 뿐만 아니라 수많은 전란과 병화(兵禍)로 인해 남은 수가 적은 것이지 차의 역사가 짧은 것은 아니다.

셋째, 차를 만드는 일에서 끓여 마시는 일이 모두 비슷한 것은 같은 종류의 음식물이기 때문이다. 현재 우리가 밥을 짓는다든가 국수를 만드는 일이 지구의 어디서나 대동소이(大同小異)하듯이 차라고 특별히 달라야 할 이유는 없다.

끝으로 우리에게 오래된 차 나무가 없는 것은 기후 때문이다. 중국이나 인도에 수령이 많은 차 나무가 존재하는 것은 북위 20~25도 사이의 아열대 지방으로 차 나무가 생장하기 좋은 여건이고, 또 삼림 지역이 광활하고 인적이 닿지 않는 곳이 많으니 자연 오래된 나무가 생존해 있을 수 있다. 그러나 북위 35도 근방의 온대지인 우리나라에서는 차 나무의 수명이 그렇게 길지도 않고 또 좁은 국토에서 생산지가 좁고 수요는 많으니, 자연생 차 나무가 노수(老樹)로 남을 확률이 낮다.

일설에는 차 나무의 생장 적지(適地)가 화강암 지대인데 우리나라는 아주 오래된 화강암 지대이니 차 나무가 당연히 있었을 것이라고 한다. 원래 차 나무는 아열대식물이 아니라는 것이다. 또 지구의 현재 기온 분포는 3000년 전에 이루어졌고, 그 전 5000년부터 1만 년 전 사이에 기후와 지형이 지금과는 아주 달라서 생물의 분포도 달랐다. 그 예로 지금 한대 지대에서 남방에 살고 있는 동물의 뼈가 발굴되고 있다고 한다.

어떻든 이에 관한 결론은 앞으로의 연구를 지켜볼 일이다.

전래설

우리의 차가 중국에서 전래되었다는 견해는 현재 거의 정설처럼 되어 있다. 여기에는 차 나무의 전래냐, 혹은 차의 음용법을 말하느냐를 구분할 수는 있으나 이는 바늘과 실의 관계이니 굳이 떼어서 생각할 필요는 없다. 이 주장들의 근거는 다음과 같다.

첫째, 우리 문화의 생성과 발전상에서 외부와의 주된 교류가 중국이고 또 차의 역사도 기록에 의하면 중국이 훨씬 빠르다. 그러니 영향을 받을 수밖에 없다. 곧 신농(神農)의 해독 운운의 기록은 인정하지 않더라도 한대(漢代)의 「동약」에 관한 기록으로 따져도 2000년이 훨씬 넘으니 우리보다는 5, 600년 정도는 빠르다.

둘째, 현재 전하는 다서(茶書)의 대부분이 중국의 것이고, 우리의 것들은 상당 부분 중국 다서에 그 이론적 근거를 가지고 있다. 많은 차인들이 중국의 다시나 차인들의 생활을 본받았고, 초의의 『다신전(茶神傳)』이 장원(張源)의 『다록(茶錄)』을 그대로 옮겨 적은 것을 보아도 그 근거는 명확해진다. 이는 곧 문화의 전파경로가 중국에서 우리나라로 온 것이 확실함을 나타낸다.

셋째, 현재 우리가 행하는 차의 채취에서 전다(煎茶)까지의 전 과정이 중국의 다예(茶藝)와 맥이 통하는 것을 보면 우리 차의 뿌리가 중국이라는 것을 알 수 있다. 다시 말하면 우리가 차를 만들어 마시는 모든 것이 중국 다서에 적힌 대로 하고 있는 것이다.

끝으로 중국의 사천, 운남이나 앗삼 지방에는 오래된 차 나무와 숲이 존재하고 있는데, 우리나라에는 그 같은 노수(老樹)가 없으니 이는 우리 차의 역사가 일천(日淺)함을 말한다.

결어

이상의 두 견해는 나름대로의 논리적 근거가 있으나, 좀더 현실적인 방향으로 눈을 돌려보자.

신라 때 중국에서 차 종자를 가져오기 전에 우리나라에 자생했다고 믿은 차 나무도 더 고대로 거슬러 올라가면 자연의 힘이든 인간에 의해서든 간에 중국 남부나 인도 북부에서 흘러들어 온 것에 대한 개연성을 부인할 수 없다. 따라서 우리나라 차 나무의 역사가 그들의 원산지보다는 짧다고 생각된다.

그리고 언제부터 우리 생활과 연관되는 나무로 부상했는지 또 어떤 계기로 그렇게 되었는지도 모른다. 하지만 문화적 교류는 언제나 공식적 기록적인 것보다는 교류하는 사람들이나 당시 사회의 호기심이나 풍조 및 선전에 의해 미미하게 조금씩 전달되다가 나중에는 공식적인 경로를 밟는 것이 순서다.

그래서 인도와 교역했고 중국과 교역이 많았던 우리는 자연스럽게 그들의 차를 약용이나 음용으로 쓰는 것을 알게 되었을 것이다. 그리고 점차 그것이 보편화하여 확산되었을 것이다. 설령 그 이전에 벌써 차를 이용할 줄 알고 있었다 하더라도 외래의 새로운 방법이 많은 참고가 되어 상당 부분 고쳐졌을 것이다.

어떻든 차가 원래 자생했는지 또는 기록에 나타난 공식적 수입 이전에는 없었는지 하는 문제는 확연하지 않더라도 짐작은 할 수 있다. 차 마시는 일이 지금과 같지는 않더라도 우리에게 오래전부터 있어왔던 것은 사실이다. 그 후 문화적 교류를 통해 중국 것을 많이 가미해서 오늘에 이른 것이다. 이는 4세기에 불교가 전래되면서 수많은 사찰이 생기고 불사가 행해졌으니 자연스럽게 불전에 헌다하는 의식이 있었고, 중국과의 교류도 잦아지게 된 결과이다.

문화의 교류는 흡사 물이 흐르는 것과 같다. 각 문화의 특장들은 다른 곳으로 흐르게 마련인데, 이때 급하게 흐르면 마찰이 생기고 서서히 흐르면 자연스럽게 된다. 원래 있던 물에 새로운 물이 흘러들면 수질은 중화되어 주변 여건에 맞게 적응해 간다. 우리의 차 생활은 이처럼 이루어졌다.

이상의 주장들을 미루어 짐작해 보면 적어도 4세기경에는 우리나라에 자생이든 전래되었든 간에 차를 마시고 있었음이 확실하다.

차의 전래에 관하여

우리의 차가 자생적으로 생성되지 못하고, 어떤 형태로든 외부에서 전래되었다고 본다면 어떤 경로를 밟아서 들어왔을까? 먼저 바다를 통해서 전래되었다고 보는 해로전래설(海路傳來說)과 중국에서 대륙을 통해 전래된 육로전래설(陸路傳來說)이 있다.

1. 해로전래설

여기에는 허황옥(許黃玉)의 도래(渡來)와 관련 짓는 주장과, 해로의 상교역이나 기타 외교 관계로 연관 짓는 두 견해가 있다.

허 왕후의 도래

김해평야를 중심으로 일어난 가락국(駕洛國, 伽洛國)은 여섯 나라로 이루어졌는데 금관가야의 수로왕(首露王)이 맹주(盟主)로 9대 491년을 이은 나라다. 48년 인도의 아유타국(阿踰陀國)의 공주 허황옥이 수로왕에게 출가해 온 것으로 전해진다.

일연(一然)의 『삼국유사』 중 「가락국기(三國遺事駕洛國記)」에 이런 기록이 있다.

왕후는 별포 나루에 배를 대고 육지에 올라 높은 언덕에서 쉬고, 입고 있던 비단 고의를 벗어 산신령에게 폐백으로 바쳤다. 그곳에서 모시고 따라온 시종(侍從) 두 사람의 이름은 신보(申輔)와 조광(趙匡)이고 그들 아내 두 사람의 이름은 모정(慕貞)과 모량(慕良)이라 했다. 함께 온 노비까지 합하여 20여 명인데, 가지고 온 금수능라(錦繡綾羅)와 의상필단(衣裳疋緞)이며 금은주옥(金銀珠玉)에 구슬 장식품과 좋은 그릇들을 일일이 다 기록할 수 없었다. 왕후께서 왕이 계신 곳으로 가까이 오니 왕이 나아가 맞이하여 행궁에 들었다. 모시고 온 시종들과 나머지 여러 사람들은 아래서 뵙고 곧 물러갔다.
王后於山外別浦津頭 維舟登陸 憩於高嶠 解所著綾袴爲贄 遺于山靈也 其地侍從媵臣二員 名曰申輔趙匡 其妻二人號慕貞慕良 或藏獲並計二十餘口 所賚錦繡綾羅 衣裳疋緞 金銀珠玉 瓊玖服玩器不可勝記 王后漸近行在 上出迎之 同入帷宮 媵臣已下衆人 就階不而見之卽退.

지금까지는 사실 허 왕후의 도래 자체도 불확실한 기록으로 취급하려는 견해가 있었다. 그러나 근래에 김병모를 위시한 학자들의 노력으로 인도의 아유타(아요디아)에서 허 왕후가 중국 사천의 보주(普州)를 거쳐 가락으로 입국한 것을 증명했다. 이는 조선 때 세운 허 왕후의 능비(陵碑)에 "가락국수로왕비보주태후허씨능(駕洛國首露王妃普州太后許氏陵)"이라는 내용 중 '普州'라는 글자에 착안하여, 중국 고지도에서 사천의 안악(安岳)에 보주가 있음을 찾아내 현지답사까지 하고서 확인한 것이다. 그곳에는 아직도 보주 여관, 보주 상점 등 보주라는 이름이 남아 있고, 지금도 허 씨들이 집성촌을 이루고 있다. 그곳에 후한시대의 금석문 '신정기(神井記)'가 남아 있는데 거기에 '허녀왕옥(許女王玉)'이란

김해 허 왕후릉 앞의 비문

네 글자가 쓰여 있다. 이 정도면 역사적 기록으로서 손색이 없는 근거가 될 수 있다.

48년경 안악 주변의 정치적 변화로 보주를 떠난 왕후 일행이 배를 타고 온 것과 관련된 유적이 '쌍어문(雙魚紋)'이다. 물고기 두 마리가 서로 마주보고 있는 쌍어문은 인도 아요디아 지방의 사원이나 중국의 보주에서도 확인되고 김해 수로왕의 정문에도 새겨져 있다. 그리고 장유화상이 세웠다는 은하사에도 이 무늬가 있고 '가락'이라는 말이 인도 고대어로 물고기를 뜻하는 것이니, 허 왕후의 입국경로를 추리하기에 가능한 자료들이다.

그러나 아직도 미진한 것은 그때 차나 차 씨를 가지고 왔다는 말이 발견되지 않고 있다. 이에 관한 기록은 19세기 말 이능화(李能和)의 『조선불교통사(朝鮮佛敎通史)』에 "김해 백월산에 죽로차가 있는데, 수로왕비 허 씨가 인도에서 가지고 온 차 종자라고 세상에 전한다(金海白月山有竹露茶 世傳首露王妃許氏 自印度持來之茶種云)"라고 되어 있다. 그리고 신라 문무왕이 수로왕릉에 제사 지낼 때 차를 쓰라고 한 것, 고대 인도에서도 종교행사에 차를 사용한 것, 마야차라는 것이 있었다는 것 등으로 심증이 가지만 아직 확정적인 것은 아니다.

또 이능화의 기록이 워낙 그때와 거리가 있어서 믿을 만한 것인가도 문제이다. 하지만 아직도 김해 근처에 다전리(茶田里)라는 옛 지명을 확인할 수 있고, 그 지역이 차의 오래된 산지이며, 그곳에 전래되는 얘기에 허 왕후가 심은 차라는 것이 모르는 이가 없을 정도로 일반화된 것이라면 그 자체로도 근거가 될 수 있다고 본다.

참고로 이 지방에 남아 있는 민요를 하나 소개한다.

선동골이 밝기 전에	금당 복수 길어 와서
오가리에 작설 넣고	참숯불로 지피어서
끄신 내가 한창 날 때	지리산에 삼신 할매
허고대에 허씨 할매	옥고대에 장유화상
칠불암에 칠 왕자님	영지못에 연화국사
아자방에 도통국사	동해금강 육조대사
국사암에 나한동자	조사전에 극기대사
불일폭포 보조국사	신산동에 최치원 님
쌍계동에 진감국사	문수동에 문수동자

화개동천 차객들아　　쌍계사에 대중들아

이 차 한 잔 들어보소

- 김기원, 「한국의 차 민요 조사」, 『한국차학회지』 1권

민요란 오랜 세월 동안 계계승승(繼繼承承)되는 특징을 가졌기에 그 발생부터 소급하면 아주 근거가 없는 것도 아니다.

그리고 아직도 남아 있는 파사석탑이나 불가의 문양 중 신어(神魚)에 관해서도 그냥 간과할 수 없는 이론적인 가능성이 있으니, 이들에 관해서는 앞으로 좀더 고증해서 실체가 밝혀지길 바란다.

혹 어떤 이는 남쪽 허 왕후의 후손이라는 사람들의 피 속에 남방 사람들의 유전인자(DNA)가 다른 곳 사람들보다 더 높고, 곡류에도 비슷한 반응이 있었다고 하니 두고 더 연구할 일이다.

허 왕후가 도래했을 때는 중국에도 차가 아직 기호음료로 사용되지는 않던 때이지만, 약용으로 필요한 것이었다면 허 왕후의 도래 때 더욱더 가지고 왔을 가능성이 높다. 그리고 장유화상이 불교를 믿고 절을 세우고 하는 과정에 종교의식으로 헌다의 가능성을

파사석탑 허황옥이 인도에서 떠나올 때 배에 싣고 왔다는 석탑이다.

배제할 수도 없다. 그 뒤의 이어지는 교역에서 차의 전래도 생각해 볼 수 있다. 일설에는 경남 하동의 도심골의 고다수(古茶樹)를 허 왕후와 연결시키려 하나 그 나무의 수령으로 보아 무리라고 생각한다.

그런데 이 몇 년 사이에 창원의 백월산 자락을 중심으로 길이 18센티미터 크기의 대엽차종(大葉茶種)이 몇 군데서 계속 발견되는 것은 그냥 보아 넘길 수 없는 중요한 일이다. 왜냐하면 대엽차종이 많이 있다는 것은 예로부터 이 지역에 같은 종의 차 나무가 있었다는 것이고, 그 지역이 가야의 옛 땅이라는 점이기 때문이다. 그리고 허 왕후의 출신지에 대엽차종이 많다는 것을 연결할 수 있기 때문이다.

여타의 해로유입설

백제나 가락, 그리고 신라는 지역적 특수상황으로 해상의 교역이 이른 시기부터 활발했다. 그러니 인도나 중국과의 상교역에서 차에 관한 것이 오갔을 가능성은 얼마든지 있다고 보아야 한다. 이것이 계속되면 차를 약재로든 음용으로든 간에 수입도 하고 관심도 가지게 마련이다. 더구나 그것이 종교와 동반된다면 더욱 빨리 퍼졌을 것이다.

그밖에 정식 국교로 오고 가는 사람들에 의해서 전해지게도 된다. 대렴의 전래설이 그렇다.

2. 육로전래설

문화교류의 통로가 중국에서 육로로 고구려를 거쳐 백제와 신라로 옮겨가는 것이 순서이니 전적(典籍)에는 남아 있지 않아도 육로전래설이 자연스러울 수 있다. 이 주장은 차가 원래 인도나 중국에서도 불교와 깊이 관련되어 있었고, 불교 전래 과정과 일치하는 데 그 근거가 있다. 하긴 인도에서는 차가 음료이면서 일찍부터 종교의식에서 제물로 많이 쓰였다. 그리고 『화엄경(華嚴經)』에는 이런 글도 보인다.

광명한 차 장엄하니
온갖 묘한 차 모두 모아서
시방의 여러 곳에 고루 나눠
모든 죽은 영혼에 공양하니
又放光明茶莊嚴
種種妙茶集爲帳
普散十方諸國土
供養一切靈駕衆

곧 부처에겐 말할 것도 없고 죽은 영혼들에게도 차를 공양했던 것이다. 『화엄경』은 중요한 경전이니 불교를 믿는 모든 나라와 불도(佛徒)들은 당연히 차를 불전의 제물로 사용했으리라 믿는 것이다.

문화의 생성과 발전에는 어떤 계기가 있고, 그것은 내부적인 데서 오는 것과 외부적인 데서 오는 것 두 가지로 나누어 생각해야 한다.

내부적 요인이란 다음과 같다. 인간은 처음에는 주식(主食)만으로 생명연장에 급급했으나 차츰 문화가 발달하고 여유가 생기면서 주식 이외의 다른 기호식(嗜好食)을 찾게 되었다. 그 중에 중요한 것이 음용의 식품이니 물은 말할 것도 없고, 술이나 차, 과일 등이 그것이었다. 그것들을 먹는 방법이나 절차에 관한 것도 여러 번의 시행착오를 거쳐 더 합리적으로 발전했다. 그 과정에서 이웃이나 외래상인 또는 외국에 가서 생활해 본 사람들의 새로운 지식이 가미되어 하나의 고유한 형태의 문화로 정착했을 것이다. 따라서 우리의 음식문화도 고유한 바탕의 것에 외래의 것이 들어와 승화 발전한 것이라고 볼 수 있다. 그것이 꼭 해상로(海上路)에 의존했다고 못 박기보다는 불교나 다른 문화의 수입경로인 고구려를 통해 백제나 신라로 전달되었다는 것도 당연한 이론이다.

그런데도 지금 고구려의 차에 관한 기록이나 유물이 희소하고, 어느 의미에서 보면 신라보다도 더 이른 시기에 형성되었을 백제의 차에 관한 기록이나 유물들도 많지 않다. 더구나 해상 수입로로 본다면 가야가 더 빨랐을 것이고 차의 산지에 있었는데도 그 자취는 찾기 어렵다. 그 까닭은 무엇인가?

이는 신라가 가야를 병합하고 삼국을 통일한 후 오랜 세월 동안 고구려나 백제 지역의 문화재나 기록들을 보존하려는 노력이 적었고, 또 삼국이 차지했던 광활한 영토 중 그 일부만 차지했으므로 그 이외의 지역 문화재가 보존될 수 없었기 때문이다. 그리고 정치적 여건으로 서라벌의 문화나 정신을 새 영토에 심어야 했기 때문에 많은 기록이나 유적이 인멸된 것이다. 또 하나의 원인은 그 후 많은 전란으로 인해 기록은 회신(灰燼)되고 유물들은 파괴되었는데, 특히 임진왜란과 일제 36년간의 피침 기간에는 우리 문화에 대한 철저한 파괴와 말살 행위가 자행되었다.

수많은 전적(典籍)이 의도적으로 태워지거나 그들의 손으로 들어가 깊이 감추어졌고, 만주에서 제주에 이르는 전 지역에서 대부분의 분묘는 도굴되어 파괴되고 그 유물들의 행방은 알 길이 없다. 그 가운데 어쩌다 하나씩 나오는 것이 청목(青木, 아오키)이 가지고 있다는 병차(餠茶) 몇 개 정도이고, 차에 관한 것은 더욱 찾아보기 힘든 현실이다.

더구나 남북분단 이후 만주 전역에 산재된 고구려, 발해 유적은 중국 정부의 무관심 내지 의도적 방치로 그 훼손의 실상은 말할 수 없고, 지금은 우리 학자들의 접근을 꺼려서 막고 있다. 게다가 근간에 와서는 고구려와 발해의 역사를 중국사의 주변 역사로 편입시키려는 의도로 과거사를 조작하려 하고 있다. 이런 실정이니 우리가 확인할 수 있는 모든 기록과 유물, 유적을 하루 속히 확인하고 보존해서 선조에게 부끄럽지 않은 후손이 되어야 한다.

제3부
사국시대의 차 문화

개관

　원래 역사란 부단히 연속된 흐름이기 때문에 절연(截然)하게 시대구분을 한다는 것은 부자연스런 일이다. 더구나 정치상의 변화로 시대를 구분한다는 것은 문화적 측면에서 본다면 무리하기 짝이 없다. 그러나 물의 흐름도 굽이가 있듯이 역사도 굽이가 있게 마련이다. 정치적 변혁은 사회나 종교 및 문화에 영향을 끼치는 바가 크기 때문에 그 영향이 비록 시차(時差)를 두고 나타난다 하더라도 거기에 맞추어 시대를 구분하고 있다.

　여기서 상고(上古)란 주로 기원전을 말하고, 사국시대(四國時代)란 고구려, 백제, 신라, 가야의 네 나라가 함께하던 시대, 곧 신라가 삼국을 통일하기 전까지가 된다. 또 남북국시대라 함은 통일신라와 발해의 병존기(竝存期)를 말한다. 현재 발해(渤海)에 대한 기록이나 유물이 빈약한 것은 사실이다. 우리 조선(祖先)들이 발해사를 쓰지 않은 것이 잘못이라고 한 영재(泠齋) 유득공(柳得恭)의 말이 아니라도 그것은 후회스럽고 안타까운 일이다. 그렇다고 우리 고토(故土)에 자리 잡았던 조상들의 나라를 마음속까지 잊을 수는 없는 일이다. 언제든지 우리 후손들이 선조들의 자취를 마음껏 돌이켜볼 수 있는 날을 기다리며 남북국시대라 구분했다. 그리고 고려와 조선은 일반적인 역사가들의 구분 방법을 따랐다.

우리는 세계의 문화를 동서양으로 나누는데, 서양 문화는 그리스에서 이어지는 지중해 연안의 로마 문화를 중심으로 여러 스타일의 문화들이 명멸하면서 혼재(混在)되어 발전해서 오늘에 이르고 있다. 그러나 동양은 좀 다르다. 중국이라는 거대 문화가 오랜 세월을 요지부동으로 확고하게 자리 잡고, 그 주변국들은 이 거대 문화의 아류(亞流)에 속하는 자기 문화를 가지고 있다는 것이다.

설사 북방의 이민족(異民族)이 중국을 정치적으로 지배했을 때에도 한족의 중국 문화는 확고히 유지되면서 이민족의 문화는 차츰 생명력을 잃고 동화되고 말았다. 그에 비하면 한국이나 일본은 그래도 중국 문화와 비슷하기는 하나 자기들의 특성을 잃지 않고 문화를 발전시켜 왔다. 한국의 위상은 일본과 중국의 중간 지점이기 때문에 자연히 중국의 문화를 수입해서 소화하고 난 다음 일본으로 전하게 되는 교량적 역할을 하게 되었다. 그래서 한국 문화에 더 중국적인 것이 많은 것도 사실이다.

그래도 그 독자성을 잃지 않고 특유의 문화를 유지하며 발전시킨 것은, 언어가 중국과 다르고 원래부터 가지고 있던 고유의 문화가 있었기 때문이다. 우리 한민족(韓民族)은 먼 옛날 몽골 지역에서 만주를 거쳐 들어온 북방 유목민의 후예다. 일본이나 남부 중국인보다 신장이 크고 광대뼈가 나온 것은 바로 그런 요인이다. 그래서 특이한 샤머니즘과 토테미즘, 혹은 무속적인 신앙이 있었다. 또한 바다를 통해 인도와 남방 중국의 문화를 접했고, 한편으로는 북방 중국의 문화가 한사군을 통해서 직접 전달되는 복합적 요인을 가지고 있다. 경주 일원에서 출토되는 금관이나 곡옥(曲玉), 새의 날개 모양에 깃으로 장식된 관(冠) 등은 북방 유목민적 요인이 많은 유물들이다. 고구려는 물론 이때의 고분벽화나 정치제도 및 생활에 관한 대부분의 것은 거의 중국에서 들어온 문화라 하겠다.

문화가 파급되는 자연스런 방식은 고급문화, 소위 당시의 선진문화(先進文化)가 저급한 문화 쪽으로 흘러가는 것이다. 그러니 중국에서 한국으로, 한국에서 일본으로 가게 된다. 하지만 근대에 이르러 서구 문명의 경우는 반대로 서구에서 일본으로, 일본에서 한국으로 오는 역(逆) 현상이 일어난다. 이때 문화가 옮겨가는 방법은 교역, 전쟁포로, 혹은 이주(移住) 등의 방법으로 이루어진다.

이는 바로 차 문화에도 적용된다. 북방의 유목민들은 무속적인 다신교라 할 만큼 여러 신을 숭배하며 생활 주변의 거의 모든 것을 신격화하여 숭배하고 제의(祭儀)를 치른다. 문화가 발달되기 전일수록 이런 의식은 생활 전반에 걸쳐 일상적으로 이루어진다. 그때 제의에 사용된 제물을 보면, 큰 규모의 부족 전체나 국가적인 제의라면 동물의 희생물도 쓰고, 일상적인 제의라면 평소 생활에서 먹고 마시는 것들 중에서 좋은 것을 골라 제수(祭需)로 올렸을 것이다. 그 중 주식이나 부식은 지방이나 계절에 따라 다를 수 있지만 음료는 그렇지 않고 술이나 차를 올리는 것이 일반화되어 있었다. 술도 여러 가지가 있지만 차도 곡물의 추출물이나 야생 식물들로 만든 음료, 곧 대용차 같은 것을 사용했을 것이 분명하다. 이는 출토된 용기에 잔 형태의 것이 적지 않음을 보아도 알 수 있다. 이른바 이배(耳杯)라는 것이 그 대표적인 것이다. 이는 끓인 음료를 제의에 사용한 증거라고 하겠다.

20세기 초 백두산 기슭에 사는 토민들의 말을 빌리면, 사냥꾼들이 사냥을 나갈 때나 큰 동물을 수렵했을 때 산신에게 제를 올리는데, 그때 백산차를 썼다고 증언했다. 이것이 네 나라에 두루 해당하는 얘기는 아니더라도 수렵이나 어업에 종사하거나 오로지 하늘만 믿고 농사짓는 농부들에게도 유사한 의식과 제물이 있었으리라는 것은 충분하게 추리할 수 있는 일이다. 그것이 바로 차 생활이라고 할 수는 없어도 음다(飮茶)의 원형적인 형태라고 생각된다.

사실 불교가 수입되기 전에는 산천의 신이나 조상신에게 개인은 말할 것도 없고 나라에서도 왕이 직접 제사를 올린 일이 많았으니, 이는 현재까지 계승되고 있다. 예를 들면 파사이사금(婆娑尼師今) 30년(109)에 누리〔蝗蟲〕의 피해가 심해서 왕이 산천에 두루 제사지냈으며(秋七月 蝗害穀 王遍祭山川 以祈禳之 蝗滅), 일성이사금(逸聖尼師今) 5년(138)과 기림이사금(基臨尼師今) 3년(300)에 왕이 순행하며 태백산에 제사했다고 한다. 또 점해이사금(沾解尼師今) 7년(253) 5월부터 7월까지 비가 오지 않아 조묘와 명산에 제사하였고(自五月至七月 不雨 禱祠祖廟及名山 乃雨), 진평왕(眞平王) 50년(628) 여름에는 가뭄이 심해 용 그림을 걸고 빌기도 했다. 이외에도 남해차차웅(南解次次雄) 3년(6)에는 시조묘에 제사했다고 한다(『삼국사기』).

이처럼 그들은 우주일월 숭배와 산천수목에 이르는 자연숭배신앙을 가지고 있었다. 하지만 정신생활을 독점할 만한 높은 차원의 종교나 이념을 가지고 있지 않았으므로, 바로 이웃인 중국 문화를 쉽게 받아들이게 된다. 동시에 불교도 함께 전파된다. 같은 시기 중국에는 차에 관한 유물이나 기록들이 더러 있다. 전편에 나온 「동약」이나 사마상여(司馬相如)와 양웅(揚雄) 등 『다경』에 나오는 인물들의 기록은 사료로 인정받을 만한 것들이다. 그러니 불교의 전파와 함께 차에 관한 문화들도 별 저항 없이 수입되었다. 이는 지금까지 제의에 사용되던 음료가 차로 통일되는 것을 의미한다.

그런데 신라를 제외한 세 나라가 거의 별다른 저항 없이 불교를 수입하고, 나중에는 신라까지 불교가 크게 융성한 요인은 무엇일까?

첫째, 네 나라의 국가 형성과 불교 도입이 서로 비슷한 시기에 겹쳐진다. 이로 인해 왕실과 귀족들이 불교를 이용하여 중앙집권적 관료 국가로 기반을 닦을 수 있었다.

둘째, 종교가 원래 계층과 국경을 초월하는 특징을 가졌기 때문에 국경을 초월하여 통합된 큰 국가를 이루는 데 도움이 되었다. 이는 불승들이 국가 간의 전쟁에 중립을 지켜 말세적인 투쟁에 정신적인 안정을 주었기 때문이다.

셋째, 조상신에 대한 숭배가 불교이론과 배치되지 않도록 보시(布施)나 선행을 하면 조상들의 영혼이 좋은 곳으로 간다고 믿게 해서 기득권층의 배척 요인을 줄였다.

넷째, 네 나라 모두 특정한 종교가 먼저 자리 잡고 있지 않았기 때문에 집단적 반대 운동이 없었다.

그리고 종교의 수용 여부는 다른 종교단체가 결정하는 것이 아니고 국가가 결정하는 것이니 국가제일주의 체제에서 아무도 저항하기가 힘들었을 것이다.

또한 중국이 처음 불교를 수입할 때 무(巫)와 도(道)의 내용들을 더하여 서로 거슬리지 않도록 한데 반해, 우리는 토속신앙들이 불교와 어우러져 무불습합(巫佛褶合)의 상태가 되었다. 이 같은 이념적 혼합주의는 다례(茶禮)에도 적용되어 불교의식에 헌다(獻茶)하던 것이 조상제의에도 헌다하게 된 것이다. 이는 우리나라에 온 불교가 왕실과 깊은 관련을 맺고 있기 때문이다. 우리 불교가 왕실에서 독실한 신자가 나오는 중국 북조(北朝) 계통의 불교였기에 더욱 잘 번창하여 찬란한 문화를 이룬 것이고, 아울러 차 문화도 함께 발전할 수 있었다.

중국을 왕래하던 사신이나 상인들, 특히 그 많은 유학승(留學僧)들이 몇 년씩 중국의 차 생활을 체험하고 돌아왔기 때문에 당대(唐代)의 다풍(茶風)이나 격식을 그대로 옮겨온 것은 당연하다. 그러니 우리에게 있던 음다 풍속은 자연스럽게 그들에 의해 변화되고 새로운 다속(茶俗)이 자리 잡게 된 것이다. 후일에는 그들이 구산선문(九山禪門)을 열고 불가의 음다 문화를 더욱 융성하게 했다.

여기서 왜 불교와 차가 그토록 깊은 관련을 가지는가에 대해 생각해볼 필요가 있다. 고대 불교부터 차 이야기가 나오지만 좀더 확실한 것은 8세기에 쓰인 『백장청규(百丈淸規)』를 보면 알 수 있다. 이는 5세기 말 보리달마(菩提達磨)로부터 8세기 초 마조도일(馬祖道一)을 거쳐 백장회해(百丈懷海)에 이른다. 백장선사는 당시의 불교가 선종과 율종으로 나누어져 설법과 계율이 맞지 않는 것이 마음에 걸렸다. 그래서 선종이 독립해야겠기에 사원의 청규를 제정한 것이다. 우리가 이 청규를 보지 않더라도 그 이전에 수많은 선사(禪師)들의 차 이야기를 통해 알 수 있지만, 청규의 내용을 보면 아주 확실해진다. 이 규정이 가람(伽藍)의 구성과 직제(職制), 수행 등에 관한 것이어서, 뒷날 "불도는 달마가 밝혔고, 불사는 백장이 갖추었다"고 할 정도였다. 그리고 그 내용 중 차에 관한 것을 보면 차가 바로 불교의 주된 제의물(祭儀物)이라는 것을 아무도 부정할 수 없게 되어 있다. 그때의 원본은 전하지 않으나 후에 그것을 전본(典本)으로 쓴 『칙수백장청규』를 보면 사원의 의식다례의 종류만 70여 개나 되고 그중 상당 부분은 일상적인 것이어서 사찰의 거의 모든 의식에는 차가 필수적인 것임을 알 수 있다. 게다가 다시(茶時), 다고(茶鼓), 운판(雲版)이며 다당(茶堂)에 관한 것까지 기록되어 있다. 그러니 불교의식이 있는 곳에 반드시 차가 있게 마련이었다.

신라의 도의선사(道義禪師)는 이 청규를 쓴 백장선사를 만나고 온 스님이다. 서당지장(西堂智藏)이 도의를 보고 "강서의 선맥(禪脈)이 모두 동쪽으로 이어진다"고 했다. 그러니 도의가 귀국했을 때 우리 불교에도 중국의 청규와 같은 다례가 행해졌을 것은 불문가지(不問可知)가 아닌가.

한편 유가(儒家)의 차는 대개 주희(朱熹)로부터 융성해졌다고 알지만, 명대(明代)에 이루어진 〈공자다행도(孔子茶行圖)〉를 보면 차를 끓이는 모습이 세 군데(11, 14, 18폭)나 나온다. 또 노자문례(老子問禮)나 행단예악(杏壇禮樂)에도 차가 있었고 공문(孔門)에 전하는 경삼도지례(敬三道之禮)나 음다육덕(飮茶六德)의 교훈도 있고, 송대의 성리학자 정명도(程明道 : 1032~1085)는 장경사(長慶寺)에서 『백장청규』의 의식을 보고 칭송했다. 이런 기록들은 유가에도 이른 시기부터 차가 생활 속에 자리매김했음을 보여준다. 뒷날 유가의 가례(家禮)에서 선종의 헌다의식과 통하는 제례를 행한 것은 우연이 아니었다.

선비들이 당나라에 유학하면서 유가의 차 정신과 문인들의 고아한 차 생활을 체험하고, 양다(養茶) 및 제다법(製茶法) 등을 들여오니 차의 생산과 저장법이 일층 발전하게 된다. 이는 도기(陶器)의 제작에도 영향을 주어 초기 사국시대에는 연질도기(軟質陶器, 土器)시대였으나, 시간이 흐를수록 경질도기(硬質陶器)로 옮겨가서 드디어 자기(瓷器)의 단계로 발전하는 바탕을 마련했다.

이 시대의 우리 차 문화는 4국이 대부분 사찰 중심으로 이루어져서 그것이 궁중으로 바로 옮겨졌을 것으로 본다. 선비들의 차 생활은 궁중의 다음으로 퍼지고, 일부 유학한 이들에 의해 제의에까지 발전했다고 본다. 일반 백성들은 훗날 사원으로부터 차에 대한 지식과 효능을 알게 된다.

고구려의 차 문화

　고구려는 주로 수렵생활을 경제적 기반으로 삼는 북만주 퉁구스계의 부여일족(夫餘一族)으로 이루어졌다. 『수서(隋書)』, 『북사(北史)』, 『삼국지』, 『주서(周書)』, 「호태왕비문(好太王碑文, 廣開土王碑文)」, 『삼국사기』, 『삼국유사』 등의 자료에서도 고구려를 부여계라 했다. 『삼국사기』에 보면 기원전 37년에 주몽이 고구려를 졸본부여에 건국하였다. 다음 임금 유리(琉璃)가 백두산 아래 국내성으로 도읍을 옮기고, 주변 부족들을 정벌하여 세력을 확장하니 자연 중국과 충돌할 수밖에 없었다. 2세기경에 압록강 상류의 산악 지대로 옮겨 한족의 주변국이었던 낙랑(樂浪)의 동쪽 일부를 차지하게 된다. 만주의 중앙부와 한반도의 동북쪽을 병합하여 5개 부족을 아우르고 세습적 왕권을 확립한 것은 고구려 무사들의 수렵을 통한 기동력과 산악 지대의 이점을 활용했기 때문이다. 광개토대왕(廣開土大王)과 장수왕(長壽王)에 이르면 북으로는 송화강에서 남으로는 삼척과 아산까지, 서로는 요하를 넘어서 거대한 영토를 차지하는 제국이 된다.

그들은 낙랑과 대방(帶方)을 병합하면서 국토뿐만 아니라 중국의 선진화한 문화를 바로 접할 수 있었다. 그 다음에 선비족(鮮卑族)이 세운 연(燕)과는 서로 교류하며 공물도 오갔으니 자연스럽게 중국화한 그들의 문화를 접하게 된다. 더구나 후에 낙랑(樂浪), 현토(玄菟), 대방의 태수를 겸한 동수(冬壽)나 대방태수를 지낸 장무이(張撫夷), 현토태수 동리(佟利) 등 지체 높은 귀족 관료의 귀화는 중국의 고급문화가 그대로 들어오는 계기가 되기도 했다. 그리고 불교와 도교 및 유교가 유입되었다.

제17대 소수림왕 2년(372)에 전진(前秦)의 왕 부견(符堅)이 사신과 승려 순도(順道)를 보내 불상과 경전을 전했다. 이를 공식적인 불교 전래의 기원으로 삼는다. 그러나 종교의 전래는 좀더 먼저 은밀하게 들어와 퍼져서 상당히 민간에 전파되고 난 다음 공식화되는 것이 거의 상식처럼 되어 있다(우상정 외 지음, 『한국불교사』). 따라서 불교의 전래도 순도가 들어오기 전에 민간에 꽤 많은 신자와 기반을 가졌을 것이 분명하다. 그렇다면 이때 이미 불교와 뗄 수 없는 음다 풍습이나 불전에 헌다하는 습속이 상당히 널리 퍼졌으리라는 추리가 가능하다.

『삼국유사』 순도조려조(順道肇麗條)의 세주(細註)에 보면 순도를 이어 의연(義淵), 법심(法深), 담엄(曇嚴) 등이 계속해서 고구려의 불교를 퍼뜨렸다. 『속고승전(續高僧傳)』과 『해동고승전(海東高僧傳)』에 보면 양원왕(陽原王) 때 승상 왕고덕(王高德)의 명으로 의연이 진(陳)으로 가서 불교에 대한 지식과 십지경(十地經)을 가지고 돌아왔다고 했다. 또 372년에는 승려 아도(阿道)가 들어오고 이어 다음해에는 초문사(肖門寺, 省門寺)와 이불란사(伊弗蘭寺)를 창건하고 수도와 아도를 머물게 했다.

사실 순도가 불교를 고구려에 전파하기 전에 이미 불교가 고구려에 들어와 있었다는 것은 전술한 바와 같다. 일례로 『양고승전(梁高僧傳)』에 동진의 도림(道林, 支遁 : 314~366)이 고구려 승려에게 보낸 편지가 남아 있다. 이로 인해 순도의 전래가 처음이 아니라고 할 수도 있다. 이는 서역에서 중국으로 불교가 들어온 것이 1세기경이라면 교역이 빈번한 고구려에 3세기 뒤에나 전래된 것은 너무 늦다고 볼 수도 있는 것이다. 사실 372년에 아도가 들어왔다는 사실이 중요한 것이 아니고, 사찰을 창건한 것이 더욱 의미가 깊다. 그것은 바로 왕이 공인했다는 말이기 때문이다. 이후 4세기 말에는 왕이 "불법을 믿어서 복을 얻으라고" 했고(「고구려본기」, 『삼국사기』), 백족화상(白足和尙) 담시(曇始)가 고구려에 머물면서 활동했다. 이어서 왕명으로 평양에 구사(九寺)를 창건했으니 이는 왕실에서 불교를 공인했다는 이야기다.

이렇게 수입된 고구려의 불교는 극락정토를 염원하는 아미타사상과 내세의 구원을 기구하는 미륵사상이 혼재된 것이다. 이는 북중국의 북위 시대 사상과 연관된다.

다음은 유교가 들어오면서 조상이나 국조숭배사상이 격식화되고 생활과 깊이 연관을 맺게 된다. 372년에는 태학(太學)이 설립되어 확고한 자리를 잡고, 국가관이나 이념을 정립하는 학문으로 자리매김한다. 따라서 네 나라 모두 이 학문만은 왕실의 보호 아래 빠른 속도로 보급된다. 예의와 격식을 중시하는 유학은 곧 제의와 결부되어 다례의 절차가 행해지는 계기가 되었다고 본다.

끝으로 도교는 이보다 조금 뒤에 고구려에 처음 들어왔다. 624년 당나라 고조가 고구려에 도교를 믿는 사람들이 있다는 것을 알고, 도사(道士)를 시켜 『도덕경(道德經)』과 원시천존상(元始天尊像)을 보냈다(「보장봉

무용총의 〈주인접객도〉

노보덕이암조(寶藏奉老普德移庵條)」,『삼국유사』). 그 다음 해에 사신을 당에 보내서 도교와 불교를 배우도록 했다. 642년에는 보장왕이 '솥은 세 발이 있고 나라엔 세 종교가 있는데 지금 고구려에는 유교와 불교가 있을 뿐 도교가 없어서 나라가 위태롭다(鼎有三足 國有三敎 臣見國中 唯有儒釋無道敎故國危矣)'는 주청을 받고 당에서 여덟 사람의 도사를 데려왔다. 즉 도교는 예로부터 양생을 생활 지침으로 했기 때문에 차를 많이 마시고 단약 만들기에 힘썼다. 이는 단구자(丹丘子)나 황산군(黃山君)의 얘기가 아니라도 알 수 있는 일이다. 따라서 도교의 보급도 차의 보급과 뗄 수 없는 일이다.

고구려는 북방에서 상무적 기풍을 주도한 속에 질박한 문화를 형성했기 때문에 섬세한 음다 문화가 신라에서처럼 보편화되었는지는 모르나, 지명에 구다국(句茶國)이란 말이 나오고 생활 속에서 그 자취도 살펴볼 수 있다. 안타까운 것은 고구려의 고토가 만주 일대와 북한 땅이므로 그 유적과 유물에 대한 자세한 자료를 얻을 길 없었기에 기록이나 차 유적을 볼 수 없는 것이다.

그런 가운데서도 고구려 고분에서 나온 돈차[錢茶]가 있다. 일본의 차 학자 청목정아(青木正兒, 아오키 마사루)는 그의 책에서 "나는 고구려의 고분에서 출토되었다는 원형의 소형박편(小形薄片)의 떡차[餠茶]를 표본으로 가지고 있다. 지름 4센티미터 정도의 돈 모양으로 중량은 5푼(1.8그램) 가량이다"라고 했고(『청목정아전집(青木正兒全集)』 8권, 1971), 일본에서는 이에 관한 논문도 수차례 나왔으니 믿을 수 있는 유물이다. 다만 그 돈차가 어느 고분에서 나왔는지에 대해 밝히지는 않았다. 이에 관해서는 여러 각도에서 짐작할 수밖에 없다. 또 『삼국사기』 중 「고구려본기」와 『제사지(祭祀志)』에 보면 고구려에는 하백녀(河伯女)와 고등신(高登神)의 신묘(神廟)와 태후묘(太后廟)가 있어 임금이 제사 지냈다고 했다. 이는 곧 차를 신에게 바친 충분한 증거가 되고, 생활에서도 차가 많이 쓰였다는 것을 말한다. 예부터 차는 오공양물, 즉 차·향료·꽃·등·쌀[茶·香·花·燈·米] 중 하나였다.

차를 무덤에 넣는다는 것은 차

안악3호분 벽화 중 잔을 탁에 받쳐 든 여인의 모습

를 일상생활에 많이 사용한 증거라 할 수 있다. 이는 불전이나 신들에게 제물로 바치는 것보다는 더 생활 속에 깊숙이 자리 잡은 증거라 하겠다. 왜냐하면 조상이나 부처 또는 신전에 바치는 제물은 생활에서 우리가 쓰는 것 중 제일 좋은 것을 올리게 되어 있는데 무덤에 부장으로 넣는 것은 더욱 그렇다.

찻잔이냐 술잔이냐는 논쟁이 있으나 무덤에 차를 넣을 정도면 벽화에 차 마시는 그림이 나오는 것도 당연하다. 안악3호분의 전실 서측실 남벽에 그린 주인공의 부인상 앞에 시녀는 손에 뚜껑이 있는 잔을 탁(托, 받침)에 받쳐 들고 있다. 그것이 꼭 찻잔이라고 단언하기는 힘드나 뚜껑이 있다는 것은 다른 음료보다 차일 가능성이 높다. 그리고 무용총 현실 북벽에 있는 〈주인접객도〉는 다담상(茶啖床)일 가능성을 배제할 수 없다.

백제의 차 문화

고구려 시조 동명왕의 혈통인 비류(沸流)와 온조(溫祚)가 어머니 소서노(召西奴)와 함께 남하하여 세운 나라가 백제이다. 처음엔 비류와 온조가 따로 세웠으나 나중엔 온조가 세운 백제로 합해졌다. 그 도읍에 관한 많은 학설이 있으나 처음 위례성에서 웅진(지금의 공주)으로, 다시 부여로 옮긴 것이 통설이다. 마한 때 한강 유역의 한 군장국(君長國)인 백제국(伯濟國)에서 발전하여 한사군(漢四郡)의 위협을 받으면서 꾸준히 대항했다. 3세기에 이르면 북쪽으로 예성강, 동쪽은 춘천, 남쪽은 직산(稷山)까지 영토를 확장해서 국가 형태를 갖추었다.

『주서(周書)』나 『수서(隋書)』에 백제 시조라고 한 구이(仇台)는 고이(古爾, 古尒)를 지칭하는 것으로, 고이왕(古爾王: 234~286)은 백제의 시조적 발전을 이룩한 명군이다. 내부적인 지배 체제를 정비하고 260년에는 6좌평(佐平) 16관품을 두어 그들의 복색(服色)까지 정했다. 그리고

269년에는 법령을 제정하여 전제왕권을 확립했다. 특히 280년 이후 수차에 걸쳐 서진(西晉)에 사신을 파견하여 중국의 문물을 받아들였다. 283년에는 봉의공녀(縫衣工女)를 일본으로 파견하고, 284년에 아직기(阿直岐)가 일본으로 건너가 태자를 가르쳤다. 이듬해에 박사 왕인(王仁)이 유교 경전을 가지고 갔으며, 그의 후예들이 일본 문화 형성에 공헌한 바 크다. 이는 바로 백제에 유교가 도입된 지 오래 되었다는 것을 말한다.

근초고왕(近肖古王 : 346~375) 때에는 국토를 더욱 확장하고 동진(東晋)과 왜(倭) 등과 교류하여 백제인의 해외진출이 눈부시게 많았다. 중국의 『송서(宋書)』나 『양서(梁書)』에는 이때 백제가 요서(遼西) 지방을 점유했다는 기록이 있는데, 김상기(金庠基) 교수는 이를 인정했다. 이른바 해양국가 백가제해(百家濟海)의 뜻이 담긴 이론으로 중국의 산동 반도를 중심으로 한 지역을 백제의 영역 아래 두었다는 것이다.

무령왕(武寧王 : 501~523) 때는 중국 남조(南朝)의 양(梁)에 사신을 보내 국교를 강화하고, 양으로부터 정동대장군(征東大將軍)의 관작(官爵)을 받기도 한다. 전대의 동진 때에도 전지왕, 송(宋)에서는 비류왕, 제(齊)로부터는 동정왕이라는 칭호의 중국 관직을 가졌으니, 그 교류의 정도를 짐작할 수 있다.

침류왕(枕流王) 원년(384)에는 동진으로부터 인도의 승려인 마라난타(摩羅難陀)가 들어와 불교를 전하니 왕이 그를 궁 안에 머물게 하고, 이듬해 한산(漢山, 南漢山)에 절을 세우고 십여 명의 승려와 함께 머물게 했다. 불교의 수용은 다른 나라도 마찬가지로, 다양한 원시종교로는 나라를 일원적으로 다스리기 힘들기 때문에 통일된 국가적 종교가 요구되던 때에 적절하게 들어온 것이다. 따라서 불교는 국가통치의 일원적인 사상의 지주(支柱)로서 호국신앙의 성격을 띠게 된다. 따라서 불교적인 행사는 거국적인 위엄과 격식이 요했으니, 진다례(進茶禮)는 당연히 함께 행해졌다. 한번 들어온 불교는 계속해서 국가적 시책으로 번창하게 된다. 무왕이 왕흥사(王興寺)를 짓고, 겸익(謙益)이 인도에 가서 구법하고 돌아와 계율종(戒律宗)의 종조가 되었다.

성왕(聖王) 때는 노리사치계(怒唎斯致契)가 불상과 불경을 일본에 전하였고, 무왕 때에는 관륵(觀勒)이 불경과 천문지리 등서(謄書)를 전하였다. 4세기 중엽 근초고왕 때는 박사 고흥(高興)으로 하여금 『서기(書記)』를 편찬케 했고, 『일본서기(日本書紀)』에 자주 인용된 백제삼서(百濟三書), 곧 『백제기(百濟記)』, 『백제본기(百濟本紀)』, 『백제신찬(百濟新撰)』도 존재했었다. 일본에는 유불의 경전뿐만 아니라 도기(陶器), 직조(織造), 도화(圖畵) 등은 물론, 무령왕 때는 오경박사(五經博士) 단양이(段楊爾)와 고안무(高安茂)를 보냈고, 성왕 때에는 오경박사는 물론 역박사(易博士), 역박사(曆博士), 의박사(醫博士) 등을 보내서 가르치도록 했다.

이상에서 보듯이 중국과의 잦은 교류는 중국 문화를 많이 받아들였다는 말이니, 관직의 이름이나 복식들도 상당한 영향을 받았다. 불교의 전래와 다례의 관계는 전술한 바와 같이 불가분의 관계이니 중언부언할 것도 없고, 이는 일반 제례에도 당연히 적용되었을 것이다. 왕이 매년 네 번을 동명묘(東明廟)와 구이묘(仇台廟)에 친제(親祭)했으니(「제사조」, 『삼국사기』 32권) 그때의 제물에도 헌다 의식이 들어 있었을 것으로 본다.

당시 중국의 차 문화에는 장재(張載)의 「등성도백토루시(登成都白菟樓詩)」나 두육(杜毓)의 「천부(荈賦)」가 나오고, 도잠(陶潛)을 거쳐 유효작(劉孝綽)의 「계문(啓文)」과 포령휘(鮑令暉)의 「향명부(香茗賦)」가 쓰인 때다. 이어 수나라 문제는 차의 장려책을 공표하고 646년에는 다법이 제정되었다. 그러니 그 많은 교역 중에 그들의 차 문화만 제외될 수 없었기에 그때부터 이곳에는 차가 존재했을 것이다.

426년에 정관대사(淨觀大師)가 대흥사(大興寺)를 창건하고, 527년에는 대통사와 대조사가, 이어서 선암사(仙巖寺)가 서고, 544년에 화엄사가 창건된다. 이때 연기조사(緣起祖師)가 절 뒤 장죽전(長竹田)에 차를 심었다는 얘기가 전한다. 이는 일제 때 화엄사 주지를 지낸 만우 정병헌(曼宇 鄭秉憲) 스님이 편찬한『해동호남도지이산화엄사사적(海東湖南道地異山華嚴寺事蹟)』에 실려 있다. 이것이 사실이라면 대렴이 심은 것보다 280여 년이나 빠르지만 그 기록이 워낙 후대의 것이고 어떤 근거가 있는 것도 아니며, 그저 전하는 얘기나 추측의 일부 같아 확신할 수 없다. 또 연기조사에 관해서도 범승(梵僧)이라는 것과 어머니를 모시고 이곳에 와서 화엄사를 창건하여 효대(孝臺)가 남아 있다는 정도만 알 수 있다.

이어서 581년에 선운사(禪雲寺), 597년에 무위사(無爲寺), 599년에 금산사(金山寺)와 수덕사(修德寺), 632년에 백양사(白羊寺)가 계속해서 창건되었다. 552년에는 〈금동석가상〉과 〈미륵불상〉, 그리고 불경을 일본에 전했고, 579년에는 지혜(智惠) 스님이 안흥사(安興寺)의 〈53불 벽화〉를 완성했다. 592년에 기술자들이 일본에 가서 법흥사[法興寺, 이후 아스카사(飛鳥寺)]를 짓고 불당이 완성되자 아좌태자(阿佐太子)가 건너가 〈쇼토쿠 태자상〉을 그렸다. 620년에 당(唐)에 조공하고, 635년에 원효가 부안에 있는 원효방(元曉房)에서 수도한다.

『속동문선(續東文選)』66권에 보면 이규보(李奎報)가 쓴「남행월일기(南行月日記)」가 있는데 거기 원효방에 관한 얘기가 나온다.

다음날 부령현의 현령 이군(李君)과 다른 객 6, 7명이 함께 원효방에 갔다. 나무 사닥다리가 있는데 높이가 수십 계단이나 되어 발을 후들후들 떨면서 기어오르니, 정계(庭階)와 창호(窓戶)가 수풀 끝에 보였다. 종종 호표(虎豹)가 사닥다리로 오르려다 뜻을 이루지 못한다고 한다. 곁에 한 암자가 있는데 전하는 말에 의하면 사포성인(蛇包聖人)이 옛날에 머물던 곳이라 한다. 원효가 와서 기거하니 사포가 와서 모셨는데 원효께 차를 드리려 했으나 샘물이 없어 난감하던 중 갑자기 물이 바위틈에서 솟아나 그 맛이 달고 젖 같아서 늘 그 물로 차를 끓였다고 한다.

明日 與扶寧縣宰李君及餘客六七人 至元曉房 有木梯 高數十級 疊足凌兢而行 乃得至焉 庭階窓戶 上出林杪 聞往往有虎豹 攀橡而未上者 傍有一庵 俗諺所云 蛇包聖人所昔住也. 以元曉來居 故蛇包亦來侍 欲試茶進曉公 病無泉水 此水從巖罅忽湧出 味極甘如乳 因嘗點茶也.

이것으로 미루어 7세기 중반 승가(僧家)에서는 아주 보편적으로 차를 마셔왔음을 알 수 있다. 또 원효는 고승대덕(高僧大德)으로 참선에 필수적인 차를 상음(常飮)했다. 그리고 이 지역에는 이전부터 차를 많이 마셨다고 본다.

또 하나의 참고가 될 사항은 일본으로 간 왕인의 후예인 행기보살(行基菩薩)의 얘기가 있다. 나라(奈良)에 있는 도다이 사(東大寺)의 『동대사요록(東大寺要錄)』에 행기 스님이 절 주변에 차를 심었다는 기록이 전한다. 도다이 사는 백제의 건축양식에 가까운 절로 왕인의 후예가 차를 심었다는 것은 의미심장하다. 또한 우에노 공원(上野公園)에 있는 「박사왕인비문(博士王仁碑文)」에도 이를 뒷받침할 행기의 얘기가 나온다. 이는 백제에서는 오래 전부터 차를 마셨다는 것을 증명한다.

백제는 해양을 접한 나라였기에 해외와의 교류가 많았고, 요서진출설이 사실로 확인되고 있으니, 중국 문화의 전반적인 것이 폭넓게 들어왔었다. 불교는 물론 유교, 도교까지 모두 유입되었으니, 당시의 차 문화도 함께 들어와서 백제의 차 생활에 많은 영향을 끼쳤을 것은 자명하다.

미륵사지에서 출토된 연질도기(토기)잔이 나오고, 무령왕릉에서는 연질도기잔과 동탁은잔이 발굴되었다. 이 은탁잔은 왕비의 머리 옆에서 뚜껑이 있는 상태로 있었다. 그 잔이 놓인 위치가 여인의 손앞이고 뚜껑이 있는 것으로 보아서 가열한 음료를 담은 용기라는 것은 추리된다. 또 받침이 있는 것은 제의나 지체 높은 대상에게 올린 것이니 찻잔으로 보는 데 별 무리가 없다.

무령왕릉의 동탁은잔 높이 15cm

백제의 주 교역국인 양나라는 보기 드문 불교국인데, 지금 남아 있는 〈양직공도(梁職貢圖)〉(520~530) 중의 〈백제국사도(百濟國使圖)〉를 보면 양의 문화를 얼마나 많이 들여왔는지 짐작할 수 있다. 백제도 당연히 불교의 융성에 따라 차 문화가 발전했던 것이다.

또한 백제는 차 재배 지역이 가장 광활한 곳이니 당연히 차 문화가 성행했을 것으로 추정된다. 게다가 중국, 인도 등과 해상교역이 성행했던 역사로 볼 때 다른 나라 못지않게 일찍부터 차에 관한 정보나 상품의 교역이 당연히 있었을 것이다.

더구나 강진을 중심으로 한 요지(窯地)가 많은 것도 이 지역의 차 생활과 무관하지 않다. 왜냐하면 차 생활에서 자기가 차지하는 비중을 생각한다면 당연하다고 하겠다. 불교 전파(傳播)가 고구려보다 12년 뒤에 이루어졌으니 그 즈음에 음다 기풍이 유행했을 것이다.

전기 고구려 고분에서 발견되었다는 돈차[錢茶]와 같은 계통의 것으로 직경 4센티미터 가량의 돈차가 1925년 정월 도요지인 강진 옆 장흥 죽천리에서 일본인 중미삼만(中尾萬三, 나카오 만조우)에 의해 목격되었다. 그는 이 돈차가 바로 육우의 『다경』에 나오는 병차(餠茶)와 거의 같은 방법으로 만들어졌다는 것을 알아냈다. 그리고 일본인 도엽암길(稻葉岩吉, 이나바 이와기치)도 이 차에 대해서 "이 반도에서 잔존하는 고형(固形) 돈차야말로 당대로부터 이어진 역사상 최고의 방법으로 만들어졌다고 믿는다"고 했다. 또 제강 존(諸岡 存, 모로오카 다모츠)도 "조선에는 당대의 제다법이 보존되어 있고 일본에는 송대의 다법이 전해지고 있다"고 하였다. 이는 전기한 고구려의 병차제법이 백제로 전해져서 조선시대까지 계승되었음을 입증한다. 그 제다법은 바로 『다경』의 그대로를 지켜왔다 하겠다.

나아가서 우리나라에 차가 전래된 것이 당대이고 일본에 전래된 것이 송대라면 그만큼 우리의 차 역사가 일본보다는 2~3세기 앞서는 것이 당연한 이론이다. 최근에는 마라난타가 백제에 불교를 전파하면서 나주시 화도면 덕룡산에 불회사(佛會寺)를 건립하고 그 일대에 녹차를 심었다는 기록을 예로 들기도 한다. 그 기록이 사실이라면 그 일대 차의 역사는 1600여 년을 거슬러 오르는 가장 오래된 차 재배지가 된다. 그리고 그 질이 좋아 왕에게 바치기도 하여 다소(茶所)라는 지명이 지금까지 전한다고 주장하나 아직 더 검증해 볼 일이다.

4장
신라의 차 문화

　진한(辰韓) 12나라 중에 경주평야에 자리 잡은 사로국(斯盧國)도 역시 6촌으로 이루어진 군장사회(君長社會)의 하나인 소국이었다. 한반도 동남쪽에서 북쪽 유이민(遊移民)들로부터 선진문화를 받아들이고, 포(布)와 철로 낙랑과 교역하며 농기구와 무기를 들여와 인접한 소국들을 병합하여 1세기경에는 국가 형태를 이룬다.
　『삼국사기』에 의하면 기원전 57년 박혁거세(朴赫居世)가 6촌의 장(長)들로부터 추대받아 왕이 되었다는 것은 사로국의 군장으로 진한의 맹주(盟主)가 되었다고 본다. 유리왕(儒理王) 9년(32)에 17관등을 설치하고 탈해왕(脫解王 : 57~80)과 파사왕(破娑王 : 80~112) 때 주변국들을 차례로 병합했다. 그 후 내물왕(奈勿王 : 356~402) 때에는 낙동강 유역의 영토를 확보하고, 박(朴)·석(昔)·김(金) 세 성이 왕위를 교립(交立)하는 것이 없어지고 마립간(麻立干)이라는 칭호가 생긴다. 지증왕(智證王 :

북한산신라진흥왕순수비

500~514)은 우산국(于山國 : 울릉도)을 병합하고 우경(牛耕)을 시작했으며, 정치 체제를 정비하며 국호를 신라로 임금을 왕으로 고치는 등 중국의 것을 따랐다.

법흥왕(法興王 : 514~540)과 진흥왕(眞興王 : 540~576)에 이르면 비약적으로 발전하여, 율령을 반포하고 백관의 공복을 제정하고 연호를 '건원(建元)'이라 정한다. 527년에 불교를 공인하고 532년에 가야를 병합하여 통일을 위한 전제왕권을 확립한다.

진흥왕은 이사부(異斯夫)와 거칠부(居柒夫)라는 걸출한 신하들의 보필로 『국사(國史)』를 편찬하고(545년) 연호를 '개원(開元)'이라 하며, 불교를 일으키고 음악을 장려하는 한편 화랑제도를 재정립했다. 밖으로 영토를 넓혀 북으로는 황초령(黃草嶺)과 마운령(磨雲嶺), 북한산까지, 서로는 당항성(黨項城)과 관산성(管山城)까지, 남으로는 바다까지 차지하는 광대한 지역을 복속시켰다. 반도 중부 지역의 대부분을 점유하고 남양만(南陽灣)을 이용해 중국과 직접 교섭하여 통일의 기반이 선 것이다. 골품제나 6두품제 등 권력의 장기 점유에서 오는 침체성이 있었으나 화백제도나 화랑제도 같은 좋은 점이 훌륭한 문화를 낳게 했다.

무엇보다 불교의 수입은 다른 나라와 달리 기존 세력들의 상당한 견제

속에서 늦게 이루어졌다. 눌지왕(訥祗王 : 417~458) 때 고구려에서 승려 묵호자(墨胡子)가 일선(一善, 善山) 지방 모례(毛禮)의 집에 와서 전도했다. 그 후 소지왕(炤知王 : 479~500) 때 다시 고구려 승려 아도가 와서 전도했다. 그러고도 상당한 시간이 흐른 527년에 이차돈(異次頓)의 순교가 있은 후에 공인되었으니, 그 사이 백여 년간은 귀족들의 견제를 받으며 민간에서 조금씩 퍼져나갔다.

왕실에서는 불교를 호국사상의 통치이념의 지주(支柱)로 활용하여 인왕회(仁王會)나 백좌강회(百座講會) 등을 열어 국가의 평안을 기원했다. 법흥왕 때 흥륜사(興輪寺)와 백율사(栢栗寺)가 창건되고 진흥왕은 황룡사(黃龍寺)를 건립했다. 뒤에 건조한 황룡사 9층탑이나 감은사(感恩寺)도 이런 맥락에서 이루어진 불사(佛事)들이다.

진흥왕 12년에 고구려의 승려 혜량(惠亮)이 신라의 국통(國統)이 되어 교단을 조직하고, 진평왕 때(600) 수(隋)에서 돌아온 원광법사(圓光法師)가 성실종과 열반종을 전했고, 자장율사(慈藏律師)가 계율종(戒律宗)을 개창하고 대국통(大國統)이 되어 불교를 총괄했다. 549년에는 승려 각덕(覺德)이 양에서 불사리를 가지고 돌아오고, 565년에는 승려 명관(明觀)이 진(陳)에서 불경 1,700여 권을 가지고 왔다. 계속해서 지명(智明), 담육(曇育) 등이 구법을 위해 중국에 가고, 기원사(祇園寺), 실제사(實際寺), 분황사(芬皇寺), 영묘사(靈妙寺)가 창건되고 646년에는 통도사가 건립되었다.

이런 역사적인 사실들은 주로 불교에 관한 것과 대중외교(對中外交)에 관계되는 것들이다. 이는 곧 종교적인 제의에 따르는 다례와 일반인의 생활 속에 배어 있는 음다 문화를 말해주는 것이다. 더구나 『삼국사기』 흥덕왕조에는 선덕여왕(632~647) 때의 음다에 관한 이야기도 실려 있다.

신라 선덕여왕 때 창건된 분황사(634) 신라도 역시 불교를 통치이념으로 받아들였으며 많은 불사를 창건하였다. 이러한 불사들의 제의는 점점 일반인의 음다 문화에 영향을 주었다.

    여기서 우리가 눈여겨 볼 부분은 신라의 불교가 대체로 미륵사상에 기울어졌다는 것이다. 불경에 의하면 미륵이 전륜성왕의 치세에 성불했다. 이에 진흥왕은 자신이 전륜왕이고, 화랑은 바로 미륵의 화신으로 현현히 했다. 또 김유신도 미륵불의 법회인 용화향도(龍華香徒)가 되었고, 그 유명한 반가사유상도 미륵불로 본다.

    법흥왕 때(532) 가락을 병합한 것은 신라의 차 문화에서 본다면 중요한 사건이 된다. 가야는 진작부터 차의 산지로 생활에는 물론 제의에도 차를 썼던 나라다. 지금까지 출토된 가야의 연질도기(토기) 중에 제의용 기명(器皿)들이 많고, 그 중 잔 형태의 것도 적지 않다. 이런 가야의 차 문화가 그대로 합쳐졌으니 신라의 차 문화는 한층 더 활기를 띠게 된다. 풍부한 차의 생산량과 도기(陶器) 제품들이 이를 더욱 촉진시켰다. 또 철의 생산량이 많아지고 해안선이 넓어져 해상교역과 어획량도 증대해서 국가 재정에 큰 힘을 실어주었다.

신라의 차 문화 중 사국시대의 것은 그 유물이나 기록이 미미하고 주로 통일 이후의 것이 주가 된다. 현재 우리가 접할 수 있는 유물과 기록들이 비교적 많고, 많은 차의 명인들의 자취를 찾을 수 있기 때문이다. 그러나 이 시기에 시작된 화랑들의 차 문화와 원효대사의 차 생활에 관해서는 짚고 넘어가기로 한다.

화랑들의 차 문화

우리에게는 예로부터 선교(仙敎)라는 것이 있어서 이는 양생(養生)과 풍류(風流)로 발전해서 뿌리 깊게 내려오고 있다. 이들 선교의 이론은 "선인의 계열에 환인진인(桓因眞人)이 동방의 조종이 되고, 환웅천왕(桓雄天王)과 단군(檀君)으로 이어져, 그 후에 문박(文朴)이 계승하여 향미산(向彌山)의 영랑(永郎)에게 전하였다."〔『도류총서(道流叢書)』, 조여적(趙汝籍)의 『청학집(靑鶴集)』 참고.〕 이는 아마도 도교적인 것을 우리 역사에 결부시켜 많은 사람들에게서 호응을 얻고 역사의 신비성을 더하려는 의도에서 만들어진 것으로 추측된다. 여하간 우리나라 사람들에게 이런 사상이 밑바탕에 깔려 있는 것만은 사실이다.

> 신라사선인 술랑(述郎), 남랑(南郎), 영랑(永郎), 안상(安詳)은 고성 해변에서 삼일을 놀고 갔기에 '삼일포(三日浦)'라 한다. 남쪽 세 봉우리에 돌로 된 감실이 있고, 북쪽 벼랑에 '영랑도남석행(永郎徒南石行)'이라 여섯 글자가 새겨 있다. (중략) 뒷날 박숙(朴淑)이 사선정(四仙亭)을 세웠다. 통천(通川)의 사선봉, 간성

강원도 고성군(북한)에 있는 호수 삼일포

(杆城)의 선유담(仙遊潭), 영랑호, 금강산의 영랑봉, 장연(長淵)의 아랑포(阿郞浦), 강릉의 한송정(寒松亭) 등이 있으며, 정자 밑에 다천과 석부(石釜), 석구(石臼)가 있어 모두 그들이 놀던 자취다.

- 홍만종(洪萬宗), 『해동이적(海東異蹟)』

이러한 전통적인 선도사상(仙道思想)을 현실의 제도에 결부시켜 국가 경영에 도움이 되도록 한 것이 화랑제도이다. 씨족제가 오래 지속되면서 상호부조의 협동정신이 강하여 정치, 군사는 물론 제의에 이르기까지 화합과 충성의 덕목을 중시했다. 곧 씨족이나 국가의 명예를 위해 일신의 희생을 아끼지 않는 애국애족의 정신을 길렀다. 수려한 산천과 강하를 도량(道場)으로 호연지기를 연마하고, 전통적인 선도사상을 인격함양의 원동력으로 하여 수양했다.

원화도(源花道), 곧 화랑도는 일종의 민간 청년 조직으로서 원화는 화랑의 전신이었다. 남모(南毛)와 준정(俊貞) 등 미모의 여성을 우두머리로 삼았다가 폐해가 생겨서, 대신 귀족의 소년으로 외모가 준수하고 품행이 방정하며 의기가 높은 사람을 뽑아 화랑으로 삼고 그 아래에 많은 낭도(郞徒)들이 따르게 했다. 이는 확실치 않으나 법흥왕과 진흥왕 연간에 또는 늦어도 진흥왕 23년 전에 시작되었음을 알 수 있다.

다시 외양이 아름다운 남자를 뽑아 곱게 단장하여 이름을 화랑이라 하여 받들게 하니 도중(徒衆)이 구름같이 모여들어, 혹은 서로 도의로서 연마하고 혹은 가악(歌樂)으로 즐겨 명산대천을 두루 돌아서, 가지 아니한 곳이 없었다. 이로 인하여 그 사람됨이 사악하고 바른 것을 알아 그 선한 자를 조정에 천거했다. 그런 까닭에 김대문의 『화랑세기(花郞世紀)』에 이르기를 "현좌충신과 양장용졸이 이로 말미암아 나왔다"고 하였고, 최치원의 「난랑비서(鸞郞碑序)」에는 "우리나라에 현묘한 도가 있으니, 이른바 풍류도(風流道)이다. 그의 기원은 선사(仙史)에 자세히 실려 있거니와 이는 실로 삼교를 포함하고 중생을 교화한다. 곧 집에 들면 효도하고 나아가면(벼슬길에) 충성하는 것은 노사구(魯司寇, 孔子)의 뜻을 따르고, 자연의 이치에 따라 가르치는 것은 주주사(周柱史, 老子)의 종지(宗旨)이며, 모든 선한 일을 행하는 것은 축건태자(竺乾太子, 釋迦)의 교화 그대로다'라고 하였다.

更取美貌男子 粧飾之 名花郞以奉之 徒衆雲集 或相磨以道義 或相悅以歌樂 遊娛山水 無遠不至 因此 知其人邪正 擇其善者 薦之於朝 故金大問花郞世紀曰 賢佐忠臣 從此而秀 良將勇卒 由是而生 崔致遠鸞郞碑序曰 國有玄妙之道 曰風流 說敎之源 備詳仙史 實乃包含三敎 接化群生 且如入則孝於家 出則忠於國 魯司寇之旨也 無爲而敎 周柱史之宗旨也 諸善奉行 竺乾太子之化也.

-「신라본기」4, 『삼국사기』

이로 보면 호방한 기개로 거리낌 없이 자연 속에 노닐며 드높은 이상을 국가와 민족을 위해 바치는 풍류도였으니, 그 바탕에는 세속을 초탈한 초연한 마음이 자리 잡고 있었다. 그래서 가는 곳마다 차를 마시고 서로 권면하며 덕목을 쌓았다. 그런 소심(素心)은 차에서 나와 군자행, 곧 정행검덕(精行儉德)을 수행하는 데 큰 힘을 주었다.

그들이 이른 곳은 동해안 최남단 언양을 시작으로 경주 남산을 거쳐 북쪽으로 금강산에 이르고, 서쪽으로는 바다에 접하고 내륙으로 태백산맥의 깊은 곳까지 신이(神異)에 쌓인 명승에 두루 놀았다. 묘련사(妙蓮寺)의 석지조(石池竈)나 한송정의 다천(茶泉), 석구(石臼) 등으로 미루어 볼 때 차도 간혹 마시는 것이 아니라 일상적으로 마셨음을 알 수 있다. 뒷날 그들이 사회로 진출하면 당연히 차를 즐겼으니, 원효나 월명 같은 차인들이 그렇다.

원효의 차 생활

원효(元曉, 617~686)는 이름이 서당(誓幢)이고 속성은 설(薛)이며 담내 내말(談㮈乃末)의 아들이다. 29세에 황룡사에서 출가하여 탁발하던 어느 날 "누가 나에게 자루 없는 도끼를 빌려주면 하늘을 떠받칠 기둥을 만들겠다(誰許沒柯斧 我斫支天柱)"고 외치니, 무열왕이 지나다가 듣고 "귀부인을 얻어 훌륭한 아들을 낳겠다는 뜻이다" 하고 사신을 보내 원효를 맞아 과공주(寡公主)가 있는 요석궁(瑤石宮)에 들게 했다. 그때 사신이 문천(蚊川)에서 원효를 만나 고의로 물에 빠뜨려 옷을 젖게 한 후에 옷을 말린다는 핑계로 유숙케 했다. 뒤에 공주가 아들을 낳으니 그가 설총(薛聰)이다. 후에 환속하여 무애(無㝵)라는 악기를 들고 거리에서 노래하고 춤도 추다 70세에 죽었다.

『지월록(指月錄)』에 이르기를 입당구법(入唐求法) 중에 해골에 고인 물을 모르고 마셨다가 아침에 일어나 크게 깨닫고 돌아왔다 했다. 그는 40여 종의 100여 권이 넘는 불서를 남겼는데, 그중 『화엄경소(華嚴經疏)』가 가장 알려졌다.

　그가 차로 알려진 것은 전술한 원효방에 관한 후대의 기록 때문이다. 원래 스님이니 차를 마신 것은 당연하지만 더욱이 궁에서 머물었을 때는 왕실의 차를 접했을 것이다. 『남행월일기(南行月日記)』를 쓴 이규보는 원효방에 들린 감회를 다음과 같이 시로 읊었다.

　　변산을 능가라고도 한다. 옛날 원효가 머물던 방장이 지금까지도 남았고, 오직 한 늙은 비구가 홀로 정진하며 산다. 시봉도, 솔 같은 취사구도 없이 날마다 소래사에 가서 재만 올릴 뿐이다.
　　산길 따라 아슬아슬한 사다리 건너고
　　발을 포개며 좁은 길 가네
　　위엔 높고 높은 산봉우리인데
　　원효께선 일찍이 여기 집 지으셨다네
　　님의 자취 아득하고
　　그때 모습만이 곱게 남아 있네
　　차 샘에 맑고 찬 물 고였는데
　　한 잔 떠 마시니 젖같이 달구나
　　옛날엔 이곳에 물이 없어
　　스님들 거처하기 힘들었으나
　　원효께서 한 번 와 계시고부터
　　감로 같은 물 바위에서 솟았다네

전라북도 부안에 있는 원효방

우리 스님 높은 뜻 이어받아서

갈옷 입고 여기에서 살고 있다네

둘러보니 여덟 자의 방인데

한 켤레 신발만이 놓여 있다네

시중들며 사는 사람 하나 없이

홀로 아침부터 저녁까지 참선한다네

원효께서 다시 살아서 온다면

감히 허리 굽혀 절하지 않으리

邊山一名楞迦 昔元曉所居方丈 至今猶存 有一老比丘 獨居修眞

無侍者 無鼎鐺炊爨之具 日於蘇來寺赴一齋而已

循山道危梯　　疊足行線路

上有百仞嶺　　曉聖曾結宇

靈蹤杳何處	遺影留娥素
茶泉貯寒玉	酌飮味如乳
此地舊無水	釋子難栖住
曉公一來寄	甘液湧巖竇
吾師繼高蹲	短葛此來寓
環顧八尺房	惟有一雙屨
亦無侍居者	獨坐度朝暮
小性復生世	敢不拜僂傴

-「팔월이십일 제능가산지효방 표서(八月二十日 題楞迦山之曉房 並書)」

가야의 차 문화

낙동강 하류 지역에는 변한(弁韓) 12개국이 있어 진왕(辰王)의 지배를 받지 않고 독립된 정치세력을 이루었으니, 이들이 바로 가야제국(伽倻諸國)을 세웠다. 이 열두 나라는 서로 동맹관계였는데 처음은 김해 지역의 구사국(狗邪國)이 중심이었다가 후에 수로(首露)를 시조로 본가야로 발전했다. 이때(42) 생긴 구지봉(龜旨峰)에서의 구간(九干) 회의는 바로 군장사회(君長社會)의 출현을 말한다. 본가야는 우수한 철기문화와 광범위한 벼농사로 국력을 길러 가야연맹(伽倻聯盟)의 맹주가 된다.

이런 위상은 5세기에 들면서 고령(高靈)을 중심으로 한 대가야로 세력이 옮겨진다. 산업이 풍부하고 교역이 많았는데도 다른 세 나라처럼 중앙집권적 통일국가를 이루지 못한 것은 주변국들의 외세에 의한 정치적 불안 때문이었다. 그래서 본가야가 신라 법흥왕 때 병합되고(532) 대가야도 진흥왕에게 정복되어(562) 병합되고 말았다.

앞에서 차의 전래설 중 "허 왕후의 도래"에서 대략 언급하였거니와 허 왕후가 사천 보주를 통해서 온 것은 증명되었으나 그때 차 씨를 가져왔는지는 알 수 없다. 다만 그가 차와 부처의 고장인 인도의 귀족(아유타국 공주)으로 역시 차의 산지인 사천 보주를 거쳐 출가(出嫁)했으니 평소 즐겨 마시던 차에 대한 준비를 했을 것으로 추측만 할 수 있을 뿐이다. 그렇지 않다면 그 뒤 많은 왕래가 있었을 테니 그때 차 씨를 가져와 심었을 수도 있다.

전술했지만 근래 백월산(白月山)에서 인도나 운남, 사천에 생장하는 대엽종의 차 나무가 발견되고 있다. 그래서 이능화의 『조선불교통사(朝鮮佛敎通史)』의 기록이 상당히 근거 있는 주장으로 부상되고 있다. 봉림사지와 불모산 성주사 등 백월산에서 20킬로미터 반경 이내에 야생으로 자라고 있어 가야 때에 심은 것으로 접맥할 수 있다. 이번에 발견된 찻잎은 길이 18센티미터 폭 7센티미터 크기에 엽맥(葉脈)이 12개인 대엽이다. 이런 것이 혹 한두 그루라면 몰라도 김해, 함안, 여항산 등 여러 군데 떨어져서 자란다는 것은 시대가 더욱 소급될 가능성을 가지고 있다. 우리나라에 자라는 소엽종은 길이 4~6센티미터 엽맥 9개 전후이다. 따라서 이 대엽종이 자라게 된 유래는 우리 차의 역사를 수백 년 앞당길 수도 있다.

여기서 백월산에 관한 역사적 사실을 살펴보면 이 지역(가야 지역) 사람들에게 이 산은 예로부터 불지성산(佛地聖山)이었다. 지리산 낙남정맥이 김해로 뻗기 전에 천주산과 봉림산으로 내치고 다른 하나는 백월산으로 맥을 잇는다. 『삼국유사』중 「백월산양성성도기(白月山兩聖成道記)」에 의하면 이 산이 당나라 황제의 연못에 비친 산으로 '백월'이란 이름을 얻었고, 부처가 된 두 성인의 얘기가 전한다.

「백월산양성성도기」에 말하기를 백월산은 신라 구사군(仇史郡)[옛 지명 굴자군(屈自郡), 현 지명 의안군(義安郡)] 북쪽 봉오리가 기이하게 빼어나고 힘찬 산줄기가 수백 리를 이었으니 진실로 큰 진산(鎭山)이다. (중략) 부득(夫得)이 말하기를 중생의 뜻을 따르는 것이 또한 보살행의 하나입니다. 하물며 깊은 산속 깜깜한 밤에 어찌 소홀히 대접할 수 있겠습니까.

白月山兩聖成道記云 白月山在新羅仇史郡之北[古之屈自郡] 今義安郡 峰巒奇秀 延袤數百里 眞巨鎭也 (중략) 師聞之驚駭謂曰 此地非婦女相汚 然隨順衆生 亦菩薩行之一也 況窮谷夜暗 其可忽視歟.

－「탑상(塔像)」편 중 '노힐부득 달달박박', 『삼국유사』

천보 14년 을미(755)에 경덕왕이 제위에 올라 이 사실을 듣고 정유년(757)에 사신을 보내 큰 절을 짓고 백월산남사(白月山南寺)라 하고 764년에 현신성도미륵지전(現身成道彌勒之殿)과 현신성도무량수전(現身成道無量壽殿)이란 편액을 내렸다.

그리고 이 산속에 벌써 회진암(懷眞庵, 壞寺)과 유리광사(琉璃光寺)라는 절이 있었고 연화장세계(蓮華藏世界)를 현성한 성산으로 인식되었다. 더구나 장유화상이 수로의 일곱 태자를 거느리고 들어가서 수도한 성지가 있고, 파사석탑이 세워진 인근에 대엽의 차 나무가 야생으로 있다는 사실은 이 성산(聖山)이 차와 무관하지 않음을 말한다.

가야의 불교 전래는 초기의 기록이 없지만 다음과 같은 기록이 남아 있기도 하다.

수로왕 8대손 김질왕이 치국에 힘쓰고 불도를 숭상했다. 허 왕후의 명복을 빌기 위해 원가(元嘉) 29년 임진(452)에 수로왕과 왕후가 합혼(合婚)한 곳에 왕후사(王后寺)를 세웠다. 그리고 근처에 평전 십결로 삼보를 공양하도록 했다.

元君八代孫金銍王 克勤爲政 又切崇眞 爲世祖母許皇后奉資冥福 以元嘉二十九年壬辰 於元君與皇后合婚之地創寺 額曰王后寺 遣使深量近側平田十結 以爲供億三寶之費.

— 「가락국기」, 『삼국유사』

이로써 5세기 전에 가야에 이미 불교가 있었다고 보고, 허 왕후의 동생 장유화상이 칠불암으로 들어가 수도했다면 2세기경부터 불교가 시작되었을 것으로 본다. 그러니 불사(佛事)에 차가 따랐다면 가야의 차의 역사는 실로 오래되었다고 보겠다.

다음은 차가 제의에 쓰인 기록이다.

「가락국기」에 나오는 구형왕의 릉 경상남도 산청 소재

대를 이은 아들 거등왕(居登王)으로부터 9대손 구형왕(仇衡王)까지 이 묘에 배향했고, 매년 맹춘(정월) 3일과 7일, 5월 5일, 8월 5일과 15일에 정결한 제사를 지냈는데, 대대로 끊어지지 않았다. 신라 제30대 법민왕(法敏王, 文武王) 용삭(龍朔) 원년 신유년(661) 3월 어느 날 왕은 조서를 내렸다.

"가야국 시조왕의 9대손 구형왕이 우리나라에 항복할 때 데리고 온 아들 노종(奴宗)의 아들인 솔우공(率友公)의 아들인 잡간(匝干) 서운(庶云)의 딸이 문명

제3부 · 사국시대의 차 문화 81

황후(文明皇后)로 나의 어머니이기 때문에 원군은 나에게 바로 15대조이시다. 그 나라는 이미 망했으나 장례를 지내는 묘는 아직까지 남아 있으니, 종묘에 합하여 계속 제사를 지내도록 하라."

이에 사자를 옛터로 보내 사당에 가까운 상전(上田) 30경을 공양 밑천으로 삼아 왕위전(王位田)이라 불렀으며 본토에 귀속시켰다. 수로왕의 17대손인 급간 갱세(賡世)가 조정의 뜻을 받들어 그 제전(祭田)을 관리하며 해마다 술과 단술을 빚고 떡과 밥, 차와 과실 등 여러 가지 음식으로 제사 지내기를 그치지 않았다. 제삿날도 거등왕이 정한 연중 5일을 그대로 지켜 정성어린 제사가 지금까지 우리에게 있게 된 것이다.

거등왕이 즉위한 기묘년(199)에 편방(便房)을 설치한 후부터 구형왕 말까지 330년 동안 종묘에 제사는 항상 변함이 없었는데 구형왕이 왕위를 잃고 나라를 떠난 뒤부터 용삭 원년 신유년까지의 60년 사이에는 사당에 지내는 제사는 간혹 거르기도 하였다.

自嗣子居登王 洎九代孫仇衡之享是廟 須以每歲孟春三之日 七之日 仲夏重五之日 仲秋初五之日 十五之日 豊潔之奠 相繼不絶 洎新羅第三十王法敏 龍朔元年辛酉三月日 有制曰 朕是伽倻國元君九代孫仇衡王之降于當國也 所率來子奴宗之子 率友公之子 庶云匝干之女 文明王后 寔生我玆者 玆故元君於有冲人 乃爲十五代始祖也 所御國者已曾敗 所葬廟者今尙存 合于宗祧續乃祀事 仍遣使於黍離之趾 近廟上上田三十頃 爲供營之資 號稱王位田 付屬本土 王之十七代孫賡世級干 祗稟朝旨 主掌厥田 每歲時釀醪醴 設以餠飯茶菓庶羞等奠 年年不墜其祭日不失居登王之所定年內五日也 芬苾孝祀於是乎在於我 自居登王卽位己卯年置便房 降及仇衡朝末 三百三十載之中 享廟禮曲 永無違者 其乃仇衡失位去國 逮龍朔元年辛酉 六十年之間 享是廟禮 或闕如也.

―「가락국기」,『삼국유사』

이 기록으로 보면 가야의 제의(祭儀)는 엄격한 규정을 제대로 잘 지키며 계승되었고, 제일(祭日)과 제물(祭物)을 정해서 나라가 없어지고도 간혹 빠뜨리긴 했지만 그대로 이어졌음을 알 수 있다. 그것은 곧 거등왕(199)이 정한 날짜와 제물대로 지내는 것이 당연했다. 이는 요즈음 우리들 각 가정에도 제례가 조금씩 다른 것을 가가예문(家家禮文)이라 하여 오랫동안 그대로 고수하고 있음을 보면 쉽게 이해가 간다.

다호리 고분에서 출토된 찻잔
옻칠이 되어 있다.

다시 말하면 갱세급간(賡世級干)이 차릴 제물에 차가 들어 있다는 것은 거등왕 때부터 차를 썼다는 말이 된다. 그렇다면 다른 차 문화는 짐작이 가고도 남는다. 그리고 『김해읍지』에 보면 이 지방에서 제일 좋은 차는 황차(黃茶)인데 일명 장군차(將軍茶)라고 했다. 그리고 조선 태종 때 영의정이 말하기를 금강사에 들렀는데, 절에 차 나무가 있어 뜰 한쪽에 그늘을 만드니 전조(前朝)의 충렬왕이 연(輦)을 멈추고 장군차라는 이름을 내렸다고 했다.

끝으로 이곳 지명에 차와 관련된 것이 많은 것도 그냥 보아 넘길 일이 아니다. 백월산 동남쪽의 다호리(茶戶里), 상동면의 여다리(余茶里), 다시곡(茶蒔谷), 다곡(茶谷), 김해 진례면의 다곡(찻골, 茶洞) 등과 또 김해의 금강지(金崗趾)는 원래 다전리(茶田里)라 불렀다. 그리고 백월산 동남쪽의 다호리 고분에서는 1988년 2000여 년 전의 것으로 추정되는 출토품

중에 다기(茶器)로 보이는 그릇들이 있다.

　허 왕후의 도래가 역사적인 신빙성을 얻음으로써 백월산을 중심으로 한 야생 대엽종들의 발견이 한층 빛을 보게 된 것이다. 그리고 기존의 사서(史書)에서 가야 차에 관한 것들과 합해서 미루어 보면 가야의 차 문화는 비로소 제대로 밝혀질 터를 마련했다 하겠다.

　참고로 다음의 김해 지방에서 채집된 민요에서도 가야 차의 역사가 잘 나타나 있다.

삼월이라 삼짇날에	다전리에 햇차 따서
만장샘에 물 길러서	어방산에 솔갈비로
밥물 솥에 끓인 물에	제사장님 다한 정성
김해 그릇 큰 사발로	김해 그릇 큰 사발로
나라 세운 수로왕님	십왕자의 허 왕후님
가락국가 세운 은혜	이 차 한 잔 올립니더

－김대성,『동다송』, 85쪽

제4부
남북국시대의 차 문화

개관

통일신라와 발해는 7세기 후반부터 10세기까지 약 300여 년간 원산만과 대동강을 연결하는 국경선을 사이에 두고 한반도와 만주 일대에 남북으로 갈라져 존재했던 왕조들이다. 남북국이라고 명명(命名)하는 것은 그들이 전대 고구려를 위시한 사국 지역(四國地域)의 영토를 차지했고, 발해는 그 핵심 세력이 고구려 유민으로 두 나라 모두 한민족(韓民族)의 나라이기 때문이다. 그리고 이 남북국이라는 명칭은 실학자 유득공(柳得恭)의 『발해고서(渤海考序)』에서 처음 사용되었다. 고려 때 발해사를 도외시하고 신라사만을 한국사의 정통으로 여겨온 것이 우리 민족사의 큰 오류가 되었다. 그래서 발해 문화의 전반적인 것이 후대에 계승되지 못하였다.

남북국은 때에 따라 친선과 대립이 교차되는 관계였으니 700년에 대조영(大祚榮)이 신라에 사신을 보냈고, 신라는 그에게 관등(官等)을 주어서 친선이 성립되었으나 나중에는 소원해지기도 했다. 그러나 대체로 상설적인 교류가 빈번했지만 대당 외교 부분에서 갈등을 겪기도 했다.

이때 중국에는 당왕조(唐王朝)가 전국을 통일하고 힘이 강대해지니, 남북국의 대당외교나 문화적인 교류도 그 대상이나 질(質)이 다르지 않았다. 하지만 차 문화의 면에서는 발해는 신라보다 훨씬 미약했을 것으로 본다. 물론 의식이나 불전(佛殿)의 헌다에는 차를 썼다고 하더라도 개인의 차 생활이나 저변 확대에는 상당히 불리한 조건이었다. 신라는 이전부터 차의 생산지를 가지고 있으면서 불교의 힘을 빌려 크게 향상시켰지만 발해는 그렇지 못했다. 양국 모두 당에 유학생을 보내고 교류를 활발히 했지만, 소요되는 차의 전량을 수입해야 하는 입장은 다르다 하겠다.

그리고 지금 우리는 발해 차 문화에 관한 유적과 유물을 거의 가지고 있지 못하고, 현장에 가서 찾을 수도 없는 형편이니 그저 그때 주변의 여건을 파악하여 추리할 수밖에 없다.

통일신라의 차 문화

　지역적으로 한반도 동남쪽에 치우쳐 여러 면에서 불리한 조건을 극복하고 삼국을 통일한 신라는 모든 면에서 비약적인 발전을 이룩했다. 국력 신장이나 정치 발전은 물론 문화적인 면에서도 성덕대왕신종(聖德大王神鐘)을 만들고 불국사 석굴암을 창건한 것만 보아도 알 수 있다.

　통일 과정에서 점령지를 새로운 행정 구역으로 편성하여 특수행정 조직으로 부곡(部曲)이 존재하였는데, 그것은 일반 군현(郡縣)과는 달리 다른 나라의 정복 과정에서 이루어진 피정복자 집단이나 포로의 집단 거주지를 재편성한 것이다. 이 같이 이질적 문화 집단이 행정구역 안으로 들어왔다는 것은 새로운 문화가 유입되었다는 의미다. 특히 차의 산지인 가야와 백제가 병합되므로 차 문화는 크게 향상되고 발전했을 것이 자명한 일이다.

　한편으로 불교가 흥융(興隆)하여 전에 없던 교세를 보였는데, 정치 이념의 사상 체계로 널리 확산되어 사회의 지배 이념이 되었다. 교단이 계율(戒律), 열반(涅槃), 법성(法性), 화엄(華嚴), 법상(法相)의 오종(五宗), 곧 오교(五敎)가 성립되고 그중 의상(義湘 : 625~702)의 화엄종과 원측(圓測 : 613~696)의 법상종은 더욱 융창했다.

그리고 원효의 민중불교는 왕실로부터 노비에 이르기까지 모두 정토신앙(淨土信仰)을 널리 전파해서 내세신앙, 이른바 미륵신앙(彌勒信仰)이 크게 성행했다. 이처럼 불교가 왕실은 물론 일반 민중에게까지 크게 전파된 것은 차 문화도 함께 전파되었음을 의미한다. 또한 고구려, 백제, 가야의 문화가 융합되어 새로운 민족 문화를 확립하고 발전시켰다. 유학(儒學)의 발전은 그 대표적인 예이다. 신문왕 때(682) 국학(國學)을 설치하여 『논어(論語)』, 『효경(孝經)』, 『주역(周易)』, 『예기(禮記)』, 『모시(毛詩, 詩經)』 등을 가르치고 원성왕 때(788)는 관리채용 시험제도를 마련하여 독서 성적에 따라 선발했다. 신라가 원래 골품제로 인해 진골, 성골이 아니면 고위의 관직에 나가기 힘들었으니 육두품(六頭品)의 경우는 그들의 출세 방법으로 견당유학(遣唐留學)을 택했다. 이는 승속(僧俗)을 막론하고 수많은 선비들과 승려들이 당나라에 건너가 유학한 것을 보면 안다. 유학자 중에는 최치원(崔致遠), 최승우(崔承祐), 최언위(崔彦撝) 등이 있고 승려로는 의상, 원측 등이 유학파이다.

그러니 국내에서도 다른 나라의 문화가 혼재되어 새로운 문화를 모색하는 중이었는데, 직접 중국에 가서 몇 년씩 생활하고 돌아온 선비나 승려들이 가져온 중국 문화는 자생력이 강한 신라 문화에 크게 이바지했다. 물론 그들에게는 개혁적인 새로운 것도 많았으니 차 문화에 대해서는 더욱 그랬다.

당시 당나라에는 무측천(武測天)이 등장하여 용문석굴(龍門石窟)을 조

구산선문 중 하나인 실상사 보광전 전경

영(造營)했고, 백장회해(百丈懷海)의 『백장청규』가 나오고, 조주종심(趙州從諗)이 선다행(禪茶行)을 하고 있을 때이니 불교가 크게 융성했다. 그리고 육우가 『다경』을 쓰고 노동(盧仝)이 다시를 쓰며, 안진경(顔眞卿), 백거이(白居易), 한유(韓愈), 온정균(溫庭筠), 피일휴(皮日休) 등의 참다운 차인들이 활동한 시기였다. 이런 때 그들의 문화를 직접 체험한 선비가 돌아와 의식(儀式)에서부터 생활까지 모두 차를 가까이했고, 승려들이 구산선문(九山禪門)을 열면서 사원의 생활이 당연히 차 생활로 연결되었다.

신라의 불교는 6세기에 토착화되고 그로부터 이념적 자기화 과정이 빨라진다. 다음에 불교의 영향이 계속 축적되어 7세기 전반에 절정에 달하게 된다. 이는 신라의 미륵사상과 불국토설(佛國土說) 등이 통일 이데올로기의 역할을 했기 때문이다.

다음은 유교를 앞세워 정권의 안정을 도모했다. 그러다가 9세기 중반에 선불교(禪佛敎)가 새로 정착되어 통일신라의 불교계가 중흥의 시기를 맞았다. 불사들의 건축도 대단히 많아서 676년 부석사(浮石寺), 낙산사(洛山寺)를 시작으로 사천왕사(四天王寺), 감은사(感恩寺), 백율사(栢栗寺), 감산사(甘山寺), 봉덕사(奉德寺), 불국사(佛國寺), 단속사(斷俗寺), 봉은사(奉恩寺), 해인사(海印寺), 은해사(銀海寺), 범어사(梵魚寺), 태안사(泰安寺) 등을 건립하고 수많은 불탑과 비가 세워졌다. 이 같은 현상은 다른 문헌의 힘을 빌리지 않더라도 차 문화의 발전을 바로 말해준다. 확증이 되는 예로 불국사 대웅전 뒤에 다당(茶堂)의 자리가 남아 있고, 석굴암의 벽면에 부조된 보살의 손에 들고 있는 손지름 반 정도의 보발(寶鉢)이 있다. 부처의 손에 들린 찻잔은 짧은 기간의 음다 문화로 이루어지는 것은 아니다. 신성한 신앙의 대상에 찻잔을 조각한다는 것은 오랜 세월 동안 뿌리 깊게 음다 문화가 자리 잡았음을 말해준다.

이와 같은 경로를 밟아 유불과 함께 차 문화는 장족의 발전을 했으니, 설총(薛聰)의 『계왕서(戒王書)』, 월명사(月明師)의 다습(茶襲), 충담의 다통(茶筒), 한송정의 유적(遺蹟) 등의 기록이 남았고, 거기에 진감국사(眞鑑國師)나 최치원 등의 차인이 배출되었다.

신라의 승려가 중국 유학을 마치고 돌아와 불교가 융성해짐과 동시에 차 문화가 점차 흥융했듯이, 일본의 승려들도 중국은 물론 신라에 유학하고 돌아가서 일본의 불교문화에 결정적인 역할을 했다. 신라의 담혜(曇

惠), 혜총(慧聰), 관륵(觀勒), 혜자(惠慈), 고구려의 담징(曇徵), 신라의 전길(詮吉) 등이 도일하여 법을 전했다. 혜광(慧光), 혜은(惠隱), 청안(靑安), 지통(智通), 관상(觀常), 지융(智隆), 의법(義法) 등 수많은 승려가 신라 유학을 거치고 귀국하였으니 일본의 차 문화도 8세기에서 9세기 사이에 불사 중심으로 태동하기 시작했다. 따라서 사국시대는 물론 통일신라가 일본 차 문화에 끼친 영향이 적다고 할 수 없다.

사원을 건립할 때도 다당(茶堂)을 짓고 다고(茶敲)를 만든 것은 불가의 계율에 의한 것이다. 이것은 불국사의 건립이 『백장청규』가 나온 시기와 크게 다르지 않는데 어떻게 그 청규대로 다당을 지었겠느냐 하는 의문도 있을 수 있다. 하지만 『백장청규』가 나오기 전 중국의 삼국시대(221~265)부터 계율이 나와 『담무갈마(曇無羯磨)』, 『사분율(四分律)』, 『승니궤법(僧尼軌範)』, 『법문청식(法門淸式)』, 『열반다비의궤(涅槃茶毘儀軌)』 등의 계율서들이 있었다.

삼국통일은 차뿐만 아니라 도기 문화도 발전시켜 연질도기(土器)와 유약을 칠한 찻그릇들도 만들었다. 임해전지(臨海殿址)의 안압지에서 출토된 언정차영(言貞茶榮)의 찻잔 등은 한 예이다.

백제와 고구려가 망하고 통일되어 신라는 두 나라의 음다 풍습은 물론 제반 문물을 자연스럽게 계승하게 되었다. 선왕들의 제례에 차를 올리고 불사(佛事)가 끊임없이 이어져 차는 여염으로까지 널리 퍼졌다. 왕궁과 사찰에서 차를 마시니 자연스럽게 백성들도 따르게 된 것이다. 현재 출토된 유물 중 자명(字銘)이 있는 찻그릇이나 질그릇 편을 보면 나라에서 차를 전담하여 마시는 곳도 있었음을 알 수 있다. 그리고 불전과 조상신에게 차를 쓰니 여타의 제사에도 차를 썼고 사람들이 자연스럽게 차를 마시게 됐다. 따라서 이 시기는 차가 많이 보급되어 사용되기 시작한 때라 하

불국사 전경 불국사 대웅전 뒤에도 다당터가 있다.

겠다.

성덕왕이 즉위하면서 나라가 평온한 상태로 당(唐)과 교류가 많아지고 학승(學僧)이나 선비들이 입당 유학하는 일이 잦았다. 혜초가 인도까지 이르고 사천(四川)의 다사(茶史)에 큰 별로 남은 무상(無相) 스님과 중국 지장신앙(地藏信仰)의 근간이 된 지장 김교각(金喬覺) 스님 두 분은 모두 왕실의 고귀한 신분으로 입당하여 불교사에는 물론 다사에도 빛나는 업적을 남겼다. 중국도 마조도일(馬祖道一 : 709~788)이 선풍을 일으키고 서당지장(西堂智藏 : 739?~814)이 선과 차를 엮었으며, 현종이 즉위하여 국정이 어느 정도 안정되었다. 특히 육우가 출생하였으며 일본에도 『일본서기(日本書紀)』가 쓰이고 여러 제도가 갖추어진 시기였다. 우리의 차가 중국의 영향을 일방적으로 받았다기보다는 무상이나 지장 스님이 활약한 기록으로 본다면 우리 차의 품종이나 다법도 중국에 영향을 주었다고 하겠다.

8세기 후반, 신라가 바야흐로 불교문화를 꽃피운 시기로 접어든다. 김대성은 불국사를 창건하여 불국토(佛國土)에 대한 염원을 창출했다. 대종(大鐘)이 주조되는 등 전국에서 많은 불사가 일어나는 한편 화랑들은 명산승지를 다니면서 음다풍류(飮茶風流)의 선적(仙跡)을 남겨 지금까지 전한다. 월명사나 진감국사 같은 다승(茶僧)들이 있었고, 다연원(茶淵院)이란 다소(茶所)까지 있었다. 북으로는 발해가 건국되어 남북국시대를 이룬다. 중국은 안사의 난을 치르고 육우가 『다경』을 완성했다. 사상 최초로 다세가 부과되고, 공다원(貢茶院)이 생겼으며 다마무역(茶馬貿易)이 성행하여 경제적 비중이 중시된다. 수많은 다시가 쓰였고, 황실에까지 명전(茗戰, 차 겨루기)이 행해질 정도였다. 따라서 이때는 차가 기호음료로 자리매김하는 중요한 획을 긋는 시기였으며, 국가는 차에 대한 막대한 이득을 관장하기 시작한다.

전대에 꽃피기 시작한 불교문화가 더욱 발전하여 해인사 등 사찰이 창건되고 왕공귀족과 스님들이 당나라와 일본에 왕래하게 되었다. 이전부터의 차 생활이 이들로 인해 한층 다양화되고 대중들에게까지 깊이 퍼졌다. 대렴이 차를 가져다 심었다는 것은 중국 종의 차를 가져왔다는 것이지 차는 그 이전부터 생활 속에 있었다. 혜철(惠哲, 惠徹), 도의(道義), 혜소(慧昭), 체징(體澄), 무염(無染) 등이 돌아와 선종(禪宗) 체계가 크게 번창하고, 차도 사찰에서 중요한 자리를 차지하게 된다. 중국은 다세 문제로 인해 감로의 변(甘露之變)이 일어나기도 했다. 대종이 불교 정풍운동을 일으켜 많은 사찰이 문을 닫았고 수십만의 승려가 환속했다. 그중에서도 선종은 이어졌고 한유(韓愈), 장우신(張又新), 이덕유(李德裕), 노동(盧仝), 백거이(白居易) 등의 차인들이 출현했다. 일본도 최징(最澄, 사이죠우), 공해(空海, 고카이) 등이 당에서 돌아와 사찰을 건립하고 차를 보급했다고 한다. 한·중·일 삼국이 서로 교류하여 차 문화도 한층 발전한 시기다.

대렴의 차 전래에 관하여

삼국통일 후 발해와 함께한 시기, 즉 신라 후기 흥덕왕 3년(828)에 "당에 사신으로 갔던 대렴(大廉)이 돌아오면서 차의 씨를 가져오니 흥덕왕은 이를 지리산에 심도록 했다. 차는 선덕왕 때부터 있었으나 이때에 이르러 성행했다(入唐廻使大廉持茶種子來 王使植地理山 茶自善德王時有之 至於此盛焉)"하는 기록이 있다(『삼국사기』 흥덕왕(興德王) 3년).

앞에서 서술한 바와 같이 차는 불교 전래 시기나 가야의 병합 시기부터 존재했고 선덕왕 때는 이미 정착된 시기다. 그러니 당시에 견당 유학을 하고 온 선비나 승려들에 의해 중국의 다풍이 한창 유행하던 때이니, 대렴의 중국 차 씨 수입은 상당한 관심거리였음에 틀림없다. 그러니 이 시점이 흡사 우리 차 문화의 시원으로 오인하기 쉽다. 하지만 불교와 차의 관계나 문화 전파의 속도나 원리를 이해한다면 그 전대에 신라의 음다 문화가 자리 잡고 있었음은 쉽게 파악된다.

임해전지 출토품

1975년에 임해전지(臨海殿址)를 발굴하여 안압지에서 출토된 수천 점

임해전지에서 출토된 묵화무늬 찻사발 　　　'言貞茶榮' 중 '茶' 자

의 유물 중에 674년에 만들어진 찻사발과 다기(茶器)가 있었다. 찻사발은 보드라운 태토(胎土)로 구운 회백색의 토기로 입지름 16~8센티미터, 높이 6~5센티미터 가량이다. 외면에 차 나무 비슷한 초목과 구름을 그리고 '언정차영(言貞茶榮)'이라고 네 글자를 썼는데 '茶' 자는 조금 작게 쓰여 있다. 일반적으로 '茶' 자를 빼고 '말이 바르면 영화를 얻는다(言貞榮)'고 해석하는데, 내 생각에는 '茶' 자를 넣어서 '말이 곧게 바르면 차 맛이 더욱 좋다'는 뜻으로 보는 것이 인성(人性)을 돕는 다성(茶性)에 맞다.

　이 사발의 특징은 바닥 굽이 없어서 차를 마실 때 잔 받침이 있었던 것으로 보이며, 아마도 의식다례에 사용된 것이 아닌가 한다.

　다음으로 '신심용왕(辛審龍王)'이란 글자가 쓰인 찻그릇은 흑회색(黑灰色)의 토기로 크기는 '언정차영' 찻사발과 비슷하다. 잔의 아래굽이 2센티미터나 되는 제대로의 모양을 갖추었다. 내용으로 보아 용신에게 제를 드릴 때 헌다기(獻茶器)로 쓰여 안압지에 묻힌 듯하나 그 정확한 연대는 알 수 없다.

　안압지 출토품에는 이것 말고도 청자로 된 찻그릇도 있으니, 그 형태로 보아 8~9세기경으로 추정되어 당시의 신라 자기 문화를 짐작케 한다. 더구나 그 그릇에 쓰인 문자의 내용으로 보거나 찻그릇의 형태, 그리고 차와 자기 문화의 관계 등으로 미루어 그때의 차가 어느 정도 보급되었는지 충분히 가늠할 수 있다.

설총의 『계왕서』

또한 장부가 있어 베옷에 가죽 띠를 매고 흰머리에 지팡이를 짚고 맥없이 휘청거리는 걸음으로 허리를 구부리고 나와 말하기를 "저는 서울 외곽의 큰길가에 살고 있는데 아래로는 푸르고 드넓은 들판에 임하고, 위로는 드높은 산색에 의지하고 있으며 이름은 백두옹(할미꽃)이라 합니다. 가만히 생각건대 좌우에서 받들어 공양함이 넉넉하여 고량진미(膏粱珍味)로 배를 채우고 차와 술로서 정신을 맑게 하더라도 상자 안에는 원기를 도울 좋은 약과 독을 없앨 약석이 있어야 합니다. 그러므로 옛말에 생사와 삼베가 있어도 왕골이나 띠풀도 버리지 않는다고 했고, 모든 군자가 모자람에 대비하지 아니함이 없다고 하니 임금께서도 이에 뜻을 두고 계십니까?"라고 했다.

又有一丈夫 布衣韋帶戴白持杖 龍鐘而步 傴僂而來 曰 僕在京城之外居大道之旁 下臨蒼茫之野景 上倚嵯峨之山色 其名曰白頭翁 竊謂 左右供給雖足膏粱以充腸 茶酒以淸神 巾衍儲藏 須有良藥以補氣 惡石以蠲毒 故曰 雖有絲麻 無棄管蒯 凡百君子 無不代匱 不識王亦有意乎.

- 열전 「설총(薛聰)」편, 『삼국사기』

앞의 글은 이때(7세기 말) 벌써 차가 약용보다는 정신을 맑게 하는 기호음료로 사용되었음을 알려준다. 평상시 대화 도중에 일상적인 예로 차를 마시면 정신이 맑아진다는 것을 말할 정도면 차를 마시는 일이 누구에게나 있는 평상적인 일이라는 것을 알 수 있는 것이다.

보천 효명의 불전헌다

두 태자가 산중에 이르매 푸른 연꽃이 홀연히 땅 위에 피니 형인 태자가 암자를 짓고 살아 이를 보천암이라 이르고, 동북쪽으로 6백여 보를 가서 북대의 남쪽 기슭에 또 푸른 연꽃이 핀 곳이 있어 아우 태자 효명이 또 암자를 짓고 머물러 각기 정성껏 업을 닦았다. (중략) 두 태자는 매일 골짜기의 물을 길어 차를 달여 공양하고 밤이 되면 각각 암자에서 도를 닦았다. (중략) 이렇게 50년을 지나니 도리천(忉利天)의 신이 삼시(三時)로 강법을 듣고 정거천(淨居天)의 무리들이 차를 달여 바치고 40명의 성인이 10척 공중까지 날아와 항시 호위했다.

二太子到山中 靑蓮忽開地上 兄太子結庵而止住 是曰普川庵 向東北行六百餘步 北臺南麓 亦有靑蓮開處 弟太子孝明 又結庵而止 各勤修業 (중략) 二公每汲 洞中水 煎茶獻供 至夜各庵修道 (중략) 又修眞五十年 忉利天神 三時聽法 淨居天衆 烹茶獻供 四十聖騰空十尺 常時護衛

- 「대산오만진신조(臺山五萬眞身條)」, 『삼국유사』 제3권

그리고 같은 책 3권 「명주(溟州) 오대산보질도태자전기(五臺山寶叱徒太子傳記)」에도 비슷한 내용이 나온다. "매일 이른 아침에 골짜기의 물을 길어 차를 달여 일만 진신의 문수보살(文殊菩薩)에게 공양했다(每日早朝 汲于洞水 煎茶供養一萬眞身文殊)."

태자의 고귀한 신분으로 불도에 정진하면서 지혜로운 문수보살에게 정성껏 헌다한 것은 그 시대[신문왕자(神文王子)로 보아 7세기 말엽] 왕가

오대산에 있는 우통수 문수보살에게 헌다할 때 사용한 우물로 짐작된다.

에나 불가에서 헌다하는 것을 아주 중요한 정성으로 여겼다 하겠다. 그러나 내용이 워낙 종교적으로 신비화되어서 신빙성이 적다.

무상 스님

사천의 『선역사(禪歷史)』에 보당종(保唐宗)의 얘기가 나온다. 이는 오조(五祖) 홍인(弘忍 : 601~674)의 제자 중에 사천을 중심으로 활동한 자주지선(資州智詵 : 609~702)을 처음으로 처적(處寂 : 665~732)을 거쳐 정중무상(淨衆無相 : 684~762)으로, 그리고 보당무주(保唐無住)로 이어지는 법통을 가진 종파다. 여기 나오는 정중무상은 바로 신라에서 간 무상(無相) 스님이다. 신라 성덕왕의 셋째 왕자로 알려진 김화상(金和尙)은 중국에 더 많이 알려진 스님이다.

정중무상(淨衆無相)은 개원 16년(728)에 당의 촉지방(蜀地方) 사천성 자주현(資州縣)에 있던 덕순사(德純寺)의 처적(處寂)에게 2년간 법을 받고 '무상'이라 법호했다. 뒤에 천곡산(天谷山)에서 기거했기 때문에 오늘까지 태안사를 비롯한 불교 유적지가 남아 있는데, 앞쪽은 도교의 성지인 청성산(靑城山)이다. 그리고 후에 성도의 대자사(大慈寺)에서 주석하면서 선다지법(禪茶之法)을 행했다. 그 후 대자사에는 송의 불과극근(佛果克勤)이 강경(講經)할 때 써준 '다선일미(茶禪一味)'의 묵서가 후에 촌전주광(村田珠光)에게 전해져서 일본의 다사를 빛냈고, 13세기에는 대자사 출신의 도융(道隆)이 일본으로 가서 선종 체계를 세우기도 했다.

『역대법보기(歷代法寶記)』의「무상전(無相傳)」과 규봉종밀(圭峰宗密)의『원각경대소초(圓覺經大疏抄)』, 그리고 신이의 행화(行化) 등의 자료에 무상의 교화와 정중종(淨衆宗)에 관한 자료가 전한다. 무상의 선법은 인성염불(引聲念佛)로 삼학사상(三學思想)의 세계, 곧 무억(無憶), 무념(無念), 막망(莫忘)을 설하여 계(戒)·정(定)·혜(慧)에 이르도록 한 것이 근간을 이룬다.

그의 차에 관한 기록은 정중종 4대인 무주(無住)에게 법신가사(法身袈裟)를 전하기 전에 무주가 신물로 차를 전한 것이『무상여무주전(無相與無住傳)』에 전한다. 그리고『전당시(全唐詩)』에 정중사(淨衆寺)에 대한 다시가 전하고 무상과 관계 있는「서촉정중사송계(西蜀淨衆寺松溪)」에는 "맑은 물에 새 차 끓이니 산뜻하기도 하여라(澹烹新茗爽)"라는 시구가 있다.

무상은 마조에게 영향을 주었고 당 현종의 극진한 예우를 받은 당시 선종의 정신적 스승이었으니 대자사의 주지도 현종의 칙명으로 갔다. 사천은 차의 고장이자 원산지로 추정되고 있어 차와는 뗄 수 없는 곳이다. 「동약」에 나오는 무양매다(武陽買茶)의 무양이 이곳에 있고 『화양국지(華陽國志)』(355)에도 차의 명산지로 기록되어 있다. 몽정차가 생산되고 오리진(吳理眞)이 기원전 53년경 차 재배를 시작한 곳이기도 하다.

그는 정중종을 세워 법력을 크게 떨쳐 중국 불교의 성자로 추앙받고 오백나한의 455번째 조사의 반열에 오른 대선사이다.

지장 스님

지장(地藏) 스님은 신라 왕실의 왕자(전하는 바로는 성덕왕의 왕자로 추정)로 이름을 교각(喬覺)이라 했고, 불도를 이루기 위해 중국으로 건너가 큰 도를 이루었다. 그에 관한 기록은 우리나라보다 중국 현지에 남은 것이 많아 그 일부를 소개한다.

『송고승전(宋高僧傳)』 20권에는 다음과 같은 기록이 남아 있다.

> 지장 스님의 성은 김 씨이니 신라 국왕의 갈래사람[血族]이다. 겉모양은 험상 궂으나 마음은 자비롭고 크게 깨달았다. 7척의 몸에 정수리가 많이 솟고 뼈대가 커서 힘은 남자 열 명을 대적할 만했다.
> 釋地藏 姓金氏 新羅國王之支屬地. 慈心而貌惡 穎悟天然. 七尺成軀 頂聳奇 骨特高 才力可敵十夫
>
> - 「당 지주 구화산 화성사 지장전(唐 地主 九華山 化城寺 地藏傳)」,
> 『송고승전(宋高僧傳)』 20권

여기 말고도 『신승전(神僧傳)』 8권이나 비관경(費冠卿)이 쓴 『구화산 창건화성사기(九華山創建化城寺記)』, 청(淸)의 유함방(劉含芳)이 쓴 『중

중국 4대 불교명산 중 하나인 구화산의 사찰들

수화성사기(重修化城寺記)』, 오국주(吳國柱)가 쓴 『중건구화화성사비기(重建九華化城寺碑記)』 등에 지장 스님의 얘기가 기록되어 있다. 그리고 청 황제가 두 번이나 그에게 현액을 내릴 정도로 큰 자취를 남겼고, 지금도 그를 믿는 신도가 운집하고 있는 실정이다.

그리고 『청양현지(靑陽縣志)』와 『예문지(藝文志)』에는 스님을 모시고 있던 도명(道明)이라는 동자가 산을 내려갈 때 읊은 시가 실렸다.

불문이 쓸쓸해 집이 몹시 그리웠구나
구화산 떠나며 인사하는 동자(童子)야
어린 시절 그토록 그리워하더니
좋은 도리 있어도 잡을 수 없네
칠병 속의 달구경도 더할 수 없고
찻사발의 유화(乳華)놀이 그쳐야겠네
현묘한 진리에 젖으면 눈물 없으련만
노승은 안개와 노을 벗하며 지내리

空門寂寂汝思家　　　禮別雲房下九華
愛向竹欄騎竹馬　　　懶於金地聚金沙

漆瓶澗底體招月　　　　烹茗甌中罷弄花
好玄不須頻不淚　　　　老僧相半有烟霞

－『전당시』 808권

　그는 신라 왕실 사람이지만 만리타국의 구화산 험준한 속에서 피나는 참구를 한 끝에 득도하였다. 그런 중에도 차 달여 마시는 일은 빠뜨리지 않았으며, 또 다른 기록에는 그가 갈 때 차를 가져다 심었다는 곳도 있다. 어떻든 그는 불도를 수행하며 차를 마셨고, 당연히 불전에도 바쳤을 것이다.

　그런데 시에 꽃 얘기〔乳華〕가 나오는 것으로 미루어 8세기 초의 신라에는 병차가 있었음이 당연하다.

　지장 스님이 심어서 전하는 공경차(空梗茶)에 관한 기록을 보면 다음과 같다.

구화산에 공경차가 있는데 이는 김지장이 심은 것으로, 대체로 안개와 노을이며 구름 속에서 언제나 기운이 다사롭고 부드러우며 심은 땅에 따라 맛이 다르다. 김지장은 신라의 승려로 당나라 지덕 연간에 바다를 건너 구화산에 이르러 이 차를 심었다. 나이 99세에 앉은 채 함 속에서 입적하고, 3년 후에 열어보니 안색이 살아 있는 듯하고, 들어보니 뼈마디가 모두 움직였다.

九華山有空梗茶 是金地藏所植 大抵煙霞雲霧之中 氣常溫潤 與地所植味自不同 金地藏新羅國僧 唐至德間渡海居九華 乃植此茶 年九十九坐化函中 後三載開視顏色如生 舁之骨節俱動

－『다사(茶史)』

게다가 구화산 노호동에 지금도 1200여 년 된 노다수가 있고, 그 지방 사람들이 지장 스님이 심은 차 나무로 알고 있다. 그가 719년에 처음 간 곳이 노호동이고 그때 차 씨를 가져가 심었다면 대렴보다 100여 년 빠르다. 그리고 여기서 생산되는 차는 금지차(金地茶)라 하여 지장의 호를 딴 것이다. 『구화산지(九華山志)』에서는 금지차와 공경차를 같은 것으로 보았다.

여기서 우리는 대렴 이전에 신라에 이미 전해오는 차가 많이 있었음을 알 수 있다.

월명사의 다습

월명사(月明師)는 경덕왕 때의 신라 승려로 향가의 작자다. 경덕왕 19년 4월에 두 해가 10여 일 동안 없어지지 않으므로 왕의 부름을 받고 나아가 「도솔가」를 지어 괴변을 없앴다. 또 그는 누이동생의 죽음을 읊어 「제망매가」를 지었다. 사천왕사(四天王寺)에 있었으며, 달밤에 피리를 불며 큰길로 다녀 그 길을 월명리(月明里)라 하고 그를 월명이라 불렀다.

> 월명이 임금께 아뢰기를 "빈도(貧道)는 국선(國仙)의 무리에 속해서 향가만 알 뿐 불가의 노래에 익숙하지 못합니다." 임금이 말하기를 "이미 인연이 있는 스님으로 뽑혔으니 향가라도 좋다." 이에 월명은 「도솔가」를 지어 노래로 만들었다. (중략) 조금 후에 일괴(日怪)가 사라졌다. 임금이 이를 가상히 여겨 차의 도구 한 벌과 수정염주 108개를 주었다.
> 明奏云 臣僧但屬於國仙之徒 只解鄉歌 不閑聲梵 王曰 旣卜緣僧 雖用鄉歌可也 明乃作兜率歌賦之 (중략) 旣而日怪卽滅 王嘉之 賜品茶一襲 水晶念珠百八箇.
>
> -『삼국유사』 5권

이로 보면 그때 스님들은 으레 다구(茶具) 몇 벌씩은 가지고 차를 마실 정도로 차를 가까이 했음을 알 수 있다.

충담의 다통

충담(忠談)은 경덕왕 때 「찬기파랑가(讚耆婆郞歌)」와 「안민가(安民歌)」를 지은 향가 작가로서 「안민가」에 얽힌 차 이야기가 『삼국유사』에 전한다.

3월 삼짇날 왕이 귀정문의 누각 위에 나가서 옆 사람들에게 말하기를 "누가 길에서 위엄과 풍모가 있는 스님 한 사람을 데려올 수 있는가?" 이때 마침 위엄과 풍모를 갖춘 깨끗한 스님이 한가로이 걸어가고 있었다. 신하들이 그를 데리고 가서 뵙게 하니 임금이 이르기를 "내가 말한 위의를 갖춘 스님이 아니다." 그리고는 돌려보냈다. 다시 한 스님이 가사를 걸치고 앵통을 메고 남쪽에서 오고 있었다. 임금이 그를 보고 기뻐하며 누각에 오르도록 했다. 통 안을 살펴보니 다구가 가득 들어 있었다. 임금이 말하기를 "그대는 누구인가?" 스님이 아뢰기를 "소승은 충담이라 합니다." "어디서 오는 길인가?" 스님이 아뢰었다. "소승은 매년 중삼일(重三日)과 중구일(重九日)에 남산(南山) 삼화령(三花嶺)의 미륵세존께 차를 달여 올리는데, 지금도 차를 올리고 돌아오는 길입니다." 임금이 말하기를 "나에게도 차 한 잔을 나누어 줄 수 있는가?" 스님은 이에 차를 끓여 올렸는데, 잔에서 향기가 풍겼다. 임금이 이르기를 "짐은 일찍이 대사가 기파랑을 찬미한 사뇌가의 뜻이 매우 높다고 들었는데 정말 그런가?" "그렇습니다." 임금이 이르기를 "그러면 짐을 위해 「안민가(安民歌)」를 지어보라." 충담은 바로 왕명을 받들어 노래를 지어 올렸다. 왕이 아름답게 여겨 왕사(王師)로 봉했으나 그는 삼가 재배하고 간곡히 사양해 받지 않았다. 그 내용은 다음과 같다.

"임금은 아버지요, 신하는 사랑 주는 어머니며 백성은 어린아이라고 여기면 모든 백성들이 사랑을 알 것입니다. 꾸물거리며 살아가는 중생 이들을 먹여 다스려서 그들이 이 땅을 버리고 어디로 가랴 하면 나라가 잘 보전될 것입니다. 아! 임금답게 신하답게 백성답게 하면 나라가 태평해질 것입니다."

三月三日 王御歸正門樓上 謂左右曰 誰能途中得一員榮服僧來 於是適有一大德 威儀鮮潔 徜徉而行 左右望而引見之 王曰 非吾所謂榮僧也 退之 更有一僧 被衲衣 負櫻筒 一作荷簣 從南而來 王喜見之 邀致樓上 視其筒中 盛茶具已 曰 汝爲誰耶 僧曰 忠談 曰 何所歸來 僧曰 僧每重三重九之日 烹茶饗南山三花嶺彌勒世尊 今玆旣獻而還矣 王曰 寡人亦一甌茶有分乎 僧乃煎茶獻之 茶之氣味異常 甌中異香郁烈 王曰 朕嘗聞師讚耆婆郞詞腦歌 其意甚高 是其果乎 對曰 然 王曰 然則爲朕作理安民歌 僧應時奉勅歌呈之 王佳之 封王師焉 僧再拜固辭不受 安民歌曰.

君隱父也 臣隱愛賜尸母史也 民焉狂尸恨阿孩古爲賜尸知 民是愛尸知古如 窟理叱大肹生以支所音物生 此肹喰惡支治良羅 此地肹捨遣只於冬是去於丁爲尸知 國惡支持以支知古知 後句 君如臣多支民隱如爲內尸等焉 國惡太平恨音叱如.

－「경덕왕 충담사(景德王·忠談師)」, 『삼국유사』 2권

이 얘기에서 보면 충담이 다구를 가지고 다녔다거나 왕이나 스님이 차를 마시는 자체가 아주 자연스러워 차 마시는 일이 생활 속에 깊이 자리 잡고 있었음을 알 수 있다. 그리고 이때는 8세기 중엽이어서 중국에서도 차에 다른 약재를 넣거나 육우의 경우에도 소금을 넣었는데 충담 스님은 다른 아무것도 넣은 것 없이 순수한 차만을 끓여 바친 것으로 보아 음다

풍습이 상당한 수준이었을 것으로 짐작된다. 더구나 차의 기(氣)나 향(香)을 강조한 것은 차의 깊은 경지를 보여주는 것이다.

왕이 스님의 허심탄회한 충고를 넓게 흔쾌히 가납하고, 스님은 기탄없이 노래로 자기 뜻을 펼친 것이며 얻기 힘든 왕사 자리를 조금의 미련도 없이 고사한 것도 그들이 차인으로서 조금도 부끄러움이 없는 평상심(平常心)에 가까이 있었음을 말해준다.

이 같이 다성(茶性)을 터득하여 실생활에 반영하고 휴대용 다구로 부처께 차를 올릴 뿐만 아니라, 언제 어디서나 차를 마시는 정도면 당시의 차는 궁궐이나 승려 및 귀족들에게 그야말로 항다반사(恒茶飯事)가 아니었을까.

참고로『삼국유사』3권 탑상(塔像) 편에 생의사석미륵(生義寺石彌勒)에 관한 연기설화가 전해온다.

사선의 유적과 묘련사 석지조

차와 불교와의 관계는 말할 것도 없고, 차는 선도(仙道)나 유교와도 깊이 관련되어 있다. 그래서 거의 모든 다서나 다시에는 그 약효 때문인지 몰라도 차를 마시면 선계에 오른 듯한 경쾌함과 탈속의 기를 느낀다고 했다. 옥천자(玉川子)를 위시하여 한재(寒齋)에 이르기까지 거의 모든 차인들이 느낀 바이다. 하긴 선도 자체가 유불을 불문하고 연관되어 있고 차도 또한 그렇다.

특히 신라의 화랑제도는 출발부터가 선도에 가까운 면이 많아서 자연스럽게 차와도 깊이 관련되어 있다. 화랑 출신의 승려나 귀족들이 많았으니 그들이 인격을 함양하고 수련을 쌓는 데에 차는 적지 않은 도움을 주었을 것이다. 그 중에도 영랑(永郎), 안상(安詳), 남랑(南郎), 술랑(述

郎)의 네 사람은 선도를 추구하는 화랑들로서 가는 곳마다 차를 마시고 그 자취를 남겼다. 한송정(寒松亭)에 남은 우물과 다조(茶竈)도 그 중의 하나다.

    한송정은 강릉부 동쪽 15리에 있다. 동쪽은 큰 바다에 임했고 소나무가 울창하다. 정자 옆에는 차 샘물 석조, 석구(石臼)가 있는데 곧 술랑선도(述郎仙徒)들이 놀던 곳이다.
    在府東十五里 東臨大海 蒼松鬱然 亭畔有茶泉石竈石臼 卽述郞仙徒所遊處.
-『신증동국여지승람(新增東國輿地勝覽)』44권

고려 때 안축(安軸 : 1287~1348)이 쓴 시를 살펴보자.

사선이 일찍이 여기 모이니
객은 맹상군의 문전 같구려
아리따운 발자국 구름처럼 자취도 없고
푸른 숲은 불타 없어졌네
신선 찾아 옛 푸른 숲 회상하고
그때를 추억하며 황혼에 섰네
오직 차 달이던 샘물만
의연히 돌부리 아래 그대로 남아 있구려

四仙曾會此	客似孟嘗君	
珠履雲無迹	蒼官火不存	
尋眞思翠密	懷古立黃昏	
唯有煎茶井	依然在石根	-같은 책 44권

한송정의 석지조 　　　　　복원된 한송정의 우물

역시 고려 때 김극기(金克己 : 1148~1209)도 다음과 같이 읊고 있다.

여기가 사선이 노닐던 곳
지금까지 남은 자취 기이하구나
주대는 기울어 풀 속에 묻히고
다조는 이끼 끼어 나뒹굴고 있네
양 언덕 해당화는 공연스레
누굴 위해 피고 지는가
내 이곳 보고 그윽한 흥이 일어
종일토록 아취에 술잔 기울이네
앉아서 마음 가라앉혀 세상일 잊으니
갈매기들 내 곁에 날아 내리네

云是四仙縱賞地　　　至今遺迹眞奇哉
酒臺欹傾沒碧草　　　茶竈今落荒蒼苔
雙岸野棠空飮餕　　　向誰凋謝向誰開

我金探歷放幽興　　　終日爛傾三雅盃

坐知機盡己忘物　　　鷗鳥傍人飛下來

- 같은 책 44권

또 같은 책 「강릉 고적조(江陵 古跡條)」에 "석조, 석지(石池), 석정(石井)이 모두 한송정 옆에 있으며 네 신선이 노닐 때 차 달이던 기구였다(俱在寒松亭傍 四仙祈遊之時茶具也)."하여 세 가지가 모두 있었다고 했다.

게다가 조선의 차인 채팽윤(蔡彭胤)이 이곳을 다녀가서 쓴 기록에도 한송정과 석조 및 우물에 관한 기록이며 넘어져 있는 사선비(四仙碑)에 관한 설명이 비교적 자세히 나와 있다. 그리고 석조의 사면에 구름무늬가 새겨진 것이며, 우물이 모두 세 개인데 그중 하나에서는 맛이 좋은 물이 가득 고여 있었다고 했다. 18세기 초까지도 보존되었던 것이 확실하다. (제7부 조선의 차인 중 채팽윤 부분 참고.)

『동인시화(東人詩話)』에는 박신(朴信)의 얘기가 적혀 있다.

신이 젊어서 명망이 있었다. 강원도 안렴사로 있을 때 강릉기생 홍장과 애정이 아주 깊었다. (중략) 부윤이 안렴사에게 말하기를 "이 지역에는 옛 선인들의 유적이 있는데, 산꼭대기에는 차 달이던 부뚜막이 있고, 여기서 몇 십리 밖에 한송정이 있는데 거기에 사선의 비석이 있다. 그곳에는 지금도 신선들이 오가는데 꽃피는 아침과 달 뜨는 저녁이면 간혹 본 사람도 있으나 멀리서 바라볼 뿐 가까이 갈 수는 없었다."

信 少有時譽 按江陵 愛江陵妓紅粧 情頻珍重 (중략) 尹語廉使曰 此地有古仙遺跡 山頂有茶竈 距此數十里有寒松亭 亭亦有四仙碑 至今仙曹神侶 往來其間 花朝月夕 人或見之但可望不可近也.

여기서 주목할 점은 사선의 행적을 적은 비석이 있었다는 사실이다. 이로써 문화 유적의 유실이 역사를 규명하는 데 얼마나 치명적 영향을 끼치는지 이해할 수 있다.

이곡(李穀)의 「동유기(東遊記)」(1349)에는 다음과 같은 구절도 있다.

12일에 강릉 존무사 성산 이군이 경포에서 기다려 배를 타고 중류에서 노래하고 춤추다가 날이 아직 기울기 전에 경포대에 올랐다. 대에는 전에 집이 없었는데 이즈음 호사자가 그 위에 정자를 지었으며, 옛날 신선의 석조가 있으니 차를 달이는 기구이다. 삼일포와 더불어 경개가 난형난제(難兄難弟)로되 맑고 드넓기는 그보다 더하다. 비가 내려 하루를 묵고 강성을 나와 문수당을 보았는데, 사람들 말이 문수와 보현 두 석상이 땅에서 솟아난 것이라 했다. 왼쪽에 사선비가 있었으나 호종단이 물속에 던져버리고 오직 귀부(龜趺)만이 남았을 뿐이다. 한송정에서 전송하는 술을 마셨는데 이 정자 또한 사선이 노던 곳으로 고을 사람들이 구경하러 오는 사람이 많은 것을 싫어해 집을 헐어버렸고 송림도 들불에 타 없어져 가을달만이 맑게 비칠 뿐이었다. 그러나 석조와 석지, 그리고 두 돌우물이 그 곁에 남았으니 그도 사선들이 차를 달이던 기구였다.

十二日 江陵存撫使星山李君 候鏡浦 方舟歌舞 中流 日未西 上鏡浦臺 臺舊無屋 近好事者爲亭其上 有古仙石竈 蓋煎茶具也 與三日浦相甲乙 而明遠則過之 以雨留一日 出江城觀文殊堂 人言文殊普賢二石像從地湧出者也 東有四仙碑 爲胡宗旦所沉 惟龜趺在耳 飮餞于寒松亭 亭亦四仙所遊之地 郡人猒其遊賞者多 撤去屋 松亦爲野火所燒 惟霜月爭潔耶 然石竈石池二石井在其旁 亦四仙茶具也.

- 「동유기」, 『속동문선(續東文選)』 71권

강릉 경포대 이곳에도 석조가 있었다.

    옛사람들의 인식 부족과 당시 농촌의 실상이 어려운 것은 이해하더라도 귀화인인 호종단(胡宗旦)의 오만방자함은 말할 것도 없고, 관광객이 많은 것을 싫어해서 정자를 없앴다는 것은 지금으로서는 이해하기가 어렵다.

    그는 또 「강릉객사동헌(江陵客舍東軒)」이라는 시에서 다음과 같이 읊고 있다.

    경호에 술 실으니 밝은 달빛 흔들리고
    석조에 차 달이니 자색의 연기이네
    다만 가혹한 정치만 없다면

이곳 백성 모두가 신선인 것을

鏡湖載酒搖明月　　　石䆸煎茶颺紫烟

但自不逢苛政處　　　州民元是一群仙

― 「강릉객사동헌(江陵客舍東軒)」

여기서 말하는 석조는 동유기에서 말한 경포대의 석조였을 것이다.

이제현(李齊賢 : 1287~1367)은 「묘련사석지조기(妙蓮寺石池䆸記)」에서 다음과 같이 설명하고 있다.

삼장순암법사(三藏順菴法師)가 천자(天子)의 조서를 받들어 금강(金剛)의 절에서 불공을 드리고, 인해 한송정을 유람했다. 그 위에 석지조가 있으므로 주민에게 물으니, 대개 옛 사람들이 차를 끓여 마시던 곳인데 어느 때에 만든 것인지는 알지 못한다고 했다. 법사가 혼자 생각하기를 어렸을 때 묘연사에서 두 돌이(석조) 풀더미 속에 있는 것을 보았는데 그 모양을 생각해 보니 이것이 아닌가 한다. 그리고 돌아와 찾아보니 과연 있었는데, 그 하나는 네모나게 쪼개서 말과 같고 가운데는 둥글게 호박같이 되어서 샘물을 담는 곳이다. 아래는 구멍이 있어 입과 같으니 흐리고 막힌 것을 뽑아내고 맑은 물을 고이게 하였다. 다른 하나는 두 곳이 움푹하게 패였는데 둥근 데는 불을 때는 곳이고, 타원형으로 움푹 파인 데는 그릇을 씻는 곳이다. 또 구멍을 좀 크게 하여 움푹하고 둥근 데로 통하게 하였으니, 바람이 들어오게 한 것으로 합하여 이름 붙이면, 이른바 석지조다.

이에 십여 명의 인부를 시켜 굴려다 집안에 놓고 손님들을 청해서 둘러앉게 하고 백설 같은 샘물을 길어다 황금 같은 차 싹을 끓이면서 익재에게 이르기를 "옛날 정안(靜安) 최공(崔公)이 일찍이 쌍명기로회(雙明耆老會)를 열었는데 그곳이 지금 이 절의 북쪽 산으로 수백 보밖에 안되니 이것이 그 당시의 물건이 아니겠는가. 목암(牧菴) 무외국사(無畏國師)가 이 절의 주지로 있었으니 삼암(三菴) 같은 이가 일상 왕래했고 하나의 글로서 이를 평했다면 이 물건의 값어치가 세 배나 되었을 텐데, 어찌 풀숲에 묻혀 있게 된 것인가. 쌍명회로부터 지금까지 200년이나 되는데 이제 처음으로 나를 위해 나와서 쓰이는 것이니, 청컨대 축문을 써서 이 물건의 그동안 불우했던 것을 위로하고 내가 능히 얻은 것을 경축하여 주십시오." 하는 것이었다.

三藏順菴法師 奉天子之詔 祝釐于楓岳之佛祠 因遊寒松之亭 其上有石池竈焉 訊之土人 蓋昔入所以 供花茗飲者 而不知作於何代師自念曰 幼時嘗於妙蓮寺 見二石草中 想其形製 豈此物耶 及歸物色而求 果得之其一 方刓之如斗 爲圓 其中如臼 所以貯泉水也 下有竅如口 啓以洩其渾 塞以畜其淸也 其一則有二四 圜者所以屑火 楕者所以滌器 亦爲竅差大 以通凹之圜者 所以風來也 合而名之 所謂石池竈也.

於是命十夫轉置之宇下 邀賓客列坐其次 甌挹白雪之泉 煮黃金之芽 因謂益齊曰 昔崔靜安公 嘗爲雙明耆會 其地於今寺之北岡 去寺數百步而近 此其當時物歟 牧菴無畏國師 住錫玆寺 有若三菴 日嘗往來 一經題品 價必三倍 迺爲棒穢所掩汲 自雙明迨今幾二百年 始爲吾一出而效用於前 諸爲記 以慰其不遇而慶余之能得也.

여기서 비교적 석지조의 생김새와 유래를 자세히 설명하여 우리에게 많은 것을 알려준다. 한송정에 관한 기록은 최근에 필자가 조사한 바로는 조선 후기에도 절과 정자, 그리고 두 개의 우물 및 석지조에 관한 내용이 비교적 자세히 전하고 있음을 알았다.

다연원

경주 창림사지(昌林寺址)에서 창림사와 다연원(茶淵院)의 명(銘)이 쓰인 기와 쪽이 출토되었다. 와당문화(瓦當文化)는 통일신라 때 세계에서 유래가 없을 정도로 아름다운 형태와 문양이 발달되었다. 평와당(平瓦當)이 생기고 연화(蓮花), 인동(忍冬), 당초(唐草), 보상화(寶相華)와 금수(禽獸), 인면(人面) 등의 무늬가 섬세하게 부조되어 있다. 그리고 이때는 '명'을 넣은 것이 많다. 이는 오늘날 역사 연구에 큰 도움을 주고 있다.

경주 창림사지에서 출토된 '茶淵院' 이란 명이 쓰인 기와

다연원이란 이름으로 고려 때 많았던 다원(茶院), 곧 다정원(茶井院) 다방원(茶方院) 등의 형태가 신라 때부터 존재했음을 알 수 있다. 이런 다원들은 다석(茶席)이 준비되어 있는 곳으로 사람들이 이용할 수 있게 만든 것이다. 주변의 풍경이 아름답고 한적하여 차 마시기 좋은 곳으로 추정된다. 기와에 명을 넣을 정도라면 격이 높은 장소였을 것이다. 그렇지 않다면 사원의 건물 중의 하나로 다당(茶堂)이라는 주장도 있다.

진감국사의 비문

진감국사(眞鑑國師) 혜소(慧昭 : 774~850)는 속성이 최(崔)이고 전주 금마(金馬) 사람이다. 중국 소림사에서 구족계를 받고 도의(道義)와 함께 구도했으며, 귀국하여 옥천사를 세웠다. 뒤에 헌강왕이 진감국사라 호를 내리고, 최치원이 대공탑비(大空靈塔) 비문을 썼다.

그 「진감국사비문」에 다음과 같은 글이 있다.

누가 호향을 보내면 그것을 기와에 담아 잿불 위에 올려놓아, 환을 만들지 않고 태워버렸다. 그리고 "나는 이것이 무슨 냄새인지 모르겠다. 그저 마음이 경건해질 뿐이다"라고 말했다. 또 혹 누가 한명(漢茗)을 보내오면 그것을 돌가마에 넣고 섶을 때서 삶으며, 가루를 만들지 않고 달였다. 그러고는 "나는 이것이 무슨 맛인지 모르겠고, 그저 배가 느긋할 뿐이다" 하였다. 그가 정진(正眞)을 지키고 세속을 싫어함이 모두 이 같았다.

或有以胡香爲贈者 則以瓦載塘灰 不爲丸而焫之 日 吾不識是何臭 虔心而已 復有以漢茗爲供者 則以薪爨石釜 不爲復屑而煮之 日 吾不識是何味 濡服而已 守愼忤俗 皆此類也.

- 「진감국사비문」

하동 쌍계사에 있는 진감국사비

'명(茗)'이라는 글자가 금석문에 나타난 것으론 처음이다. 진감은 문성왕 12년(850)에 입적했으니 대렴이 당에서 차 씨를 가져왔다는 828년에는 그의 나이 55세였다. 그러니 토산차(土産茶)는 항용 마시는 것이었고, 중국차도 수입해서 귀히 여겼다 이 시대에 신라에는 『삼국유사』에 전다(煎茶)라 하고, 『일월록(日月錄)』에 점다(點茶)라 한 것으로 보아 이

두 가지 용어가 혼용되었다고 생각된다.

그러나 앞 글에서 "한명을 주는 이 있으면 가루로 만들지 않고 그대로 돌솥에 넣어 섶으로 끓였다"는 말이나 수진(守眞)하여 세속을 어긴다는 말로 보면 세속에서 떡차를 부셔 가루로 만들어 많이 음용했다고 보인다.

그리고 역시 최치원이 쓴 「무염국사비명(無染國師碑銘)」에서 "헌안왕이 잠저시(潛邸時)에 국사의 덕을 기려 매달 빠지지 않고 차를 보냈다(贊以茗馞使無虛月)"고 했다. 또 진감국사비문에는 "차약으로 맞이했다(茶藥迎之)"고 했으니 차는 소중한 예물이었다.

최치원의 차

그가 쓴 진감국사나 무염국사의 비문에도 차에 관한 말이 나오고, 또 당에 유학한 기간이 길어 그곳의 차 생활에 익숙해져 있었다. 특히 그는 학자일 뿐만 아니라 선적(仙跡)에 관한 것이 많아 화랑들의 차 생활과 함께 차의 선도적(仙道的)인 의미가 강조된다. 『동문선』에 실린 「사탐청료전장(謝探請料錢狀)」이란 다음 글에서는 고국에 계신 부모에게 차와 약을 보내고자 한 내용이 실렸다.

하물며 오랫동안 고향으로 가는 사신이 없어 집에 편지도 부치기 어려우며 오직 척호(陟岵)의 시를 읊으며 바다를 건너 고국으로 가는 인편을 만나지 못하던 차, 지금 본국의 사신배가 바다를 건너기에 모(某)는 다약을 사서 집에 편지와 함께 부치고자 하옵는데…….

況久無鄕使 難附家書 唯吟陟岵之詩 莫過渡溟之信 今有本國使船過海 某欲買茶藥寄附家信.

또 다음의 「사신다장(謝新茶狀)」이란 글에는 햇차를 받고 고마운 마음을 썼다.

오늘 중군사 유공초가 처분을 받들어 전하고 먼저의 다아를 보내왔습니다. 엎드려 생각하건대 촉산에서 빼어난 기운을 받고 수원(隋苑)에서 아름다운 이름을 날렸습니다. 찻잎을 따는 공력에서 시작해 비로소 정화로운 맛을 갖추었으니, 녹유를 금정에 끓이고 향과 고를 옥 사발에 띄워 마땅할 것이옵니다. 만약 선옹(禪翁)을 대하지 않으면, 한가로운 우객(羽客)을 맞아야 할 것이어늘 뜻밖의 훌륭한 선물이 범상한 선비에게 외람되이 미치오니, 매림(梅林)을 빌리지 않아도 갈증이 능히 그치고 훤초를 구하지 않아도 근심을 비로소 잊게 되었습니다. 하정에 은혜를 느끼어 황공하고 감격함을 견디지 못하옵니다.

今日中軍使兪公楚 奉傳處分 送前件茶芽者 伏以蜀岡養秀 隋苑騰芳 始興採擷之功 方就精華之味 所宜烹綠乳於金鼎 汎香膏於玉甌 若非靜揖禪翁 卽是閑邀羽客 豈期仙貺 猥及凡儒 不假梅林 自能愈渴 免求萱草 始得忘憂 下情無任感恩惶懼激切之至.

앞의 두 글의 내용으로 보아 차는 생활에서 아주 중요한 자리매김을 하고 있었다. 차는 단순한 음료이기보다 약으로서 또는 선인들의 음료로 취급될 만큼 고귀한 것이었다. 그리고 정신을 맑게 하고 갈증을 해소시키는 효능까지 설명하였다. 이에 차의 형이상적인 높은 차원을 터득한 참다운 차인이었음을 보여준다.

사실 그의 차에 관한 소양은 중국에서 얻은 것이니, 「단주경원심(鄲州耿元審)」 등의 글을 보면 은장다완(銀裝茶椀), 다약(茶藥), 오취차(烏觜茶) 같은 것을 말할 정도로 정심한 부분에 이르렀다.

그 이외의 자료들

문적(文籍)으로 남은 것 외에도 안압지에서 출토된 풍로는 육우의 『다경』에 나오는 풍로처럼 다리가 달리지는 않았으나 원리는 같으며 앞에서 언급한 한송정 다조와도 일맥상통한다. 같은 곳에서 나온 자기완은 입지름이 16.2센티미터, 높이 4.9센티미터의 나지막한 찻사발로 가루차를 마시기에 알맞다.

찻잔을 든 보살의 부조상

토함산 석굴암의 벽면에 부조된 한 보살은 오른손에 손지름 크기의 보발(寶鉢)을 들고 선정(禪定)에 든 표정으로 섰다. 그 푸근한 손에 들린 잔에서 풍겨오는 차 향기에 젖은 삼매의 모습이다. 쌍견의 법의에 보주를 목에 걸고 눈을 슬며시 내리감고 있는 모양은 분명 다선일미(茶禪一味)라 아니할 수 없다.

이외에도 청량사의 보살상이 들고 있는 찻잔에서나 질로 구워진 찻그릇들도 더러 남은 것을 볼 수 있고, 법주사(法住寺) 희견보살(喜見菩薩)의 찻잔 등은 좀더 연구해 보아야 할 유물이다.

이제까지 기록으로나 유물 속에서 신라인들의 차 생활이 언제부터 시작해서 어떤 성격을 띠며 일반화되었는가를 가늠해 보았다.

중요한 것은 신라의 차 수입 경로를 몇 가지 측면에서 보자면, 해양교역을 통해 가야를 거쳐 들어왔다는 설과, 불교의 전래와 함께 고구려, 백제를 거쳐 들어왔다는 주장, 그리고 중국과의 직교역으로 차 문화를 수입했다는 주장 등이 있으나 세 가지 설을 모두 합쳐 복합적인 것으로 보는 것이 옳다.

그 시기는 태동이 6세기부터 보이고 7세기에는 많이 보편화되었으며, 차종은 고유 차종이었다.

궁중이나 불사에는 당연히 차가 쓰였고 일반인들에게도 상당히 넓게 보급되었다. 그리고 향이나 질이 다른 중국이나 인도에서 수입된 차를 많이 선호했기에 급기야 사신이 중국에 다녀오면서 차 종자를 가지고 왔으리라 생각된다.

어떻든 신라의 차는 불교와 더불어 크게 유행하여 음료로서뿐만 아니라 제의(祭儀)에서 꼭 있어야 하는 중요한 제물이었다. 그리고 다른 어느 나라보다 선도적인 면이 강하게 작용하였다.

발해의 차 문화

 통일신라가 한반도 일부를 차지하는 불완전한 통일에 그쳤으나 만주지방에 고구려 유민에 의해 발해가 건국되므로 우리 민족은 남북국가의 형태를 이루었다.
 고구려의 장군 대조영(大祚榮)이 고구려 멸망 후 유민들을 이끌고 동쪽으로 가서 동모산(東牟山, 지금의 길림성 돈화현)을 근거로 나라를 세우고 국호를 진국(震國)이라 했으니 이것이 발해다(698). 그 후 점점 영토를 확장해서 송화강 유역의 만주 평야와 한반도 동북부에 걸친 고구려의 고토를 대부분 회복했다. 수차 당과의 충돌이 있었으니 장군 장문휴(張文休)로 하여금 산동의 등주(鄧州, 지금의 봉래)를 쳐서 자사를 살해한 후 문왕 때에 화친한다.
 국민의 상당수가 말갈족(靺鞨族)이었으며 지배층은 고구려인을 주축으로 했기 때문에 일본에 보낸 발해의 국서에는 "고구려의 옛 땅에 부여

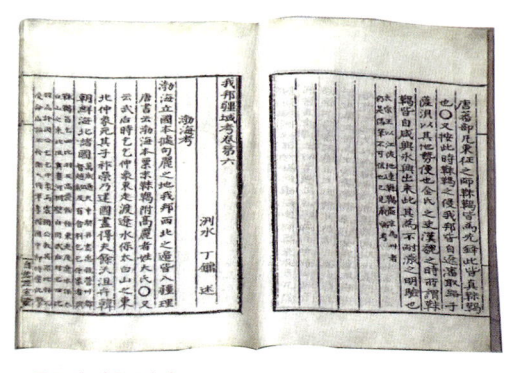
유득공이 지은 『발해고』

의 유속을 따른다(復高麗之舊居 有扶餘之遺俗)."고 했다. 신라와는 큰 충돌 없이 지냈으며 잦은 교류도 없었으나 왜와는 빈번한 교류를 가졌다. 원성왕 때(790)와 헌덕왕 4년(812)에 사신을 발해에 보낸 일이 있다. 정치는 귀족들이 모여서 의사를 결정 짓는 정당성(政堂省)을 두었고, 구성원은 왕족인 대씨(大氏) 일족과 고씨(高氏) 등 고구려 계통의 사람들이었다. 대당 의존 외교는 잦았고 유학생들도 많이 보내 그곳 과거에 급제해 벼슬을 하는 일도 있었다. 견당 유학승들의 힘을 입어 사찰 건립도 잦았다. 이에 당의 음다 풍속이 전해진 것은 확실하지만 지금 기록이나 유물로 남은 것은 찾을 수 없다.

중국사가들이 해동성국(海東盛國)이라 할 정도로 문물과 국력이 왕성했다. 문화는 고구려 문화를 계승하고 당의 문화를 수입하여 독자적인 문화를 형성했음이 당연하다. 상경 동경성(上京 東京城)에서 발견된 10여 개의 사지에서 불상, 석등, 와당 등이 출토된 것으로 미루어 고구려계 귀족들의 신앙이 그대로 이어진 것이다. 게다가 궁성지(宮城址) 중에 온돌 장치나 완형으로 발견된 석등을 보면 고구려의 색채가 완연하다. 이로써 고구려의 차 문화도 그대로 발해에 이어졌을 것으로 믿는다. 다만 고구려가 그랬듯이 발해도 차의 산지를 가지고 있지 않아서 신라처럼 차 문화가 번창하지는 못했다. (유득공의 『발해고』와 장건장(張建章)의 『발해국기』참고.)

제5부
고려의 차 문화

개관

　찬란했던 신라 문화가 석양을 맞이하고 한반도에는 신흥세력들이 새로운 질서를 확립하려는 각축전(角逐戰)을 거쳐 고려왕조가 탄생했다. 골품제(骨品制) 위에 성립되었던 신라 사회는 후기로 오면서 내부적 모순이 격화되어 점차 붕괴되어 갔다. 6두품과 호족(豪族)들은 신라 사회의 개혁을 주도했으니 그들의 사상적 기반은 선종(禪宗)과 유교였다. 귀족적인 교종(敎宗)을 대신하여 민중불교인 구산선문(九山禪門)과 연계하여 새로운 정치사상으로 유교를 받아들여 개혁의 방향을 제시했다. 그래서 나말여초(羅末麗初)에는 농민들의 생활이 안정되고 지위가 향상되었다. 이렇게 자영농들이 성장하므로 국가의 세원이 확보되어 기반이 다져졌다.

　그리고 6두품을 중심으로 한 선비나 승려 중 중국에 가서 유학하고 돌아온 이가 많은데, 서라벌에서는 그들의 신진 학문과 식견을 수용할 수 있는 준비가 되어 있지 않았다. 그래서 그들은 새로운 지식의 돌파구를 개혁 쪽에서 찾은 것이다. 이 같은 현상은 문화 쪽에도 불어와 기존에 상류층에서 많이 향유하던 음다 기풍을 일반인들도 누리게 되었다. 임금이 연로한 사람들의 신분을 따지지 않고 차를 내리고, 변방 병졸들의 유족에게도 차를 하사할 정도였다.

고려의 왕실은 상단을 이끌고 외국과 무역을 주로 한 세력이기 때문에, 차 문화에 관한 것은 어떤 부류보다 많이 체험하고 있었다. 그러니 고급문화에 갈증을 느끼던 신흥사대부(新興士大夫)들은 자연스럽게 차를 가까이하게 되어 차 문화는 한층 더 발전하게 되었다. 따라서 좋은 차를 생산하여 궁중은 물론 신하들과 사원에 하사품으로 많이 사용했다.

뇌원차(腦原茶), 유차(孺茶), 대차(大茶) 등이 대표적인 고려차였다. 품질도 좋았고 생산량도 상당하였기에 외교적인 공물로도 사용되었다. 그리고 부족분은 송에서 수입했으니 그 수량도 막대했다.

고려의 문화는 통일된 중앙의 문화를 각 지방으로 이식해서 퍼져 나간 것이 아니고, 경쟁관계에 있는 각 지방 호족을 중심으로 이루어진 독특한 문화들이 혼합돼서 창출된 다양한 문화적 특징을 가지고 있다. 그 예로 용두사지(龍頭寺址)의 철당간(鐵幢竿)에 남아 있는 다음의 기록을 보아도 알 수 있다.

고을에 으뜸가는 호족들이 우연히 질병에 걸리니, 부처와 하늘에 우러러 빌기로 약속했다. (중략) 하늘 높이 당간을 세우는데 장엄한 불법의 물건이라 정교히 했다. 형제 두 집에서 선업(善業)을 닦으려고 주조해서 영원히 남도록 했다. 이 절의 주지 석주대덕, 단월령 김희일, 정조 김수현 대등, 김석희 대등, 김관겸 대등, 상화상 □□, 전시랑 손희나, 전병부경 경주홍, 내학원경 한명석

내말, 사창 경기준 대사학원낭중, 임술 이 월 이십구 일에 주조하여 이루노라. 州里豪家 鄕閭冠族 偶因染疾 忽約佛天仰祈 (중략) 幢竿始立天半 可及巧成物像 莊嚴佛法 兄第兩家 合脩善業鑄之植之牙窮永劫 當寺令釋紬大德 檀越兼令 金希一正朝金守玄大等 金釋希大等 金寬謙大等監司上和尙信學□□ 前侍郞 孫熙奈 前兵部卿慶柱洪奈學院卿韓明寔奈末前司倉慶奇俊大舍學院郞中年太 歲壬戌二月二十九日鑄成.

따라서 차도 중국과 교역이 잦은 곳에서 더 많이 보급되었고, 또 중국의 어떤 지역과 문화교류가 이루어지느냐에 따라 차 문화가 조금씩 다를 수도 있었다.

사실 차 문화는 고려에 들어오면서 황금기를 맞는다. 고려는 건국 당시 초기에는 중앙의 권력이 집약되지 못하고 지방 호족들의 세력이 막강하여 유화(柔和)와 회유에 의해서, 또는 혼인과 불교에 의해 결속(結束)을 강화해 나갔다. 지방의 호족들은 독자적인 무력과 경제적 기반을 가지고 자기영역을 확보하고 있으니, 왕권을 강화하기 위한 다른 방법이 없었다.

태조는 한편으로 개국공신들을 중앙의 관리로 등용하여 호족들을 점차 중앙으로 진출 시키거나, 그들의 자제들을 인질로 개경에 머물게 하기도 했다. 이에 부수해서 경주의 신라 문화를 중심으로 각 지역의 다양한 문화가 개경의 새로운 문화를 창출했다. 차 문화도 신라와 백제의 다속(茶俗)에 송대의 음다 문화의 영향을 받아 새로운 고려의 다풍이 생겨났다.

고려 초기의 불교는 다른 어느 것보다 그들의 결속을 정신적으로 엮어 주었다. 왕실에서 중앙집권적인 왕권을 강화하는 일들은 자연 호족들의 불만을 사게 되었다. 이에 광종은 불만이 많은 훈신(勳臣)들에 대한 일대 숙청작업을 감행하게 된다. 그리고 과거를 통해 신진관료들을 등용하여 개혁정치를 추진했다. 이때 불교 측으로부터 균여(均如)를 중심으로 많은 지원을 받았다. 이후 왕실에서 사원을 신임하여 왕이 직접 수계(受戒)를 받고 궁궐에서 백고좌(百高座)를 빈번히 열 정도가 되었다. 이러니 자연히 선가(禪家)의 음다풍습이 왕

청자상감국화문잔잔대
고려(12세기) 때 만들어진 다완이다.

공귀족으로 확대되고 국가적인 행사인 연등회(燃燈會)나 팔관회(八關會)도 사찰의 스님들이 많이 연계되어 헌다의례는 빠질 수 없는 중요한 자리를 점하게 되었다.

성종 대에 이르러서는 최승노(崔承老)의 보필을 받아 유교를 정치이념으로 삼고 당(唐)의 제도를 본받아서 왕조의 기반을 확립했다. 과거로 인해 경학(經學)은 물론 인쇄술이 발달했다. 왕실의 제의(祭儀)나 사원의 의례에 차를 올리고 개인적으로도 차를 많이 마시게 되니, 자연스럽게 자기 문화가 발달하게 된 것이다.

자기 문화는 원래 중국과 교역이 잦았던 강진(康津) 지방에 청자도요지가 많아 초기의 무문형(無紋形)을 만들고 12세기에 와서 그 절정이라 할 상감청자를 만들게 된다. 청자는 송의 오(吳)와 월(越)의 요지(窯址)에서 많이 만들어서 세계적인 명성을 얻은 것인데 고려는 거기에서 한 걸음

더 나가서 상감(象嵌)의 기법을 이룬 것이다. 요업의 발전은 오로지 음식 문화의 영향이고, 특히 차 문화와는 뗄 수 없는 관계라 하겠다. 곧 이런 명품을 만든 고려 사회가 차를 얼마나 높은 수준으로 마셨는가를 짐작하게 한다.

옛날 하남성(河南省) 공현(鞏縣, 개봉부)이 도자산업으로 이름이 있었는데, 그들은 찻그릇을 많이 사는 사람에게 육우의 상을 도자로 만들어서 하나씩 주었다. 그리고 차를 파는 사람은 장사를 시작하기 전에 반드시 자기로 만든 육우의 상에 찻물을 끼얹어서 차가 많이 팔리기를 빌었다〔昔 鞏氏陶瓷 肯鴻漸像 沽茗者必祀而沃之,『다소(茶疏)』〕. 이 이야기는 바로 차 문화가 자기 문화(磁器文化)에 얼마나 큰 영향을 주는가에 대해 극명한 해답을 주고 있다.

현종 때는 불력(佛力)으로 국가의 안태(安泰)를 빌기 위해 대장경을 간행하고, 아들이 많은 집은 그중 하나를 출가(出家)하도록 허용했다. 왕실에서도 왕자를 출가시켰으니 대각국사(大覺國師) 의천(義天)도 문종의 왕자였다. 시대가 흐를수록 고려는 불교국가라 할 만 했다. 유교가 고려의 정치이념이었다면 불교는 정신적 지도이념이 되었다.

왕실과 귀족들은 불교가 국가나 개인의 생활에 행복과 이로움이 있다고 믿고 보호하였다. 고려의 불교가 현세구복(現世求福)과 호국적(護國的) 성격을 띤 것은 이런 까닭에서였다. 숭불정책(崇佛政策)은 태조 때부터였으니, 훈요십조(訓要十條)에는 나라가 제불(諸佛)의 호위에 의한 것이라고 제일 먼저 강조했다. 그리고 개경에만 법왕사(法王寺), 왕륜사(王輪寺), 흥국사(興國寺)등 열 개의 사찰을 건립했고, 후대에는 70여 개의 불사(佛寺)가 즐비할 정도였다. 정월의 연등회와 11월의 팔관회 같은 불사(佛事)에는 군신이 짧게는 며칠 길게는 몇 주 동안 가무와 음주로 즐기며 부처와 천지신명께 제사했다. 이러니 차야말로 국가대사에 없어서는 안 될 필수품이었다.

그래서 궁궐 안의 기구에도 차를 전담하는 다방(茶房)을 두고 전담하는 관원도 여럿을 두었으며, 다군사(茶軍士)를 두어 왕의 행차 때에도 수행하여 차에 관련된 일은 물론 다른 임무까지 수행하게 했다.

사원에 대한 국가적 후원은 경제적인 것도 많았다. 사원의 건립에 따르는 토지의 지급과 면세의 특전, 거기에 승려들에 대한 군역이나 노역의 면제 등이 부여되었다. 사원의 살림이 윤택해지니 다사(茶事)도 점점 흥해지고, 차의 생산과 공급도 원활하게 이루어졌다. 사찰에 다당(茶堂)을 별도로 짓고 다고(茶鼓)를 따로 두었으며 인근에는 차를 공급하는 다촌(茶村)이 형성되어 있었다. 이 같은 제도를 좀더 확대하여 국가에서 합리적으로 발전시키지 못하고 마침내 백성들을 곤궁하게 만드는 원인이 되기도 했다. 이렇게 왕실과 사찰에서 차가 크게 유행하니 자연히 평민들에게까지 널리 퍼져 다점(茶店)이라는 다소(茶所)가 생길 정도였다.

그로 인해 다구(茶具)와 다기(茶器)들의 제작이 왕성해져서 자기 문화가 크게 향상 진전되었다. 그리고 차도 중국에서 가져오는 것 이외에 수요가 많아지니 국내의 생산량도 늘이고, 그 종류도 다양해졌다. 고급차인 유차와 뇌원차, 대차 등은 그 기록으로 미루어 생산량도 많고 질도 좋았다. 그러나 후대에 이를수록 다농(茶農)들을 보호할 생각은 않고 생산만을 독려하여 과도한 세금을 걷으니 산지가 황폐하게 되었다.

이때까지도 차는 약으로서의 기능이 컸는데 이를 기호음료로 생각하는 기풍이 많이 퍼져서 승려와 문인들이 차를 즐기며 투다(鬪茶), 즉 명전(茗戰, 차 겨루기)까지 유행할 정도였다.

우리의 차 역사에서 고려처럼 널리 차가 보편화된 시대도 찾아보기 힘들 정도로 고려 때 차 문화는 절정기를 이루었다. 그러나 국가적으로 획기적인 생산시책을 세우지 못하고, 중국차를 수입하여 상류층이 사용했으므로 차 산업이 육성되지 못한 것이 아쉽다. 그리고 차의 생산이나 제조 및 다구나 전다(煎茶)에 관한 자세한 기록이 전하지 않는 것이 안타깝다.

고려와 송(宋)의 교역은 문화적인 측면이 강한 것이 특징이다. 송의 입장은 정치적이고 군사적인 면에 더 비중을 두려 했으나 고려가 그에 잘 호응하지 않았고, 고려 쪽에서는 주로 그들의 수준 높은 문화를 수입하는 데 힘을 쏟았다. 그래서 주로 서적, 비단, 자기, 약재, 향료, 차 등을 수입하고, 금, 은, 동, 인삼, 칠기, 화문석 등을 수출했다. 예성강(禮成江)의 벽란도(碧瀾渡)는 송뿐만 아니라 멀리 아라비아 상인들까지 출입하는 국제적인 항구였다. 이에 우리 차 문화는 자연스럽게 발전되었고 그로 인해 자기 문화도 더욱 향상하였다.

송과의 국가적인 교류에서 오간 많은 품목 가운데 눈길을 끄는 것은 단연 용봉단차(龍鳳團茶)다. 기록에 의하면 용단 봉병은 어원(御苑)인 북원에서 나는 것으로 생산량이 얼마 안 되는 아주 귀중한 고급차였다. 그것이 왕실로 오고, 그중 일부가 선승이나 신하들에게 내려지기도 했다.

예종 때에 무신의 난이 일어나자 기성 불교 쪽에서는 왕실 편에 서서 무신들에게 대항하는 태도를 취하였다. 그 예로 귀법사(歸法寺) 승도 2,000여 명이 무신정치를 전복시키려는 항쟁이 있었다. 이에 무신들은 기존의 교종을 버리고 선종 쪽에 손을 내밀어 명승들의 힘을 빌렸다.

무신의 집권이 안정기에 접어들자 차 문화는 다시 흥해져서 전대의 이자현(李資玄)의 뒤를 이어서 이규보(李奎報)를 위시해서 최자(崔滋), 이제현(李齊賢) 부자, 이인로(李仁老), 김극기(金克己) 등의 선비 차인과 진정국사(眞靜國師), 원감국사(圓鑑國師), 보조국사(普照國師), 진각국사(眞覺國師) 등의 대덕 차인들이 나와 차 문화의 꽃을 피웠다.

왕정복고 후 후기로 오면서 고려는 점차 원(元)의 간섭을 받게 된다. 삼별초(三別抄)의 난을 시작으로 쌍성총관부(雙城摠管府)와 동녕부(東寧府)가 생기면서 간섭의 도가 더 심해졌다. 임금은 원 황실의 공주를 맞아 왕비로 삼는 부마국(駙馬國)이 되었으나 고려의 주권은 엄연히 지켰다. 국내로는 권문세가(權門勢家)들이 농장(農莊)을 가지고 막대한 농지를 소유하며, 경쟁적으로 경제적 기반을 넓히기에 힘썼다.

따라서 농민들은 농토를 잃고 생활이 어려운데 세금을 부담하기 힘들어지니, 국가의 경제가 날로 어렵게 되었다. 견디다 못한 농민들이 이농(離農)하고 유민화(流民化)하는 일이 비일 비재하였다. 그중에도 다농들은 더욱 심했으니, 세금의 액수가 너무 무겁고, 왜구들의 침탈이 극심하여 더 견딜 수가 없어서 차밭을 불사르고 고향을 등지는 일도 있었다. 그러니 차의 생산량은 줄고 품귀하게 되어 값은 점점 비싸게 되었다.

이에 신흥사대부들이 등장하여 기울어지는 원의 간섭에서 벗어나 기존의 권문세가들을 밀어내고, 참신한 풍토 조성을 위해 불교배척운동까지 벌이었다. 이런 상황 아래서는 차 문화도 위축될 수밖에 없었다.

또한 정치지도이념의 강화를 위해서 성리학을 더욱 존중하여 새로운 기풍을 조성하였다. 차 문화도 이들 유학자들에게 옮겨져 도학적(道學的)인 면이 두드러지면서, 기존의 선(禪)과 조화롭게 발전하게 된다. 도교적인 신선사상이 결부되므로 차는 깊은 정신세계로 승화를 꾀하게 된다.

고려의 차 종류

　신라 때 진감선사대공탑비(眞鑑禪師大空塔碑)에 보면 한명(漢茗)을 가루 내지 않았다는 말이 나오는 것으로 미루어 중국의 병차(餠茶)가 그대로 수입된 것을 알 수 있다. 더 소급해서 고구려 고분에서 병차가 출토되었으니 이런 고형차는 신라를 거쳐 고려 때에 이르면 아주 보편화한 것으로 보아야 한다. 육우 이전부터 당대(唐代)의 주된 차는 병차가 많았고, 『다경』의 내용도 병차 위주로 기술되었다. 그러다가 송대에 오면 그중에도 연고차(硏膏茶)가 크게 유행하여 음다 기풍이 기호형으로 바뀌게 된다.

　고려가 송과의 교역 때마다 가져오는 것 중에는 중국인들이 아주 귀하게 여기는 북원산(北苑産)의 고급 연고차가 반드시 들어 있었다. 그래서 그들의 가루차 점법(點法)이 고려인의 차 생활의 주류를 이루었다. 하지만 대관다론(大觀茶論)에 나오는 방법과는 차이가 있었던 면도 보인다. 그렇다고 고려 사람들이 마신 차의 전부가 덩이차 종류라고 보기는 어렵다. 끓이는 용어로 보아서나 그 차의 품질로나 계량 단위 등으로 보아서 병차에 쓰지 않는 말이 있기 때문이다.

11대 문종 이후 반세기 동안 고려에서 수입한 송차(宋茶)의 양만도 막대했다. 그리고 고려에서 자체로 생산한 차도 상당량이었다.

용봉차

송(宋)의 대표적인 고급차로, 중국차의 역사상 가장 정교하게 만들어진 연고차였으나, 그 채취와 제조 과정이 워낙 까다롭고 공정이 복잡할 뿐만 아니라 점다 과정도 어려웠다. 따라서 민간에 주는 피해도 많고 너무 사치스러워 명대(明代)에는 자취를 감추었다. 그중에도 용단승설(龍團勝雪) 같은 차는 최상의 귀품이었다. 연고차는 남당(南唐) 말년부터 만들기 시작했으나, 용봉차(龍鳳茶)는 송의 휘종 때(1120) 북원공다소(北苑貢茶所)에서 전운사(轉運使) 정위(丁謂)가 처음 만들어 조정에 바쳐서 좋은 평가를 받고, 이어서 채양(蔡襄)이 완성했다

문종 32년 6월에 좌간의 대부 안도와 사인 진목 등이 송에 사신으로 갔다. (중략) "그대에게 나라의 신물(信物)들을 별지(別紙)의 기록과 같이 내리고 특별히 용봉차 10근을 내리니" (중략) 각 근마다 금은을 입힌 뚜껑 있는 대나무 그릇에 오색의 비단으로 가운데를 매었다. 그리고 붉게 옻칠한 궤에 담았으며 붉은 꽃 비단으로 배띠를 매었다.

文宗三十二年 六月 丁卯 命太子 詣順天舘 導宋使 (중략) 今差 左諫議大夫安燾起居舍人陳睦 賜卿國信物等 (중략) 別賜龍鳳茶十斤 每斤用金鍍銀竹節合子 明金五綵裝腰花板朱漆匣 盛紅花羅夾帕複云云.

— 「세가(世家)」, 『고려사(高麗史)』

예종 때 최사추에게 수태사중서령(守太師中書令)을 가(加)하고 조서(詔書) 「다약(茶藥)」 등을 내려 우대하는 은총을 보였다. 왕이 일찍이 용봉차를 주니 사추가 은혜에 감사하는 시를 올리매 왕이 화답하였다.

睿宗朝 崔思諏加守太師中書令致任 賜詔書 制撰 茶藥 衣帛 鞍馬以示優恩 王嘗賜龍鳳茶 思諏進謝詩 王和賜之云云.

- 「열전(列傳)」 9권, 『고려사』

송(宋)에 진공사(進貢使)로 간 이자겸이 계향어주와 용봉차, 그리고 진기한 과일과 보배로운 그릇들을 싸가지고 돌아오매, 즐겁게 경(卿)들과 더불어 이 아름다움을 즐기리라.

入朝進貢使 資謙齎桂香御酒 龍鳳茗團 珍果寶皿來歸 嘉與卿等 樂斯盛美.

- 같은 책

예종 12년 6월에는 여러 왕족과 양부(兩府)가 청연각에서 잔치하였는데 송나라 황제가 준 계향어주와 용봉명단 및 진기한 과일과 보배로운 그릇을 쓰고 각각 서대와 의복을 하사했다.

睿宗丁酉十二年六月 宴諸王兩府于淸讌閣 用宋帝所賜桂香御酒 龍鳳茗團 珍果寶皿 各賜犀帶一襲衣云云.

- 『고려사절요(高麗史節要)』 8권

홍약(洪瀹)이 최성지(崔誠之)가 보낸 차와 지물(紙物)에 대한 감사의 뜻을 전하는 시에 "용단봉병이 잘 어울리고 모영과 오규(붓과 먹) 어찌 다른 마음이리" 하고 답하였다[龍團鳳餠堪同調 毛穎烏圭豈異心, 『동문선(東文選)』 15권]. 이상의 기록들에 의하면 고려시대의 용단봉병에 대한 몇 가지를 알 수 있다.

먼저 용봉차는 사신들이 올 때 회사품(廻謝品)으로 가져오는 것이 많았다. 원래 용봉차는 북원(北苑)의 어원(御苑)에서 특별히 전운사의 주도 아래서 만드는 최고급의 차이므로 생산량도 많지 않았다. 그런데도 외교적인 신물(信物)로서 보내는 것이니 대량은 아니더라도 왕실에서는 늘 썼던 것이다.

그리고 어느 차보다 귀중한 것이므로 왕이 신하나 선승들에게도 조금씩 나누어 주기도 했다. 그렇게 얻은 것이므로 가까운 친구나 친지에게 또 나누어 마시기도 했으니 받은 사람들의 고마움을 적은 글들을 간혹 볼 수 있다.

끝으로 존귀한 대상에게 올리는 헌다 때나 불탑 및 부장품으로도 사용한 유물이 남아 있다.

용단승설(龍團勝雪)에 관한 기록 중 눈여겨볼 두어 가지가 더 있다.

하나는 추사(秋史)의 문하생인 우선(藕船) 이상적(李尙迪 : 1804~1865)의 『은송당속집(恩誦堂續集)』에는 다음과 같은 글이 있다.

> 용단차 한 덩이의 표면에는 비늘과 수염이 은은하게 보이는 용이 있으니, 해서로 '승설(勝雪)'이라는 두 글자를 음각했다. 크기는 사방 한 치에 두께는 반 치이다. 근래 석파 이공(대원군)이 호서(충청남도)의 덕산에서 성묘하고(남연군 묘에) 고려시대의 고탑 속에서 작은 금동불과 금을 입힌 경첩, 사리, 침단, 구슬 등과 네 덩이의 용단승설차를 얻었다. 최근 나는 그중 하나를 얻어서 간직하고 있다.

龍團一銙 面作團龍形 鱗鬣隱起 側有勝雪二字 楷體陰文 度以建初尺 方一寸 厚半之 近者石坡李公 省掃于湖西之德山縣 訪高麗古塔 得小銅佛泥金經帖 舍

利子沈檀珍珠之屬 與龍團勝雪四銙焉 近余獲其一而藏之.

고려 때는 모든 불사(佛事)에 차를 썼을 뿐만 아니라 불탑이나 승탑에도 봉안품(奉安品)에 최고급의 차를 넣었음이 분명하다.

또 하나는 이보다 50여 년 뒤 일본의 '무자소로천가(武者小路千家, 무샤 고우지 센케)'인 유성암(有聲庵, 유세이 암)의 속전천청(粟田天靑, 아와다 덴세이 : 1878~1953)은 제강 존(諸岡 存, 모로오카 다모츠)의 『조선의 차와 선(禪)』의 후서(後叙)에서 "소기국소(小磯國昭, 고이소 구니아키) 장군이 이 책의 내용을 칭찬하고 '용단승설'의 제자(題字)를 보낸 것은 옛날 조선에 있던 우수절품(優秀絶品)의 차 이름으로서, 용단(龍團)은 송의 명신 채양(蔡襄)시대의 차 이름 용봉단에서 나왔고, 승설(勝雪)은 예부터 차는 흰 것(白色)을 중히 여기는 데서 비롯되었다. 송의 휘종황제가 차 20여 종을 품평하고 백차를 제일로 꼽는 것이 바로 그 예이다. 이 용단승설의 이름은 조선의 차가 있던 곳의 동굴 안에 새겨진 것이다."라고 적었다.

그러나 이들이 우리나라에 온 20세기 초까지도 이런 유물이 발견될 정도였으나, 그 후 심한 도굴과 파괴로 많이 인멸되고 더구나 발견된 유물의 행방도 모르니 답답한 심경이다.

뇌원차

뇌원차(腦原茶)는 왕실에서 행하는 의식에는 물론 대외적인 공물(貢物) 및 관료들에게 하사품으로도 널리 쓰였다. 각 다소(茶所)에서 공물로 바친 것을 모아두었다가 국가 대소사에 사용했다.

대략 뇌원차의 이름에 관한 두 가지 견해가 있다.

하나는 일본의 점패방지진(點貝房之進, 아유카이 후사노신)의 『차의 애기(茶の話)』에서는 "뇌원차는 그 명칭과 제법 및 유래에 대해서 문헌적 기록이 하나도 없어 다만 고려의 토산차인 것만 알 뿐이다"고 하였다. 그런데 비슷한 시기의 도엽군산(稻葉君山, 이바나 이와기치)은 『조선의 사원차(寺院茶)』에서 "『거란국지(契丹國志)』에 이 차를 뇌환차(腦丸茶)라 하고 『고려사』에는 뇌원차라 하는데, 이는 용뇌(龍腦)를 섞은 전차(磚茶)인 것이다. 이는 당과 송의 제법과 같고, 다약(茶藥)이라는 말도 이때부터다"라고 하였다.

호암 문일평(文一平)은 『다고사(茶故事)』에서 "뇌원차는 떡차(餠茶)이므로 한 편(片)이 한 각(角)이지만 한 근이 몇 각인지는 모른다. 그리고 뇌원차는 분명 좋은 차였기에 상류층에서 사용되었다"고 했다.

다른 견해로 이성우(李盛雨)의 『고려 이전 한국식생활사 연구』에서는 "실제로 전라남도에 뇌원이란 지명이 있었던 것으로 보아 그곳에서 만들어진 것이 아닐까"라고 쓰여 있다. 여기에 관해서는 일제 때 나온 『조선풍속관계자료촬요』에도 "뇌원차는 차의 일종인데 뇌원은 전라남도의 한 지명으로 그곳에서 만든 차인 듯하다. 뒤에 뇌선차로 바꾼 것은 충선왕의 이름과 같은 음의 글자 때문이리라"고 적고 있다. 충선왕의 이름에 원(源)자가 '原'과 음이 같아서 '先'으로 바꾸었다는 것은 상당한 사실 접근이 이루어진 것이다.

그러나 한 지역에서 작은 규모로 수백 수천 각의 뇌원차를 생산했다는 것은 또한 수긍하기 어려운 점이다.

뇌원차의 사용은 고려 초기부터이니 성종 8년(989)에 죽은 최승로(崔承老)의 장례 부의품으로 뇌원차 200각을 하사했고, 최지몽(崔知夢)이 죽었을 때도 같은 양의 차를 내렸다. 평장사 최양(崔亮)에게는 뇌원차

1,000각을 부의품으로 내렸고, 내사령 서희(徐熙)에게는 200각, 시중 한언공(韓彦恭)에게도 200각을 내렸다[1]. 더구나 최승로의 상소문에서는 광종(光宗) 때부터 황제가 의식에 쓴 차를 연(碾)에다 갈았다 하니[2] 적어도 뇌원차는 10세기 후반에 이미 생산되지 않았나 한다. 그러다가 기록으로 충선왕 때까지 그 이름이 나오는 것으로 보아[3] 14세기 초까지는 뇌원차가 생산되었다.

외국에 공물로 여러 차례 보냈으니 정종(靖宗) 때 김원충(金元沖)이 거란에 다녀올 때[4], 인종(仁宗) 8년(1130) 2월에 노영거가 금나라에 갔다올 때[5], 충렬왕 18년(1292) 10월 홍선을 원나라에 보낼 때[6] 등 모두 뇌원차를 예물로 가져갔다.

그 외에도 왕실에서 내리는 하사품에 거의 뇌원차를 썼으니, 문종(文宗) 3년(1049) 3월에 여든 살 이상 된 상서우복사(尙書右僕射) 최보성(崔輔成), 사재경(司宰卿) 조옹(趙顒)에게 뇌원차 30각을 내렸다[7]. 그리고 성종 9년(990) 10월에 서경의 늙은이들에게 신분에 따라 차등 있게 하사품을 내릴 때에도 차가 들어 있다. 그중에 서민들에게는 차가 빠졌고, 남자들에게는 뇌원차를 내리고 여자에게는 대차를 주었다. 이렇게 차를 내린 기록은 헌종 때까지 계속되었다[8].

또 사원에 시주할 때도 뇌원차를 많이 썼다. 문종 21년(1067) 9월 국사(國師) 해린(海麟)이 늙어 산으로 돌아가기를 청하니 임금이 현화사(玄化寺)까지 친히 전송하고 여러 보물과 차를 내렸고[9-1], 숙종 때에는 병마사 김한충(金漢忠)과 판관 강증(康拯)에게[9-2], 현종 때에는 교위(校尉)와 선군(船軍) 이하 여럿에게[9-3], 예종 때에는 병마사(兵馬使) 박경작(朴景綽)에게 차나 건(巾)을 내렸다[9-4]. 그 후에도 문하시중 이정공(李靖恭)에게도 다포(茶布)를 내렸다[9-5].

이처럼 차를 보내는 일은 태조 때부터 있었다. 태조 14년(931) 8월에 신라왕에게 예물을 보낼 때 군인과 민간인 및 승니(僧尼)들에게까지 차를 나누어 주게 했다[10].

이상의 많은 기록들이 모두 뇌원차라는 이름을 쓰지는 않았으나 그 내리는 경우나 대상들이 거의 비슷한 사람들이니 같은 종류의 차인 뇌원차를 내렸을 것으로 짐작된다. 그러니 뇌원차의 생산량은 상당히 많았고 그제다 규모도 여러 지역에 걸쳐 이루어졌을 것이다.

[1] 諸臣喪 : 成宗六年三月 內史令崔知夢卒 王聞訃震悼 賻布千匹 米三百石 麥二百石 茶二百角 香二百斤 官庀葬事 贈太子太傅 諡敏休 八月五日 守侍中崔承老卒 王慟悼下敎 褒其勳德 贈太師 賻布千匹 麪三百石 粳米五百石 乳香百斤 腦原茶二百角 大茶十斤 十四年四月 平章事崔亮卒 王慟悼 贈太子太師 賻米三百石 麥二百石 腦原茶千角 以禮葬之 諡匡彬 穆宗元年七月 內史令徐熙卒 賻布千匹 麨麥三百石 米五百石 腦原茶二百角 大茶十斤 栴香三百兩 諡章威 以禮葬之 七年六月 侍中韓彦恭卒 賻米五百石 麨麥三百石 平布八百匹 中布四百匹 茶二百角 贈內史令 諡貞信 以禮葬之.

-『고려사』64권

[2] 崔承老慶州人 父殷含仕新羅至元甫 久無嗣 禱而生承老 性聰敏好學 善屬文 年十二 竊聞聖上 爲設功德齋 或親碾茶 或親磨麥 臣愚深惜聖體之勤勞也.

-『고려사』93권

[3] 차의 일종으로 뇌원은 고려시대 전남 지방의 한 지명으로 대부분 그곳에서 생산되는 차인 듯하다. 나중에 이름을 뇌선차(腦先茶)라고 바꾸었으니, 그

것은 충선왕의 '휘(諱)'자이므로 변경한 것이다.

- 조선총독부, 『풍속관계자료촬요』

[4] 斷種四年秋七月甲寅 金元沖 還自契丹 (중략) 詔曰省所上表謝恩令朝貢 竝進捧金吸甁 幞頭 紗絞布 貢平布 腦原茶 大紙 細墨 具悉.

-『고려사』6권

[5] 仁宗八年三月己未 盧令琚等 還自金 詔曰 省所上稱謝 進奉銀器 茶布等物 幷付進誓表事 具悉 云云.

- 같은 책 16권

[6] 忠烈王十八年冬十月乙巳 洪君祥還 遣將軍洪詵 偕君祥 如元 獻香茶木果等物.

- 같은 책 30권

[7] 文宗三年三月庚子 饗八十以上國老 尙書右僕射崔輔成 司宰卿趙顒 太子詹事李澤成等於閤門 王親臨賜酒 仍賜輔成 顒等 公服各一襲 幞頭二枚 腦原茶三十角 澤成公服一襲 許令閤門乘馬 出正衙門 三老固辭.

- 같은 책 7권

[8] 成宗九年冬十月甲子 (중략) 西京入流 年八十以上者 優賞各有差 三品以上 公服一襲 五品以上 彩二匹 幞頭二枚 茶一十角 九品以上 彩一匹 幞頭一枚. 茶五角 入流以上 母妻年八十者 三品以上 浦日十四匹. 茶二斤 五品以上 布一十匹 茶一斤 九品以上布六匹 茶二角 庶人男女百歲以上者 令京官四品 存問

其家 兼賜布二十匹 稻穀一十石 九十以上 布四匹 稻穀二石 八十以上 及篤疾者 布三匹 稻穀二石 云云.

- 같은 책 3권

[9-1] 文宗二十年六月丁酉 國師海麟 請老還山 王親餞于玄化寺 賜茶藥 金銀器皿 綵緞 寶物.

- 같은 책 8권

[9-2] 肅宗丁丑二年秋七月 東女眞 賊船十艘 寇鎭溟縣 東北面兵馬使金漢忠 遣判官康拯與戰克之 獲船三艘 斬首四十八級 賜漢忠 拯銀絹茶藥.

-『고려사절요』6권

[9-3] 睿宗丁亥二年春正月 賜魏繼廷茶藥二銀盒.

- 같은 책 7권

[9-4] 睿宗乙未十年八月 西北面兵馬使朴景綽 陛辭 改賜名景仁 賜茶藥.

- 같은 책 8권

[9-5] 肅宗二年六月戊子 門下侍中李靖恭奉宣 撰進興王寺碑文 王賜詔獎諭 兼賜匹段 銀器 茶布 鞍馬等物 宋商愼奧等三十六人來.

-『고려사』10권

[9-6] 太祖十四年 秋八月癸丑 遣甫尹善規等 遺羅王鞍馬綾羅彩錦 幷賜百官綵帛 軍民茶 幞頭 僧尼茶香 有差.

- 같은 책 2권

대차

　대차(大茶)는 뇌원차나 유차(孺茶)를 따고난 후에 만든 차인 것은 누구나 인정하는 사실이고, 왕실에서 하사하는 예물로 많이 사용한 것도 사실이다. 그런데 아직도 이 차가 떡차 형태의 연고차인지, 산차(散茶)인지는 알 수 없다.

　1972년에 나온 『중국다서차관계어휘(中國茶書茶關係語彙)』에는 "입하(立夏) 전후에 딴 큰 찻잎으로 만든 연고차"로 되어 있으나, 그 근거가 될 만한 기록이나 유물이 제시되지 않았다. 그리고 중국 송대의 연고차에서 보듯이 이 같은 중작(中雀)이나 대작(大雀)의 잎을 사용해서 연고차를 만들었다는 것도 개연성을 잃고 있다. 왜냐하면 대부분의 연고차는 수아(水芽)나 작설(雀舌) 정도의 눈엽(嫩葉)으로 만들어졌기 때문이다.

　또 1991년 ≪다담(茶談)≫에 발표된 석용운(釋龍雲)의 「고려왕실의 유일한 잎차」라는 글에서는 "고려의 대차는 잎차이지 떡차는 아니다. 뇌원차는 떡차로서 헤아리는 단위가 몇 각(角)이라고 하지만, 대차는 잎차로서 몇 근(斤)이라 한다"고 했다. 즉 계량하는 단위의 용어가 '각'은 병차 형태에 쓰고, '근'은 산차 형태에 쓴다는 주장이다.

　이에 대해 1996년에 나온 『다도학논고(茶道學論攷)』에서 김명배(金明培)는 "차의 계량단위가 각이면 고형차이고, 근이면 잎차라고 단정할 근거도 없는 것이다. 고려와 도량형법이 같았던 송나라 연고차인 봉단(鳳團)은 8병(餠)이 한 근이요, 소용단은 10병이 한 근이요, 밀운용(密雲龍)은 20병이 한 근이었다. 만약 근일 때 잎차라고 한다면 문종 32년(1078) 안도가 예물로 가져온 용봉차 10근도 잎차라고 보아야 하는 모순을 낳는다"고 하여 떡차 쪽에 더 무게를 두었다.

　1996년 11월 20일 초의문화재단의 '한국차문화특강'에서 석용운은 여기에 대해 좀더 자세히 설명했다. "찻잎의 크기에 의한 구분으로 작은 것은 세엽(細葉), 중간 것은 중엽(中葉), 큰 것은 대엽(大葉)으로 구분한다. 이런 찻잎으로 차를 만들면 세작, 중작, 대작이 나오는 것이다. 이렇게 볼 때 고려의 대차는 찻잎이 쇤 것, 즉 커진 찻잎을 말한다. 어릴 때 딴 작은 잎으로 뇌원차를 만들고 그 후에 쇤 찻잎을 따서 대차를 만들지 않았나 하는 생각이 든다"고 하여 그 찻잎의 성격상 나중에 딴 쇤 것이므로 잎차로 만들었을 것이라 추정했다.

점패방지진 같은 사람은 대차(大茶)의 '大'는 중국을 가리키는 것으로 '대차'를 중국차라는 뜻으로 썼다는 주장은 근거 없는 억설이다. 우리가 옛날 중국을 대국이라 부르긴 했으나 그 생산물들에 '大'자를 붙인 일은 없고, 더구나 '茶'의 경우는 그 차 이름을 사용하였지 대 자를 붙여 중국차를 지칭한 일은 더욱 없기 때문이다. 이에 대해『호암전집(湖岩全集)』에선 소차(小茶), 대차 등의 이름이 그 차의 완성품 크기에 따른 명칭으로 생각하고 있다.

이런 주장들은 어느 하나도 문적(文籍)에 근거를 둔 것은 없고 다만 추측에 불과하다. 그러나 같은 기록에서 뇌원차에는 '각'을 쓰고 대차에는 '근'을 쓴 것은 눈여겨볼 일이다.

대차라는 명칭에 대해서는 분분한 주장이 있으나, 이것이 병차였다면『호암전집』에서 문일평이 주장한 대로, 만들어진 병차의 크기로 인해 생긴 이름으로 보는 것이 타당하다. 이는『선화북원공다록(宣化北苑貢茶錄)』에 나오는 용봉차의 일반적인 크기가 직경 한 치 반(5센티미터 가량)인데, 용단에 소룡(小龍)과 대룡(大龍)이 있고 봉병에도 소봉(小鳳)과 대봉(大鳳)이 있어 크기가 달랐으니 유추가 가능하다.

그리고 산차였다면 잎의 크기에서 나온 이름이라고 할 수 있다. 그것은 맏물이 아닌 두물이나 세물차로 볼 수도 있고, 대엽의 찻잎으로 볼 수도 있다. 이제까지는 우리나라에 소엽차종만 있었다고 생각했기 때문에 대엽차종의 찻잎으로 볼 수 없다고 생각했지만, 근래 김해지역에서 자주 발견되는 대엽차종을 보면 천여 년 전에 그 분포는 지금보다 훨씬 많았을 수도 있다.

유차

유차(孺茶)는 화계(花溪) 다소에서 진상했던 차로 이규보의 시에 자주 나오는 고급단차였다.

이에 대해서는 그의 시를 읽어보면 내용을 짐작할 수 있다.

인간의 온갖 음식 일찍 맛봄 귀히 여겨
하늘이 사람 위해 절후를 바꿔주네
봄부터 자라 가을에 익음은 당연한 이치로
진실로 이에 어긋나면 괴이하게 여기는데
이즈음 풍습이 기이함을 좋아하니
사람 좋아하는 바를 하늘 또한 따른다네
이에 시냇가 찻잎을 이른 봄 싹트게 하여
황금 같은 노란 움 눈 속에 돋아나네
남녘 사람 일찍이 맹수의 두려움 무릅쓰고
위태로이 칡머루넝쿨 지나 깊숙이 들어가서
간신히 따고 불에 말려 한 덩이를 만들어
남 먼저 임금님께 드리려 하네
스님은 이 좋은 차 어디서 얻었는지

손 닿자 그 향기 대단하구려

풍로의 불꽃으로 손수 달이니

꽃무늬 찻잔에 색과 맛 뽐낸다네

입안에 닿으니 연하고 부드러워

애기의 젖 냄새 그대로구나

부귀한 집안에도 찾아보기 어려운데

우리 스님 얻었으니 놀랍구려

남쪽 사람 스님 거처 알지 못하니

맛보고 싶은들 어이 이루리

이는 응당 깊고 깊은 구중궁궐 좋은 곳에서

높은 스님 대접하여 보내셨겠지

차마 헐어 마시기 너무 아까워

임금님 사신 편에 보내 왔다네

속세에 분별 모르는 쓸모없는 나그네가

하물면 혜산천의 좋은 물 맛보았다네

평생 불우하게 늦도록 탄식인데

오직 좋은 일은 이것뿐일세

고운 이름 유차에 고맙지 않으리

그대에게 봄술 빚기 진정 권하니

차들고 술 마시며 세월 보내며

오가며 풍류놀이 시작해 보세

人間百味貴早嘗	天肯爲人反候氣
春榮秋熟固其常	苟戾於此卽爲異
邇來俗習例好奇	天亦隨人情所嗜

故敎溪茗先春萌　　抽出金芽殘雪裏
南人曾不怕髡髥　　危險衡深捫葛虆
辛勤採摘焙成團　　要趁頭番獻天子
師從何處得此品　　入手先驚香撲鼻
塼爐活火試自煎　　手點花甕誇色味
黏黏入口脆且柔　　有如乳臭兒與稚
朱門璇户尙未見　　可怪吾師能得致
蠻童曾未識禪居　　雖俗見餉何由至
是應藥闥九重深　　體貌禪英情禮備
愛惜包藏不忍啜　　題封勅遣中使寄
不分人間無賴客　　得甞況又惠山水
平生長負遲暮嗟　　第一來當唯此耳
餉名孺茶可無謝　　勸公早釀春酒旨
喫茶飮酒遣一生　　來往風流從此始

－「운봉주노규선사 득조아시지 여목위유차 사청시위부지
(雲峰住老珪禪師 得早芽示之予目爲孺茶 師請詩爲賦之)」, 『동국이상국집(東國李相國集)』 13권

또 앞 시의 운(韻)을 다시 쓴 노래에도 유차 이야기가 나온다.

서북쪽은 찬바람에 손가락 빠질듯한데
남방의 섣달은 봄 기운이구료
(중략)
지난날 남쪽에 노닐 적에
사철 따라 새로운 맛 떠오르네

한식 전에 딴 찻잎 많지 않아도
상 가득한 죽순과는 아주 다르네
하 많은 잎 따서 한 덩이 차 만드니
한 덩이 천금인들 어이 쉽게 얻으리
더구나 지금 서울 어려움에 처했으니
누가 나를 위해 힘들게 찾아올까
우리 선사 스님 중에 으뜸이시라
불법에 어김없고 덕행 구비하셨네
산 같은 재물도 시주하려 하거늘
누가 향기로운 햇차 아껴 드리지 않으리오
잘 간직하여 가벼이 남 주지 마시오
마음 씻어 맑기가 물 같구려
스님께 봄술 빚기 권함이 어이 잘못이리
술 취한 다음에야 차의 참맛 알기 때문이지
굶주린 선비 오랫동안 군침 흘리며
배 불릴 좋은 맛만 기다린다오
만약에 유차를 보내고 술만 있다면
우리에겐 진정 좋은 일이지

西北寒威方墮指	南方臘月如春氣
(중략)	
憶昔閒遊蠻國天	四時隨分嘗新味
火前香茗得未多	不似盈盤春笋稚
摘將萬粒成一餠	一餠千錢那易致
況今憔悴京華中	爲我何人重跬至

吾師也是僧中龍　　梵行無虧禪德備
山堆金帛尚欲施　　誰秘新香忍不寄
收藏愼勿輕與人　　除却靈臺澄似水
勸師早釀豈妄云　　欲識茶眞先醉耳
書生寒餓長遊誕　　只將口腹營甘旨
若遣孺茶生稚酒　　勝事眞從吾輩始

- 「복용전운증기(復用前韻贈己)」, 『동국이상국집』 13권

또한 다음과 같은 내용의 시도 실렸다.

근래에 사고 팜에 눈속임 많아
간상(奸商)의 계략에 모두 떨어졌네
속된 의원들 선방(仙方)에 어둡듯이
산머루 가리키며 망령되이 칡넝쿨이라네
그중 품평에 깊은 이 있으니
오직 운봉의 스님뿐일세
섣달의 차 싹을 평생 사랑해
강하게 쏘는 향기 코를 찌르네
몽산에서 처음 딴 차 우연히 얻어
끓을 동안 못 참고 미리 맛보네
넋 나간 나그네 보자마자 유차라 이름하니
늙은이가 아이처럼 탐내는 걸 어이 하리오
강남의 눈 속에서 따지 않았다면
이월 중에 서울까지 어이 이르리

近遭販鬻多眩眞	競落點商謀計裏
有如俗醫迷仙方	妄把蓳荬云是蘬
箇中評品妙且精	唯有雲峰一禪子
平生自笑臘後芽	辛香辣氣堪掩鼻
偶得蒙山第一摘	不待烹煎先嚼味
狂客一見呼孺茶	無奈老境貪幼稚
不是江南冒雪收	京華二月何能致

– 「손옥당득지 이사관윤보 왕사관숭 김내한철 오사관주경 견화 복차운답지
(孫玉堂得之 李史館允甫 王史館崇 金內翰轍 吳史館柱卿 見和 復次韻答之)」,
『동국이상국집』 13권

그대는 높고 높은 소나무라면

못난 나는 칡넝쿨 같다네

우연히 유차 시 지었더니

그대에게 전해짐을 어이 뜻했으리

君材落落千丈松	攀附如吾類縈蘽
偶然著出孺茶詩	豈意流傳到吾子

– 「손한장복화 차운귀지(孫翰長復和 次韻寄之)」, 『동국이상국집』 13권

이들 내용으로 미루어 다음 몇 가지를 알 수 있다.

먼저 "입안에 닿으니 연하고 부드러워 애기의 젖 냄새 그대로구나"에서 유차(孺茶)의 명칭이 붙여졌고 그것은 상국(相國)과 선사(禪師)가 뜻을 같이한 이름이다.

둘째로 "찻잎 따고 불에 말려 한 덩이를 만들어 남 먼저 임금님께 드리

려 하네. 스님은 이 좋은 차 어디서 얻었는지 손 닿자 그 향기 대단하구려"라든지, "부귀한 집안에도 찾아보기 어려운데 우리 스님 얻었으니 놀랍구려" 또 "하 많은 잎 따서 한 덩이 차 만드니 한 덩이 천금인들 어이 쉽게 얻으리"라 하여 유차가 지극히 뛰어난 귀품(貴品)임을 말했다. 이 정도면 북원(北苑)의 연고차에 뒤지지 않을 정도라 생각된다.

셋째로 임금에게 진상한 최고급품으로 취급되었다. "임금님 사신 편에 보내 왔다네", "남 먼저 임금님께 드리려 하네" 등에서 그 따는 시기와 향미로 미루어 그 품질을 알 수 있다.

넷째로 차 따는 시기는 섣달부터 한식 사이로 아주 이른 싹이었다. 송나라의 차로 보면 창(槍)만을 따고 자아(紫芽)나 백합(白合), 오체(烏蔕) 등을 모두 제거한 상태로 만든 용봉단(龍鳳團)에 해당하는 품질로 손색 없는 차였다.

"시냇가 찻잎을 이른 봄 싹트게 하여 황금 같은 노란 움 눈 속에 돋아 나네", "한식 전에 딴 찻잎 많지 않아도 상 가득한 죽순과는 아주 다르네", "섣달의 차 싹을 평생 사랑해 강하게 쏘는 향기 코를 찌르네", "강남의 눈 속에서 따지 않았다면 이월 중에 서울까지 어이 이르리" 등등의 내용으로 충분히 추리할 수 있다.

다섯째는 찻잎을 따서 떡차 모양으로 만들기 위해 불을 쪼였음을 일러준다. "간신히 따고 불에 말려 한 덩이를 만들어", "하 많은 잎 따서 한 덩이 차 만드니" 등이 그것이다.

끝으로 유차는 술과 함께 풍류적인 기호음료로 인식되어 귀족적인 사치스러움이 있었다. 왕가나 고승이 아니면 이규보 같은 관원도 얻어 마시기 힘들 정도로 그 생산량이 적은 좋은 차였다.

그렇다면 유차란 어떤 특정한 차의 이름이라기보다는 이른 시기에 만든 최고급의 차에 통칭되는 명칭으로 생각해 볼 수 있다. 그렇지 않으면 최고의 찻잎으로 만든 지극히 적은 분량의 이름이 붙여지지 않은 차에 운봉과 백운거사가 임의로 붙인 이름이라 하겠다. 이는 특정한 유차라는 차가 따로 있는 것은 아니라는 말이다.

작설차

작설차(雀舌茶)는 어린 찻잎으로 만든 떡차 형태의 것이다. 익재 이제현(李齊賢)이 쓴「송강스님이 햇차를 보낸 은혜에 붓 가는 대로 적어 방장실에 부치다」라는 시에서도 작설에 관해 나온다.

어찌 외로운 처지 물어주길 뜻했으랴만
다른 길 간다고 싫어하질 않는구려
가을 숲의 규란을 먼저 보내고
봄에 불에 말린 작설 몇 번이나 보내 왔네

豈意寒暄問索居　　不將出處嫌異趣
霜林虯卵寄會先　　春焙雀舌分亦屢

이 내용은 송광사의 방장 스님이 세의(世宜)를 잊지 않고 차를 보낸데 대한 감사의 시다.

또 진각국사(眞覺國師) 혜심(慧諶)이 보조국사 영정을 모신 수선사(송광사) 방장실에서 어린 시자로 하여금 눈을 퍼오게 하여 소반에 쌓아놓고 그 안에 웅덩이를 만들어 고인 물로 작설차를 달여 마신 시도 전한다. (뒤에 나올 "진각혜심" 편 참고.)

앞에 인용한 시는 작설(雀舌)이란 이름이 우리 문화에 등장하는 최초의 시라고 본다.

고려 말 원천석(元天錫)의 「이의차 사백이 준 차에 감사하여」라는 시에도 작설차가 나온다.

그리운 서울 소식 시골집에 이르니
가는 풀로 맨 햇작설차라네
식후의 한 사발 참 맛있고
취한 뒤의 석 잔은 제일 좋다네
惠然京信到林家　　　細草新封雀舌茶
食罷一甌偏有味　　　醉餘三椀最堪誇

한수(韓修 : 1333~1384)의 「경상도 안렴사가 보낸 햇차에 대하여 전운(前韻)을 써서」라는 시에서도 작설이란 이름이 나온다.

임금께 올린 나머지 내게 옴 어이 바랐으랴
금년에 작설은 귀하기 이를 데 없던데
豈期分我至尊餘　　　雀舌今年貴莫如

고려의 초기인 진각국사부터 말기인 원천석에 이르기까지 여러 차례 사용된 작설차란 명칭은 차의 일반명사인지 고유명사인지 구분하기 힘들 정도다. 그러나 작설이란 말이 찻잎의 모양에서 생겼지만 그 후 채취시기에 따라 작설이란 차의 품등이 생기고, 또 고유명사로 쓰였을 개연성도 있다.

문제는 이것이 병차(餠茶)인지 산차(散茶)인지에 대한 논쟁이다.

일본의 점패방지진이나 석용운과 정영선의 경우는 산차, 곧 잎차로 보려 하고 김명배는 연고차로 보았다. 작설을 고려 말에 등장한 산차로 보는 점패의 이론은 진각국사의 시에 작설이 등장하니 발상 자체가 틀렸고, 이제현의 시에 "자기 사발에 어즈러이 유화 뜨네"라든가, 원천석의 시에도 '구(甌, 사발)'가 등장하는 것으로 보아 적어도 병다 형태였을 것이라는 김명배의 이론과 같은 생각이다.

자순차

송광사의 원감국사의 「산거(山居)」라는 다게(茶偈)에는 자순차가 나온다.

굶주리면 한 바리 나물밥 먹고
목마르면 세 사발 자순차 마시네
지금 삶이 즐거움 넘치니
고담(枯淡)한 마음으로 호화로움에 마음 쓰지 않으리

飢飡一鉢青蔬飯　　　渴飲三甌紫筍茶
只今生涯有餘樂　　　不將枯淡愽豪華

사발을 사용한 것으로 다탕(茶湯)일 수도 있으나 대부분은 유화가 뜨는 병차 형태로 보인다. 석용운은 작설을 중국에서 수입한 차로 보았으나 대부분의 연구가들은 고려 차의 이름으로 보려 한다.

여기에 대해서는 원감국사의 다른 시에서 증갱차(曾坑茶)나 엄차(釅茶)며, 이색의 「다후소영(茶後小詠)」에 나오는 '로아차(露芽茶)', 변계량의 '향차(香茶)' 등은 당시에 생산된 토산 차의 이름이라기보다는 차종(茶

種), 곧 따는 시기나 만드는 방법 및 모양에 의해 일반적으로 부르는 이름이 아니었을까 생각된다. 왜냐하면 이런 같은 이름들이 당시의 중국 문헌에 자주 등장하는 것으로 보아 개연성이 많기 때문이다. 그리고 지금도 우리는 차의 상표에 관계없이 우전(雨前)이니 작설이니 하고 잘 부르고 있기 때문이다.

백산차

백산차(白山茶)는 우리의 역사와 함께한 고유차로서 백두산 근처에서 나는 석남과(石南科) 식물의 잎을 사용해서 만든다는 기록이 있다. 백산차는 석남과와 철쭉과의 두 종류가 있는데 석남과는 함경북도의 길주, 무산 등지에서 자라고, 철쭉과의 차는 함경남북도와 백두산 신무성에서 자란다. 유럽에서는 '래브라도 티(Labrador tea)'라 한다. 우리나라에서도 1977년부터 재배하고 있다.

분포는 우리의 백두산록과 우수리강 근처, 사할린 시베리아 동부 등지이고, 뿌리에서 어린 싹이 돋는다. 잎은 5센티미터 전후의 짙은 노란색이며 뒷면에 털이 빽빽하게 돋아 있다. 꽃은 5월에서 6월 사이에 흰색으로 피고, 네댓 잎을 넣고 열탕에 20~30초 우리면 솔잎향과 박하향이 함께 나는 산뜻한 차다. 5~10회 정도 우려 마실 수 있다.

1895년에 청(淸)의 살영액(薩英額)이 쓴 『길림외기(吉林外記)』에는 '안춘향(安春香)'이라 하여 "산바위의 정갈한 곳에서 자라는데 높이는 3, 40센티미터이고 버들잎처럼 작은 잎이다. 맛과 향이 짙어 제사에도 쓰고 잎을 볕에 말려 차의 대용으로 한다"고 했다. 이는 백두산 근처의 산가(山家)에서 마시는데 청의 건륭황제 때는 백산차를 공물로 삼은 적이 있다. 이능화의 『조선불교통사』에도 "장백산에서 백산차가 나온다(朝

鮮之長白山 山茶名白山茶 乾隆時淸入採貢 宮庭爲御用之茶)"고 했다.

　추사(秋史)의 문인인 이상적(李尙迪)은 『은송당집』에 「박경로에게 사례하는 백산차의 노래」라는 백산차에 관한 시를 싣고 있다.

　　　내 일찍이 아홉 번이나 연경에 와
　　　천하에 좋은 차 두루 맛보았네
　　　열두 거리 저자엔 다상(茶商)들로
　　　장 파는 가게보다 찻가게 더 많구나
　　　집에 돌아와 육우를 얘기하고
　　　『다경』을 손에 잡고 크게 탄식하네
　　　호남의 스님들 죽로차 새로 만들면
　　　사람들은 때때로 상처 아물듯 좋아하네
　　　우리 고장 산물이 응당 귀하니
　　　끝내 향기로운 맛 입안에 떫지만
　　　그대 보낸 불함의 말물차 고마움은
　　　추운 날 가슴앓이에 인삼과 비긴다네
　　　이 땅에 이 좋은 차 있음 누가 알리오
　　　거친 땅에서 인재가 출현한 듯
　　　다만 좋은 물(中冷水) 얻기 어려우니
　　　좋은 차(武夷茶) 사느라고 힘들지 않네
　　　그대는 알지 못하는가
　　　강남의 어차를 바치지 못하고
　　　좋은 차 모두 벌레 먹고 모래에 묻혀버림을
　　　또 그대는 알지 못하는가

박작성에 해마다 온갖 물품 오갔으나
올해는 그 흔한 수선화 하나 없는 것을
차 마시며 얘기하던 사람들 모두 흩어지고
봉화 연기 벌써 천진벌로 들어갔다네
내 생애 복누림이 얼마나 다행한가
차 달이고 책 읽으며 좋은 세월 보낸다네

我曾九泊燕河槎	嘗盡天下有名茶
十二街頭茶博士	賣茶多於賣漿家
歸臥敝盧談龍肉	手把茶經空咨嗟
湖僧竹露出新製	時人往往如嗜痂
祇應所貴吾鄕物	終是香味澁齒牙
不咸一綱感君惠	天寒肺病當三椏
誰知此土乃有此	譬如人才出荒遐
但恨難得中冷水	無勞遠購武夷芽
君不見江南御茶不入貢	撫槍埋沒隨蟲沙
又不見泊汋年年通百貨	今秋無箇水仙花
茶話故人散如雨	烽烟已入天津涯
何幸吾生享多福	煎茶覓句送年華

그 내용으로 불함산(不咸山, 백두산)에서 나는 백산차가 좋다는 것을 강조했다.

이 백산차를 조선 때의 차로 하지 않고 여기서 말하는 것은 고구려 때부터 있었던 차의 역사에 토산차에 관한 것이 확실치 않기 때문에 고려에 넣은 것이다. 까닭은 현재 고구려와 발해의 다사(茶史)를 가늠하기 어려운 사정이니 당연히 있어야 할 기록이 인멸되었기 때문이다. 즉 모든 자연적 산물이 어느 날 갑자기 우리에게 어떤 소용으로 쓰이는 것이 아니라, 그 지역에 살고 있는 사람들이 몇 세대 아니면 몇 백 년을 걸쳐 시행착오를 범한 끝에 확실하게 자리 잡게 되는 것이니 고려 때 토산차가 대용으로 쓰인 것이 있었다면 백산차는 고려의 차에서 빠질 수 없었을 것이라는 개연성에 논거를 둔 것이다.

백산차나무

끝으로『고려도경(高麗圖經)』에서 서긍(徐兢)이 "고려의 토산차는 너무 써서 마실 수 없다(高麗土俗茶 味苦澁 不可入口)"고 한 것은 지나친 표현이다. 송나라의 연고차란 아주 어린잎들로 고(膏)를 모두 짜고 만든 차이므로 차의 쌉쌀한 맛이 거의 없고 다른 용뇌 등의 향을 가미한 것이니, 그것에 길들인 입맛으로는 중대작(中大雀)으로 만든 우리 차가 쓸 수밖에 없다. 그리고 마실 수 없을 만치 쓰다는 것은 중국인 특유의 자만에 찬 과장적 어투임이 분명하다.

궁중의 차 문화

　신라 말의 불교문화와 음다 풍속은 그대로 고려로 이어지면서 차는 필수적인 기호음료로 자리 잡았다. 특히 고려 때는 불교가 국가의 힘을 입어 크게 융성했다. 승려가 왕실을 자주 출입하고 왕들이 불제자를 자처했으며, 왕비나 비빈, 후궁들이 불전에 친히 나아가 불공을 드렸다. 더구나 국가의 큰 행사나 불전에 쓸 가루차를 왕이 직접 만들기도 했다.

　궁중의 차 생활은 우선 대외적인 것으로 외국의 사신을 맞는 의례와 국가 간의 공물에 차가 오고간 것이다. 그리고 국가적인 행사로 연등회나 팔관회 또는 원회의나 군신의 등이 있었다. 궁의 일반적인 의례에 책태후의(冊太后儀), 공주하가의(公主下嫁儀) 등의 의례적인 것이 큰 비중을 차지했다.

　다음으로는 왕이나 왕족들의 개인적인 차 생활과 접빈의 일상적인 음다가 중요했을 것이며, 사찰의 선승들이나 신하들에게 하사하는 차의 비

중도 적지 않았다. 그래서 차에 관한 일을 전담하는 기구를 두지 않을 수 없었다. 곧 다방(茶房)이라는 기구를 설치하고 다방태의소감이나 다방시랑이라는 벼슬자리를 두었다.

1. 다방제도

나라의 모든 큰 의식에는 차가 빠지지 않았으며 궐내에 차를 전담하는 기구인 다방을 설치하여 관원을 배치했다. 이는 고려 궁실 차 문화의 특징적인 면으로 기록된다.

설치

다방이 처음 설치된 것은 확실치 않으나 현재의 기록으로는 문종 때 이미 있었던 것이다.

문종 원년(1047) 12월 경술에 이부상서가 상주하기를 "예부터 제도에 모든 관료는 늙어서 나이 69세에 이르면 상서를 올리고 그 직에서 물러나야 하는데, 지금 다방의 태의소감 김징악은 나이가 차서 마땅히 물러나야 하는데도 그냥 있으니, 이 제도를 폐하는 것이 마땅합니다" 하니 임금이 말하기를 "징악은 명의니 그 직에 있으면서 가까이서 임금을 모시도록 하라"고 하여 몇 년 더 그 직에 봉사했다.

文宗元年庚戌 尙書吏部奏 舊制凡諸官僚例 非上章請老者 年至六十九 則歲抄解職 今茶房太醫少監金懲渥 年當致仕 宜罷 制曰 懲渥名醫 職在近侍 可許數年供職 云云.　　　　　　　　　　　　　　　　　　　　　　-『고려사』7권

그런데 전편(前篇)에 나온 성종 원년(982) 6월에 최승로(崔承老)가 올린 상소에는 왕이 친히 맷돌에 차를 가는 일이 광종(光宗 : 949~975) 때부터 있었다고 했으니 임금이 가납하여 그때부터 신하들이 만들어 올리도록 했다. 그렇다면 이즈음에 전담하는 기구와 관원을 두었을 것으로 추리된다.

소임

그들의 주요한 소임(所任)은 진다례를 집행하고, 연회의 연단을 준비하는 것이다. 또한 임금의 순유 때 수행하여 차를 준비하고 달이는 일과 약도 곁들이며, 때로는 약방문(藥方文)을 모으며 임금의 시중드는 일도 했다. 물론 궁중의 차를 보관하거나 세자궁에 차를 올리는 일까지 맡아 했다.

| 의식 때 차를 주관 |

진다의 의식은 길(吉)·흉(凶)·빈(賓)·가(嘉)의 행사에 빠짐없이 행해졌다. 길례(吉禮)는 경영전(景靈殿)과 문선왕묘(文宣王廟)에 하고, 흉례(凶禮)는 부태묘의(附太廟儀)와 신하의 상례(喪禮) 및 중형주대의(重刑奏對儀) 때 행하고, 빈례(賓禮)는 영북조조사의(迎北朝詔使儀)와 영대명무조칙사의(迎大明無詔勅使儀) 때 행했고, 가례(嘉禮)는 책태후의(冊太后儀), 책왕비의(冊王妃儀), 책왕태자의(冊王太子儀), 원자탄생하의(元子誕生賀儀), 책왕자왕비의(冊王子王妃儀), 공주하가의(公主下嫁儀), 원회의(元會儀), 대관전연군신의(大觀殿宴君臣儀), 상원연등회의(上元燃燈會儀), 중동팔관회의(仲冬八關會儀) 때에 거행했다.

| 수존소(壽尊所)의 행사장 준비 |

왕이 태자와 제신(諸臣)에게 원정(元正)을 맞아 축복하례와 만세수주(萬歲壽酒)를 받는 곳이다. 이때의 진다 의식도 다방에서 주관했다.

이외에도 과안(果案)이며 주안(酒案)도 올리고 때로는 약(藥)도 올렸다. 문종 조에 다방태의소감 김징악의 예를 보더라도 그가 명의였으니, 다방에 관계되는 관원들이 의약과 관련이 있다는 것을 알 수 있다. 이는 고종 때의 기록에 다방에서 약방문을 수집한 얘기(國朝有茶房所集 藥方一部 文略効神 可濟萬命 以歲久脫漏 幾於廢失矣, 『동국이상국집』 21권)가 나오는 것을 보아도 알 수 있다.

| 임금 행차 시 순행 |

임금의 행차에 순행하여 다사에 관한 것을 책임지던가, 군복으로 호위한 일도 있었다.

관원

| 지다방사(知茶房事) |

이규보가 쓴 「유공묘지명(庾公墓誌銘)」에 "유공이 사금자대부소경으로 병부시랑, 형부시랑, 대부경, 지삼사사, 판대부사재사, 태자첨사, 판합문, 지다방사에 이르렀는데(賜金紫大府少卿 兵刑部侍郎 大府卿 知三司事 判大府司宰事 太子詹事 判閤門 知茶房事)"라고 한 것으로 보아 지다방사는 겸직이지만 다방의 최고위의 직책이었다. 이는 시랑(侍郎)이나 지사(知事), 소경(少卿) 등의 품계가 종삼품이나 정사품에 해당되므로 소감(少監)보다는 더 높은 것이었다.

다방태의소감(茶房太醫小監)

문종조의 기록으로 어의(御醫)인 김징악이 지낸 벼슬이다. 임금의 측근에서 건강을 돌보는 높은 직책으로 고려의 직제에 의하면 소감은 종사품(從四品)에서 정오품(正五品)에 해당한다.

다방시랑(茶房侍郎)

『고려사』의 복제(服制)에 관한 기록에 의하면 정사품(正四品) 정도의 지각문(知閣門)이나 내시행두원(內侍行頭員) 등과 같이 다방시랑이 등장하고 같은 복장을 하는 것으로 직위가 높았다.

다방별감(茶房別監)

진다의식에서 다방별감은 복주잔(福酒盞)을 받들어 전하는 일이나 행사의 일원으로 진행에 참여했다.

다방참상원(茶房參上員)과 참외원(參外員)

중형대주의 때 임금께 차를 올리고 과거 볼 때 동당(東堂)에서 감시(監試)하였다. 중동(仲冬) 때 팔관회에도 참석했다.

다방좌우번(茶房左右番)

왕을 호위하고 군역을 면제받았다. 그렇기 때문에 인원도 수백을 넘을 정도로 많아 폐단이 생기므로 수를 줄여 좌번과 우번으로 나누었다.

이외에도 다방산직원(茶房散職員), 다방원(茶房員), 한다방남반원(閒茶房南班員), 한다방반색원(閒茶房飯色員) 등이 더 있었다.

기타

이들의 녹봉은 일반 관원과 같았고, 그 채용과 수급은 이조(吏曹)에서 했다. 말기에는 인원이 넘쳐 줄이기도 하고 겸직도 시켰다. 이들은 곧 다군사(茶軍士)가 대부분이었다. 왕의 행차 때 행로군사(行爐軍士)와 다담군사(茶擔軍士)가 따르는데 그 행차의 성격에 따라 한두 명에서부터 20여 명까지의 다군사가 수행하였다.

2. 왕실의 생활 차

기록으로 왕실의 개인적인 차 생활에 관한 것은 많지 않다. 하지만 의식 때의 헌다나, 승려나 신하들에게 차를 하사한 사실들로 궁에서의 차 생활은 충분히 추리된다.

광종은 의식에 쓸 차를 손수 갈 정도였고, 의종은 절에 행차할 때 다정(茶亭)을 둘이나 마련한 적도 있었다. 공민왕 5년에는 왕이 보허(普虛)를 내전으로 부르니 공주와 태후가 기뻐서 눈물을 흘리며 친히 다과를 권하고 공주는 유리쟁반과 마노숟가락 등을 내렸다(王又邀普虛于內殿 公主. 太后 喜泣下霑襟 親侑茶果 公主施瑠璃盤瑪瑙匙等物, 『고려사』 89권) 그리고 충렬왕이 신효사에 거동했다가 왕륜사에 들리니, 주지 인조가 차를 드리고 고기반찬을 올렸다(忠烈王戊申三十四年幸神孝寺 遂幸王輪寺 住持仁照 進茶繼以肉饌, 『고려사절요』 21권) 또 공민왕은 궐내에서 신돈을 맞아 차를 마시기도 했다.

이런 사실들로 궁궐에서의 차는 거의 일상적인 음료로 역대의 왕들이나 왕족들은 거의 차를 음용했다. 그중에도 광종이나 의종, 공민왕 등은 차를 애용한 제왕들이고 여말의 여러 임금들은 중국에 가서 몇 년씩 생활을 했기 때문에 차 생활이 아주 자연스러웠다.

궁에는 차를 마실 공간이 많이 있었으니, 대관전(大觀殿), 장경전(長慶殿), 청연각(淸讌閣), 선인전(宣仁殿), 회경전(會慶殿), 청풍각(淸風閣), 향림정(香林亭) 등은 공식적인 행사 때 차를 마시던 곳이었다. 그리고 일상의 차는 거실이나 책방 등의 생활공간에서 이루어졌다.

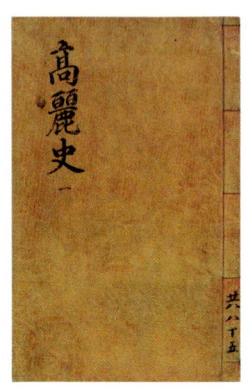

『고려사』 차와 관련된 직책이나 생활문화, 의식다례 등에 관한 기록이 나온다.

일상적으로 사용한 차는 왕실에서는 최고급의 연고차를 사용했을 것이고, 궁에 딸린 관리나 종사자들은 일반적인 품등의 차를 사용했다.

3. 궁중의 의식다례

앞에서 서술한 바와 같이 대소 의식에는 거의 차가 사용되었다. 이것은 의식이 차를 중심으로 이루어진 것이 아니고 복잡한 의식의 절차 중에 한 부분이 차를 올린다거나 손님들께 차를 내는 것이 들어 있다는 것을 말한다.

흉례(凶禮)와 빈례(賓禮), 그리고 가례(嘉禮)에는 차를 많이 썼고, 군례(軍禮)에는 차를 쓰지 않았다. 여기서는 그 많은 의식을 모두 소개할 수 없어서 몇 의식만을 골라서 차가 나오는 부분만을 말하려 한다.

중형주대의(重刑奏對儀)

지후가 대신들과 추밀관을 인도하여 궁문에 이르면 집례관이 그들을 이어받아 욕위(褥位)로 인도하여 자리에 가 선다. 집례관이 낮은 목소리로 "재배"라 하고 다른 집례관은 왕의 분부를 받아 "자리에 앉으시오"라 하고, 다시 낮은 소리로 "재배"라 한다. 이것이 끝난 다음 그들을 인도하여 전상에 올라 동편의 욕 위에 앉게 한다. 다방과 참상원이 곁문으로 들어와 차를 드리고 7품 내시관이 뚜껑을 연다. 이때 집례는 전각 앞 기둥 밖에 올라와서 마주 보고 절하고 차를 권한다. 차를 마신 다음에 전각 아래로 내려간다. 다음 8품관 이하의 원방(院房)이 대신과 추밀관에게 차를 드리면 집례가 다시 올라와서 이번에는 머리를 숙이고 차를 권하고 밖으로 나간다.

祗侯引宰臣樞密至門 執禮傳引 就褥位立定 執禮微喝 再拜 執禮承傳云賜 座 執禮微喝 再拜 引上殿坐 東邊褥位 茶房參上員 從夾戶入進茶 內侍七品員去 盖子 執禮上殿 前楹外面 拜勸茶放後下殿 次院房八品 以下進宰樞茶執禮 又 上殿伏面請茶出.

-『고려사』64권

영북조조사의(迎北朝詔使儀)

사인이 "재배"라고 하면 그들은 재배하고 왕의 안부를 묻는다. 또 사인이 "재배"라고 하면 그들은 재배하고 앞으로 나와서 축하를 드린다. 사인이 "재배"라고 하자 그들은 재배한다. 합문사는 왕이 그들에게 객성(客省)에서 차와 술과 음식을 대접하라는 분부가 있었음을 전한다. 사인이 "재배"라고 하면 그들이 재배한다. 다음에 전문 밖으로 그들을 인도하여 나간다. (중략) 사신에게 차를 대접할 때 찻잔을 왕이 친히 권하고 사신도 왕에게 차를 권하고 재배한 후 자리에 앉아 차를 마신다. 다음에 일어서서 왕과 서로 읍하고 자리로 돌아간다.

舍人喝再拜 奏聖體 舍人喝再拜 進步致辭 舍人喝再拜 閤使傳有敎賜客省 茶酒食 舍人喝再拜 引出殿門 (중략) 進茶初盞親勸 使臣還酬再拜 就座飮訖相揖還就座.

- 같은 책 6권

영북조기부고칙사의(迎北朝起復告勅使儀)

사인이 "재배"라고 하면 그들은 재배하고 앞으로 나서서 축하의 말을 한다. 사인이 다시 "재배"라고 한다. 합문사가 왕께서 사신들에게 차와 술을 대접하라는 분부가 있음을 전하면 사인이 "재배"라고 하고 그들을 인도하여 밖으로 나간다. 사신에 대한 차와 술대접이 끝날 무렵에 사신은 감사의 뜻을 표하고 왕은 답배한다. 이것이 끝나면 사인이 사신을 인도하여 전에서 내린다. 이때 왕은 그와 서로 읍하고 전문 밖으로 나가서 또 읍하고 보낸다.

舍人喝再拜 進步致辭 舍人喝再拜 閤使宣傳有敎 使臣茶酒 舍人喝再拜引出 使臣茶酒禮畢致辭 王答拜 訖引使臣下殿 王相揖 出殿門外揖送.

- 같은 책 65권

영대명무조칙사의(迎大明無詔勅使儀)

왕은 북쪽으로 향하여 꿇어 앉아 머리를 숙여 경의를 표하고 일어나 몸을 바로하고 사신과 함께 동서로 향하여 서로 재배한다. 다음 간단히 인사를 나누고 동서를 향해 마주 앉아 차를 마신 다음 왕은 안으로 들어가 잠깐 휴식한다.

王北向跪叩頭興平身 東西相向再拜訖 略敍寒暄 東西對坐設茶後 王入內小歇.

- 같은 책 65권

| 책왕비의(册王妃儀) |

집례관이 "읍"이라 하면 주인과 손님이 서로 읍하고 각각 자기 자리에 가 앉는다. 차를 날라 오고 술을 나를 때 집례관은 주인과 손님을 인도하여 욕 위에 가 선다.

執禮官贊揖 賓主相揖 就座進茶訖酒至 執禮官引賓主就褥位.

- 같은 책 65권

| 원자탄생하의(元子誕生賀儀) |

맏아들이 출생된 후 사흘 동안은 왕은 전전(前殿)에서나 후전에서 정무를 처리하지 않다가 제4일째 되는 날, 대관전에서 진설하는 것이나 백관들이 절하는 의식은 일체 명절이나 정초, 동짓날에 축하를 드리는 의식과 같다. (중략) 참배를 마치고 그들은 각자 섬돌 건너편 대청에 설치한 연회석으로 가서 관등별로 휘장을 따로 하고 손님과 주인이 마주 읍하고 각각 자기 자리에 앉는다. 그 다음에 차를 나르고 술을 들여오는 바 술이 나올 때는 주인과 손님이 모두 일어서서 술잔을 서로 주고받고 한다. 이것이 끝나면 밥상이 나온다.

元子生三日 王前後殿除視事 至第四日 於大觀殿陳設及拜數竝 如節日正至賀儀致辭 (중략) 參訖各赴隔階廳幕 每等異帷席 賓主相揖就坐訖進茶酒 酒至賓主俱興獻酬訖設食.

- 같은 책 65권

| 책왕자왕희의(册王子王姬儀) |

손님은 궁정에서 꽃과 술을 보낸 데 대하여 감사의 뜻을 표한다. 집례관이 "배"라고 말하면 주인과 손님은 재배하고 앞으로 나서서 또 재배하고 각자의 자리에 나아가면 차를 드리고 음식을 차려 내오는데 이것은 처음과 같이 한다.

謝宮庭花酒 執禮官贊拜 賓主再拜 進步又再拜訖各就座 進茶設酒酒食如初
會賓.

- 같은 책 67권

| 공주하가의(公主下嫁儀) |

차와 술을 내어오는데 술이 나오면 주인과 손님이 모두 일어나 술잔을 서로
주고받고 한 후 음식을 차려낸다.
訖設茶酒 酒至賓主俱興獻酬訖設食.

- 같은 책 67권

| 원회의(元會儀) |

다방에서 먼저 차를 드리고 다음에 술을 땅에 지운 후, 태자와 영공(令公), 재
신(宰臣)들은 왕의 좌석의 앞으로 가서 동쪽으로 가까이 서서 머리를 숙이고
엎드렸다가 일어나고, 영공은 술병을 거들어 잡고 태자가 축하의 술을 부으
면 다방원은 공손히 잔을 바친다. 태자는 일어나 머리를 숙이고 엎드렸다가
일어나서 다시 전상으로 나아간다. 전의가 "재배"하면 태자 이하 전의 뜰에
있는 사람들은 모두 재배한다.

茶房先進茶 後行酹酒訖 太子令公宰臣 詣王座前近東 俛伏興 令公佐尊 太子
酌壽酒 茶房員俟盞 太子俛伏興 復就殿上位 典儀曰再拜 太子以下及殿庭在
位者 皆再拜.

- 같은 책 67권

| 왕태자절일수궁관하병회의(王太子節日受宮官賀幷會儀) |

궁정 관리가 차와 술을 드린 다음 전선랑이 술을 부으면 선두는 홀을 띠에

꽂고 잔을 잡아가지고 왕태자 앞으로 가서 꿇어앉아 좌서자에게 주고 좌서자
는 잔을 받아 왕태자 앞에 놓는다.
宮官進茶酒訖 典膳郎酌酒 行頭搢笏 執盞詣太子前跪 授左庶子 左庶子受盞
置於王太子前.

- 같은 책 67권

| 대관전연군신의(大觀殿宴群臣儀) |

근시관이 차를 드리고 집례관은 몸을 굽히고 그들에게 차를 권한다.
近侍官進茶 執禮官躬身勸.

- 같은 책 68권

태자 이하 백관들에게 차를 내어 오면 태자 이하 백관들은 재배한다. 집례관
이 "음" 하면 태자 이하는 차를 마시고 읍한다.
賜太子以下群官茶 太子以下群臣再拜 執禮官贊飮 太子以下飮訖揖.

- 같은 책 68권

| 상원연등회의(上元燃燈會儀) |

편전의 예식이 끝난 다음 다방에서는 과일상을 왕의 좌석 앞에 차리고 술상
을 좌우측 화안 남쪽에 차린다.
便殿禮畢 茶房設果案於王座前 設壽尊案於左右花案南.

- 같은 책 69권

왕이 근시관에게 명령하여 차를 올리게 할 때 집례관은 전을 향하여 허리를
굽히고 권한다. 음식을 올릴 때마다 집례관은 언제나 전을 향하여 허리를 굽

히고 권하는 바 뒤에도 이와 같은 방법으로 한다. 다음으로 태자 이하 시신들에게 차를 주는데 차가 이르면 집례관이 "배"라 하고 태자 이하는 재배한다. 집례관이 "음"이라고 하면 태자 이하는 다 마신 다음 읍한다.

上命近侍官進茶 執禮官向殿躬身勸 每進酒進食 執禮官向殿躬身勸後 皆倣此 次賜太子以下侍臣茶 茶至執禮官贊拜 太子以下再拜 執禮官贊飮 太子以下皆飮訖揖

– 같은 책 69권

중동팔관회의(仲冬八關會儀)

소회 : 악기 탁자를 좌우 시신들의 뒤에 설치하고 찬(饌) 및 다방의 장막을 중간 층계 동쪽에 마련하고 또한 다방의 장막을 중간 층계 서쪽에 준비한다.

小會: 設樂卓於左右侍臣之後 設饌及茶房幔於中階東 又設茶房幔於中階西.

내시, 다방, 어주의 관속들은 좌우로 갈라져서 동서편의 채색병풍 밖에서 남쪽으로 치우쳐 서로 마주선다.

坐殿受賀 內侍茶房御廚員寮分左右 在東西彩屛之外 近南相向立.

근시관이 차를 드리면 집례관은 전을 향하여 몸을 굽힌 다음 땅에 술을 조금 지운다.

近侍官進茶 執禮官向殿躬身 勸次酹酒.

근시관이 왕에게 다식을 드리고 다음에 태자, 공후 백작 및 추밀관들과 두 층계의 시신들에게도 다식을 차린다. 좌우 집례관이 "배"라고 하면 태자 이하 추밀관, 시신들은 다 재배하고 자리에 앉아 다식을 마친 다음 일어나 읍한다.

중간 층계에 있는 시신들은 일어서서 다식을 받는다. 다음에 근시관들은 왕에게 차를 드리고 다음으로 태자, 공, 후, 백작, 추밀관 및 시신들에게도 차를 드린다. 집례관이 "배"라고 하자 태자 이하 추밀관, 시신들은 다 재배하고 차를 받아 마신 다음 읍한다.

近侍官進茶食 次設太子公侯伯 及樞密兩階侍臣茶食 左右執禮官 贊拜 太子以下樞密侍臣皆再拜 就座受食 食訖起揖 中階侍臣立受食 次近侍官進茶 次賜太子公侯伯樞密侍臣茶 執禮官贊拜 太子以下樞密侍臣皆再拜 受茶飮訖揖.

다음에는 근시관들이 왕에게 다식을 드리는데 집례관은 전을 향하여 몸을 굽히어 권한 다음 태자 이하 시신들에게 다식을 차리는 바 다식이 나올 때 집례관이 "배"라고 하면 태자 이하 시신들이 다 재배하고 자리에 앉아 이것을 받아먹은 다음 일어나 읍한다. 전상에 차, 술 및 식사를 나르고 태자 이하 시신들에게 차를 주고 음식을 차릴 때에 주악이 시작되고 멎는 것 등은 일체 소회의 절차와 같다.

次近侍官眞魚茶食 執禮官向殿躬身勸 次設太子以下侍臣茶食 食至執禮官贊拜 太子以下侍臣 皆再拜就座受食 食訖起揖 殿上進茶進酒進食 及太子以下侍臣 賜茶行酒設食禮數 樂作止 並如小會儀.

승제가 재상의 막으로 향하려할 때 다방의 관속들은 주전자와 잔을 갖추고 특별히 하사하는 약, 술, 과실 및 꽃을 가지고 임금이 보낸 악대, 악관들과 함께 뒤를 따른다.

承制將詣宰臣幕 茶房人吏 具注子奉別宣藥酒 及奉宣果宣花者 宣送敎坊樂官 等並隨後.

다음으로 근시관이 왕에게 차를 드릴 때 악관이 구호를 아뢴 후 태자, 공, 후, 백작, 재상들과 추밀관들을 인도하여 전에서 내려 위 층계의 시신들과 함께 절하는 자리에 가 서고 중간 층계의 시신들은 본 자리에서 역시 이와 같이 한다.

次近侍官進茶 樂官奏九號畢 引太子公侯伯宰臣樞密下殿 與上階侍臣 就拜位 立 中階侍臣在其階 亦如之.

- 같은 책 69권

문선왕묘(文宣王廟)

사인이 "배"라고 하면 그 자리에 있는 관리들은 모두 재배한다. 춤을 추고 다시 한 번 재배한다. 또 국자감의 학관과 학생들도 이와 같이 축하를 드리고 재배하나 학생들은 춤을 추지는 않는다. 합문사(閤門使)가 "취좌사다(就座賜茶)"라고 한 후에 사인이 "배"라고 하면 왕태자, 대신, 추밀관 이하 모든 관리들이 마루 위에 올라 왕좌의 뒤편에 가 선다. 사인이 각각 자리에 앉으라고 하면 왕태자 이하 모두 자리에 앉는다. 이것이 끝난 다음에 국자감의 학관과 학생들은 뜰 아래 서서 차를 받는다.

視學酌獻儀-舍人贊拜 在位官皆再拜 舞蹈又再拜 監官學官學生 陳賀亦如之 拜訖 學生無舞蹈 閤門使 傳宣就座賜茶 舍人贊拜 王太子樞密以下群官 及監學官學生皆再拜訖 王太子以下群官 升堂各就座後立 舍人稱各就座 王太子以下皆就座賜茶畢監學官學生 於庭下立受茶.

- 같은 책 62권

이상의 예에서 보듯이 궁중에서 행하던 의례에는 대부분 차를 마시는 일이 일상화되어 있었음을 알 수 있다. 그리고 차뿐만 아니라 술과 다담상 차리는 일에까지 다방관원들이 많은 역할을 했다.

　임금이나 왕가의 사람들로 차를 마시지 않는 이가 드물 정도로 일상적인 음료였으니 특히 거론할 것은 아니다. 그래도 기록상으로 많은 다사(茶事)를 남긴 사람은 광종, 성종, 목종, 현종, 문종, 숙종, 인종, 의종, 충렬왕, 공민왕 등이다. 그들은 재위 기간 동안 자신은 말할 것도 없고 혹은 직접 차를 갈기도 하고, 사찰에 행행할 때 다정을 짓기도 했으며, 신하들에게 많은 차를 하사하기도 했다.

　대각국사 의천도 왕실의 사람이지만 다음에 나오는 사원의 차인으로 언급되는 것이기에, 왕실의 차인은 별도로 설명하는 것을 생략한다.

사원의 차 문화

1. 개관

고려는 초기부터 국가시책으로 불교를 옹호하여 왕실이 열성으로 봉불(奉佛)하니 백관(百官)은 물론 일반 백성들까지 절을 찾게 되었다. 전란으로 불안한 백성들을 결속시키는 데는 종교의 힘보다 큰 것이 없었으니, 호족들은 사원을 중심으로 민심을 파악하여 결속시키려고 착실한 불도가 되었다. 왕실과 토호들이 모두 백성들의 마음을 안정시켜 희망을 주지 않으면 안 되었던 것이다.

마침내 왕실과 귀족들의 두터운 보호를 받은 불교는 자연 내세는 물론 현세구복적(現世求福的)인 호국불교로 자리 잡았다.

태조 때부터 시작된 숭불정책(崇佛政策)은 훈요십조(訓要十條) 맨 처음에 "우리나라의 대업은 반드시 여러 부처님의 보호에 의한 것이니 선

(禪), 교(敎)의 사찰을 세워 주지를 보내 분수(焚修)케 하여 그 업을 닦게 하라"고 했다. 대찰 흥왕사를 비롯해 수많은 사찰을 짓고, 연등회, 팔관회는 물론 왕실과 귀족들이 참여하는 백고좌 등의 불사(佛事)가 자주 행해졌다. 승과(僧科)를 두어 승통(僧統)이나 대선사(大禪師)의 직위를 주었고, 국가의 안태를 위해 대장경을 만들었다.

문종 때에는 천태종을 개창하여 원효의 통합불교이론을 중시한 의천(義天)이 승통이 되고, 왕은 문덕전에서 보살계를 받았다. 내전에서 백고좌를 며칠씩 열고, 금자화엄경을 만들었다.

오랜 정치적 혼란과 수탈로 인해 피폐해진 백성들의 정서를 안정시킬 만한 대안이 없으니, 결국 종교에 의지해서 희망을 안겨주는 쪽으로 힘을 기울였다. 귀족들은 그들대로 내세에도 좋은 신분을 보장받기 위해 불전에 정성껏 시주하고 기구(祈求)했으며, 백성들은 백성들대로 내세에서만은 좀더 높고 귀한 신분으로 윤회하기를 빌었다. 게다가 잦은 외적의 침입과 맞설 불력을 믿었고 여타의 수많은 복을 대부분 불전에 빌었던 것이다. 이래저래 사원은 재정적으로도 윤택해지고 고승들은 왕실과 귀족들의 비호 아래 많은 사람들의 추앙을 받게 된 것이다. 사원에서 차의 수요가 많아지게 된 것은, 예로부터 차는 불가의 중요한 공양물(五供養物)의 하나이기 때문이었다.

이는 중국 남종선의 대선사인 백장회해(白丈懷海)의 『백장청규(百丈淸規)』를 보면 명확해진다. 선가에서 치르는 다례가 줄잡아 80여 가지나〔성절(聖節), 국기(國忌), 불탄(佛誕), 불성도열반(佛成道涅槃), 달마기(達磨忌), 개산역대조기(開山歷代祖忌), 방장회다의(方丈會茶議), 신주지(新主持), 개당축수(開堂祝壽), 퇴원(退院), 시자진퇴(侍子進退), 입출료(入出寮), 단망순당차(旦望巡堂茶) 등〕되니 불가에서는 차가 없이는 모든 의식이 어려울 정도였다. 청규에 법요의례(法要儀禮)는 물론 응대(應對)에도 차를 올리고 주지를 선출할 때도 전다(奠茶), 상다(上茶), 회다(會茶)의 다례를 행했다. 그러니 차의 소요량도 많아 자체 생산으로는 충당하지 못하게 되었다. 따라서 다촌(茶村)이라는 것을 두어 차를 만들어 사찰에 공납하도록 한 것이다.

법기장(法器章)에서는 다시(茶時)의 타종(打鐘), 점다(點茶) 시에 판치기, 차북치기의 절차도 나온다. 그리고 총림(叢林)에서는 다탕(茶湯)만으로 성례(成禮)할 수 있다고 했다. 이 청규가 고려 때에 간행될 정도였으니 이런 규약이 거의 그대로 사원들에 적용되었을 것은 자명하다.

무착(無着) 스님이 쓴 『선림상기전(禪林象器箋)』에 다고(茶鼓)에 대한 이야기가 나온다. "예부터 법당에는 두 개의 북을 둔다. 동북쪽에 법고(法鼓)를 두고 서북쪽에 다고(茶鼓)를 둔다." 이로 보면 사찰에 다고가 있었으니 불전에 차를 공양할 때 그 시간을 알리거나 절차를 가늠하는 데 사용했다는 것을 알 수 있다.

또 사찰의 가람배치도에 다당(茶堂, 찻집)이 있는 것으로 보아 사찰에서 차의 위상(位相)이 어느 정도였는지 짐작이 간다.

선종 예법에 다례에 사다(謝茶)가 있다고 한 것을 보면 차야말로 사원에서는 다반사(茶飯事)가 아닐 수 없었다.

이런 중에도 고승들은 송(宋)의 명차들을 왕실이나 신도들에게서 공양받는 일이 많았고, 그 일부는 문인들에게까지 보내 준 일도 잦았다. 지금까지 남은 많은 다시(茶詩) 중에 스님께 차를 받거나 보낸 것에 대한 작품이 많은 것도 그것을 증명한다.

무신의 집권 초기에 퇴보했던 불교 전반의 추세에도 불구하고 차 문화가 독립된 자체의 명맥을 계승해 온 것은 최씨 정권과 제휴된 선종 쪽이었다. 참선을 위주로 한다는 것은 차 문화에 직결 되어 있고, 차와 참선이 단순한 사고의 무인(武人)들의 관심을 끈 것은 막부시대(幕府時代) 일본 무인들의 다도를 연상하면 쉽게 이해할 수 있다.

천축의 승인 홍범(弘梵)이 진(晉)에서 온 것을 비롯해, 많은 승려가 중국에 유학하여 불교는 물론 차 생활도 영향을 받게 된다. 뒷날 보조국사 지눌(知訥)의 돈오점수(頓悟漸修), 정혜쌍수(定慧雙修)로 요약되는 새로운 이론도 중국의 규봉종밀(圭峰宗密)의 영향을 받은 것으로 선종을 주로 하되 교종을 융합하려는 것이었다. 이 같은 운동은 혜심(慧諶)에 이어 수선사(修禪社)가 결성되었으나 뒷날 몽고의 간섭으로 위축되었다. 말기에는 가지산파가 부흥했으나 부정한 방법의 축재로 민중들의 환영을 받지 못하고 불교계 전체가 사회의 지탄을 받으면서 사원의 차 문화도 퇴조를 면치 못했다.

끝으로 사원차도 산지 근처의 사찰에는 음다 기풍이 더욱 왕성했음은 당연한 이치다. 전대부터의 호국불교사상이 고려에도 이어졌고, 그래서 많은 불사 중에도 미륵불의 건립이 많았던 것은 그들의 통치이념과 맞기 때문이었다. 때로는 정치에 불승들의 조언을 받기도 했다.

2. 다촌

다촌(茶村)은 고려 광종과 성종 연간에 만들어졌으리라 추정되며(석용운, 『한국차문화강좌』, 147쪽), 사원에 차를 만들어 바치던 마을을 일컫는다. 어떤 나라에서도 볼 수 없었던 이 제도는 당시 사찰의 위세가 어느 정도였으며, 또 불도의 수가 얼마나 많았는가를 짐작케 한다. 아마 가난한 백성들이 사찰 소유의 땅에 차 농사를 지어 바치는 대가로 농토를 주어 생계를 유지토록 했던지, 그렇지 않으면 바치는 차의 양에 따라 식량을 공급받았을 것이다.

그러니 다촌은 자연히 절 근처에 있기 마련이었다. 그중에도 유명한 것은 통도사(通度寺)의 다촌이다. 통도사는 신라 선덕여왕 15년(646)에 자장율사(慈藏律師)가 당에서 모셔온 불사리(佛舍利)와 가사(袈裟)를 봉안하고 금강계단(金剛戒壇)을 만든 불보사찰이다. 많은 고승대덕이 나오고 사찰의 규모가 커 승려의 수도 많았을 뿐만 아니라 소유한 토지도 넓었다.

『통도사사리가사사적약록(通度寺舍利袈裟事蹟略錄)』에 보면 "절의 사방에 있는 산천은 절을 돕고 보호하는 것이다. 절터의 사방둘레가 4만 7,000여 보(步)인데 장생표(長生標) 12개를 세웠다. 동쪽으로 흑석봉(黑石峰)이 있는데 돌무더기로 장생표를 삼았고, 남쪽에는 사천(沙川)·포천(布川)의 봉탑(峰塔)이 있는데 석비(石碑) 장생표 하나를 세웠고, 북쪽에는 동을산(冬乙山)이 있는데 돌무더기 장생표 하나를 두었으며, 가운데 잉천(仍川)·궤천(机川)에는 각각 석비 둘을 배치했다. 이들 장생표 안으로 동쪽에 조일방(祖日房), 서쪽에 자장방(慈藏房)·월명방(月明房)이 있고, 남쪽에 적운방(赤雲房)·호응방(呼應房)이, 북에는 백운방(白雲房)·곡성방(穀成房)이 있는데 모두가 통도사에 속한 원(院)이다. (중략) 북쪽 동을산에 있는 다촌은 차를 만들어 절에 바치던 곳이다. 차 부뚜막과 차 샘이 지금까지 남아 있으니, 후세인들이 다소촌(茶所村)이라 한다"고 되어 있다.

그리고 또 다른 부분에서 "사방의 장생표는 직간(直干)의 직위별 논밭으로 나누었는데, 동남쪽에 있는 동네의 북쪽이 다촌인 평교(平郊)로 이

통도사 일주문 통도사에 딸린 다촌이 있었다.

는 거화군(居火郡)의 경계이다"라고 하여 그 위치를 기술했다. 지금까지 고증된 바로는 경상남도 울주군(蔚州郡) 언양면(彦陽面) 일대의 넓은 들판이 펼쳐지는 산 아래로 생각된다.

현재 찾은 기록은 더 없으니 다른 규모가 큰 사찰에도 있었을 것으로 추정되지만 확실히 말할 수 있는 것은 아니다. 통도사뿐만 아니라 다른 큰 절에도 절의 기능이나 규모가 크다면 차의 수요량이 비슷했을 것이니 이와 유사한 차 생산지가 어떤 형태로든 존재했을 것이다.

3. 선가의 차인들

여기 소개되는 스님들은 불교입국을 지향한 시대에 교단은 물론 민중들에게 많은 자비를 베푼 대덕들로 차를 가까이하여 게(偈)나 시를 남긴 분들이다.

대각의천(大覺義天 : 1055~1101)

문종(文宗) 9년에 궁중에서 왕의 넷째 아들로 태어났다. 문종 19년에 경덕국사(景德國師)에게 수업하고 불일사(佛日寺)에서 구족계를 받았다.

이름은 후(煦), 자는 의천, 시호는 대각이다. 원효의 화엄사상에 바탕을 두었고 개경의 흥왕사(興王寺) 주지로 많은 경서를 간행했다. 그는 교장(敎藏)을 간행하여 큰 업적을 쌓았고 천태종을 개창하였다.

송에 가서 불인료원(佛印了元)과 정원혜인(淨源慧因)에게서 배우고 혜인교원(慧因敎院)에 머물다가 귀국하였다. 그 인연으로 고려의 승려들이 많이 머물게 되어 훗날 혜인교원은 고려사(高麗寺)

대각의천의 영정

로 이름을 바꾸었다. 그가 송의 철종에게 올린 글에 차를 하사받은 얘기가 나오고, 정원 스님과의 사이에도 차와 편지가 오갔다.

요(遼)의 천조제(天祚帝)가 다향과 금박 등을 보내 국사와 사제의 연을 맺었다고 비명(碑銘)에 남아 있다.

북원에서 새로 덖은 차를
동림사의 중에게 보냈네
한가로이 차 달일 일 먼저 알아서
얼음 깨고 샘 줄기를 찾는다네

北苑移新焙　　　東林贈送僧
預知閑煮日　　　泉脈冷敲氷

- 「화인이다증승(和人以茶贈僧)」

이슬 내린 봄 동산에 무슨 일 하리
달빛 아래 차 달이며 세상 근심 잊는다네
삼동(三洞)에 노닐지 않아도 몸은 가볍고
선뜻함에 놀라 보니 벌써 가을인 듯
좋은 차품은 선문(禪門)에 어울리고
맑은 향기는 시주(詩酒)에 치우치듯
영단 먹고 오래산 사람 그 누군가
저승에다 그런 말 묻지도 마라

露苑春峰底事求　　煮花烹月洗塵愁
身輕不役遊三洞　　骨爽俄驚入九秋
仙品更宜鍾梵上　　清香偏許酒詩流

靈丹誰見長生驗　　　休向塊臺問事由

－「화인사다(和人謝茶)」

강 하고 솔난간 돌며 괴로운 맘 읊다가도
다원에서 차 덖는 향기에 가슴 시원하여라

講廻松檻吟魂苦　　　焙了茶園渴肺凍

－「화롱서운(和隴西韻)」

세속과 인연을 끊고 사는 스님에게도 영혼에 배어 있는 고뇌를 씻는 데는 차가 제일이었을 것이니 선비들이 시주(詩酒)를 좋아하고 그 분위기에 젖듯이 산사에서는 차의 색향(色香)에 불심을 돈독히 한다. 차가 불로선약(不老仙藥)도 아니지만 마음 닦는 데는 뗄 수 없다는 말이 선교일치(禪敎一致)를 설파한 화엄의 요체에 닿아 있다.

진각혜심(眞覺慧諶 : 1178~1234)

명종(明宗) 8년에 나주 화순에서 태어났다. 속성(俗姓)은 최(崔), 법호는 무의자(無衣子)이고, 이름은 식(寔)이었다. 24세에 사마시(司馬試)에 합격하였다. 태학(太學)에 입학했으나 어머니가 세상을 뜨자 수선사의 지눌(知訥)에게 나아가 출가했다. 후에 보조(普照)가 입적하자 수선사 2세 법주가 되었다. 법명은 혜심이다. 몇 년 동안 수행하고 다시 스승을 찾아 억보산(億寶山)에 이르렀을 때 산문(山門)에서 스님의 목소리를 듣고 「도백운암(到白雲庵)」을 읊었다.

안개 낀 솔숲에서 아이 부르는 소리 들리고
돌길로 부는 바람 차 향기 풍겨오네
백운산 아래 들어서니
암자의 노스님 뵌 것 같다네

呼兒響落松蘿霧　　　煮茗香轉石徑風
涉入白雲山下路　　　已參庵內老師僧

- 「도백운암」

무리지어 우뚝 솟은 바위 그 높이 얼마일까
그 위의 높은 누대 하늘에 닿았구려
북두로 은하 길어 밤차 달이니
차 연기 싸늘히 피어 계수나무 가린다네

巖叢屹屹知幾尋　　　上有高臺接天際
斗酌星河煮夜茶　　　茶烟冷鎖月中桂

- 「인월대(隣月臺)」

고개 위 구름 한가로이 머물고 있는데
골짜기 물은 어이 바삐 흐르는고
솔 아래 솔방울 주워
차 달이니 향기 더욱 좋다네

嶺雲閑不徹　　　澗水走何忙
松下摘松子　　　烹茶茶愈香

- 「묘고대상작(妙高臺上作)」

진각혜심의 영정

혜심은 시의 깊은 예술성과 다심(茶心)을 융화시켜 자연의 아름다움을 노래한 선시인(禪詩人)이다. 「도백운암」에서는 산문에 들자 노스님 소리 듣고 암자에서 벌어진 모양을 그림처럼 그렸고, 거기에 소나무와 돌, 안개와 바람, 아이 부르는 소리와 차 향기를 짝지우며 시 속에 한 폭의 그림을 그렸다. 인월대(隣月臺)에서는 모든 것이 수직(垂直) 구도로 높이 하늘까지 닿는다. 북두칠성을 국자로 은하수를 다천(茶泉)으로 길어 달이는 다연(茶烟)이 하늘의 계수나무를 가리는 표현은 자신의 의취가 벌써 이 세상의 작은 한 인간이기보다는 이미 범우주적으로 초탈한 대아(大我)임을 노래한 것이다. 그것이 차에서 얻어지는 것이라니 더욱 놀랍다.

어제 저녁 늦게 내리던 가는 비
새벽이 되니 놀랍게 자 넘는 눈으로 쌓였네
구덩이도 평평하게 고르게 되고
눈 무게 못 이겨 가지 꺾어졌네

산새도 추워서 처마 밑에 날아들고
사슴도 지쳐서 바위굴로 들어가네
돌난간 요대로 변하고
흙처마는 옥계단 이루었네
찬 기운 선방에 스며들고
흰 빛은 창을 뚫고 비치네
산사람 큰 추위 아랑곳하지 않고
차 끓이며 좋은 때 가져본다오
아이 불러 눈뭉치 가져다가
소반 가득 옥가루 쌓아놓고
손으로 새겨 자욱 내니
우뚝 솟은 산봉우리 비슷하구나
용천처럼 구멍을 파고
고인 물 떠 작설 달이네
이 어찌 나의 즐거움 위해설가
손님 정결히 마시게 하기 위해서지
이는 바로 선계의 맛이니
인간세상 향해서 자랑치 마오
아! 나 원래 서생으로
세속 벗어나 중의 반열에 끼었다네
작은 방에서 맑은 바람 마시고
유가의 심한 속박 벗어났다오
장차 팔을 자르는 용력으로
정성껏 안심결을 공부한다네

내 묻지 않는 법을 묻고자

스승께 무설법을 설하길 청한다네

昨晚雨纖纖	曉來驚尺雪
均鋪坑塹平	重壓枝條折
林鳥寒入簷	巖鹿困投穴
石檻變瑤臺	土堵成玉砌
凉威侵禪室	色傍經窓徹
山人任大寒	茗席酣佳節
呼兒取雪華	滿盤堆玉屑
手迹卽彫鏤	山形髼鬆屼
鑿穴擬龍泉	挹漸煎雀舌
豈是自圖歡	要今他飲潔
此唯方外味	莫向人間泄
嗟余本書生	脫俗參僧列
小室飮淸風	儒門袪酷熱
聊將斷臂力	切問安心訣
我欲不問問	請師無說說

– 「배선사장실자설다연(拜先師丈室煮雪茶筵)」

  눈이 갑자기 많이 내렸다. 그때라고 설화(雪禍)가 없을 리 없었겠지만 지금 같지는 않았다. 그러니 눈이 아무리 내려도 출입이 좀 불편했을 뿐 큰 사고는 없었다. 눈이 내리는 것도 눈이 녹는 것도 자연에게 맡겨둔다.
  나뭇가지가 더러 부러지고 산 짐승들이 먹이를 얻으려고 산사로 오기도 했을 것이다. 이때 아이를 시켜 깨끗한 눈 가져와 소반 위에 쌓아놓고 눈구멍 만들어 고이는 설수(雪水)로 차를 끓이는 스님은 벌써 자연의 일부가 되었다. 그러니 차를 끓이는 것도 자신의 즐거움을 넘어 보시(布施)요, 선(禪)이거늘 세인들이 잘못 알까 걱정이다. 이 좋은 곳에서 차를 마시는 것은 사신(捨身)할 각오로 돈오의 경지를 향해 용왕매진하는 수행이다. 세속의 명예나 부귀를 원했다면 벼슬길에 계속 남아 입신양명(立身揚名)했을 터인데, 버리고 출가한 뜻은 눈 녹은 물에 차 끓여 마시는 마음의 본체이다.

며칠이 지나면 산야에 쌓인 눈이 모두 녹아 제 모양 다시 찾고, 오랜 세월이 가면 그 산야의 모든 것도 공(空)으로 돌아갈 것이니 이 같은 참됨을 어찌 세인들에게 전할 수 있으리. 아무에게 물어도 대답할 수 없고 누가 설(說) 해도 깨닫게 할 수 없으며, 오직 자신의 힘으로만 도달할 수 있는 진리의 세계인 것을……. 그는 참으로 탐미적인 면이 있다. 눈을 쌓아서 구멍을 뚫고 녹아내리는 물로 차를 끓이면서 무설설(無說說)의 진리에 젖는다. 묘고대에서도 산 위의 구름이 느린 것이 자신의 산 생활과 다심이라면 빨리 흘러가는 물은 세속이요, 경쟁이다. 이는 바로 "향기로운 곳에서 코를 벌름거리지 말고, 좋은 음식 앞에서 탐하지 말라"는 계세(戒世)의 교훈이 아니고 무엇인가.

그는 또 전물암(轉物庵)에 기거하면서 쓴 시에 "이 빠진 차 그릇과 다리 깨진 솥에, 죽 끓이고 차 달이며 세월 보낸다네(缺脣椀折脚鐺 煮粥煎茶聊遣日)"라고 하여 격식을 초탈한 높은 선심(禪心)을 전하고 있다.

진정천책(眞靜天頙 : 1206~?)

희종(熙宗) 2년(1206)에 문경에서 태어났다. 성은 신(申), 법명은 천책이다. 어려서 유학을 공부해 진사(進士)가 되고 예부시(禮部試)에 합격해 정진했으나, 법화경(法華經)을 읽고 출가를 결심했다. 백련사(白蓮寺) 원묘(圓妙)에게 가서 머리를 깎았다. 그 후 백련사를 맡아 「백련결사문(白蓮結社文)」을 쓰고 『호산록(湖山錄)』, 『전홍록(傳弘錄)』 등을 남겼다.

귀한 차는 몽정산에서 얻고
좋은 물은 혜산천에서 길었다네
수마(睡魔) 깨끗이 쓸어내니
손님 맞아 여유로워지네
감로는 땀구멍을 적시고
맑은 바람 겨드랑이를 식히네
어찌 꼭 영약을 마셔야
동안(童顔)을 지탱할 수 있으랴

貴茗承夢嶺　　　名泉汲惠山
掃魔能却睡　　　對客更圖閑
甘露津毛孔　　　淸風鼓腋間
何須飮靈藥　　　然後駐童顔

-「사선사혜다(謝禪師惠茶)」

　차를 마시니 잠도 달아나 여유를 찾고, 온몸 편안해지니 어느 영약인들 이보다 좋으랴. 속제(俗弟)인 김서(金㥠)와 주고 받은 시에서 "다석(茶席)에 악빈(惡賓)으로 갈까 한다"고 하였다. 비속인도 다석에서는 누구와 함께 했는가(誰與坐)를 생각한 모양이다.

원감충지(圓鑑冲止 : 1226~1292)

고종(高宗) 13년 전남 장흥에서 태어났다. 법명은 충지, 호는 복암(宓庵)이고 법호는 보명원감(寶明圓鑑)이며 속명은 위원개(魏元凱)이다. 어렸을 때 재주가 있어 17세에 사마시, 19세에 예부시에 장원을 하여 관직을 지내다가 29세에 출가했다. 감로사(甘露寺), 정혜사(定惠寺)의 주지가 되고 후에 대선사(大禪師)로 조계6세로 추대되었다.

자적한 삶이여 하늘의 뜻 받들 뿐이라네
깊은 숲 그윽한 골짜기로 좁은 길 나 있고
솔 아래 개울이고 바위 밑 샘이라네
봄 오고 가을 가면 사람 자취 끊어지고
속세와 인연은 한 점 없다네
한 바리의 밥 한 접시의 나물
시장하면 먹고 피곤하면 잠자네
물 한 병 차 한 솥
목 마르면 가져다 손수 끓이네
죽장에 부들방석
걸어도 선이요 앉아도 선이라네
산중의 이 즐거움 정말 좋아서
세상의 옳고 그름 다 잊었다네
산중의 이 즐거움 진정 값지니
신선도 부귀도 원하지 않네
얽매임 하나 없이 자적하며 지내나니
평생토록 자유롭게 끝내기만 바란다네

適自適兮養天全　　　林深洞密石逕細
松下溪兮巖下泉　　　春來秋去人跡絶
紅塵一點無緣　　　　飯一盂蔬一盤
飢則食兮困則眠　　　水一餠茶一銚
渴則提來手自煎　　　一竹杖一蒲團
行亦禪兮坐亦禪　　　山中此樂眞有味
是非哀樂盡忘筌　　　山中此樂諒無價
不願駕鶴又腰錢　　　適自適無管束
但願一生放曠終天年

- 「산중락(山中樂)」

　세속의 모든 것 떠나 아름다운 강산을 만끽한다. "떨어지는 노을 속에 따오기 날고, 가을 강물 드높은 하늘 한빛이구나(落霞與孤鶩齊飛 秋水共長天一色)"했다. 오히려 그의 풍정을 다 표현하지 못해서「박안렴사에 차운하며」라는 시에서는 다음과 같이 노래했다.

호수 위에 푸른 산 산 위에 누각 섰네
아름다운 이름이 물과 함께 흐르네
모래톱의 주막들은 조개껍질 엎어놓은 듯
물결 위의 배들은 익새머리 너울너울

湖上靑山山上樓　　　美名長與水同流
傍洲沙店排蝸殼　　　逐浪風船舞鷁頭

「산중락」의 첫머리에서 '산살이'를 즐기는 것은 하늘이 자신에게 정해준 뜻이라고 자부하고 있다. 세속과 절연한 산사에 좁은 돌길과 석간수가 있어 소찬에 밥 먹고 갈증 나면 차 끓이니 그곳은 곧 무하여지향(無何如之鄕)이다. 그 속에서 이루어지는 것은 바로 차의 삼매로 선(禪)이 아닌 것이 없으니 즐거울 수밖에 없다. 이것이 바로 피안에서 찾으려는 이상세계가 눈앞에 전개된 현실이다. 이때 스님은 돈오의 경지에 이르고 달관의 혜안으로 모든 사물의 본성을 본 것이다.

질화로 돌냄비를 직접 들고서
옆걸음 오를수록 더욱 푸르네
채소 삶고 차 끓이니 너무 즐겁고
산과 물 바라보니 생각 끝없네

甎爐石銚自提挈　　側足行行上層翠
烹蔬煮茗有餘歡　　眺水看山無限界

―「유진각사(遊眞覺寺)」

한가로이 사니 마음 넉넉하고
홀로 지내니 그 맛 더욱 길도다
오랜 잣나무 높은 누각 닿아 있고
그윽한 꽃은 낮은 담을 덮었구나
질사발 차 색깔은 젖같이 흰데
비자나무 상 위엔 향연이 뜨네
비 개인 산당은 고요도 한데
툇마루엔 저녁 기운 상쾌도 해라

閑居心自適　　獨坐味尤長

古柏連高閣　　　幽花覆短墻

甕甌茶乳白　　　㭐机篆烟香

雨歇山堂靜　　　臨軒快晚凉

  －「한중우시(閒中偶詩)」

배고플 때 먹는 밥 한결 맛있고

잠깨어 마시는 차 더욱 달콤해

변두리에 있으니 찾는 이 없고

부처님과 한방 쓰니 더욱 기쁘네

飢來喫飯飯尤美　　　睡起啜茶茶更甘

址僻從無人扣戶　　　庵空喜有佛同龕

  －「한중우서(閒中偶書)」

찻잔에 유화 뜨고 향기도 짙어

쟁반에 놓인 다식 맛도 좋구나

茶凝椀面清香郁　　　菓飣盤心美味饒

  －「문규봉시(問圭峰詩)」

날마다 차 주면서 나의 갈증 풀어주고

끼니마다 배고픔 없게 했었지

擎茶日遺滋吾渴　　　過飯時敎療我飢

  －「여시자(與侍者)」

만약 산중에 무슨 일을 묻는다면
한 그릇 나물밥과 한 사발 차라 하리

若問山中何事業　　一盂蔬了一甌茶

-「사금장대선사혜신다(謝金藏大禪師惠新茶)」

충지 스님에게서 차는 뗄 수 없는 생활의 일부로 형영(形影)처럼 따라다니는 관계였다.「산중락」한 편으로도 득도(得道)의 경지라 할 만하다. 삶 자체가 물 흐르듯 선다일여(禪茶一如)의 세계 속에 무심히 소요하는 그의 모습을 그릴 수 있다. 생활이 곧 자연의 일부가 되어 흔연히 조화를 이루어 선계(仙界)를 이루고 있다. 매일같이 차를 마시면서도 그때마다 즐겁고 좋았으니 그야말로 진정한 차인(茶人)이 아니겠는가.

그가 마신 차는 주로 연고차가 많았을 것이나 금장대선사가 보낸 햇차를 받고 "평생 해묵은 차만 마셨더니(平生只見膏油面)"라고 한 것을 보면 그때는 정말 차가 귀한 대접을 받았다는 것을 알 수 있다.

특히 그의 시에는 차와 관련된 말들이 많은 것도 눈여겨볼 일이다. 석조(石銚), 자순차(紫筍茶), 다연(茶烟), 구(甌), 완(椀), 석정(石鼎), 다유(茶乳), 명석(茗席), 죽화로(竹火爐), 우(盂) 등이 쓰이고 있다.

백운경한(白雲景閑 : 1299~1375)

충렬왕 25년 전북 고창에서 출생했다. 법명은 경한이요, 법호는 백운이다. 나이 들어 출가하여 중국에 가서 임제종의 석옥화상(石屋和尙) 청공(淸珙)에게 수참하고 지공(指空)에게 법을 들었다. 돌아와『직지심체요절(直指心體要節)』을 썼다.

차를 마실 손님이 오기만 하면

어서 와요 어서 와

還有宜茶客　　　　麼出來出來

— 『어록(語錄)』

어느 분이 이를 지시했을까

내 마음에는 바로 그대라네

차 끓여 들고 오면 내가 할 것이니

그대는 자신을 위해 행식하라

何殿是指示　　　　我心要曰汝

擎茶來我爲　　　　汝接汝行食

— 『직지심경(直指心經)』

또 거산(居山)이라는 시에서 "곤하면 편히 눕고 목마르면 차 마시네(困來閑臥渴則茶)"라고 하여 차가 바로 생활이고 참선이었다는 것을 알 수 있다.

그의 다시에는 선기(禪氣)가 돈다. 격식에 조금도 구애받지 않고 살아가고 차 마시는 일이 막힘이 없다. 그러나 진정 차를 알고 마실 만한 사람과 같이 다석에 앉아야 했다. 그렇다고 말을 많이 하는 것도 아니고 오로지 미혹을 멀리할 뿐이다.

태고보우(太古普愚 : 1301~1382)

충렬왕 27년 경기 양평군 양근에서 문하시중판사병부사(門下侍中判史兵部事) 홍연(洪延)의 아들로 출생하였다. 법명은 보우, 법호는 태고, 속명은 보허(普虛)였다. 13세에 회암사(檜岩寺)에서 출가하고 만법귀일(萬法歸一)의 화두로 정진했다. 46세에 중국에 들어가 석옥청공(石屋淸珙)에게 인가를 받았다. 임제선풍의 간화선(看話禪)을 시법(侍法)했다. 후에 왕사(王師)가 되어 선문구산(禪門九山)을 통합하여 일종(一宗)을 만들었다.

작은 암자 광한전만큼 높은데
백발의 선승은 홀로 앉아 졸고 있네
자연에 묻혀 살며 세상 일 잊고
피는 꽃 지는 잎 세월만 가네
차 달이는 연기 옆엔 늙은 학 한 쌍
약 찧는 둘레에는 온통 산봉우리라네
이 가운데 신선의 경지 있다고 했으니
우리 스님 곧 영랑선인이라네

小庵高並廣寒隣　　　白髮禪僧獨坐眠
醉霧酣雲迷甲乙　　　開花脫葉紀時年
一雙鶴老茶烟外　　　萬疊峯回藥杵邊
聞說此中仙境在　　　吾師無乃永郎仙

-「상수미암(上須彌庵)」

심한 추위 뼛속에 스미고
눈발은 쓸쓸히 창을 두드리네
밤 깊은 질화로 불엔
관에서 차 향기 피어오르네

凜凜寒生骨　　　　蕭蕭雪打窓
地爐深夜火　　　　茶熟透餠香

－「무제(無題)」

운문산 나물떡과 조주차 한 잔
암자에 어찌 맛있는 것 없겠나
본래 이것이 내려오는 가풍인 걸
누가 감히 그대에게 특이하다 하겠는가

雲門糊餠趙州茶　　　何以庵中無味食
本來如此舊家風　　　誰敢與君論奇特

－「태고암(太古庵)」

차는 생활 속에 자연스럽게 배어 있는 것이 가장 아름답다. 주변의 풍경도 좋으나 글쓴이의 마음도 여유 있다. 수미암의 백발노승은 돈오에 이른 선승들의 자화상이다. 도에 전념하느라 세월 가는 줄 모르고 지난 스님은 그 앉은 자리가 벌써 옥황상제가 사는 광한전의 수준에 있다. 바로 옆에 차가 있고 학과 함께하니, 영랑 같은 신선이 아니고 무엇인가. 깊은 밤 밖에는 눈이 내리고 방 안의 화로에는 차를 끓이면서, 세속의 추위와 참선의 구분을 극명하게 보여준다. 수도자로서 근검한 생활은 당연한 것이니 사풍(寺風)이 그렇다는 것은 좋은 일이다. 오늘의 불제자들이 깊이 새겨볼 대목이다.

나옹혜근(懶翁慧勤 : 1320~1376)
충숙왕 7년 경북 영해부에서 태어났다. 법명은 혜근, 법호는 나옹, 속명은 아씨(牙氏), 당호(堂號)는 강월헌(江月軒)이다. 20세에 출가하고 원(元)에 입국하여 지공(指空)에게 10년 수참하였다. 귀국하여 청평사(淸平寺), 회암사(檜岩寺) 등에서 주석하고 왕사(王師)가 되고 송광사에 주석하였으며, 1376년 신륵사에서 입적했다.

차 나무 스치며 지나치는 사람 없이
누구나 휘어잡아 산차를 따네
비록 여린 싹이라도 움직임 없이
본체와 작용은 당당하여 어긋나지 않네
茶樹無人撼得過　　枉來同衆摘山茶
雖然不動纖毫草　　體用堂堂更不差
　　　　　　　　　　　　－「적다(摘茶)」

차 한 잔 사람들에게 대접하고
식은 차 한 잔 사람들에게 보이니
아는 이는 오지만 만약 모른다면
한없이 보여서 새롭게 또 새롭게 한다네
一椀茶對接人　　一椀冷茶示人
會也者來如不會　　示之無限更新新
　　　　　　　　　　　　－「일완다(一椀茶)」

나옹에게 차는 선(禪)의 한 부분이요, 그것은 바로 생활이다. "새벽에 죽 마시고 재(齋) 올리고 밥 먹으며, 목마르면 아이 불러 차 한 잔 마신다네(晨朝喫粥齋時飯 渴則呼兒茶一椀)." 이는 차가 일상적인 삶의 한 부분

신륵사 뒤편 솔밭에 세워진 나옹혜근의 부도와 부도비

으로 흡사 해가 뜨고 지며 달이 솟아오르고 구름이 흐르는 것과 다름이 없이 조금도 특별하지 않은 일임을 말한다. "다만 일념으로 마음 편하니, 목마르면 차 달이고 피곤하면 잠을 자네(但能一念心無事 渴則煎茶困則眠)"라고 하여 의식적으로 무엇을 추구하거나 세속에서 현묘함을 얻으려는 것이 아니다. 그것은 바로 체(體)와 용(用)이 다르지 않음을 말해준다.

그의 차는 정진에서뿐만 아니라 의식 속에서도 참다움을 나타내었으니, 스승 지공화상(指空和尙)의 영전에 "이 불효한 제자는 가진 물건 하나 없어 차 한 잔, 향 한 쪽을 스승께 올립니다(不孝子無餘物 獻茶一椀香一片)"라 했다. 또 "스승님 차 받들어 마시고 일어나 세 번 예배드리니(奉喫師茶了 起來卽禮三)"는 곧 예(禮)라는 것도 특별한 것이 아니고 마음 그대로의 표현임을 노래한 것이다.

여기에 말한 스님 이외에도 "늙은 중의 낡은 승복 올만 남았고, 올리는 찻사발은 이가 빠졌네(艾衲披殘縷 茶甌進缺脣)"라고 노래한 천인(天因)이 있다. 만덕사 제2세 정명국사(靜明國師)로 초년에는 진사에 합격하기도 했으나 원묘요세(圓妙了世)에게 출가했다.

그리고 순암삼장법사(順庵三藏法師) 의선(義旋)은 좋은 집안에서 태어나 무외(無畏)에게서 법을 받고, 연경에 가서 원제(元帝)로부터 호를 받고 돌아와 묘련사를 중수하고 석지조에 관한 글을 이제현으로 하여금 쓰게 했다.

샘물 길어 산에서 차 달이면서, 포도주와는 비교되지 않는다고 한(汲泉旋煮山中茗 不用葡萄浸酒杯) 굉연(宏演)은 혜근의 제자이다. 또 "일찍 마시는 차는 가늘어 난봉의 형상이라(早茗細含鸞鳳影)"고 한 요일(寥一)도 있었다.

관료와 문인들의 차 문화

1. 개관

고려왕조의 중앙집권적 정치체제가 마련되고 국가 기반이 확립된 것은 성종(成宗 : 981~997) 때였다. 광종이 훈구권신들을 몰아내고 과거제도를 마련하여 신진 유자(儒者)들을 대거 등용했으나 경종(景宗) 이후 다시 개혁의 기풍이 퇴조하더니, 성종 대에 최승로(崔丞老)의 도움으로 제도를 정비하였다. 그의 시무(時務) 28조는 바로 유교정치에 따른 구체적인 시행 요지였으니, 고려왕조의 확립에 큰 역할을 했다.

이후 이른바 재상정치(宰相政治)로 인해 형성된 귀족사회는 유자들이 주도했다. 따라서 그들의 차 문화도 널리 확대되어 갔다. 왕실에서 국초부터 음다는 물론 진다의례(進茶儀禮)가 행해졌으니, 제일 먼저 관료들의 생활 속에 차가 자리 잡은 것은 당연하고 왕실에서의 하사품도 그들이 제일 많이 자주 받았다. 중국의 좋은 차들은 얻기가 힘들었고 토산차인 뇌원이나 유차 등도 흔하지 않아 상인들의 농간이 심하였다.

중국에서 수입되는 것도 터무니없는 값으로 품질을 속였고, 토산차도 제값 주면서 간상(奸商)들의 농간에 넘어가는 일이 많았다. 때로는 나라에서 내리기도 하고, 혹 친분이 있는 스님들이나 차가 생산되는 지방의 관원에게서 선사받기도 했다. 그렇지도 못하면 조금씩 사서 썼으니 차는 자연히 귀해질 수밖에 없었다.

성종은 숭유정책(崇儒政策)을 써서 문풍을 일으키고 유학을 발전시켰다. 992년에는 국자감(國子監)을 설치하고 12목(牧)에 경학박사(經學博士)와 의학박사를 두어 지방교육을 담당시키고, 문신월과제(文臣月課制)를 시행해서 유학이 크게 진흥했다. 후에 덕종(德宗), 정종(靖宗)을 거치면서 많은 경전과 사적이 간행되고 따라서 인쇄문화가 발달했으며 최충(崔冲)의 문헌공도(文憲公徒) 등 사학도 진흥했다.

관제도 중서문하성을 위시해서 상서성 안에 6부를 두고, 삼사(三司)에 중추원, 어사대, 한림원, 국자감 등이 있어서 수많은 관리가 필요했다. 이들 대부분이 과거로 등용되었으니 '시(詩), 부(賦), 송(頌), 책(策)'과 '서(書), 역(易), 춘(春), 추(秋)' 등을 시험 보아 선비들의 중앙 진출이 자연스럽게 늘게 되었다. 특권 신분인 문벌귀족들이 지배세력이 되어 폐쇄적 귀족사회를 이루었으며, 대부분의 선비 차인들은 이들 중에서 많이 배출되었다.

태조 때부터 국가가 불교 쪽에 깊은 관계를 맺고 있었는데도 유불(儒佛)의 마찰이 거의 없이 선승들과 왕실은 물론 귀족 선비들과도 상보적(相補的) 관계를 유지한 것이 고려 사회의 특징이다. 이는 선비들과 승려들이 각각 자기 역할을 분담하였기 때문이다. 그래서 서로 차를 주고받는 일도 많았고 사찰에 출입하여 시를 창화(唱和)하고 차를 즐긴 예도 많았다.

11~12세기에 걸쳐 이자현(李資玄), 곽여(郭輿), 임춘(林椿), 김극기(金克己), 홍간(洪侃) 등의 차인이 출현하여 차의 깊은 정신적인 세계를 널리 퍼트렸다. 그리고 사회에서도 그들의 심오한 차 생활을 높게 평가하는 분위기였다.

이자겸(李資謙)과 묘청(妙淸)의 두 난리를 거치면서 초기 귀족사회는 몰락하고 무신들이 등장하여 100여 년간 세력을 다투는 동안 최충헌은 문인들을 등용하여 그들의 행정력을 이용하고 시문을 발전 시켰다. 이때를 장식한 차인이 이규보, 최자, 김지대, 이연종, 이인로 등이다.

후기로 접어들면서 신흥사대부들이 대거 등장하였다. 새로운 학문인 성리학이 수용되면서 안향(安珦), 백이정(白頤正)을 위시하여 이제현(李齊賢), 안축(安軸), 박충좌(朴忠佐)를 지나 이곡과, 이색(李穡)에게 수학한 이숭인(李崇仁), 길재(吉再), 권근(權近), 변계량, 그리고 정몽주의 학통을 받은 하연, 이원은 모두 차인이었으니 스승에게서 이어져 오는 다풍이었다.

특히 길재는 목은, 포은, 양촌 세 사람의 스승을 두었고, 후에 김숙자, 김종직으로 계승되어 성리학뿐만 아니라 '선비차(유가의 차)'의 큰 맥을 형성했다. 한편 권근에게 배운 유방선은 참다운 차인으로 많은 다시를 남겼고, 문하에 서거정을 두어 빛나는 다맥을 형성했다. 그리고 이들 대부분은 중국에 다녀오고 차를 생활화한 차인들이었다.

한편으로는 정몽주, 원천석 등 선비 차인들이 나왔고, 특히 가정에서 목은으로 이어져 그 아들 종학(種學)에게 이어진 다풍이 훗날 이산해로 전승된 것이나, 동암과 익재 부자가 혜감과 경호의 선맥과 주고받은 다사

(茶事)는 고려 차 문화에서 빛나는 부분이라 하겠다.

선비 차인들은 그 특성상 즐겨 마신 차에 관한 감흥을 주로 시문으로 남겼기 때문에, 지금도 그들의 차 정신을 간접으로라도 체험하여 공감할 수 있는 것이 다행스럽다.

2. 다시

사헌부(司憲府)에서는 다시(茶時)라는 것이 있었다. 다시는 죄인들의 죄의 유무 또는 사실 여부를 확인할 때, 매일 한 차례씩 모여 차를 마시면서 공정한 판결을 위해 자신의 말에 책임을 지고, 생각하는 시간을 가지는 모임이다. 이처럼 회좌합의(會座合議)하는 다시제도는 한때 다른 기관에서도 시행하다가 없어지고 사헌부에서는 오랫동안 계속되었다. 뒤에 조선까지 이어져 1894년 갑오개혁 전까지 다시라는 것이 있었다.

> 다시라는 것은 다례의 뜻을 취한 것이니, 고려와 우리나라 국초의 대관(臺官)은 다만 언책(言責)을 맡고 서무(庶務)는 보지 않았다. 그래서 하루에 한 번씩 모여서 차를 마시는 자리를 베풀고 파했다.
> 茶時者 取茶禮之義 高麗及國初 臺官只任言責不治庶務 日一會設茶.
> —『연려실기술(燃藜室記述)』 별집 6권

현재 사법부의 소임과 비슷했던 사헌부(司憲府)를 중심으로 이 같은 좋은 취지에서 출발한 다시의 정신은 바로 차의 정신을 바르게 운용한 예라 하겠다. 선입견을 불식하고 공정을 기하여 올바른 판결을 내려야 할 위치에 있는 사람들이 차를 마시면서 평상심(平常心)으로 돌아가 다시 한 번 더 생각하는 시간을 가지는 신중함이 무엇보다 바람직한 일이었다.

고려의 다시에 관한 기록은 더 자세한 것이 없기 때문에 『성호사설(星湖僿說)』 등에 기록된 조선의 다시는 그때 설명하기로 한다.

3. 유가의 차인들

여기에 기록한 차인들은 차를 진정 좋아하여 마시고, 그 정서를 시문으로 남긴 선비들이다.

이자현(李資玄 : 1061~1125)

고려 초기의 문인으로 자는 진정(眞靖)이고 호는 식암(息庵)·청평거사(淸平居士)·희이자(希夷子)였으며 시호는 진락공(眞樂公)이었다. 그는 당시 권문세도가인 이자연(李子淵)의 손자로, 이자겸(李資謙)의 사촌이다. 처음 과거에 급제하여 대악서승이 되었으나 아내가 죽자 모든 것을 떨치고 29세의 젊은 나이로 청평산에 은거하였다. 아버지가 지어준 문수원(文殊院)에서 오래 머물렀다.

그는 특히 예종에게 우대를 받았는데, 이는 왕비가 자현의 사촌으로 예종이 각별한 관심을 가졌기 때문이다. 그러나 예종이 여러 번 불러도 나가지 않았다. 이에 관한 자세한 기록이 『고려사절요』 8권에 나와 있다.

예종 정유 12년(1117) 9월에 청평거사 이자현을 불러 행재소에 나오게 하였다. 자현은 중서령 자연의 손자인데 용모가 뛰어나고 체격이 좋았으며, 총명하고 민첩하였다. 과거에 급제하여 대악서승이 되었다가 홀연히 벼슬을 버리고 춘주의 청평산으로 들어가 문수원을 수리하고 살면서 채식과 베옷을 입고 선과 도를 즐기며 소요하여 스스로 즐겼다. 왕이 내신을 보내서 차·향·금·비단을 하사하고 여러 차례 오도록 불렀다.

자현이 사자에게 말하기를 "신이 처음 도성문을 나올 때 다시 서울의 거리를 밟지 않겠다고 맹세했으니, 감히 조서를 받을 수 없습니다" 했다. 드디어 표문을 올려 사양하기를 "새로서 새를 길러 거의 종고의 근심이 없게 하시고, 고기를 보고 고기를 알아 강호의 본성을 온전하게 하소서" 하니, 왕이 표문을 보고서 나오게 할 수 없음을 알고, 특별히 남경에 행차하여 자현의 아우 상서인 자덕을 보내 행재소에 나오기를 권하여 임금이 지은 시 한 수를 내리니 자현이 곧 나아왔다. 왕이 말하기를 "덕 있는 노인을 사모해 보고 싶어한 지 오래니, 신하의 예로서 볼 수 없다"고 하며 전 위에 올라 절하게 명하고 자리에 앉히고 차를 내어, 조용히 얘기를 나누고 삼각산 청량사에 머물도록 명했다.

두 번째 만났을 때는 양성의 요결을 물으니, 대답해 아뢰기를 "욕심을 적게 하는 것보다 더 좋은 것은 없습니다" 하니, 왕이 찬탄해 칭찬하며 더욱 후대하였다. 얼마 후 산으로 돌아가기를 청하매 차·향·법복을 내려 은총을 표했다.

睿宗丁酉十二年 九月 召淸平居士李資玄 赴行在 資玄中書令子淵之孫 容兒魁偉 性聰敏 登第爲大樂署丞 忽棄官入春州淸平山 葺文殊院居之 蔬食布衣 嗜禪悅道 逍遙自樂 王遣內臣 賜茶香金帛 仍累詔徵之.

資玄對使者曰 臣始出都門 有不復踐京華之誓 不敢奉詔 遂上表辭曰 以鳥養鳥 庶無鐘鼓之憂 觀魚知魚 俾遂江湖之性 王覽表知不可致 特幸南京 遣其弟尙書資德 諭赴行在 賜御製詩一首 資玄赴召 王曰 道德之老 嚮風久矣 不宜以臣

청평사 전경 이자현은 고려시대 권문세도가의 자손이었지만 청평사 일대의 자연과 함께 차를 즐기던 차인이었다.

禮見 命上殿拜賜坐茶湯 從容相語 仍命留三角山淸凉寺.

及再見 問養性之要 對曰莫善於寡慾 王特加歎賞 待遇甚厚 旣而固請還山 及

賜茶香法服以寵之.

-『고려사절요』8권

 사람이 현실적인 부귀와 공명을 버리기 심히 어려운 일인데, 자현은 그것을 버리고 수차의 권유에도 흔들리지 않았다. 집안 전체가 권력의 소용돌이 속에 휘말려 있는 것에 염증을 일으켰고, 다성(茶性)으로 그 같은 유혹을 떨칠 수 있었다 하겠다.

　그는 후에 곡란암(鵠卵庵)을 짓고 자연을 벗해 살면서, 혹 멀리 찾아오는 사람들과 차를 마시며 노닐었다. 가까운 곽여와는 시로서 창화하며 그 같은 자신의 삶에 만족하기도 했으니 그야말로 부러운 삶을 살다 간 차인이었다.

정지상(鄭知常 : ?~1135)

　인종 연간의 문인으로 호를 남호(南湖)라 했다. 서경 출신으로 지제고(知制誥)를 지내고 후에 기거랑(起居郞)이 되었으나 '묘청의 난'이 일어나자 이에 관련된 혐의로 백수한과 함께 김부식에게 참살되었다. 시재(詩才)가 출중하여 고려 12시인에 들고, 서화(書畵)에 능했으며『정사간집(鄭司諫集)』을 남겼다.

민자천 물로 차를 끓여보니
사발 위에 운유가 뜨네
수옹(최해)의 시 세 번 되풀이하니
벽 가득 구슬 토해놓은 듯
근심이 없으니 더욱 즐겁고
이 즐거움 어찌 옛것이기만 하리
일산을 날리며 송문(松門)을 내려오니
송문의 해는 한낮일세

試茶閔子泉	甌面發雲乳
三復壽翁詩	滿壁珠璣吐
樂哉無所憂	此樂何太古

飛蓋下松門　　　　松門日卓午

－「백률사서루(栢栗寺西樓)」

경주에 왔으니 최치원의 후손인 최해(崔瀣)의 시가 생각이 나서 읊었고, 민자천의 물로 시다(試茶)하니 말발(沫餑)이 잘 뜨고 차 맛이 좋았다. 그래서 시정(詩情)이 일고 근심이 사라져 옛사람의 즐거움을 시공을 초월해서 느껴본 것이다.

여행 중에 소문난 물로 차를 끓여 마셔보는 정도면 차인으로 높은 경지에 이르렀음은 말할 필요도 없다. 거기에 차를 마시고 즐기는 것이 삼매(三昧)의 경에 이르러 있다. 더구나 노장철학에 깊은 조예가 있었으니 서라벌에 드날렸던 지난날의 인걸들이 눈앞에 명멸하는 것이다.

임춘(林椿 : ?~?)

의종(毅宗)·명종 연간의 문인으로 서하 출신이기 때문에 흔히 서하선생이라 불렀다. 벼슬을 못 하고 평생 불우하게 살았으나 두 아들 경세(敬世)·정세(整世)는 모두 과거에 급제하여 재상의 반열에 이르렀다. 이인로(李仁老), 오세재(吳世才) 등과 함께 강좌칠현(江左七賢)의 한 사람으로 일컬어지며 문집『서하선생집(西河先生集)』과 가전체 소설『국순전(麴醇傳)』,『공방전(孔方傳)』이 전해진다.

맥없이 평상에 눕자 곧 세상모르게 잠들었는데
바람 불어오니 낮잠 절로 깨네
꿈속에도 이 몸은 머물 곳 없고
천지는 온통 하나의 여관일 뿐

빈 누각 위에 잠 깨니 해 지려 하는데
흐릿한 눈으로 먼 산 바라보네
누가 유인의 한가로움 알겠는가
한 자리 봄잠이 천종녹과 맞먹으리

頹然臥榻便忘形　　午枕風來睡自醒
夢裡此身無處着　　乾坤都是一長亭
虛樓罷夢正高春　　兩眼空濛看遠峰
誰識幽人閑氣味　　一軒春睡敵千鍾

- 「이랑중유의다점주수(李郞中惟誼茶店晝睡)」

이 봄에 한 움큼 몽산차 얻으니
흰 포장 붉은 도장, 색과 향 새롭구나
증심당 노선사는 명품을 아시는 분
자순보다 더 진기한 이차를 보냈다오

近得夢山一掬春　　白泥赤印色香新
澄心堂老知名品　　寄與尤奇紫筍珍

- 「다향겸상인기(茶餉謙上人寄)」

하늘과 땅은 원래 우리가 잠시 머물렀다 가는 여숙(旅宿)이요, 시간이란 순식간에 지나가는 과객이라 하지 않았던가. 그리고 그 속을 살고 있는 우리는 한 자락 꿈을 꾸는 것에 지나지 않는다. 차를 좋아하기에 좋은 차를 혼자 마시지 않고 진정 차를 아는 다우(茶友)에게 보내고 싶은 마음이 바로 다심(茶心)이 아니겠는가.

서당에서 편히 웃고 오래 술 끊고서

차 끓이는 익은 솜씨 자랑한다네

돌솥에선 지렁이소리 나니

수액 만난 나그네 누가 능히 구하리

祇笑西堂長禁酒　　　誇我點茶三昧手

石鼎作聲蚯蚓叫　　　客遭水厄誰能救

　　　　　　　－「희서겸상인방장(戲書謙上人方丈)」

허리띠 늦추고 빈 구덩이 메우듯 달게 먹고서

향기로운 차 실컷 마시니 더욱 만족해

맑은 바람 두 겨드랑이에 스멀스멀 일어

이를 타고 진계(眞界) 찾아 세속을 떠난다네

緩帶甘飱若塡壑　　　七椀香茶飮更足

習習淸風兩腋生　　　乘此朝眞謝塵俗

　　　　　　　－「사료혜수좌혜량(謝了惠首座惠糧)」

　물 끓임을 지렁이소리로 표현한다든가 수액(水厄)을 알고 있다든가 하면 노동처럼 차의 심오한 세계에 노닐고 있다는 말이다. 이는 바로 "갈포 두건에 짚신 신고 스님 따라서, 점다의 익숙한 솜씨 다시 배우네(葛巾草履隨僧蔬 更學點茶三昧手)"에서 보여주듯이 차의 삼매경에 빠져 있음을 노래한 것이다.

김극기(金克己 : ?~?)

　명종 때 시인으로 호는 노봉(老峰)이다. 문과에 급제했으나 초야에서 지냈다. 그는 150권의 문집을 남길 정도로 다작을 하였다. 그의 시에는 차에 관한 내용이 여러 곳에 나온다.

불꽃 위에 향차 달이니
꽃무늬 찻사발에 흰 유화(乳華) 뜨네
향기롭고 달콤한 맛 너무 좋아
한 모금 마시니 온갖 근심 사라지네
넓은 숲엔 저녁 빛 들고
긴 행랑엔 절 북 울리네
묘하게 재단된 온갖 사물 아름다운데
붓 놀려 시 쓰기 더욱 어렵다네

活火試芳茶	花甕浮白乳
香甛味尤永	一啜空百慮
暮色入平林	長廊鳴法鼓
才微萬象驕	把筆吟尤苦

- 「황룡사(黃龍寺)」

한줄기 냇물이 시작되는 곳은
흙 길도 다한 유산 기슭이라네
달고 청량한 맛 차 끓이기 좋아서
힘들여 많은 사람 왁자지껄 길어 간다네
여기 흘러온 물 시원지는 어디인가
유산 기슭의 흰 구름 아래라네
여러 곳 사람들 차 끓이려 길느라고

오가는 사람들 하루 종일 떠든다네

一道飛川始發源	紅衢斷處乳山根
甘清氣味宜烹茗	苦被都人汲引喧
一水來從何處源	乳山山下白雲根
試茶處處人相汲	人去人來盡日喧

- 「실제(失題)」

암벽으로 드높은 묘고봉

천 길이나 깎은 듯 곧게 솟았네

우연히 산속의 스님 만나

구름 밟으며 허공으로 오르네

암벽에 새긴 시 스쳐보니

다섯 자(字) 모두 격식을 넘었다네

비로소 알겠노라 어떤 선인(仙人)이

나 먼저 이곳 다녀갔음을

그 사람 뜻이 맑고 넓은데

찻자리 함께 못한 것 한스럽구나

부질없이 먼 훗날

그윽한 자취 물으며 탄식하리

巖巖妙高峰	壁立千丈直
偶尋林下僧	空畔躡雲碧
因窺壁間詩	五字皆破的
始知方外客	先我已探歷
斯人定淸曠	恨不同茗席

空令千載下　　　　慷慨弔幽迹

-「용만잡흥(龍灣雜興)」

신선들 떠나고 송정만이 남았는데
산속엔 돌부뚜막 그냥 있구나
仙去松亭在　　　　山藏石竈存

-「한송정(寒松亭)」

노봉(老峰)은「황룡사」에서 "꽃무늬 찻사발에 유화(乳華)가 떠오르고" "한 잔 마시니 온갖 근심 사라진다"라고 해서 음다(飮茶)의 깊은 경지에 이르렀다. 차를 활화로 끓여야 하고 가루차에 오지사발이 어울린다고 할 정도로 해박한 실력이다. 저녁 빛을 시각적으로 그리고 법고소리를 청각으로 처리하여 넓음과 긴 것이 대조가 되도록 했다. 그런 자연의 아름다움을 원래 문자로 표현한다는 것이 이미 욕심이리라.

「실제」에서 보듯이 차 끓이기 좋은 물을 구하려고 수많은 사람들이 북적대는 모양은 당시의 차 인구가 얼마나 많았으며, 생활 속에 깊이 자리 잡았는가를 잘 보여준다.「용만잡흥」은 다섯 수(首)로 된 마지막 부분이다. 차에 대한 심오한 정신세계를 방외객(方外客)과 연관해서 승화시켰다. 그는 우리 다사(茶史)의 이른 시기에 활동한 참다운 차인이었다.

곽여(郭輿 : 1059~1130)

고려의 문신으로 자는 몽득(夢得)이며, 참지정사 상(尙)의 아들이다. 문과에 급제하여 예부원외랑으로 재임하다가 사직하고 금주(金州)의 초당(草堂)으로 가서 살았다. 1105년에 예종의 스승으로 있었으며, 후에 성동에 산재(山齋)를 짓고 왕이 허정재(虛靜齋)라는 편액을 내리고 정지상(鄭知常)으로 하여금 「산재기」를 짓도록 했다.

두 뿔로 서린 용문 소단에 들었고
봄 추위 무릅쓰고 촉산에서 새로 딴 것
갑자기 손수 들어 친히 내리시니
이슬 머금은 좋은 향기 가득하여라

雙角盤龍入小團　　蜀山新採趁春寒
俄回御手親提賜　　露氣天香葱一般

- 「청연각친사쌍각용차(淸讌閣親賜雙角龍茶)」

그는 사람들에게 동산에 사는 우객(羽客)으로 알려져 동산처사(東山處士)라고 불릴 만큼 선적(仙的)인 데가 있는 차인이었다. 예종은 옛정도 생각하여 총애한 것이다. 쌍각용차는 밀운용(密雲龍)이니 아주 귀한 차로 중국 황실에서 보낸 것이리라 생각된다.

차를 사랑했기에 벼슬에 연연치 않고 훌훌히 자연에 은거했고, 왕의 총애를 빌미로 주변을 어지럽히지도 않았다. 이것이 바로 올바른 차인의 길이다.

홍간(洪侃 : ?~1304)

시인으로 자는 평보(平甫)요, 호는 홍애(洪厓)였다. 동래현령을 지냈고 시문에 능했으니, 특히 그의 시는 청려(淸麗)하였다. 문집으로 『홍애집(洪厓集)』이 전한다.

송강의 총서를 계속해서 기초(起草)하니

종이를 눌러도 상자가 작구나

구기(拘杞)는 아직 가시 돋지 않았고 국화도 사초는 아니라네

어찌 생선회에 배부른 사람들을 부러워하리

다섯 마리 더위에 지친 소가 두 이랑 밭을 가는데

아침에 한 차례 내리는 서산비가 좋다네

몸소 삼태기와 가래 잡고 내 농사일 하는데

강가의 말 옆에 물새 한 마리

고저에 또 차밭이 있으니

다보와 수경을 일찍부터 안다네

이 중에 맑은 바람 그 누가 알랴

배강의 어부와 자계의 늙은이지

松江叢書不輟草	紙札相壓筐箱小
杞未棘兮菊未莎	肯羨人閒擊鮮飽
十角吳牛二頃田	西山朝來一雨好
躬負畚鍤理吾家	木決驟邊立水鳥
顧渚又復置茶園	茶譜水經推勘早
此中淸風知者誰	涪江漁夫紫溪老

– 「차운화김둔촌사시구공운(次韻和金鈍村四時歐公韻)」

유명한 차인 육구몽의 글을 쓰고 기름진 음식을 먹지 않으며 구기자나 국화의 물을 마신다. 그리고 전원으로 돌아가 몸소 농사일 하며 차를 길러 상음한다. 차에 대해 책을 읽고 물에 관한 소양을 길렀으니 그 정도를 알 만하다. 전야에 묻혀 사는 이 같은 고매한 생활을 누가 알 수 있으리.

배강의 어부와 자계의 늙은이 뿐이지. 한 폭의 그림이 아닐 수 없다.

그는 원래 선계에 대한 동경과 애조적인 시를 많이 썼으니 「고안행(孤雁行)」에서 "그림자 돌아보며 높이 날아 서로 한 번씩 부르니, 늦가을 서릿바람에 갈대꽃이 쓸쓸하여라(顧影低昻時一呼 蘆花相漠風霜晩)"라고 하며 삶의 무상감을 노래했다.

최자(崔滋 : 1188~1260)

최충의 후손이며 문신으로 호를 동산수(東山叟)라 했다. 문과에 급제하고 이규보의 추천으로 문한(文翰)이 되고 대사성을 거쳐 중서시랑평장사를 지냈으며 시호를 문청(文淸)이라 했다. 시문에 뛰어나 문명을 날렸고, 『삼도부(三都賦)』, 『보한집(補閑集)』 등의 문집을 남겼다.

배고프면 밥 먹고 목마르면 차 마시고
넘침이 없이 양생을 도우네
고요히 앉았을 땐 참선하고 움직일 땐 염불하네
온 힘을 다해 도를 닦는다네

飢湌飯渴飮茶　　　禁豊利養
靜坐禪動念佛　　　同力修眞

　　　　　　　　－「동전신정위선사관고(同前神定爲禪師官誥)」

그야말로 '생활차'다. 차가 소갈에 좋은 것은 당연하지만 그래도 이는 앉아서 한담이나 하는 것이 아니고, 좌선을 하고 염불을 하는 중이다. 그러니 차를 마시고 참선하는 경지라 하겠다.

『삼도부』를 보면 문장의 유려함은 물론, 유불선을 두루 섭렵한 해박한 지식을 가진 학자임을 알 수 있다.

김지대(金之岱 : 1190~1266)

무신으로 문과에 급제하여 전라도 안찰사를 거쳐 정당문학 이부상서를 지내고, 중서시랑평장사로 시호를 영헌(英憲)이라 했다.

절은 연하(煙霞)로 뒤덮여 조용한데
산은 어지럽게 물들어 가을빛 완연하네
구름 덮인 가파른 돌길 육칠 리나 뻗었고
하늘 끝 봉우리는 천만 겹일세
차를 마시고 보니 처마 끝 소나무에 초승달 걸렸고
강론 끝난 쓸쓸한 탑(榻)에는 종소리 여운 감도네
흐르는 냇물은 나 같은 벼슬아치를 비웃으리니
씻으려 해도 씻지 못하는 세속의 먼지여

寺在煙霞無事中	亂山滴翠秋光濃
雲間絶磴六七里	天末遙岑千萬重
茶罷松簷掛微月	講闌風榻搖殘鐘
溪流應笑玉腰客	欲洗未洗紅塵蹤

- 「유가사(瑜伽寺)」

고요한 가람에서 차를 마시고 보니 처마 끝 소나무 가지에 초승달이 걸렸고, 휑뎅그렁한 탑사에는 종소리가 들릴 뿐 세속의 자취는 찾을 수 없는 선계다. 여기서 자신을 생각하니 한낱 속된 관리로 세속의 먼지가 덕지덕지 묻은 속물일 뿐이다.

그는 「의성객사북루(義城客舍北樓)」라는 시에서 "시원한 바람 멀리 불어와 구슬발 걷고, 밝은 달은 한 가닥 옥피리소리 비꼈구나(香風十里捲珠簾 明月一聲飛玉笛)"라고 읊어 감각의 전이를 묘하게 다루었다. 시와 차가 하나 된 경지에 이르렀다.

이연종(李衍宗 : ?~?)

충선왕부터 충정왕 때(13~14세기) 사람으로 『제왕운기(帝王韻紀)』의 저자 승휴(承休)의 아들이다. 벼슬은 감찰대부에 이르렀으며 시세(時勢)를 잘 이용하였으므로 사람들의 비난을 받기도 했다.

공민왕이 호복에 변발을 하려고 했을 때 못하도록 간한 공도 있었다. 그가 만년에 찬성사(贊成事) 박충좌(朴忠佐)에게서 차를 받고 읊은 시는 아주 유명하다.

어릴 때 영남의 절에 손으로 가서
스님 따라 여러 번 투다(鬪茶)놀이 했었지
봉산 기슭 용암 옆에
대숲에서 스님 따라 어린 찻잎 땄다네
한식 전에 만든 차가 제일 좋다는데
더구나 용천 봉정 좋은 물 있음에랴
사미승의 시원스런 삼매의 솜씨
찻잔 속의 유화 떠도 쉬지 않고 격불했지
돌아와 벼슬 따라 풍진세상 치달으며
남북으로 세상살이 두루 겪었다네
이제 늙고 병들어 한가로이 누웠으니

쓸데없이 분주함은 내가 할 일 아니어라
양의 젖도 순채국도 생각 없고
좋은 집의 풍류놀음 부럽지 않네
한낮의 죽창엔 다연이 피고
낮잠 깨어 한 잔 차 있으면 되네
남녘에서 차 끓이던 일 자주 그립고
산속의 옛 친구 소식도 없네
하물며 그때의 높은 벼슬아치들이
뜸한 사람 생각해서 한사품 나누어 주리
치암상국 홀로 잊지 않고
좋은 햇차 초당으로 보내주었네
봉합 열어 자용을 살필 틈 없이
종이 통해 차 향기 코에 스미네
높은 품격 다칠세라 고이 풀어서
불꽃 위에 물 올려 손수 끓이네
차솥에 솨솨 솔바람 일어
그 소리 듣기만 해도 마음 맑아진다네
찻잔 가득 피어나는 짙은 그 맛
마셔 보니 뼛속까지 시원해지네
남쪽 놀던 그때는 어린아이였기에
차 마시는 깊은 맛 알지 못했네
오늘에사 공(公)에게서 좋은 차 받아
노동 같은 경지에 통하게 되네
때로는 두 겨드랑에 바람을 타고

붕래산 날아올라 상봉에 내려

서왕모의 자하잔을 크게 기울여

속세의 더러움 모두 씻고서

그 귀한 구전진금단 얻어 와

그대의 보배로운 뜻 보답할거나

少年爲客嶺南寺	茗戰屢從方外戱
龍巖巖畔鳳山麓	竹裏隨僧摘鷹觜
火前試焙云最佳	況有龍泉鳳井水
沙彌自快三昧手	雪乳翻甌點不已
謁來從官走風塵	世味遍嘗南北嗜
如今衰病臥閑房	碌碌營營非我事
不思羊酪與蓴羹	不羨華堂擁歌吹
竹窓日午篆煙斜	一甌要及睡新起
幾回回首憶南烹	山中故人無信使
何況當時卿相門	肯記頭頑分內賜
恥庵相國獨不忘	寄與頭網草堂裏
未暇開緘見紫茸	已覺透紙香熏鼻
銅灰雖恐損標格	活火煎烹手自試
松風入鼎發颼飀	聽之足可淸心耳
滿椀悠揚氣味濃	啜過爽然如換髓
南遊昔時方童蒙	不識茗飮有深致
今日因公輒賜龍	通靈也似玉川子
亦欲時乘兩腋風	飛向蓬萊山上墜
一傾王母紫霞觴	洗盡從前烟火累

還將九轉眞金丹　　　來謝我公珍重意

- 「사박치암혜다(謝朴恥庵惠茶)」

화려한 날이 모두 지나고서야 인정(人情)의 모짊을 깨달을 것이니, 그도 벼슬에서 물러나 적적할 때 옛사람으로부터 그 귀중한 햇차를 받고서 감개가 서린 모양이다. 그의 어린 시절은 14세기로 접어들 무렵이다. 고려의 문운이 농익었을 때이니 투다, 곧 명전(茗戰)이 성했다. 특히 차의 산지인 영남은 차에 관한 여러 행사며 놀이가 연례적으로 있었다. 반세기가 지나고 그때의 사찰에서 있었던 기억을 되살리고, 지금에야 깨닫게 된 차의 깊은 경지에 속진을 털어내는 주인공의 심경에 공감이 간다. 차와 선계(仙界)를 엮어서 그려보는 것은 모든 이들의 꿈이었기 때문이다.

이인로(李仁老 : 1152~1220)

의종에서 고종 연간의 학자로 자는 미수(眉叟), 호는 쌍명재(雙明齋)이다. 평장사 오(䫨)의 증손이었으나 고아가 되어 요일(寥一)에게서 성장했다. 한때 출가하였다가 뒤에 과거에 급제하여 벼슬에 올라 비서감 우간의대부에까지 올랐다. 현실에 염증을 느껴 시문에 더욱 힘써 깊은 경지에 이르렀으며 『은대집(銀臺集)』, 『쌍명재집(雙明齋集)』, 『파한집(破閒集)』 등을 남겼다. 글씨에 능했고 절에서 자랐기에 다마(茶磨)를 읊은 시가 있다.

풍륜이 돌지 않으니 개미 행렬 느리고
달도끼 휘두르니 옥가루 날리네
법다운 놀이는 진실됨 그 안에 있고

갠 하늘에 우레소리 크고 눈이 펄펄 날리네

風輪不管蟻行遲	月斧初揮玉屑飛
法戱從來眞自在	晴天雷吼雪霏霏

- 「승원다마(僧院茶磨)」

날씨가 좋아 풍경도 흔들리지 않고 개미떼마저 느린데 다연(茶碾)의 월부(月斧)를 미니 찻가루가 날리는 모양을 오감(五感)을 통해 노래했다. 맷돌 부딪치는 소리와 흰 가루 펄펄 날리는 것을 맑은 하늘에 대비시켜 색다른 맛을 풍기는 걸작이다.

그의 다습(茶習)은 부모와 같은 요일(寥一)에게서 받았고 정신적인 면도 영향을 입었다. 스님은 왕의 숙부로 승통을 지내고 궁중에 오래 있다가 절로 돌아가기를 청하는 시를 읊었다.

오경의 어렴풋한 꿈에도 절에 있었는데
십 년이나 궁궐 길을 어정거렸네
일찍 딴 가느다란 차는 난봉의 형상이고
햇차의 신기로운 향기는 자고의 반점일세
수척한 학이 하늘을 나는 것이 가련하니
오래 부린 원숭이가 산에서 원망케 하소서
바라건대 남은 세월 숨어 살던 옛집으로 돌아가
바위와 구름이 한가롭지 않게 하소서

五更殘夢寄松關	十載低徊紫禁間
早茗細含鸞鳳影	異香新屑鷓鴣班
自憐瘦鶴翔丹漢	久思寒猿怨碧山

願把殘陽還舊隱　　　不敎巖畔白雲閒

- 「걸퇴시(乞退詩)」

　세속에 나와 오랜 세월 지났건만 자신이 살았던 옛 절집을 잊지 못하고 그리워한다. 환로의 어려움과 현실에 대한 부조화를 잊어보려 차를 마신다. 그러면서 자신의 모습을 수척해진 학이 청산에 뜻이 있음에 비유했다. 부디 임금님께서 나의 이 물러나려는 뜻을 너그러이 이해하시고 산으로 돌아가게 해달라고 간절히 빈다. 번거로운 속진을 초탈하려는 차인의 마음이다. 요일의 이 생각은 만년의 이인로에게도 그대로 적용되는 말이었다.

이규보(李奎報 : 1168~1241)

　의종과 고종 연간의 문인으로 호를 백운거사(白雲居士)라 했다. 낭중(郎中) 윤수(允綏)의 아들로 과거에 급제하여 우정언지제고(右正言知制誥)를 거쳐 국자제주(國子祭酒), 호부상서집현전태학사(戶部尙書集賢殿太學士)가 되고, 문하시랑평장사(門下侍郎平章事)로 치사(致仕)했다. 문집 『동국이상국집(東國李相國集)』에 「동명왕편(東明王篇)」, 「백운소설(白雲小說)」, 「국선생전(麴先生傳)」 등이 전한다.

　격동적인 무인집권시대를 살았던 지식인으로 역사적 현실에 주목하고 변천하는 시대상황과 현실인식이 남달라서 민족의 주체성과 우수성을 주장한 문호(文豪)였다. 시주금(詩酒琴)을 사랑하여 삼혹선생(三酷先生)이라 자호(自號)하고 만년에 몸을 의탁할 집 한 채도 없을 만큼 청빈한 관리였다.

　특히 차를 좋아하여 승속(僧俗)을 가리지 않고 교류가 잦아 남긴 작품이 많다. 평생 남긴 시만 천여 수가 넘고 다시가 40여 수에 이른다. 그래서 고려의 다사(茶史)를 연구하려면 먼저 『동국이상국집』을 읽어야 할 정도로 중요한 자료들을 남긴 차인이다.

그는 차에 대해 해박한 지식을 가지고 여러 곳을 여행하며 직접 차를 끓이기도 했다. 또 「남행월일기(南行月日記)」에서 원효방에 들렸던 기록을 남겼다. (제3부 중 "원효의 차생활" 참고.)

우선 차 이름에 대하여 유차(孺茶)를 말하지 않을 수 없다. 여기에 관해서는 앞에서 자세히 언급했기에 생략한다.

다음에는 다구(茶具)가 여러 작품에 등장한다. 「남쪽 사람이 보낸 철병에 차를 끓이며(得南人所餉鐵瓶試茶)」에서 철병(鐵瓶)이 나오는데 "부리는 갸름하여 학이 고개 들고 돌아보는 듯하고, 배는 성난 개구리처럼 불룩하네. 손잡이 뱀꼬리 같이 굽고, 목은 오리 울대 움츠린 듯하네(喙長鶴仰顧 腹脹蛙怒進 柄似蛇尾曲 項如鳧頸瘦)"라고 구체적으로 묘사되었다.

「감불사에서 지내며 노스님에게(暫遊感佛寺贈堂頭老比丘)」에는 "돌솥에 차 끓이니 뽀얀 유화(乳華) 위로 차 향기 떠오르네(石鼎煎茶香乳白)"라 하고, 또 같은 시에서 "벽돌화로 불붙이니 저녁노을 같구나(塼爐撥火晩霞紅)"라 했는데, 돌솥(石鼎)과 벽돌화로(塼爐)가 나온다.

「장원 방연보의 화답에 운을 이어서(房壯元衍寶見和次韻答之)」에는 노구(鐺, 솥)가 나오고, 「고우가(苦雨歌)」에서는 차 상자가 등장한다. 그리고 「운봉의 노규선사가 조아차를 얻어 나에게 보이고 유차라 이름 붙여 청한 시」에서는 오지사발(花磁)이, 「영수좌에게 차운한 시」에서도 꽃사발(花甌)이, 「이시랑(李侍郞)에게 다시 차운한 시」에서는 찻잔(茗椀)이, 「차맷돌을 준 이에게 감사하며(謝人贈茶磨)」에는 차맷돌(茶磨)이 등장한다.

이규보가 기거했던 사가재(四可齋, 백운재)

이로 보면 당시에 사용되던 다구의 상당수가 높은 수준의 것들로서 떡차(餅茶)를 가루낸 전다법을 짐작케 한다.

화개다소(花溪茶所)에서 생산되는 납전차(臘前茶)를 말하면서 "강남에서 눈 속에 차를 따지 않으면 어찌 이월까지 서울에 보내리(不是江南胃雪收 京華二月何能致)"라고 해서 찬 겨울 눈 속에서 차를 수확하지 않으면 청명 전에 서울에 보내서 종묘에 햇차를 올리지(薦新) 못하여 공납의 시기를 놓치게 되는 어려움을 노래했다.

또 「손한장에게 다시 운을 하여(孫翰長復和次韻寄之)」에서 "만 리 길 서울에 붉은 멜빵 져 보냈네(王京萬里禎肩致)"라며 백성들의 노고가 많음을 표현했다.

제5부 · 고려의 차 문화 225

이규보 묘역에 세워진 시비 다시 40여 편을 남겼다.

이규보는 차에 관심이 많아 원효방을 답사하고 다승(茶僧)의 절을 자주 찾았으며 시문도 그에 관한 것을 많이 남겼다. 특히 그 당시의 풍조이기도 했지만 소동파(蘇東坡, 蘇軾)의 시문이나 풍정(風情)을 좋아해서 그의 글을 인용하고 생활의 일단을 따르려 했다. 「영서(詠書)」에서는 "소식은 정화수 담는 그릇이 있고 양나라 임금에겐 바둑 그림의 병풍이 있었네(蘇子井華水 梁君碁子屛)"라고 했다.

특히 그의 빈한한 속의 차 생활은 남다른 사상적 기반 위에서 이루어진 것이다.

성 동쪽에 작은 집 하나 살 곳으로 정하고, 추위 견디기 어려워 온몸 움츠리네. 우연히 흥이 나서 성으로 나가니, 석 자 깊은 눈에 다리 빠졌네 (중략) 목마른 이 차 마시려 하니 샘물 바닥나네. 이 속에 모든 것 잊고 하룻밤 즐기니 여산의 세 웃음보다 훨씬 좋다네.

卜居城東蝸一殼 怯寒無奈縮頭角 偶然乘興閑出郭 三尺雪深寒蘸脚 (중략) 渴漢求茶泉欲涸 一夕忘懷這裡樂 大勝三笑遊盧岳.

- 「우분운득악자(又分韻得岳字)」

사람은 마음먹기에 따라 행(幸), 불행(不幸)이 엇갈리게 느껴진다. 견디기 힘든 어려운 현실 속에서도 차를 마시며 세상사를 잊어버리고 살았던 선인들의 삶을 그대로 실행하였다.

쓸쓸한 방안에는 물건 하나 없으나
솥에서 생황소리는 즐겨 듣네
차와 물을 품평함이 가풍이니
양생을 위해 영험한 약재는 필요 없다네
蕭然方丈無一物　　　愛聽笙聲號鼎裏
評茶品水是家風　　　不要養生千歲蘴
　　　　　　　　　　　-「복용전운증지(復用前韻贈之)」

벼슬 높아도 가난하게 살며 분수 넘지 않으니
일상의 양식도 없는데 황차 선차(仙茶)까지야
해마다 형의 특별한 선물 홀로 받으니
비로소 세속(世俗)의 재상집이네
官峻居卑莫我過　　　本無凡餉況仙茶
年年獨荷仁人貺　　　始作人間宰相家
　　　　　　　　　　　-「사일암거사정군분기다(謝逸庵居士鄭君奮寄茶)」

강가를 서성이며 얽매임 잊고
새들과 벗하며 날마다 물가에 노네
약보(藥譜)만 남기고 모든 책 다 없어지고
남은 책 보니 오직 『다경(茶經)』뿐이네

흔들리는 나그네 마음 바람에 나부끼는 깃발 같고
유랑하는 외로운 자취 물위의 부평초라네

江邊放浪自忘形　　　日狎遊傍渚汀
散盡舊書留藥譜　　　撿來餘畜有茶經
搖搖旅思風前纛　　　泛泛孤蹤水上萍

-「숙빈강촌사(宿濱江村舍)」

출입하지 않으니 찾는 이 없고
스님과 약속으로 차를 끓이네
쟁기 메고 이제 농사 배우니
곧 전원으로 돌아갈 날 있으리
가난이 싫지 않으니 빨리 늙어가고
한가하니 지루한 해가 싫도다

杜門無客到　　　煮茗與僧期
荷耒且學圃　　　歸田當有時
貧甘老去早　　　閑厭日斜遲

-「초당단거화자미신임초옥운(草堂端居和子美新賃草屋韻)」

　　가난한 것을 즐길 수 있다는 것은 벌써 차인으로서 충분한 경지에 이르렀다는 것을 의미한다. 더구나 높은 벼슬자리에 있으면서 청빈하게 살고 또 그 속에서 다심(茶心)에 젖어 드넓은 마음을 가진다는 것이 흔히 볼 수 있는 일이 아니다. 언제나 식사를 마치고 차를 마셨고(食罷禪房暫啜茶) 목마르면 많은 양의 차를 들이켰다(納僧手煎茶 誇我香色備 我言老渴漢 茶品何暇議 七椀復七椀 要涸巖前水,「방안화사당선사청부일편(訪安

和寺幢禪師請賦一篇)」].

그는 문원병(文園病, 당뇨로 인한 소갈증)을 차로써 치료하고, 다석(茶席)에 창포(菖蒲), 황국(黃菊), 사계화(四季花), 석류화(石榴花), 매화(梅花) 등의 다화(茶花)도 두고 감상했다. 또 전다(煎茶)에는 말할 것도 없고 투다(鬪茶)에도 일가견이 있었으니 물에 대한 글이 많다.

바위는 비록 기이하더라도 사람에게 이바지하는 바 적고, 샘의 찬 물은 사람의 젖처럼 윤택하게 만드는 데 기여함이 있지 않는가. 이제 내가 그대와 더불어 차를 끓여 마시고 술을 걸러 마시는 것도 물이 베푸는 바이니, 어찌 샘을 저버릴 수 있겠는가.
巖雖奇 餉人之利小矣 泉雖淺 能以氷漿乳液潤人周矣 予今與若點荈而飮 漉酒而酌 亦莫非泉之施也 可忍負手.
　　　　　　　　　　　　－「손비서냉천정기(孫秘書冷泉亭記)」

그때는 황폐한 동산과 퇴락한 뜰만이 있었는데 공이 얻은 뒤에 샘 줄기 찾아 우물을 만들어 마시고, 세수하고 차 끓이고 약 달이는 물을 모두 이 샘물로 쓰고, 남아 넘치는 물로 연못을 만들어 연을 기르고 거위와 오리를 그 가운데 기르니…….
當時茂苑殘莊而已 公得之 尋泉脈之攸出 築石而甃之 凡飮吸盥漱 煎茶點藥之用 皆仰此井 因泉之汎濫者 瀦作大池 被以菱芡 放鵝鴨其中.
　　　　　　　　　　　　－「태재기(泰齋記)」

역사상 많은 지식인들의 마음의 고향은 전원이었듯이 그도 전원에 대한 꿈을 깊이 가지고 있었다.

헛된 이름 빈 마음 밖으로 털어내고
오묘한 진리는 눈에 보이는 것에 있네
돌솥에 차 달이니 향기로운 유화 일고
벽돌 화로에 불타니 저녁놀이 붉네
인간의 명욕 그런대로 맛보았으니
이제는 이 강산을 벗어나지 않으리

浮名揔落心虛外　　妙道猶存目擊中
石鼎煎茶香乳白　　塼爐撥火晩霞紅
人間榮辱粗嘗了　　從此湖山作浪翁

　　　　　-「잠유감불사증당두노비구(暫遊感佛寺贈堂頭老比丘)」

일찍 자연으로 든 그대 유유하게 지내니
늦게 좋은 곳 만난 나는 부끄럽다네
마음 씻고 절에 들어 은거한다면
물 긷고 차 끓이는 일 내가 하려네

早占淸幽君自適　　晩逢佳勝我方慙
洗心投社如同隱　　汲水煎茶尙可堪

　　　　　-「제황여정천사의사야경루(題黃驪井泉寺誼師野景樓)」

누워서 한가롭게 돌아갈 길 잊으니
이처럼 노니는 것 정말 뜻에 맞구나

偃仰自忘還　　茲遊眞適意

　　　　　-「방안화사당선사(訪安和寺幢禪師)」

세속의 모든 인연 끊고 자연과 더불어 벗하며 여생을 선기(仙氣) 속에 즐기고 싶은 심정이다. 지난날 돌이켜보면 마음에 거리끼는 일 많고, 세상의 인심도 싫어졌으니 은거하며 편히 지내고 싶다. 그리고 그는 불가(佛家)에 기울어지는 경향, 곧 심오한 인간의 근본적인 문제에 접근하려 했다.

차 한 사발 말 한 마디
점점 깊은 뜻으로 다가가네
이 즐거움 진실로 맑은데
어찌 흐릿하게 술에 취할까

一甌輒一話　　　漸入玄玄旨
此樂信淸淡　　　何必昏昏醉

- 「방암사(訪巖師)」

동화의 짧은 영광 웃으며 물리치고
홀로 털옷 입고 육조(六祖)를 찾았다네
고요 속에 얻은 구절(句節) 부처께 바칠 만하고
벼루에 서린 얼음 입김으로 녹였다네

笑却東華一餉榮　　獨披馳褐訪南能
靜中得句堪呈佛　　欲寫時呵玉硯氷

- 「방암선노용벽상서족시운(訪巖禪老用壁上書簇詩韻)」

　차 마시고 법어(法語)를 들으며 마음을 깨끗이 하고 정신을 살찌게 하고 싶은 마음이 배어 있는 글들이다. 그래서 찌들고 고달픈 몸을 솔마루

〔松軒〕에 누워 휴식하고 싶었던 것이리라.

좋은 차를 받으면 그 한 덩이의 차를 만드는 백성들의 노고를 안타까워하면서도, 차 향기에 푹 젖어 선계(仙界)를 넘나들고, 현실의 어려움 속에서도 차를 마시면 평상으로 돌아가는 차인이었다.

무엇보다 그에게는 어떤 다서(茶書)보다 먼저 다선일미(茶禪一味), 곧 다선일여(茶禪一如)라는 말을 쓰고, 또 실천한 사람이다.

다른 날 초암의 선방 두드려
몇 권 경서 깊은 뜻을 논해봐야지
늙었지만 내 손으로 샘물 뜰 수 있으니
차 한 사발 그것이 곧 참선이라네

草庵他日叩禪居　　　數卷玄書討深旨
雖老猶堪手汲泉　　　一甌卽是參禪始

－「방장원연보견화차운답지(訪杜元衍寶見和次韻答之)」

굳이 명선(茗禪)이 아니라도 다심(茶心)은 바로 선정(禪定)의 경지니 찻자리에 앉는 것이 벌써 선(禪)이라 할 것이다. 이처럼 우리 것에 대한 강한 애착은 민족의 주체성과 우수성에 대한 자부심의 표출이었다. 이 같은 그의 역사적 안목은 경전·사기·노불(老佛)·잡학에 이르기까지 두루 섭렵한 독서의 산물이었다. 어떻든 고려를 대표하는 다시인(茶詩人) 이규보는 청빈한 관리였고 문호였으며 그리고 진정한 차인이었다.

이제현(李齊賢 : 1287~1367)
충렬왕부터 공민왕 때의 문인으로 호는 익재(益齋), 역옹(櫟翁)이라 하고 검교정승(檢校政丞) 이진(李瑱)의 아들이다. 예문춘추관(藝文春秋館)의 직강(直講)을 거쳐 서해도안렴사(西海道安廉使) 등을 지냈다. 연경(燕京)의 만권당(萬卷堂)에서 조맹부(趙盟頫) 등과 고전을 연구하고 돌아와 정당문학(政堂文學) 김해군(金海君)에 봉해졌다. 후에 우정승 계림부원군(右政丞 鷄林府院君)에 제수되고 나중에 치사(致仕)했다. 저서에 『익재난고(益齋亂藁)』, 『소악부(小樂府)』, 『역옹패설(櫟翁稗說)』 등이 전한다.

술 끊으니 주린 창자 연기 나려 하고
늙은 눈으로 책 읽으니 안개 가린 듯하네
누가 이 두 병을 아주 낫게 하겠는가
나는 이미 좋은 약 얻어올 데 있다네
그 옛날 동암은 녹야에 노닐었고
혜감은 조계사의 주지가 되어 갔었네
좋은 차에 소식 전해 오면
긴 시로 보답하고 깊은 그리움 표했다네
두 어른 풍류는 유불에 으뜸이라
백년의 생사가 덧없이 지나갔네
의발 전한 스님 이 산에 주석하니
스님 법도 조사(祖師)보다 낫다 칭송하네
내 평생 글하는 일 후회하지 않으나
이제 조상 일 이어받기 부끄럽다네
절과의 인연은 집안에 전하지만
세속에 얽매여 스님 모실 수 없네
어찌 한산한 처지 찾아주길 뜻했으랴만

가는 길이 다르다고 싫다 하지 않는구려
서리 맞은 규란을 먼저 보내고
봄에 말린 작설을 자주 나눠 보냈네
스님 비록 옛날을 잊지 못한 정표이나
공도 없이 나로선 많이 받기 부끄럽네
두어 칸 낡은 집 뜰엔 풀이 자라고
유월의 궂은비에 온 길이 흙탕일세
홀연히 문소리 놀라 보니 차광주리 보내와
옥과보다 좋은 차를 또 보내었구려
향기 맑은 것 보니 한식 전에 딴 것이고
여린 색은 아직도 숲속 이슬 머금은 듯
돌솥의 수수소리 솔바람소리이고
빨리 도는 찻사발엔 유화 토하네
황산곡의 밀운용을 얘기할 수 있으며
설당의 월토차도 부끄러움 깨닫겠네
서로 주는 참모습엔 혜감풍류 남았으나
사례하는 시구(詩句)는 동암에 못 미치네

枯腸止酒欲生烟	老眼看書如隔霧
誰敎二病去無蹤	我得一藥來有素
東庵昔爲綠野遊	慧鑑去作曹溪主
寄來佳茗致芳訊	報以長篇表深慕
二老風流冠儒釋	百年存沒猶晨暮
師傳衣鉢住此山	人道規繩超乃祖
生平我不悔雕蟲	事業今宜憨幹蠱

傳家有約結香火　　牽俗無由陪杖屨
豈意寒暄問索居　　不將出處嫌異趣
霜林虯卵寄曾先　　春焙雀舌分亦屢
師雖念舊示不忘　　我自無功愧多取
數間老屋草生庭　　六月愁霖泥滿路
忽驚剝啄送筠籠　　又獲芳鮮逾玉膡
香清曾摘火前春　　色嫩尚含林下露
颼飀石銚松籟鳴　　眩轉瓷甌乳花吐
肯容山谷託雲龍　　便覺雪堂羞月兔
相投眞有慧鑑風　　欲謝只欠東庵句

- 「송광화상기혜신명순필난도기정문하(松廣和尚寄惠新茗順筆亂道寄呈文下)」

  동암(東庵)은 아버지 이진의 호이다. 송광산 정혜사의 10대 법주(法主) 혜감국사 만항(萬恒)은 해마다 좋은 차를 동암에게 보내면서 안부를 물었고, 그때마다 동암은 시로써 감사의 뜻을 전했다. 이처럼 차와 시로 맺은 인연이 대를 이어 동암의 아들 익제와 혜감의 제자 경호(景瑚) 사이에 남았으니, 유불(儒佛)의 계(界)를 넘어선 흐뭇한 교류였다.

  그는 집에서도 일상 차를 마셨으니 "차 끓는 소리에 해가 기운다(煮茶聲裏日西南)"라고 했다. 그에게 차는 가전(家傳)의 풍류요, 선약(仙藥)이었다. 스님이 차를 보낸 좋은 정신은 변함이 없는데, 자신이 쓰는 시구는 동암에 미치지 못한다고 하여 문자 속에 스민 정의(情誼)를 더욱 깊게 표현했다.

  중국에서도 유명한 소식과 황정견이 마신 차도 이제 자신이 끓이는 것에 미치지 못한다는 것은 차 자체보다 그 속에 배어 있는 따뜻한 정에 대

송광사의 홍교와 우화각 송광사는 유명한 다승들을 배출했다.

한 자부심이다.

　그는 평양군(平壤君) 조인기(趙仁基)의 아들로 원에 들어가 정혜원통지견무애삼장법사(定慧圓通知見無礙三藏法師)의 칭호를 받은 순암의선(順菴義琁) 스님과 함께 묘련사에 들려 옛 돌부뚜막을 가져다 차를 끓여 마신 얘기를 적어서「묘련사석지조기」라 이름하였다. (제4부 2장 신라의 차 문화 중 "묘련사 석지조" 참고.)

　민사평(閔思平 : 1295~1359)
　문신으로 자를 탄부(坦夫), 호를 급암(及庵)이라 하고, 시·서·학문에 능한 학자였다. 대사성, 감찰대부, 여흥군(驪興君)에 봉해지고, 시호를 문온(文溫)이라 했으며, 『급암집(及菴集)』을 전하는 차인이다.

속세의 인연 아직 다하지 못해
머리 돌려 머뭇거리네
스님께 청하면 차 마시고 가라니
나도 내 집이 좋기는 하지

塵緣尙未盡　　　回首且趑趄
請師喫茶去　　　吾亦愛吾廬

- 「송선주총법사유풍악(送善住聰法師遊楓岳)」

한 잔 향차에 스님 말씀 맑고
두어 칸 낡은 불당엔 등불 환하네

一椀香茶僧語淡　　　數間老屋佛燈明

- 「총지사(摠智寺)」

앞뒤 개울엔 산꽃으로 비단 그림 그렸고
버들 위의 자고새는 봄바람 타고 우네
어느 핸가 차 마시러 간다 약속했는데
지금은 조주 스님 동원 옆에 있다고 하네

山花綉畵南北溪　　　春風柳上鷓鴣啼
它年有約喫茶去　　　知在趙州東院西

- 「송운상인(送雲上人)」

셋 모두 절이나 스님에게 보낸 시다. 차는 집에서도 마시지만 세속과 떨어진 사원에서 탈속인과 마시는 풍미가 다른 것은 당연하다. 차 마시면서 주고받는 선문답도 좋고 설법도 마음을 깨끗하게 한다. 거기에 주변의 자연이 모든 속된 것을 잊게 하니, 차인의 마음은 항상 그쪽으로 향하는 것을 어쩌랴.

그리워 남쪽을 바라보니 그대와는 아득하구나
입이 마를 땐 다만 침을 삼켜 적실 뿐인데
거사께선 금주령을 알고서
은근히 한식 전의 차를 보내었구려

相思南望隔情人　　　舌本乾時只嚥津
居士似知禁酒令　　　殷勤送與火前春

- 「시사단계선생기향다(詩謝丹溪先生寄香茶)」

나라에선 금주령이 내려서 술은 마실 수 없고 목이 마를 땐 물만 마시는데, 갈증에 좋은 햇차를 보내준 사람에 대한 고마움을 정인(情人)이나 '은근히'란 말로 표현하였다. 그때에도 차는 귀한 것이었으니 멀리서 보내준 정성이 갸륵했을 것이다.

이곡(李穀 : 1298~1351)

충렬왕부터 충정왕 때의 학자로 익제의 문인이며, 호는 가정(稼亭)이다. 원(元)에 들어가 벼슬했고, 황제에게 건의하여 고려에서의 처녀 징발을 중지케 했다. 후에 도첨의찬성사(都僉議贊成事)에 이르고 한산군(韓山君)에 봉해졌다. 『가정집(稼亭集)』과 가전체 문학『죽부인전(竹夫人傳)』이 전한다.

가정은 강릉객사(江陵客舍)에서 "가혹한 정치만 없다면 이곳 백성 모두 신선인 것을" 하고 읊으며 정치가 잘못되어 백성들이 고난을 겪는 현실을 노래했다. 앞에서도 예로 들었던 「동유기(東遊記)」에서 한송정의 석지조에 관해 사선(四仙)의 행적을 그려보기도 했다.

그는 술을 마시면서도 차를 잊지 않았다.

인사는 원래 어긋남이 많아
예(羿)의 화살도 맞추지 못할 때가 있네
잔을 드는 최종지(崔宗之)
수레바퀴 뽑는 진맹공(陳孟公)
응당 웃었으리
노동이 일곱 잔 차에
두 겨드랑에 맑은 바람 인 듯함을

人事古多違　　羿縠或未中
攀觴崔宗之　　投轄陳孟公
應笑盧仝七椀茶
誤疑兩腋生淸風

—「음주일수동백화부우덕린작(飮酒一首同白和父禹德麟作)」

예로부터 술과 차는 같이 했으나 여기서도 주객들이 노동의 차의 경지를 깊이 이해하지 못하는 현실을 담고 있다. 함께한 사람들이 차인은 아니라도 차에 관한 기본은 모두 갖추었다고 볼 수 있다.

땅을 뒤흔드는 물결소리 베갯머리에 시끄럽고
하늘의 신기루는 연기처럼 헛되구나
경포대는 텅 비었고 차부뚜막은 싸늘하니
어느 곳에서 신선을 만날 수 있으리
濤聲動地來喧枕　　　蜃氣浮空望似煙
鏡浦臺空茶竈冷　　　更冷何處擬逢仙

앞의 시는 「차강릉동헌운(次江陵東軒韻)」이라는 송인(宋寅)의 작품으로 가정이 강릉객사(江陵客舍)를 읊은 내용과 통하는 데가 있다.

인정은 고금(古今)이 있어도
물상(物像)은 세월을 따르네
人情有今古　　　物像自朝昏

- 「한송정(寒松亭)」

백성을 다스리는 관리로 진정 그들의 편에서 생각할 수 있음은 바로 다심에 의한 것이니, 익제의 영향이 없다 할 수 없다. 그가 강릉객사에서 동헌을 보고 지은 시도 같은 내용이다.

경포호 위 술잔 안에 밝은 달 비치고
돌부뚜막에 차 끓이니 자색 연기 바람 타고 오르네
다만 가혹한 정치만 없다면
이곳 백성 원래 신선인 것을
鏡湖載酒搖明月　　　石竈煎茶颺紫煙

但自不逢苛政虎　　　州民元是一群仙

－「차강릉객사동헌(次江陵客舍東軒)」

유숙(柳淑 : ?~1368)

문신으로 자를 순부(純夫)라 하고 호를 사암(思菴), 시호를 문희(文僖)라 했다.

강릉대군(공민왕)을 시종하여 원(元)에 4년이나 있다가 1352년 공민왕이 즉위하자 고려에 돌아와 좌간의대부로 조일신의 무고를 당해 낙향하였다. 후에 지추밀원사로 기철(奇轍) 일당을 제거하고 안사공신(安社功臣)에 봉해졌다. 이어 홍건적의 난에 공을 세워 찬화공신(贊化功臣)이 되고 나이가 많아지자 서령군(瑞寧君)에 봉해졌다. 1363년 흥왕사의 변란 때의 공으로 정당문학 겸 감찰대부로 대제학 지춘추관사를 지냈으나, 그의 충직함을 두려워한 신돈에 의해 영광에서 교살 당했다. 사암의 다맥은 아들 후(厚), 손자 기(沂)를 거쳐 증손자 방선(方善)에 이르러 크게 꽃 피었다.

어린 시절 좋은 집에 가무를 즐기면서
운수향에 맑게 노닐 줄 어찌 알았으리
늙어지니 번화한 거리 달리기 힘들고
물러나 분수 따라 명아주평상에 앉았노라
한가한 속에 어울리는 맛은 차 석 잔이고
꿈속의 공명은 종이 한 장 가린 것이네
외로움 달래주는 시 아주 고마워
스님의 깊은 뜻 짐작할 것 같구려

少年歌舞醉華堂　　　肯想淸遊雲水鄕
老去不堪趨綺陌　　　退來隨分坐藜床
閑中氣味茶三椀　　　夢裏功名紙一張
多謝新詩慰幽獨　　　上人深意若爲量

- 「차가야사주노시(次伽倻寺主老詩)」

젊은 날에야 어느 누가 화려한 세속에 물들지 않으리오. 그래서 위험을 무릅쓰고 애쓰며 온힘을 기울여 어려움을 구하여 왕실에 공을 세우기도 했고〔不避危險 苦心焦力 以濟艱難 此功在王室者也, 정도전의 「제문희공문(祭文僖公文)」〕 나이 들어서는 물러나서 지난 일을 생각해 보며 그 세속의 부질없음을 깨달았다. 부질없는 공명은 보잘것없는 것이고 차라리 마음에 드는 시 한 수에 더 위로를 얻는다.

인생의 모이고 흩어짐 알려 무엇하리
세상일은 잠깐 스쳐 지나가는 티끌인 것을
옛것 찾아 서성이며 길이 탄식하노니
천 년 전 깨진 비석 풀 속에 묻혀 있네
시와 술로 봄날을 즐길 일이지
꽃도 없이 적막할 땐 기다리지 마라
뉘 집에 단 샘과 대숲이 있어
멀리서 집 없는 나그네 불러줄고

人生聚散何足道　　　世事過眼隨飛埃
徘徊弔古空歎息　　　千年斷碣埋山萊
要將詩酒酬春色　　　莫待無花空寂寞

誰家泉甘有竹林　　　　招此無家遠遊客

– 「유소양강(遊昭陽江)」

인생의 만나고 헤어짐이 모두 꿈이다. 위세 당당했던 묘비도 세월이 가니 깨어진 돌덩이로 남고, 시간은 쏜살처럼 가버리니 이 얼마나 허망한 것인가. 그러니 그는 좋을 때 즐기고 적막할 때를 기다릴 것 없이 감천을 길어 대숲 앞에 앉아 차 마시고 싶어했다. 이 같은 그의 생각은 생사관에도 같았다. 신돈이 자신을 죽이려 할 때 좌우에서 피하라 하니 "임금과 어버이는 하늘인데, 하늘을 어찌 피하겠는가? 또 살고 죽음이 운명이니 마땅히 따라야 한다. 도망하여 어디를 가겠는가" 하고 죽으니 안색이 평시와 같이 평온하여 눈물을 흘리지 않는 이 없었다(君父天也 天可逃乎 且死生有命固當順 受亡將何之 就死 顔色如平時 人皆爲之流涕, 『고려사』).

사암은 평소에도 주관이 뚜렷하여 근원적인 것에 확고한 신념을 가지고 있었다. 그가 원에 있을 때 어머니가 위중하다는 소식을 듣고 귀국을 청하매 옆에서 만류하니 "충신과 효자는 이름만 다를 뿐 사실은 똑같다. 본체와 끝은 차례가 있으니, 더구나 임금을 모실 앞날은 길지만 어버이를 모실 날은 짧은데, 만일 잘못된 후에 후회한들 유익함이 무엇인가?" 하고 귀국했다(忠臣孝子 名異實同 本末則有序 況事君日長 事親日短 萬一不諱 悔之何益 遂東歸, 『고려사』).

이 같은 사상과 행실은 모두 일이관지(一以貫之) 하는 차 정신에서 나온 것이라 생각된다. 결구에서 좋은 샘물과 죽림을 찾는 것은 이럴 때 자신의 지금 선 자리를 돌아보고, 남은 시간 어떤 마음가짐으로 살 것인가를 생각할 차 한 잔이 필요했기 때문일지도 모른다.

이색(李穡 : 1328~1396)

충숙왕부터 조선 태조 때의 문신으로 삼은(三隱)의 한 사람이다. 자를 영숙(潁叔)이라 하고 호를 목은(牧隱)이라 했으며 곡(穀)의 아들로 익재 이제현의 문인이다. 원나라 국자감에서 성리학을 연구하고 원의 회시(會試), 전시(殿試)에서 각각 일등, 이등을 하여 한림편수관(翰林編修官)을 지냈다. 귀국하여 이부시랑(吏部侍郞), 우간의대부(右諫議大夫), 대제학(大提學), 정당문학(政堂文學)을 역임하고 한산군(韓山君)에 봉해졌다.

이성계 일파의 세력을 견제하다 조선 개국 후 귀양살이를 오래 하고 풀려나 한산백(韓山伯)으로 봉해졌으나 곧 죽었다. 문하에 권근(權近), 김종직(金宗直), 변계량(卞季良) 등의 성리학의 주류를 이루는 학풍이 형성되었고 시호는 문정(文靖)이라 했다. 저서에 『목은시고(牧隱詩藁)』, 『목은문고(牧隱文藁)』가 전한다.

왕조가 교체되는 어지러운 시기에 고려를 지탱해 보려고 애쓴

목은 이색의 영정

정치가요, 학자인 그는 문장이 행운유수(行雲流水) 같아 막힘이 없었다. 수천 여 수의 시문 중에 50여 수의 다시문(茶詩文)을 남겼고 차의 진미를 터득한 차인이었다. 이는 아버지 가정에게서 물려받은 다풍이었으리라 짐작된다.

학의 부리에 맑은 샘 솟아
폐부 차갑게 적시네
마시면 뼛속까지 선기(仙氣)가 돌아
선계(仙界)를 생각게 하네
어찌 시사(詩思)만을 맑게 씻으리
몸 안의 병마도 물러난다네
내 평생 깨끗한 일 좋아하여
『다보(茶譜)』를 이을 생각했다네
당연히 돌솥을 가지고 가서
소나무 끝에 날리는 비를 보아야겠네

鶴啄淸泉出   冷然照肺腑
飮之骨欲仙   令人想玄圃
豈惟洗詩脾   可以却二豎
平生愛淸事   有意續茶譜
當携石鼎去   松梢看飛雨

−「영천(靈泉)」

신령스런 학의 부리 같이 생긴 곳에서 나는 샘이니 영천일 수밖에 없다. 그 물만 마셔도 선계에 있는 듯하니 거기에 차를 끓인다면 더 이상 무엇을 바라랴. 차에서 물을 특히 중하게 여긴 그는 좋은 샘과, 탕(湯)의 끓는 소리를 아주 즐겼다. 찬 우물물 길어다 맑은 창 앞에서 차를 끓이면서 돌샘에서 나는 솔바람소리에 낮잠을 깨어서 들었다. 그래서 마음이 깨끗해지니 심루(心累)가 없어지고 시상이 떠오르며 신병도 사라진다.

찬 우물 두레박 물 길어와
밝은 창 앞 차 달이기 좋다네
목으로 넘길 때 오열을 다스리고
뼛속에 스민 사악 쓸어낸다네
찬 냇물 위에 달이 떠 있고
푸른 구름 바람에 비끼어 나네
그 가운데 참뜻을 알고 있기에
또 한 번 침침한 눈 씻어본다네

冷井才垂綆　　晴窓便點茶
觸喉攻五熱　　徹骨掃群邪
寒磵月中落　　碧雲風外斜
已知眞味永　　更洗眼昏花

-「점다(點茶)」

그는 차를 끓일 때 정성을 다했다. 이른바 점다삼매(點茶三昧)의 경지에 이르러 세속의 모든 것을 씻어내고 새로운 세계를 열었다. 그리고 "찻종을 대하니 거기에 사특함이 없네(茶鐘照目便無邪)"라고 하여 차에 관계되는 모든 것이 그에겐 순수하여 심신의 막힌 것을 없애주었다.

물과 불의 관계는 정말 어려운데

다행히 쇠와 돌이 사이했구나

기(氣)가 합해 용(用)됨을 알고 있으니

다르면 못 합한다 말하지 말라

여기서 생긴 맛에 배 불리고

들려오는 소리에 웃음 짓는다네

재상가에 큰 차솥 벌여놓아도

반드시 몸과 마음 한가한 것 아니지

水火相攻勢甚難	幸哉金石處共間
故知氣合竟成用	莫道類殊非是斑
味自此生充我腹	聲從何出破吾顔
候家列鼎雖方丈	未必身心捻得閑

- 「문전수성(聞煎水聲)」

　육우의 『다경』은 물론 『다보(茶譜)』까지 꿰뚫고 전다(煎茶)할 때 물과 불이 풍로에서 작용하는 도를 터득했다. 그 심오한 조화 속에서 이루어진 차야말로 누구나 맛보는 경지는 아니다. 곧 '기'와 '용'이 제자리에 선 것이다.

작은 병에 샘물 길어

낡은 솥에 노아(露芽) 달이니

문득 귀가 밝아지고

코로는 아름다운 자연의 냄새 맡는다네

갑자기 눈에 가린 것 없어지니

밖으로 작은 티 하나 보이지 않네
혀로 맛보고 목으로 넘기니
온몸이 발라져 흘어짐 없다네
가슴 속 신령스런 마음자리
환히 밝아 생각에 사특함이 없네
어느 때 천하에 미칠 수 있으리
군자는 마땅히 집안부터 바르게 한다네

小瓶汲泉水	破鐺烹露芽
耳根頓淸淨	鼻觀通紫霞
俄然眼翳消	外境無纖瑕
舌辯喉下之	肌骨正不頗
靈臺方寸地	皎皎思無邪
何暇及天下	君子當正家

-「다후소영(茶後小詠)」

　차를 마시는 마음은 평상심으로 돌아가는 것이다. 그가 유학자이기에 수신(修身), 제가(齊家), 치국(治國), 평천하(平天下)를 잊은 적이 없었을 것이다. 그것의 바탕을 차에서 찾는다. 차를 마시면 귀로는 골짜기의 냇물소리와 솔바람소리를 듣고, 코로는 아름다운 향기 맡으며, 혀로는 감로(甘露)의 맛을 보고 눈은 나쁜 것을 보지 않으니, 마음은 저절로 사악함이 가시고 맑아진다. 이것이 자기를 바르게 하는 길이다. 정심(正心)과 수기(修己), 제가와 평천하는 다른 데서 구할 것이 아니라 다성(茶性)에서 찾아야 군자심(君子心)을 길러 목적하는 바에 이를 수 있다고 생각했다.

봄 낮 산 개울은 낮같지 않고
밤에는 우레소리 내 마음 흔드네
꽃 찻잔 흰 차는 아침 후에 마시고
돌냄비 솔바람은 낮잠 깨어 듣노라
달을 보니 완연히 얼굴 대한 듯하고
바람을 타고 묻고져 하니 동파의 경지에 이르네
흰머리 날리며 세상일 잊은 자 누구인고
흉중에 쌓인 지식 씻어버리네
언젠가 스님께 진리 물을 때
차향 가득한 방 작은 창은 열렸었지
심신(心身)에 많은 고통 끝없는 줄 알지만
입안에 달콤한 맛 상기도 남았구려
마음 넓게 가지려면 두 중씨를 찾아야고
문장(文章)은 어이하여 삼소(三蘇)를 닮아야나
문왕(文王)을 섬기고자 하나 있는 곳 모르고
강태공 얻은 점[卜]처럼 후거에 타고 가리

春入溪山畫不如	輕雷一夜動潛虛
花瓷雪色朝湌後	石銚松聲午睡餘
弄月宛然親面見	乘風欲問到頭蘇
鬢絲誰是忘機者	淨洗胸中書五車
曾向空門問四如	茶香滿座小窓虛
心身衆苦知無盡	齒頰微甘喜尙餘
放曠却須尋二仲	文章何必擬三蘇
欲師西伯令安在	卜得非熊載後車

- 「전다즉사(煎茶卽事)」

꽃 찻잔 돌냄비를 대하며 속진(俗塵)을 씻고 현실의 미련을 버린다. 그래도 못 버리는 것은 신하로서, 정치인으로서의 자기 포부다. 성군을 만나 함께 국정을 논의하여 이상을 실현하고 싶은 마음이다. 당시에는 왕권이 몰락하고 망국의 그림자가 서렸을 때이니 신하라면 마땅히 그랬을 것이다. 이렇게 하루에 몇 차례 차를 마시며 새로운 마음의 세계를 모색했다.

그의 차 생활은 정연한 짜임새가 있다. 식후에 가루차를 한 사발 마시고 낮잠 뒤에 다탕(茶湯)을 들었다. 이때까지 공부한 많은 지식 씻어버리고 다향(茶香)에 젖어 차라리 불문(佛門)의 진리를 터득하면 새로운 세계가 열려 몸과 마음의 고통을 벗어나리라는 생각도 해보았다. 바로 다선일여(茶禪一如)의 세계를 그린 것이다.

처음 만나 모든 나쁜 것 씻어내고
차츰 선의 경지를 깨닫는다네
바라건대 맑은 바람 타고
시원스레 티끌세상 벗어나
몸과 마음 길이 평안하여
다시는 슬픔과 근심 없게 하소서
머리 숙여 깊이 감사드리니
서로 바라보는 세계가 넓기만 하오

初逢滅毒火	漸覺通玄關
欲令乘淸風	颯爾超塵寰
身心永安穩	不復憂恫瘝
稽首到深謝	相望天地寬

―「봉답송광화상혜다급선(奉答松廣和尙蕙茶及扇)」

때로 그는 세속을 떠나 다심에 젖어 깊이 깨달아 방촌일월(方寸日月)의 경지에 이르기도 했다. 세상의 어지러움을 떠난 고요한 방에서 나물밥에 차 마시며 참맛을 느껴보고 기뻐하며 몸과 마음을 영원히 머물게 하는 경지에 들기도 했다. 한편으로는 육우보다 우월감을 가지기도 했으니, "불 피워 차 달이니, 육우의 입맛보다는 한참 높다네〔將敲火而煎茶兮 鄙鄙陸羽之口饞,「산중사(山中辭)」〕"라 했다.

또 "죽방(竹房)을 열고 바람 부는 난간에서 내려다보며 부들방석에 가부좌를 개고 노아차를 달여 술을 깬다.『시경』주아의 재도 구절을 읊고,『서경』의 은 고종의 조갱을 생각한다. 이것은 바로 쓰임 없는 쓰임이다〔開竹房俯風檻 展蒲團而跏趺 烹露芽而解酲 吟載塗於周雅 想調羹於殷室 是惟無用之用,「매설헌소부(梅雪軒小賦)」〕"라 한 것이나,「천봉설(千峰說)」에서 "선정(禪定)에서 나와 차를 달이는 상인은 맑기도 해라"라는 구절을 보면 그의 다선(茶禪)의 경지를 헤아리고도 남는다. 이 같은 그의 다맥(茶脈)은 문도(門徒)들에게 이어져 조선왕조에 흘러갔다.

이종학(李種學 : 1361~1392)

문신으로 자는 중문(仲文), 호는 인재(麟齋)이며 색(穡)의 아들이다. 급제하여 벼슬하다가 옥사에 관련되어 유배 당했다. 그러던 중 고려가 망하자 정도전이 사람을 보내어 살해하니 그의 나이 30세였다.

아이들 시끄러운 소리 잠깐 멎고
오래 앉았으니 등불도 꺼지네
이 물가에는 봄이 벌써 이르렀건만
서울로 가는 길은 멀기도 하네

몸이 한가로우면 언제나 모자를 벗고
마음이 답답할 땐 매양 차를 달이네
세속의 근심 아주 잊어버리고
때때로 붓을 빗기 들어 쓴다네

兒童喧暫息	坐久落燈花
江海春猶至	京華路最賖
身閑常脫帽	心熱每煎茶
世慮都消遣	時時點筆斜

- 「야좌(夜坐)」

손이 돌아간 후 편안히 누우니
띳집 처마엔 벌써 석양이라네
새로운 시구 떠오르면 적어두고
그윽한 꿈속에선 집에 돌아가 있네
세상에 누가 만족스러움 알리오
헛된 삶에도 언제나 끝이 있다네
마음에 느끼는 바 많을 때면
종을 불러 차를 달이게 하네

客去還高臥	茅簷日已斜
新詩唯記事	幽夢便歸家
擧世誰知足	浮生自有涯
心中多所感	呼僕且煎茶

- 「즉사(卽事)」

여강의 강 위에서 요행이 서로 만나
밤 이야기 하다 보니 절 새벽 종소리 들리네
어느 때쯤 행차가 고을에 도착하리
차를 달이니 다시 조용해지네

驪江江上幸相逢　　　夜話仍聞曉寺鐘
旌旆何時臨鎭邑　　　煎茶更欲暫從容

-「근절부작시(近絶不作詩)」

시대적인 상황이 그의 마음을 안정시키지 못한다. 그래서 불안과 울분이 쌓이고, 그것을 벗어나려 차를 마신다. 그러나 아직 젊은 나이에 소심(素心)으로 돌아가기는 힘겹게 보인다.

정몽주(鄭夢周 : 1337~1392)

충숙왕에서 공양왕 때의 문신으로 자는 달가(達可)이고 호는 포은(圃隱)이다. 대사성(大司成)을 지내고 명(明)과 일본에 사신으로 다녀왔다. 정당문학(政堂文學)을 지내고 벽상공신충의백(壁上功臣忠義伯)에 봉해졌다. 이성계의 음모를 알고 제거하려다 뜻을 이루지 못하고 방원의 수하 조영규(趙英珪)에게 격살되었다. 이때 남긴 것이「단심가(丹心歌)」다. 저서에『포은집(圃隱集)』이 있다.

나라의 은혜에 보답 못 한 늙은 서생
차 마시는 버릇에 젖어 세상일은 잊었다네
눈보라치는 밤 그윽한 서재에 홀로 누워
돌솥의 솔바람소리 즐겨 듣고 있다네

報國無效老書生　　喫茶成癖無世情
幽齋獨臥風雪夜　　愛聽石鼎松風聲

- 「석정전다(石鼎煎茶)」

돌솥에 처음 탕이 끓을 때
풍로에 불이 붉게 타오르네
물과 불은 하늘과 땅의 작용이니
바로 이 뜻 끝이 없다네

石鼎湯初沸　　風爐火發紅
坎離天地用　　卽此意無窮

- 「독역(讀易)」

　나라와 임금에 대한 충성심이야 신하로 항상 부족하다 느낄 수 있으나 차를 마시는 시간에는 모든 것을 접어둔다. 그리고 여유로운 분위기에서 자유롭게 차를 마셨다. 눈보라 날리는 밤이면 모든 사람들에게 만감이 서리는 시간이다. 더구나 충신이 바라보는 나라 형편이 어떻게 생각되었을까 짐작하고도 남음이 있다.

　그러나 이때 서재에 편안히 누워 모든 생각 잊고 차 끓는 소리 들으면 이는 벌써 초월적 세계에 든 것이다. 「독역」은 『주역』을 읽다가 차를 마시는 것이 아니라, 차 끓이는 이치가 『주역』의 "감상손하이어중(坎上巽下離於中)"의 내용과 원리에서 나온 것이니 차를 끓이면 그것이 곧 주역의 이치에 들어맞기 때문에 「독역」이라 이름 붙인 것이다.

　돌솥이 언제나 그의 옆에 있고, 『다경』을 암송하며 여유 속에서 우리 다풍(茶風)을 즐기는 차인, 죽음이 앞에 있는데도 조금도 굴하지 않는 기개를 가진 참다운 차인임을 알 수 있다.

김구용(金九容 : 1338~1384)

문신으로 자는 경지(敬之), 호는 척약재(惕若齋)로 상락군(上洛君) 묘(昴)의 아들이다. 16세에 진사가 되고 급제하여 정몽주, 이숭인 등과 정주학을 연구하고, 척불양유(斥佛揚儒)의 선봉에 섰다. 친명파로『척약재집』을 남겼으며, 그는 가는 곳마다 차를 즐겨 마신 차인이었다.

비 지나간 나무들은 안개 자욱하고
새벽 되니 싸늘한 기운 한결 더하구나
한밤에 강물 넘쳐 배 건너기 어려우니
가까운 절에 가서 차나 마셔야지

煙樹濛濛一雨過　　曉來凉氣十分加
夜深江漲舟難渡　　隣寺相尋更煮茶

　　　　　－「자정토심둔촌우거(自淨土尋遁村寓居)」

비 뿌린 강에는 온통 푸른빛인데
구름 사이 나는 학 한 마리 보기 좋구나
누에 올라 시간 보냄 부끄러워 마라
차 끓는 소리 들으며 앉아 세속일 잊는다네

滿江蒼翠雨霏微　　喜見雲間獨鶴歸
莫怪登樓消永日　　煮茶聲裏坐忘機

　　　　　－「취후자안령아기서벽간(醉後子安令我起書壁間)」

차를 마시는 일은 일상이었다. 그리고 절에는 언제나 차가 준비되어 있었다. 긴긴 날 누에 올라 한가롭게 시간을 허비하는 듯하지만 실은 다관에서 끓는 소리에 마음을 가시고 세속의 망념들을 잊어버리는 시간이 된다. 모든 것을 떠나 초연해지는 경지가 되는 것이다.

성석린(成石璘 : 1338~1423)

고려와 조선에 걸친 문신으로 자를 자수(自修), 호를 독곡(獨谷)이라 했으며, 부원군 여완(汝完)의 아들이다. 그의 형 석용(石瑢)과 석연(石珚)도 모두 문장에 뛰어난 차인들로서 정승의 반열에 오른 집안이었다. 조선에 들어와 왜구를 격퇴하는 데 공을 세워 창원부원군(昌原府院君)에 봉해지고, 영의정이 되었다. 시사에 능하고 초서를 잘 썼으며 시호를 문경(文景)이라 하고 『독곡집』을 남겼다.

산 빛은 고와 집안 가득한데
눈송이는 발 안까지 맴돌아 드네
애오라지 돌솥에 차 세 사발 끓이고
응당 금준의 술 한 잔 마셔야지

山色自佳當戶滿　　　雪花能巧入簾回
聊將石銚茶三椀　　　擬當金樽酒一杯

- 「차천사맹헌시운(次天使孟獻詩韻)」

남헌으로 옮겨서 이를 대하니
땅 가득 맑은 그늘 뉘와 함께 할까
긴긴 날 오직 새소리만 들려오는데

잠에서 깨어보니 찻사발에 흰 구름 가득하네

徒倚南軒對此君　　　淸陰滿地與誰分
日長唯有幽禽下　　　睡起茶甌漲白雲

- 「요동곡(遼東谷)」

송이 비록 향기로우나 고기에 못 미치고
차의 성질 냉하여서 사람을 상한다지만
세간에 노인 봉양 더 잘할 수 없어
그대 나이 벌써 팔순이라네

松菌雖香那及肉　　　茶芽性冷暗傷人
世間無復善養老　　　欲向君籬掛八旬

- 「희답기우자혜송균다아(戲答騎牛子惠松菌茶芽)」

　선인들은 차를 마실 때 엄격한 격식이나 제약을 가능한 피했다. 그리고 술과 차는 상당 부분 같이 따라다녔다. 술을 깨게 하는 데는 차가 아주 좋았기 때문이었다. 조용한 거처로 옮기니 자연 속에서 마음도 너그러워져 누구에게 나누어주고 싶은 심정이다. 이런 한가로움 속에 한잠 자고 일어나서 마시는 차야말로 감로가 아닐 수 없다.
　마지막 시는 이행(李行)이 송이와 차를 보내온 데 대한 희화적(戲畵的)인 답으로 쓴 시이다. 독곡 자신이 차가 좋은 줄 모를 이 없으나 나이 많은 사람에게 이렇게 귀한 것을 보냈으니, 늙은이가 좋은 것을 먹고 더 오래 살면 어쩌느냐는 농(弄)을 한 것이다. 차인의 넓은 마음이 보이는 시다.

이숭인(李崇仁 : 1349~1392)

고려 말의 문신 학자로 호는 도은(陶隱)이며 성균사성(成均司成)을 역임하고 명(明)에 정조사(正朝使)로 다녀왔다. 수차의 유배와 관직을 거쳐 동지춘추관사(同知春秋館事)가 되었으나 조선의 개국 후 정몽주의 일당으로 몰려 유배되고 정도전이 보낸 황거정(黃居正)에 의해 살해되었다. 성리학과 시문에 능했으며 외교문서에 능통했다. 그는 다객(茶客)으로서 많은 시를 남겼고, "좋은 차는 가인과 같다(佳茗似佳人)"고 했다.

남쪽 갯가에는 이른 봄 차 나니
대바구니에 따 모은 노아(露芽)가 신선하다네
봉하여 의조(儀曹, 禮部)에 보내며 물노니
궁중의 용단과 어느 것이 더 좋은가

海上鄕茶占早春　　筠籠采采露芽新
題封寄與儀曹問　　內樣龍丹味孰眞

- 「다정실주주사(茶呈實周主事)」

선생이 나에게 화전춘(火前春)을 보내니
색향미(色香味)가 하나같이 새롭구려
천애(天涯)에 떠도는 한(恨) 깨끗이 씻어주니
정녕 좋은 차는 좋은 사람과 같다네
좋은 불 맑은 샘물 직접 끓이니
향기로운 푸른 차 찌든 창자 씻어주네
내 비록 벼랑 위 수많은 창생으로 태어났지만
봉래산 신선들과 비겨 물고 싶다네

先生分我火前春	色味和香一一新
滌盡天涯流落恨	須知佳茗似佳人
活火淸泉手自煎	香浮碧椀洗暈靤
嶺崖百萬蒼生命	擬問蓬山刻位仙

- 「백렴사혜다(白廉使惠茶)」

송악산 바위 서리 작은 샘 흐르는데
솔뿌리 엉킨 곳에 솟아난다네
머리에 사모 쓰고 한낮 지루할 때면
돌솥의 솔바람소리 즐겨 듣는다네

崧山巖罅細泉滎	自知松根結處生
紗帽籠頭淸晝永	好從石銚聽風聲

- 「다일봉병안화사천일병정삼봉(茶一封幷安和寺泉一瓶呈三峰)」

 천애를 떠도는 사람으로 차의 산지에서 햇차를 마시면서, 그 신선한 맛에 지기(知己)를 생각하고, 좋은 차 좋은 물을 다우(茶友)에게 보내는 다심이야 어찌 붓끝으로 말할 수 있겠는가. 차는 마시는 것에만 뜻이 있는 것이 아니고 끓이는 데서부터 운의(韻意)가 서리는 것이니, 사모농두(紗帽籠頭)의 차림으로 다관을 들여다보고 그 등파고랑(騰波鼓浪)의 소리를 들으며 의연작약(毅然綽約)하는 주인공의 모습이 선하게 떠오른다.
 궁중에서 마시는 용단에 비해 손색이 없을 노아차(露芽茶)로 자부심도 가져보고, 속심(俗心)에 얽매이는 자신을 자책도 하며 차로서 잊으려는 의지가 서려 있다. 그러니 이 외로움을 달래는 데는 차가 좋은 사람과 다를 바 없음을 절감했으리라. 그리고 차를 마시면서 의연히 여유를 찾고 선계에 오를 듯한 청고(淸高)함도 느낀다.

제야에 산사에 이르니
스님은 촛불심지 자르고 있네
차를 끓이니 병에선 지렁이 우는 소리 들리고
글귀 쓰는 붓 끝의 먹은 까마귀 뒤치는 듯
북소리 삼경이 지나고
하늘의 북두성도 기울었다네
내일 아침이면 또 한 해 시작이니
나그네의 회포는 끝이 없구나

除夜到山家	留僧剪燭花
煮茶缾吪蚓	題句墨翻鴉
更鼓三撾盡	天文北斗斜
明朝歲華改	漂泊意無涯

- 「제야용고인운(除夜用古人韻)」

섣달 그믐날 산중의 집에서 정처 없이 떠돌아다니는 몸[漂泊]이다. 스님은 말없이 촛불을 자르고(剪燭花), 작자는 붓을 들어 시구를 적을 뿐 침묵이 흐른다. 차 달이는 항아리에서 나는 지렁이 우는 소리는 분위기를 더욱 고요하게 만들고 쾌도난마처럼 내려가는 붓 끝에선 새들의 날갯짓 같은 생기 있는 글자들이 날아오른다.

수연(首聯)에서 미연(尾聯) 첫 구까지는 그믐밤 산사의 고요함과 탈속적(脫俗的)인 선미(禪味)가 나타난다. 하지만 끝에 와서 갑자기 "내일 아침이면 또 한 해 시작이니, 나그네의 회포는 끝이 없구나(漂泊意無涯)"라고 작자의 심회가 표출됨으로써 모든 시구의 색깔이 다르게 해석되게 된다. 말없이 초를 자르는 스님과 머지않아 들려올 북소리, 그리고 기울어가는 북두칠성은 시간의 경과를 의미하며, 그 속에서 묵묵히 시구를 적는 작가의 모습은 한 해를 보내는 그믐밤에도 객지를 전전해야 하는 착잡한 심정에 흠뻑 젖어 있다.

누가 시골살이 궁벽하다 했는가
참으로 나의 뜻에 맞기도 하이
구름이 한가하니 몸마저 느려지고
산속에 사니 눈은 점점 밝아지네
시고를 읊조리며 다시 고치고
밥 먹은 다음엔 찻사발 기울이네
지난날 이 재미 알았더라면
벌써부터 공명을 멀리했을 걸

誰道村居僻	眞成適我情
雲閒身覺懶	山存眼增明
詩藁吟餘改	茶甌飯後傾
從來知此味	更別策功名

- 「차민망운(次民望韻)」

예부터 성공한 인물들은 서울로 몰려 권세와 부를 향한 탁류에 표랑하며 끝없는 투쟁의 생을 보내게 된다. 투쟁에서 이기면 권세와 재물을 얻어 누리고, 그렇지 못하면 중도에 탈락하여 죽거나 멀리 귀양을 가고 만다. 조금도 한눈 팔 수 없는 치열한 삶이다. 그러다 시골살이 해보니 그렇게 마음 편할 수 없다. 그때서야 왜 이런 좋은 생활을 진작 마음먹지 않았는지를 후회한다. 무한히 베푸는 자연이 있고 시가 있고 차가 있고 그 가운데 내가 있으니 말이다.

이 같은 작자의 사상은 「남악(南嶽)에서 임선생운(林先生韻)에 붙여」라는 시에서도 잘 표현하고 있다.

샘물이 달아 차 끓이기 알맞고
낮이 기니 산 보기가 좋구나
부끄러워라 영사(靈師)의 그 말씀
벼슬 버리고 이곳에 돌아오라네

泉甘宜煮茗　　　日永好看山
憨愧靈師語　　　休官便此還

또 「여대허의 운에 달아(次如大虛和祭酒韻)」에서 "내 텅 빈 마음으로 소요하는 그대의 한가로움 부러워한다네(虛白逍遙羨子閒)"라고 읊어 세속의 먼지 가득한 곳에서 바쁘게 돌아다닌 자신의 고달픔을 부끄럽게 생각했다. 같은 시에서 "재가 끝나면 차를 사러 성곽에 들어가고(齋罷買茶時入郭)"라고 읊은 내용이 있는데 성안에는 차의 매매가 일반화되어 누구나 시장에서 구입할 수 있었음을 보여준다.

게다가 「스님의 염주(戲賦一師念珠)」에서는 "다방과 술집이 잇달아 있네(茶房酒肆也相隨)"라고 한 것을 보면 시중에는 술집은 물론 다방도 즐비해서 차도 팔고, 차를 끓여서 팔기도 했음을 알 수 있다.

「유원님이 보낸 차에 감사하며(謝兪知郡寄茶)」에서 "편지 받아 보니 얼굴 대한 듯하고, 차를 달여서 창자를 적시려 하네(得書如見面 煮茗且澆

腸)"에서는 편지와 함께 차를 보낸 이의 마음을 읽고, 환하게 웃는 그의 모습이 눈에 선하다. 또 그가 신효사(神孝寺)의 조사방(祖師房)에 들렀다가 읊은 시에 "차를 달여 손님 대접하고 벽에 시 쓰기를 청하네(烹茶享客求題壁)"라 읊었으니, '차'와 '시'와 '서'가 한데 어울린 정말 멋스러운 장면이 아닐 수 없다. 초연히 숨어 사는 삶에 대한 동경이 서렸다.

수많은 유배와 탄핵을 받으면서도 조금도 자기의 지절을 굽히지 않았던 참다운 차인의 풍모가 서렸다고 할 수 있다.

한수(韓脩 : 1333~1384)

고려 말의 문신으로 자를 맹운(孟雲), 호는 유항(柳巷)이라 했다. 글씨를 잘 썼으며 우승선(右承宣), 상당군(上黨君), 찬화공신(贊化功臣)에 봉해졌다가 후에 다시 청성군(淸城君)으로 봉해졌다. 그 사이 수차의 옥사에 휘말리기도 했으나 학식이 깊고 행실이 발라 사람들의 존경을 받았다. 저서로 『유항집』이 전한다.

누구든 차 따러 해변을 두루 다녀도
오직 엄광 스님 차 품격 제일이라네
나는 묘련사에서 이 맛을 보았더니
번거롭게 멀리 보내어 내 마음 위로하네

採茶誰復海邊皆　　惟有嚴光品最佳
我自妙蓮知此味　　煩師遠寄慰予懷

-「엄광대선사기혜아다(嚴光大禪師寄惠芽茶)」

자고로 차를 만드는 이 많으나 제대로 법제하는 사람 드물고, 마시는 이 많으나 다성(茶性)을 제대로 느끼는 사람 많지 않았다. 모처럼 얻은 좋은 차를 받고 흐뭇해하는 유항의 모습이 시 속에 배어 있다. 그의 또 다른 시 「경상안렴사가 보내준 새 차에 붙여(慶尙安廉寄新茶復用前韻)」에서는 "봉래산에서 좋은 차 마시고 신선이 되는 것이 소망이 아니라, 배 안에 있는 문사(文思)를 되살려 정화시키려고 차를 마신다(歸采蓬萊非所望 正宜澆得腹中書)"고 하였다. 노동의 시정을 닮은 구절이다. 그는 도교적인 이상주의자가 아니고 현실에 충실한 도학자요, 차인이었다. 그러니 신돈의 불의를 탄핵하다가 귀양까지 가기도 했다.

안축(安軸 : 1287~1348)

고려 말의 문신으로 호를 근재(謹齋)라 했다. 과거에 급제하여 사헌규정(司憲糾正)을 지내고, 원나라 과거에도 급제하여 개주판관(蓋州判官)이 되었으나 귀국하여 우사의대부(右司議大夫), 감찰대부(監察大夫)를 지내고 춘추관사(春秋館事) 흥녕군(興寧君)에 봉해졌다. 소수서원(紹修書院)에 제향되었고, 경기체가인 「관동별곡」, 「죽계별곡」을 짓고, 『근재집』을 남겼다.

> 긴 대 여러 해 되어 울타리 이루었으나
> 그것을 심은 스님들 지금은 없네
> 선탑과 다헌은 깊숙해 보이지 않고
> 숲속의 새들만이 돌아갈 곳 안다네
>
> 脩篁歲久已成圍　　手種居僧今已非
> 禪榻茶軒深不見　　穿林翠羽獨知歸
>
> ―「죽장고사(竹藏古寺)」

골짜기에 솟은 누각 수부(水府)에 임했고
담을 격한 선당(禪堂)은 바위에 붙어 있네
스님 아끼는 참뜻 아는 이 없고
멀리 뻗친 다연(茶煙)은 대 바람에 나부끼네

聳壑郡樓臨水府　　隔墻禪舍倚巖叢
愛僧眞趣無人識　　十里茶煙颺竹風

－「격장호승조(隔墻呼僧條)」

근재는 한송정에서도 "선계를 생각하니 푸른 산이 그립고, 옛날을 생각하며 황혼에 섰노라. 다만 차 달이던 우물만 옛날처럼 돌부리에 남아 있네(尋眞思翠密 懷古立黃昏 唯有煎茶井 依然在石根)"라고 노래하여 인간사의 무상함을 절감하며, 그에 비해 불변하는 자연과 대조했다.

특히 절에 다당(茶堂)이 있었음은 이미 언급한 바이거니와, 여기선 다헌(茶軒)을 읊었으니 거기엔 다석(茶席)이 있었으리라 생각된다. 깊숙한 산사의 고즈넉한 곳에 위치한 다헌에서 차를 마시는 스님들을 상상만 해도 머리가 가벼워진다.

벼랑의 암벽 끝에 담을 격한 선당에서 대나무소리 섞여 풍겨오는 다향이야말로 얻기 힘든 좋은 다석(茶席)이 아니겠는가. 그가 강원도 존무(存撫)를 지냈기에 그 지방의 고적과 사찰에 관한 것이 많이 기록에 남아 『관동와주(關東瓦注)』에 전한다.

길재(吉再 : 1353~1419)
고려 말 삼은(三隱)의 한 사람으로 자는 재부(再父)요, 호는 야은(冶隱)이었다. 이색·정몽주·권근에게서 배우고, 문하주서를 지내고 낙향했다가 고려가 망하니 선산(善山)으로 은거하여 후진 교육에 힘썼다. 이때 김숙자(金叔滋) 등이 배출되어 영남학통이 이어졌다. 시호는 충절(忠節)이며 『야은집』이 전한다.

    회오리바람 불지 않으면
    좁은 방도 편안하고
    밝은 달 뜰에 비추면
    홀로 천천히 거닌다네
    처마에 비 내리는 날이면
    베개 높이 베고 편안히 잠들고
    산속에 눈이 펄펄 날리면
    혼자 차 끓여 마시리

    飄風不起　　　容膝易安
    明月臨庭　　　獨步徐行
    簷雨浪浪　　　或高枕而成夢
    山雪飄飄　　　或烹茶而自酌

                                             - 「산가서(山家序)」

세사에서 떠난 방외인의 생활이다. 마음이 모든 아픔의 근원임을 말하는 다게(茶偈)라 할 만하다. 그야말로 신(神)의 경지니, 어디에 한 점의 유루(有漏)가 있을 수 없다. 버리면 이같이 평온해지는 것을 잘 표현한 차인의 마음을 엿볼 수 있다.

이원(李原 : 1368~1430)

문신으로 자는 차산(次山), 호는 용헌(容軒)이며 문하시중(門下侍中) 이암(李嵒)의 손자로, 정몽주의 문인이다. 고려에서 병조정랑을 역임하고, 조선 건국 후 승지를 거쳐 좌명공신 철성군(鐵城君)에 봉해졌다. 중국에 다녀와서 관찰사, 대사헌, 예조판서, 철성부원군에 진봉되고 그 사이 중국에 사신으로 두 번이나 다녀왔다.

맑은 새벽 세수하고 빗질한 후 오사 쓰고
달팽이 같은 작은 집에 앉았다네
거르는 상(床)에는 술 방울 비처럼 떨어지고
뜰 나무에는 눈이 꽃같이 나부끼네
밝은 창 앞에서 붓 적셔 시구 쓰고
얼음 깨고 샘물 길어 손수 차 달이네
손이 오면 퉁명스럽게 돌아 문 거니
근년엔 너무 게을러 말 안 하길 좋아하네

清晨盥櫛戴烏紗　　坐此茅茨一殼蝸
酒滴槽床疑有雨　　雪飄庭樹作飛花
明牕點筆仍題句　　碧澗敲氷自煎茶
客至從嗔還閉戶　　年來過懶愛無譁

— 「유거즉사(幽居卽事)」

북풍이 세차서 얇은 깃처럼 날릴 것 같고
벼슬길 꼬깃꼬깃 달팽이 싸움 같다네
나의 길은 실이 물들 듯이 슬프고

그대의 시는 붓이 꽃을 피우는 꿈이라네
몸이 아파서 두릉의 기장으로 술 담그고
잠에서 깨면 맹간의 차를 달인다네
뜰에 눈 가득 쌓여 인적 드물고
어린아이 밥 달라고 칭얼거린다네

朔風發發怯輕紗	宦路區區等戰蝸
吾道自悲絲欲染	君詩曾夢筆生花
病餘催釀杜陵黍	睡覺仍煎諫議茶
積雪盈庭人寂寂	癡兒索飯獨喧嘩

- 「정춘정(呈春亭)」

찬 이슬에 나뭇잎 쓸쓸히 날리고
부용꽃 다 지니 국화 향기 새롭네
때로는 청강에 낚시 드리우고
머리 들어 기슭 가득한 흰 갈꽃 바라보네
저무는 해 찬바람에 술값 더해지니
다시 풍로를 향해 손수 차를 달이네
아이들은 가지 끝에 눈을 잘못 알고
벌써 뜰에 매화가 피었다고 알려주네

風露凄凄木葉黃	芙蓉落盡菊初香
有時垂釣清江曲	回首蘆花滿岸霜
歲暮風寒酒價加	對爐時復自煎茶
兒童錯料枝頭雪	爭報園梅已着花

- 「차사가정시(次四佳亭詩)」

깊은 산 한 줄기 길 따라
한 걸음 한 걸음 홀로 찾아왔네
멀리 치우쳐 있으니 찾아오기 어렵고
봉우리들 높아서 해가 빨리 진다네
폭포 물 돌부리를 어지럽게 울리고
성긴 숲에선 풍경소리 쓸쓸하다네
고요한 속에서 세속의 일 다 잊고
달빛 아래 차 달이며 시를 읊는다네

千山一條路　　　步步獨來尋
地僻人難到　　　峯高日易沈
瀑流鳴亂石　　　寒磬出疏林
寂寂無塵想　　　煎茶對月吟

-「숙관음사(宿觀音寺)」

봄날 산속에서 적적히 지내고
한가롭게 거니는 뜻 깊기도 해라
새벽엔 숲을 가로질러 약을 캐고
저녁에는 대나무 태워 차 달인다네
지루한 날 새소리로 즐기고
가벼운 바람은 꽃잎을 날리네
바라노니 그대 자주 오가면서
함께 차 마시며 시나 읊어보세

寂歷春山裏　　　逍遙意味多
穿林晨採藥　　　燒竹夜煎茶

幽鳥弄遲日	輕風吹落花
從令數來往	促席共吟哦

-「증허상인(贈虛上人)」

내 생활이 원래 맑고 깨끗한 것을 따르나
화려함을 좇는 속세에 살고 있다네
기회를 보는 망녕된 마음 다 없어지고
허기져서 곤히 자며 스스로 즐긴다네
달빛 아래 도인 찾아 문 두드리고
솔 그늘 탑상에서 시우들과 노닌다네
서로 만나 차 마시며 돌아갈 것 아주 잊어
방장의 선방이 텅 비어 밝다네

生活本來從淡薄	肯於塵世慕華劇
機心妄想已消盡	饑食困眠聊自適
月下敲門訪道人	松陰下榻邀詩客
喫茶相對頓忘歸	十笏禪房抱虛白

-「우차명정암시(又次明正庵詩)」

워낙 시끄러운 세상이니 오는 사람 다 만날 수도 없고, 혼자 생각하며 가난한 속에서 차 마시고 글 쓰는 즐거움을 누리려고 한다. 변계량에게 준 시에는 생활의 정경을 고스란히 눈앞에 펼쳐놓았다.

평소 매화를 너무 좋아하다 보니 아직 녹지 않은 눈송이를 꽃이라는 아이들이 천진스럽다. 누구보다 그는 차와 시를 뗄 수 없이 묶었다. 차 달이며 시구를 찾는 것이 습관처럼 되어 있다(喫茶時復尋詩句).

안동 임청각 군자정 용헌(容軒)의 후손이 지은 임란 전 건물

　여기 소개한 차인 이외에도 백문절(白文節)은 화엄사에서 "부들방석에 찻잔 놓고 얘기하며 소일하네(蒲團置茶語移時)"라 했고, 남양부원군 홍규(洪奎)는 "찻사발은 깊은 것을 쓰지 않네(茶甌不用深)"라 했다. 오천군(吳川君) 정사도(鄭思道)는 고주사(高住寺)에서 "자리 위에 둘러앉아 차 끓여 마시며 청담을 나누네(團欒煮茗同淸話)"라 했고, 정당문학을 지낸 정추(鄭樞)는 눈물[雪水]로 차를 끓여 마시기도 했다.

　또, "남쪽의 옛 친구 새 차를 보냈기에, 낮잠 깨어 마셔보니 그 맛 두루 좋구나(南國故人新寄茶 午窓睡起味偏多)"하고 노래한 권정(權定), 언제나 손이 오면 차를 끓였다는 청성백(淸城伯)을 지낸 이거인(李巨仁)과 이집(李集)도 대표할 만한 고려의 차인이다. 그리고 공민왕을 따라 원에서 돌아온 김서(金情)는 찻자리에 관해 노래하기도 했고, 남양(南陽) 백분화(白賁華)는 "차 연기 둥근 옥처럼 피어오르고(茶煙已許烹圓玉)"라 했다.

고려의 다풍은 우리 다사에서 빛나는 시기였고 그중에도 선비 차인들의 활동은 대단했다. 앞에서 소개한 그들의 경향은 차의 실용적인 면은 말할 것도 없고 형이상적인 깊은 경지를 우유(優遊)하였다. 그리고 선(禪)과 차, 선도(仙道)와 차, 시문과 차가 함께 어우러진 높은 차 문화를 이룩했다.

기타의 다사(茶事)

1. 다원

고려 때는 각 지방에 다원(茶院)을 두었으니, 다정원(茶亭院)·다방원(茶房院)·다중원(茶中院)·다견원(茶見院) 등의 이름으로 요소마다 설치했다. 주로 왕가에서나 관리, 혹은 스님들이 이용했으며, 숙박시설이 없던 시대였으니 숙박은 물론 음다(飮茶)도 가능한 휴식공간이었다. 이의 시작은 거슬러 올라가면 신라 때 다연원(茶淵院)과도 일맥상통하는 것이라고 하겠다. 그 사용되는 내용이 같았는지는 모르지만 상당 부분 공통된다. 그리고 조선 때의 객사(客舍), 혹은 객관(客館)에 해당하며 원리(院吏)를 두어서 관리토록 했다.

『동국이상국집』 7권에 「덕연원에서 자며 운(韻)에 화한다(和宿德淵院)」란 글이 있다.

물가 난간에 기대어 서늘함 즐기고
멀리 바라보며 높은 봉우리 오르네
늙은 중이 할 일도 많아
차 맛과 샘물까지 평하고 있다네

受凉憑水檻　　眺遠上雲巓

老衲渾多事　　評茶復品泉

이규보가 여행 중 덕연원에서 머물면서 지은 것으로 원(院)이라는 곳이 숙박을 하고 차도 마실 수 있는 장소임을 알 수 있다.

의종도 귀법사에 행행했을 때 원에 들렀다는 기록이 있다.

가을 칠월에 귀법사에 행차하였다가 현화사에 거동하여 말을 달려 달령의 다원까지 갔는데, 호종하는 신하들이 모두 미처 따르지 못했다. 왕이 혼자서 다원의 기둥에 의지하여 '시자들에게 이르기를 "만일 정습명(鄭襲明)이 살았다면 내가 어찌 여기에 올 수 있었겠느냐"고 했다.

秋七月 幸歸法寺 遂御玄化寺 馳馬至獺嶺茶院 從臣皆莫及 王獨倚院主 謂侍者曰 鄭襲明若在 吾豈得至此.

　　　　　　　　　　　　　　　　　　－『고려사절요』 11권

이상의 기록들에 의하면 다원이 전국에 산재되어 있었음을 알 수 있다.

2. 다소와 공다

소(所)라는 것은 현(縣)·군(郡)이 못 되는 작은 부락에 두었던 것으로 고려 때는 그 지방의 특산물에 따라 금소(金所)·철소(鐵所)·와소(瓦所)·염소(鹽所)·묵소(墨所)·강소(薑所) 등을 두었는데 다소(茶所)도 그렇게 두었다.

『세종실록지리지(世宗實錄地理志)』에 보면 장흥도호부에 13개소, 무장현에 2개소, 동복에 1개소 등 16개소가 있었으나, 고려 때는 다른 차의 산지에도 더 두었을 것이 확실하게 여겨진다. 이런 다소들은 조선시대까지 이어져 차를 거두고 생산하는 데 관여했을 것으로 본다. 이 가운데 장흥 같은 곳은 차 산지로 유명하여 아직도 그때의 유종이 야생하고 있으며, 광복 후까지 돈차(錢茶)를 만들었다. 또 화개 지방에도 다소가 있었던 것으로 전하나 확실한 기록은 찾을 수 없다.

중국은 당대(唐代)부터 여러 형태로 다세(茶稅)가 부과되었으나 결국은 민원(民怨)을 사고 백성들을 괴롭히는 제도가 되어 역대 여러 황제들이 다양한 방법으로 공납 받고 있었다. 당나라 덕종 때 시작한 10퍼센트 세금은 여러 번 고쳐 시행되다가 문종 때 왕애(王涯)에 이르러 각다제(搉茶制)를 시작하면서 백성들의 원망이 커져 감로(甘露)의 변을 치렀다.

무종(武宗) 이후 세제가 더욱 심해지다가 송(宋) 태조 때 백성들이 생산하는 차를 모두 나라에서 매입하는 방법을 택하고, 부정한 관원들을 엄단했다. 그리고 황실에서 북원(北苑)을 중심으로 제다소를 만들어 전운사(轉運使)가 관장하도록 했다. 정위(丁謂)나 채양(蔡襄) 같은 사람이 맡아 자리 잡게 되자 백성들의 차 거래를 완화했다. 그 후에 다마무역(茶馬貿易)이 성행하자 다시 다마사(茶馬司)를 두어 관리하도록 했다.

이로 미루어 보아 고려에서도 다소를 두어 차의 생산 유통을 관리하면서 공다(貢茶) 관계도 취급했을 것으로 본다. 그러나 그 관리가 철저하지 못해 악덕관리나 간상들이 개입해서 유통질서를 어지럽혔다. 이에 차를 생산하는 농민들은 더욱 힘들게 되었다. 후에는 차를 실제로 생산하지 않는 지역에까지 다세를 부과해서 농민들이 다른 지역에 가서 차를 구입해서 세금을 내는 일도 있었으니, "땅이 차를 생산하는 것이 아니고 실상은 화를 생산한다"고 할 정도였다.

실제로 고려가 차 산업을 육성할 수 있었는데도 그렇게 되지 못한 것은 산지(産地)의 형편을 고려치 않고 공다세(貢茶稅)를 책정한 까닭이다. 차를 생산하는 양민들의 살길을 터주지 않고, 풍년이나 흉년이나 정해진 양의 차를 납부토록 했으니, 다농들이 날로 피폐해져 견딜 수 없었다. 참다못한 일부 다농들은 차밭을 불태우고 타관으로 이주하기도 했으니 차의 생산지반이 줄어들게 된 것이다.

우리나라의 기후 여건상 차의 생산지가 남쪽의 경상·전라도에 국한되어 있으니 그 생산량으로 전국의 수요량을 충당하기 힘들었다. 또 당시의 생산 여건이 지금처럼 대량으로 생산할 수 있는 체제가 아닌 수작업으로 이루어지고 있었으니 생산량이 적을 수밖에 없었다. 그래서 왕실이나 고위관리들은 중국으로부터 수입된 것이나 외교상의 공물로 오는 차들로 충당했다. 사원에서도 다촌이 있었으나 일반 백성들은 다점(茶店)이나 시중(市中)의 점포에서 구입하여 사용했다.

3. 다석과 다점

관아나 개인들이 경관이 수려한 곳에 정자를 짓고, 때로는 시회(詩會)나 문회(文會) 등의 모임을 가지기도 하고, 다정(茶亭)으로 사용하기도 했다. 의종 13년 3월에는 왕이 현화사(玄化寺)에 행차하니 동서 양원(兩院)의 스님들이 각기 다정을 설치하고 어가를 맞이함에 그 사치스러움이 대단했다(毅宗十三年三月乙亥 行玄化寺 東西兩院僧 各設茶亭 迎駕競尙華侈,『고려사』 18권).

이 기록으로 다정은 문벌 있는 가문이나 사찰에 많이 있었다고 볼 수 있다. 또 그곳에서 모임도 가졌으니 기로회(耆老會)나 계회(契會)였다. 앞에 기술한 「묘연사석지조기」에도 쌍명기로회(雙明耆老會)를 할 때에 차를 끓였던 곳이라고 했다

고려의 차는 생활 속에 일상화되었기 때문에 생활공간과 음다공간의 구분은 중요한 것이 아니었다. 곧 자기가 기거하는 공간이 바로 음다공간이고 생활공간인 것이다.

왕실이나 사대부들이야 접빈실(接賓室)이 따로 있고 정자나 누각이 있으니 그런 공간이 음다공간이 되는 때가 많았다. 그러나 일상적 음다는 그들도 일상적인 생활공간에서 할 수 밖에 없었다. 이는 우리의 음다 문화가 특수한 도(道)나 예(藝)의 까다로운 형태에 구애받지 않는 한유(閑裕) 속에 즐기며 이루어졌다는 증거이다.

하지만 왕실에서도 일상적 음다공간은 대부분 기거하는 공간이었지만 격식을 갖추어야 할 의례 때는 수많은 전각과 정자들이 사용되었다. 사신을 맞을 때는 선경전(宣慶殿), 장령전(長齡殿) 등에서 다례를 행했고, 사신들이 거처한 순천관(順天館)과 그 안에 세워진 청풍각(淸風閣), 향촌정

(香村亭) 등에는 언제나 다구와 다상이 준비되어 있었다. 벽란정(碧瀾亭)에서는 사신을 영송(迎送)했고 양성정(養性亭), 양이정(養怡亭)은 군신들의 연회장이었으며, 차의 검소한 면을 생각해서 모정(茅亭)을 지어놓고 군신들이 즐기기도 했다.

그중에도 건덕전(乾德殿, 大觀殿)은 사신과의 공식연회, 왕비책봉의식, 팔관회 등의 큰 의식을 행하던 곳이다. 그리고 청연각(淸燕閣), 임천각(臨川閣) 등은 서적을 보관한 곳으로 군신이 연회를 베풀거나 차를 마시던 전각이다.

선비들의 다석(茶席)은 검소하고 조촐했다. 집안의 사랑채에 손님을 맞는 장소나, 독서나 집필하는 공간이 다석으로 일상화되었다. 때로 집안의 경사가 있을 때 운치를 아는 손님이나 왔을 때 자신의 흥취에 따라 동산의 정자에서 찻자리를 마련하여 다향과 시흥, 그리고 음률에 심취하기도 했다. 특별히 사륜정(四輪亭)이라는 이동식 죽정(竹亭)을 만들어 사용한 예도 있다.

사원에서는 의식으로 헌다례를 행할 때는 불전에서 했고, 다당(茶堂)이라는 몇 개의 건물을 두어 다석으로 사용했으니, 다른 기록에 나오는 다헌(茶軒)이라는 것도 다당을 이르는 듯하다. 그리고 법고(法鼓)와 다고(茶鼓)를 따로 두어 헌다의식 때 사용했다. 한편 스님 개인의 음다공간은 역시 기거하는 선실이나 방장실(方丈室)에서 거의 이루어졌다. 그 가운데도 청평사(淸平社), 수선사(修禪社), 백련사(白蓮社) 등과 묘련사(妙蓮寺), 안화사(安和寺), 능파정(凌波亭) 등은 다풍이 드날리던 곳들이다.

원래 의식다례가 아닌 이상 우리의 다석은 규구(規矩)를 벗어나 제한이 없었다. 야다회(野茶會)가 성행해서 산수가 아름다운 곳으로 시동(侍童, 茶童)에게 다구를 들리고 야외에서 음다하는 풍류는 지금껏 '들차회'

로 이어지고 있다. 계회(契會)·상춘(常春)·수렵·시회(詩會) 등의 모임 모두 야외에서 이루어지고 찻자리도 함께했다.

다점(茶店)에 대해서는 다음과 같은 기록이 있다. 초기에 임춘이 이유의(李惟誼)의 다점에서 낮잠을 자고 쓴 시가 있고, 한언공(韓彦恭)의 상소에 다점에서도 현금 대신 토산품으로 물물교환이 이루어지도록 해야 한다고 주장한 기록이 있다. 후대에는 이 다점이 누구나 드나들 수 있는 곳으로 변한다.

4. 투다와 서민의 차 생활

음다기풍이 성해지면서 자연 차겨루기〔鬪茶, 茗戰〕가 성행했다. 이는 사원에서부터 거의 모든 차인들에게 있었던 일로, 당시가 연고차 시기였으므로 중국의 영향을 많이 받았으리라 생각한다. 물론 그 내용이나 기준은 나라와 시대가 다르기 때문에 같지 않았으나 방법은 거의 비슷하게 행해졌다. 말발(沫餑)의 엉김이나 수각(手脚)이 생기는 시간, 교잔(咬盞)의 형태, 잔과 탕수의 조화 등을 보기도 하고, 또 물, 다품, 다기, 색, 향, 맛 등을 보기도 했다.

끝으로 서민들의 차 생활을 독립된 장으로 설정하려 했더니 추리되는 내용이 지극히 적고 상식적인 것이어서 그냥 넘긴다. 다만 초기 태조 때부터 서민들에게도 연로한 자나 군사들의 가족에게 차를 내린 것으로 알 수 있듯이 일부 서민층에서도 차를 마셨다. 그러나 그것은 대부분 약용으로 쓰인 듯하고, 차가 생산되는 지역에서는 서민들도 차를 마셨다고 본다.

5. 다구

고려 때는 차의 보급이 일반화되어 생활 깊숙이 자리 잡아 자기 문화에 큰 영향을 주었다. 왕실이나 귀족들은 비색의 청자나 은으로 된 고급 다구(茶具)를 사용했고, 백성들은 질그릇 종류를 썼을 것이다. 『고려도경(高麗圖經)』에서 서긍은 다음과 같이 기록하고 있다. "고려 사람들은 차 마시기를 즐겨 해서 다구를 아주 잘 만드는데 금화오잔(金花烏盞)이나 비색소구(翡色小甌), 은로(銀爐), 탕정(湯鼎) 등이 그것이다(土産茶 味苦澁 不可入口 惟貴中國臘茶 幷龍鳳賜團 自錫賚之外 商賈亦通販 故邇來 頗喜飮茶 益治茶具 金花烏盞 翡色小甌 銀爐湯鼎 皆竊效中國制度 凡宴則烹於廷中 覆以銀荷 徐步而進 候贊者云 茶遍乃得飮 未嘗不飮冷茶矣 館中 以紅俎 布列茶具於其中 而以紅紗巾羃之 日嘗三供茶 而繼之以湯 麗人 謂湯爲藥 每見使人飮盡 必喜 或不能盡 以爲慢已 必怏怏而去 故常勉强 爲之啜也)." 또한 "탕호의 모양이 옛 온주의 것과 비슷하다(湯壺之形 如花壺而差區 上蓋下座 不使泄氣 亦古溫器之屬也 麗人烹茶 多設此壺 通高一尺八寸 腹徑一尺 量容二斗)"라고 한 것을 보면 그 수준이 중국에 조금도 뒤지지 않았음을 알 수 있다. 더구나 상감청자의 다구에 이르면 가히 천하의 독보라 할 만한 수준이었다.

가루 내는 다구들

| 다연(茶碾)과 다마(茶磨) |

소용은 비슷하나 다마는 맷돌 형태의 것으로 떡차를 가루 낼 때 썼고, 다연은 약연(藥碾)처럼 생겨서 연고차를 부술 때 많이 썼다. 다마는 원통형으로 만들어졌는데 아랫돌과 윗돌이 약간의 요철이 있어서 차 덩이를 넣으면 두 돌 사이에서 잘 분쇄된다. 다연은 재질이 돌이나 쇠로 만들어졌고 드물게 자기로 된 것도 있다.

| 채(羅) |

가루차를 마시는 데 꼭 필요한 것이다. 질이 좋은 촘촘한 비단으로 만들어 다마와 다연에서 나온 가루를 쳐서 잔에 넣고 탕수를 부어 격불해서 유화(乳華)를 뜨게 했다.

끓이는 다구들

| 풍로(風爐) |

송(宋)의 소식이 쓴 『시원전다(試院煎茶)』에 벽돌화로[塼爐]가 나오는데, 이규보는 "벽돌화로에 불붙이니 저녁노을처럼 붉다네(塼爐撥火晚霞紅)"라든가 "벽돌화로에 숯불 붙여 손수 차 달이네(塼爐活火試自煎)"라 하였으니, 벽돌화로가 보편적으로 많이 쓰였음을 알 수 있다. 흙을 이겨서 만들어 건조시킨 벽돌을 안으로 쌓아서 만드는 풍로로 장소나 크기 등을 임의로 할 수 있었다.

그리고 석지조나 질로 구워서 만든 것에서 쇠로 된 것까지 있었다. 때로는 실내에서 쓰려고 죽로(竹爐, 苦節君)를 만들기도 했으니 아래쪽에 화로를 넣고 위쪽에 탕관을 얹도록 되었다. 이는 그 뒤 조선 후기까지 쓰였으니 "죽로지실(竹爐之室)"이라는 추사(秋史)의 현액도 그 예이다.

『다경』에서 육우가 말한 풍로는 후에 솥[鼎, 鐺] 형태와 합해져서 풍로와 솥을 겸한 세발 달린 솥으로 만들어 쓰기도 했다. 하지만 차를 끓일 때는 화력에 민감해야 하므로 풍로와 솥이 분리된 형태를 쓰는 것이 편리했다.

| 솥 |

돌로 만든 석정(石鼎)이나 석요(石銚)가 있었고 질로 구운 것도 있었으나 내열성(耐熱性)이 약해서 쇠로 된 것(鐺)이나 철병(鐵瓶) 및 관(鑵)을 많이 썼다.

마시는 다구들

| 잔 |

잔은 여러 종류와 형태가 있어 한 가지로 말하기 힘들다. 재질로 보아 토기와 자기가 있었고 옥(玉)이나 파리(玻璃, 수정) 등의 보석잔이 있는가 하면 금, 은 등의 귀금속으로 만든 것도 전한다.

형태도 처음엔 사발 모양의 것〔甌〕, 잔 모양의 것〔碗〕, 잔대가 있고 그 위에 얹는 것〔杯, 盞〕, 종지 모양의 것〔鐘〕 등 다양하게 구분되었으나 고려 후기로 오면서 서로 혼동해 표현되었다. 가루차를 탈 때는 주로 사발을 많이 썼고, 나눔잔으로는 '완'을, 의식 때는 잔대가 있는 '배'나 '잔'을 사용했다. 특히 상감청자나 금화오잔(金花烏盞) 등은 귀하게 쓰였다.

| 찻숟가락 [茶匙] |

차를 떠 넣는 데도 썼지만 고려 때는 가루차를 격불할 때도 다선(茶筅)처럼 사용했다. 재질은 청동이나 은으로 만들었고, 형태도 격불하기 좋게 고리를 달거나 숟가락잎〔匙葉〕이 가운데가 뚫어진 것도 있다.

| 병(瓶) |

병은 쇠로 만들어 솥 대신 불 위에 얹어 물을 끓인 예도 있으나 대부분은 물을 담는 데 사용했다. 그중에도 정병(淨瓶)은 불교 의식용으로 사용

분청다완(고미시마)

되어 형태도 전아(典雅)하며 독특한 모양을 하고 있다. 대부분은 매병(梅甁)이 많았고, 혹 주자(注子) 모양을 한 것도 있다. 재질은 자기가 위주였고 금속으로 된 것도 있다.

| 찻수건 [茶巾] |

이때는 많은 기록에 다포(茶布)라는 말을 썼는데 주로 찻수건과 찻상보를 만들었다. 차에는 무엇보다 정결함이 요하니 찻수건은 필수적인 것이었다.

이외에도 발우(盂)나 홍사건(紅紗巾, 찻상보), 찻상 등이 사용되었다.

제6부
조선 전기의 차 문화

개관

    정치나 경제 같은 사회적 상황이 문화에 주는 영향은 막대하다. 이에 대해 거꾸로 생각해 본다면 문화적인 요인들이 사회적인 것에 영향을 주어서 사회의 변혁이 일어난다고도 할 수 있다. 고려 말기에는 권문세족들이 넓은 장원(莊園)을 소유하고, 사찰에서 광대한 토지를 차지하여 농민들의 힘이 허약해졌다. 그러니 국가의 재정이 어렵게 되고 여러 부작용이 생겼다. 원(元)에 대한 공물, 조세 수납의 어려움, 오리(汚吏)들의 부정, 거기에 왕실의 허약 등 어려운 조건을 거의 다 구비한 상태였다 하겠다.

    마침 성리학이 들어와 자리 잡으면서 문벌 중심의 권력 구조에서 관료 중심의 사회로 변화해 가고, 사찰의 개혁과 맞물려 선비들의 관계 진출이 많아졌다. 따라서 차 문화도 이 같은 유학자들을 중심으로 형성되어 조선으로 넘어오게 된다. 그래서 조선의 차 문화는 초기에 선비들의 진출이 현저했으나 이것이 사원차(寺院茶)를 위축시킨 직접적인 원인이라고 할 수는 없고, 이후에 나온 제도의 변화로 사원차가 위축되었던 것은 사실이다. 그러나 시간이 흐를수록 유불(儒佛) 양측에서 상호 보완의 형태로 유지 발전되었다.

조선은 고려의 차 생활을 그대로 이어받았다. 조선의 개국이 외형적으로 반란이나 혁명에 의한 것이기보다는 선양(禪讓)의 형태를 취했기 때문에 비교적 많은 피를 흘리지 않고 역성(易姓)이 된 것이다. 그러니 초기에는 문물제도가 그대로 조선으로 이어지게 되었다. 그러다가 태종(太宗)과 세종(世宗)대에 이르러 새 국가체제의 정비를 위해 새로운 제도를 시행하고 옛것을 많이 개혁했다.

조선의 건국은 단순한 왕조의 교체이기보다는 정치, 경제, 사회, 문화의 여러 면에서 큰 변화를 가져왔기 때문에 전환기라고 본다. 고려의 문벌귀족사회는 조선의 양반관료사회로 발전하여 조선 초기는 관료적 성격이 강했다.

경제적으로도 고려의 전시과체제(田柴科體制)에서 과전법을 시행하여 토지의 사유가 인정되고 양인 자작농들이 많아져서 농민의 지위가 상승했다. 특히 향(鄕)·부곡(部曲)·소(所)라는 특수 집단의 행정 단위가 없어지고 양인이 확대됨으로써 나라의 경제도 중심부가 안정 되니 세원이 확보되어 도움이 되었다. 그러나 차 농사를 짓는 농민들은 경작 지역의 한계성, 즉 재배 지역이 정해져 있기 때문에 별다른 혜택을 누리지 못했으며, 또한 왜구들의 약탈이 주로 그 지역에서 이루어지니 다농(茶農)은 수가 적어지는 반면 공세(貢稅)의 양은 변함이 없었다.

조선의 건국은 정치, 경제뿐만 아니라 문화에까지 커다란 지각변동을 가져왔다. 상대 교역국이 주로 명나라였기 때문에 차도 고려의 연고차 형태에서 차츰 산차(散茶)로 옮겨가기 시작했다. 초기에는 고려의 제도나 다풍을 이어받아 사헌부에서 다시(茶時)를 행하는 제도도 있었고, 다모(茶母)라는 직책도 생겨났다. 한편 방만했던 사찰과 승려들에 대한 정비와 개혁이 서서히 이루어졌다. 궁내의 제례는 물론 사가(私家)에서도 제사 때 차를 올렸고, 왕의 묘당(廟堂)에는 술도 함께 쓰도록 했다. 12, 13세기를 정점으로 극에 달했던 청자의 제조기법이 고려 말의 혼란기를 겪으며 퇴보하여 분청사기라는 새로운 형태의 다기(茶器)들이 생산된다.

불교에 대한 규제는 날이 갈수록 심해져 사찰의 새로운 건립을 금지하고 전국 사사(寺社)를 36사로 통합하도록 했다. 국초부터 이 같은 불교에 대한 억제정책을 구체화하여 사전(寺田)을 줄여나가 나라에 귀속시켰고, 승려의 수를 제한하여 관에 노비나 군적에 편입시켰다. 그래서 우리의 음다 풍습이 제일 먼저 타격을 받은 곳이 사찰이었다. 자연 사원을 중심으로 했던 고려시대의 융성한 다풍은 선비들에게 옮겨와 더욱 꽃피우게 되었다. 가정의례에도 차를 쓰고 묘제(墓祭)나 시제(時祭)에도 차례를 행하였다. 일본과의 교역에도 다기나 차가 많이 소요되어 각 지방마다 자기가 생산되었다. 자기의 질은 떨어졌지만 수적으로는 팽창했고, 명나라와도 차 교역은 계속되었다.

나라가 안정되어 정비되니 자연 지방의 산물(産物)에 관한 특징, 유통 및 농작법이나 기타 백성들에게 필요한 지식을 적은 서적이나 주장들이 나오기 시작했다. 안타까운 것은 이런 서적들이 글 모르는 백성들에게 직접 영향을 주지 못했고, 국가적으로도 정책적 배려가 없어 농업이나 어업은 물론 요업(窯業) 같은 특수산업은 기술적 장려나 전승이 잘 이루어지지 못하고 말았다.

고려 말에 정주학(程朱學)이 들어오면서 이때까지 현실정치를 지배하던 유학과 정신 면을 선도하던 불교와의 평형관계가 깨지고 사상적인 면에서도 유학의 영향이 커져갔다. 이 같은 현상이 조선 건국 후 두드러진 까닭 중의 하나는 무엇보다 유교이념에 입각한 절대왕권, 곧 전제왕권(專制王權)의 확립 때문이라 하겠다.

태조, 태종, 세종을 거치면서 강력한 왕권이 확보되고 군(軍)과 정(政)이 왕의 휘하로 귀속되었다. 앞에서도 말했듯이 처음에는 불교가 왕실이나 귀족들과 연계되기는 했으나 유교의 도학적(道學的) 이념에 입각한 정치이념이 국가의 근간사상이 되어 점차 배척의 대상이 되었다. 이는 성리학자들이 불교의 일부 논리를 현실성이 없는 이단으로 생각하여 부정했기 때문이며, 이로 인해 사찰의 형편은 날로 어려워졌다.

이는 차 문화의 면에서 본다면 불행한 일이라고 할 수 있다. 전대에 차의 중심에 서 있던 선가(禪家)가 그 재력과 인력을 잃어버리고, 차의 생산과 보급은 물론 깊은 정신문화의 보급에 차질을 주는 위기를 맞는 것이었다. 더구나 지방의 관리들에게 부여된 수령칠사(守令七事)의 임무 중에서 가장 중요한 것이 조세, 공물의 징수와 상납이었다. 지방관아에 육방을 두어 향리들로 하여금 철저히 세금을 걷었으니, 농수광산물은 물론 각종 토산물도 포함되어 있었다. 당연히 차도 예외가 아니었다. 그렇지 않아도 생산량이 줄어든 상태니 공세의 할당량이 많아질 수밖에 없었다.

한편 고려 때의 다방은 그대로 이어지다가 세종 때 사존원(司尊院)이란 이름으로 고치고 인원도 확충하여 내시부(內侍府)와 함께 궁에 있었다.

격동기를 지나 문물이 정비되고 국가가 안정되니 문운(文運)이 일어났다. 고려 유신들 대부분이 조선의 개국에 참여하여 그들의 다풍이 그대로 이어지다가 김종직(金宗直), 김시습(金時習) 등 차인의 출현으로 면목을 일신하게 된다. 새로운 신진세력들은 권력의 자리매김에만 힘을 기울이느라 일시적으로 차의 산지가 황폐하게 되고 차 마시는 일도 국가적 행사

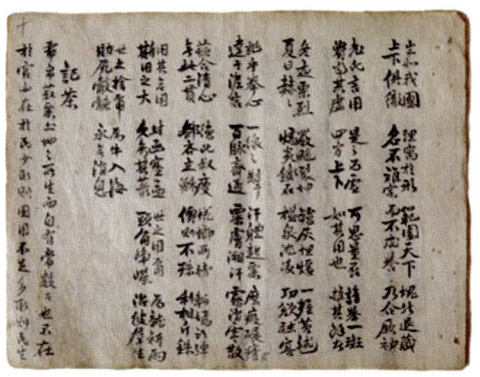
이덕리의 「기다」

나 종교의식을 제외하고는 미약해졌다. 그런 속에서도 권근(權近), 변계량(卞季良), 유방선(柳方善) 서거정(徐居正) 등의 선비들이 차를 즐겼다. 특히 김시습은 차를 직접 길러 만들었으며 차의 정신적 세계를 유불선의 형이상학적 세계로 승화시키기도 했다.

왜구 때문에 일본과 교류가 잦았으니 이때 오가는 물품에 차와 차도구들이 많았다. 사존원(司尊院)에서는 능(陵)에 주다의(晝茶儀)를 행했다.

일부 차의 산지가 정비되어 공물로도 바쳤으나, 아직도 중앙에서 제대로 파악하지 못해 다세(茶稅)가 차 농민들에게 큰 부담이었다. 김종직은 지방의 목민관으로 그 실상을 보고 혁신적인 타결책을 찾아낸다. 실제로 차 농사를 짓지 않는 농민들이 세금을 내는 어려움을 보고 촌로들에게 물어 엄천사(嚴川寺) 대밭 속에서 야생 차 나무를 발견하여 다원을 일으켜 세금을 내도록 했다. 하지만 이 같은 방안도 여러 곳으로 전파되지 못하고 차 농사는 점점 쇠퇴하게 된다.

이 같은 건설적 방법이 정책으로 채택되지 못한 것은 위정자들이 근시안적 안목을 가지고 있어 국가 경제의 흐름을 몰랐기 때문이다. 조선 후기에 「기다(記茶, 茶記)」를 쓴 이덕리(李德履)의 간절한 헌책(獻策)도 빛을 보지 못했으니 안타깝고, 더구나 지금도 차 산업에 대한 정책 입안자(立案者)들이 그때와 조금도 다름없이 몽매한 처지에 놓여 수수방관하고 있음은 더욱 가슴을 아프게 한다.

고려의 차 행사가 주로 사찰을 중심으로 이루어진데 반해, 조선은 서서히 왕실의 종묘나 봉선다례(奉先茶禮)를 위주로 변화되기 시작했다. 따라서 찻일이 사찰보다는 왕실 제례나 사신맞이 행사에서 자주 나타났다. 이에 유학자들이 차를 많이 즐겼고, 그중에서도 점필재의 문하들이 깊은 차의 정신세계를 추구하게 된다.

한편 국토의 현황을 파악하려고 『팔도지리지(八道地理志)』나 『동국여지승람(東國輿地勝覽)』 등을 편찬했으니, 그 기록들 속에 차에 관한 내용이 실렸다. 왕실의 은제(銀製) 다관에 관한 기록도 보인다.

선비 다풍이 심오한 정신세계에 크게 영향을 주어 그들의 도학 정신과 안빈낙도의 사상이 차의 정신과 결부되었다. 이때에 김시습, 남효온, 정희량 등의 차인들이 나와 노장사상(老莊思想)에 심취해서 도학과 차, 그리고 현묘한 선(仙)사상을 조화시켜 차의 새로운 정신세계를 창출했다. 이 같은 경향은 그들이 남긴 많은 시문과 특히 한재 이목의 『다부(茶賦)』에 오면 그 심오한 세계가 측량하기 힘들 정도가 된다.

한편 정계는 훈구파와 신진사림파가 대립하던 중 결국 조의제문(弔義帝文)의 사초등재(史草登載) 문제로 무오사화가 일어나고, 또 갑자사화가 연이어 일어나 사림파의 젊은 학자들이 많이 희생되었다. 이때 많은 차인들이 죽거나 물러나게 되어서 아름답게 꽃피던 선비 다풍은 위축되었다. 그래도 산림 속에 묻힌 선비들의 계회(契會) 같은 모임을 통해 차는 계속되었다. 그리고 사찰에 대한 규제가 날로 심해져 불가의 음다 문화는 물론 사찰 인근에서 산출되던 차의 생산량도 점점 감소하고, 서민들의 음다 풍속도 그 영향을 받았다.

왕가에서는 거의 모든 의례에 차가 빠지지 않았으니 세자궁의 회강다례(會講茶禮)도 그 한 예이다. 이런 풍조는 관원과 선비들에게도 퍼져 유생들이 모여 강론을 한 다음에 차를 마시자고 했을 정도다. 사사(寺社)혁파운동은 계속되었으나 이때에도 선승들의 차 생활은 이어졌고 뒷날 선문(禪門)을 빛낸 고승 차인들도 탄생했다.

기묘사화가 일어나 큰 소용돌이 속에 많은 인적 자원이 손실됐고 개혁이 중단되기도 했지만 문적(文籍)이나 문화적 기록들을 정비하는 일에는 힘을 기울였다. 그리고 각 지방의 토지 이용 현황과 거기서 생산되는 산물의 종류나 생산량을 파악하려 애썼다.

일본과의 교류는 더욱 잦아졌고, 그들은 우리 문화에 관한 것을 배우고 경서나 서책 등을 얻어갔다. 이때 일본 다도의 큰 인물인 천리휴(千利休, 센노 리큐)가 태어났으니, 그는 현재 일본 다도의 기틀을 확립한 천가(千家, 센케)의 시원(始原)이 되었다.

시간이 지날수록 차는 생활 전반에 걸쳐 깊이 파고들게 된다. 의약서적은 말할 것도 없고 한자 학습교재나 사서류(辭書類)에까지 차에 관한 글들이 실린다. 조선 초에 경국(經國)의 이념으로 등장한 성리학은 퇴계나 율곡 같은 대학자를 배출하며 이기론(理氣論)의 깊은 경지를 개척하고 심오한 학문적 세계를 창출했다. 자연스럽게 주희의 학문과 송대(宋代)의 다법(茶法), 즉 주자가례(朱子家禮)가 우리의 제반의식에 영향을 주게 되었다. 도산서원(陶山書院)이 건립되고 유학자들의 모임에도 차는 빠질 수 없는 음료로 등장했음은 그들의 문집이나 다시(茶詩)를 통해 알 수 있다. 차는 서민생활에도 영향을 주었으니 이제까지는 주로 의약이나 건강을 위해 쓰이던 차가 불전에 하는 헌다의례나 제의(祭儀) 속으로 자리 잡게 되며 자연스럽게 생활의 일부가 된다. 그러나 차의 생산량이 적고 공식적 행사에 많이 쓰여 서민에게는 널리 기호음료로 보급되기 힘들었다. 또한 부녀자의 사찰 출입이 통제되면서 음다 풍습도 점점 퇴조하였다. 그래서 주로 제의나 약용으로만 쓰였는데, 우리의 독특한 제법으로 다고(茶膏)를 만들어 상비했던 기록도 있다.

대부분 지도층의 사람들은 사원을 통한 우리 차와 중국차를 주로 음용했다. 중국차를 음용한 것은 그들 상당수가 중국에 사행으로 다녀온 이들이기 때문이었다. 퇴계나 율곡 등의 대가들도 차를 즐겼으며, 가례(家禮)에 필수적인 품목으로 등장했다. 이는 서민들의 경우에도 예외는 아니었다. 선비들의 차는 공식적인 다례 이외에도 계회 등에서 사랑받았다.

조선시대에 그려진 '계회도'

그림은 흔히 그 당대 사람들의 생활을 중심 소재로 삼는데, 이 무렵부터 제반 공사(公私)의 모임을 그린 그림이나 개인적 취향의 그림에 차가 등장하게 되었다. 〈미원계회도(薇垣契繪圖)〉나 이경윤(李慶胤)의 작품 등, 이른바 우리 다화(茶畵)의 초기 작품들이 그려졌다.

나라의 제도가 정비되고 유교적 학문이 사회를 이끌어 안정되니 자연스럽게 풍류적(風流的) 기풍이 일기 시작했다. 정철과 윤선도의 등장은 바로 그 좋은 예다. 이들은 비록 오랜 적거생활(謫居生活)을 하였지만 차를 즐기고 아름다운 풍광을 대하여 선적(仙跡)을 쫓아다니는 멋이 있었다.

이런 기풍이 한편으로 문약(文弱)에 흐르고, 외방(外防)에 힘쓰지 못하여 임진왜란이라는 국가적 환란을 겪게 된다. 국방은 약하고 위정자들은 붕당(朋黨)을 일삼아 국가의 위란(危亂)을 돌보기보다는 당리와 사욕에

일본의 국보로 지정된 조선 찻사발 '이도다완'

집착하는 어이없는 형세였다. 전란으로 인해 남녘의 차 생산기반이 무너지고 많은 다농들이 생산 현장을 지키지 못했다. 더구나 왜구들이 자기장(瓷器匠)을 강제로 납치하고 수많은 다기들을 훔쳐 가니, 우리의 차 문화는 위기를 맞게 된다. 이런 상황은 선비다풍의 퇴조를 가져왔고, 사찰의 차 생활에도 영향을 주었다. 그래도 선가(禪家)에서는 조금씩 자급하여 쉬지 않고 차 문화를 이어갔으며 이름 있는 다승도 출현했다.

상업이 발달하고 화폐경제체제로 진입함에 따라 상업망이 전국적으로 확대되어 경강상인(京江商人)과 송상(松商)이 보부상단을 동원하여 유통구조가 바뀌게 되었다. 그러나 시전(市廛)의 상단과 개인적인 사상(私商)들과의 문제, 그리고 관료와 상인들의 부정한 거래 등이 문제를 낳았다. 이렇게 형성된 자본들이 조선, 광산, 제지, 어업 등에 투자되어 해당 업종들은 힘을 얻었으나 다농들에게는 그런 기회도 오지 않았다.

궁중의 차 문화

1. 개관

건국 초기에는 모든 의식이 전 왕조의 계승이었기에 큰 변화는 없었으나, 팔관회나 연등회 같은 종교적인 것은 차츰 사라지고 신하들이나 사찰에 내리던 차도 없어졌다. 궁중에서 개인적인 차 생활은 여전했고, 의식 다례는 한층 격식화되었다. 특히 건국 초에 왕이 명(明)에 대하여 번국(藩國)의 예를 차렸기 때문에 중국 사신의 왕래가 빈번하였고, 그에 따른 다례의 수는 일일이 매거(枚擧)하기 힘들 정도로 많았다.

국초의 태종이나 세종 임금은 차를 그리 좋아하지 않았던 것 같고, 태조나 그 후의 왕들은 평상시에 차를 마셨다. 사실 외국 사절이 오면 그 빈번한 다례를 치르며 차를 마시지 않을 수 없었다.

『태종실록』

태종 3년(1403) 12월에 임금이 태상전에서 조회하였다. 임금이 헌수하려 하니 태상왕이 말하기를 "이제부터 술과 고기는 먹지 않고 차 한 사발만 마시고 그만 두겠다."

三年癸未十二月庚寅 上朝太上殿 上欲獻壽 太上王曰 自今不飮酒肉 飮茶一椀而止

―『태종실록』

세종 12년(1430) 12월에 왕이 경연에 나아가 강하다가 차를 전매(專賣)하는 법[榷茶法]에 이르러 말하기를 "중국 사람들은 차를 그렇게 좋아하는데 왜 단속을 엄히 하는가? 우리나라에서는 대궐에서 차를 쓰지 아니하니 좋아하는 것이 서로 달라서 이렇구나" 하니, 시강관 김빈이 아뢰기를 "중국 사람들은 모두 기름진 고기를 먹기 때문에 차를 마셔서 기름기를 씻어내게 하려는 것이며, 평소에 손님을 접대할 때에도 반드시 차를 먼저 내고 나중에 술을 들여옵니다"라 했다.

十二年庚戌十二月 御經筵講 至榷茶法曰 中國何好茶而嚴其禁 我國闕內亦不用茶 好尚各異亦如是也 侍講官金鑌曰 中國之人 皆食膏肉 故飮茶令下氣 且當對客 必先茶後酒

―『세종실록』

이 두 가지의 상반된 기록을 보면 혼란스러우나 이는 세종 자신이 차를 좋아하지 않아서 상음하지 않았기 때문이라 여겨진다. 일설에 이때 벌써 인삼탕을 차로 대신 쓰지 않았나 생각하기도 하나, 다른 여러 기록에 차와 삼을 구분해서 썼으므로 그렇게 보기는 어렵다. 그리고 여기서 말하는 대궐 안이란 사적(私的)인 공간을 의미한다. 공적으로는 의식이나 대외적인 행사에 차를 쓰지 않을 수 없었다.

  1525년에는 중궁전의 은다완(銀茶碗)을 만든다고 상의원(尙衣院)에 알린 것으로 보아 내전에서 부녀자들 사이에는 일상으로 마셨다고 본다.

단종 원년(1453) 11월에 경연관이 진강을 마치자 (중략) 성삼문이 다시 아뢰기를 "경연은 조정과 견줄 바가 아니므로 때에 따라 우대함이 있어야 합니다. 까닭에 옛날에는 사다(賜茶)·사좌(賜座)의 예가 있었습니다. 신이 지난해부터 간혹 하루나 이틀 걸러서 매양 진강하였으나 용안을 우러러 뵈올 수 없었으니, 청컨대 옛날의 예에 따라 사좌하소서" 하니 "내 마땅히 따르겠다"고 전교를 내렸다.

元年癸酉十一月 經筵官進講畢 (중략) 三問更啓曰 經筵非朝廷比 或有時優饑 故古有賜茶賜座之禮 臣自去年 或間一日二日每入 未得仰覲龍顔 請依古例賜座 傳曰子當從之.

-『단종실록』

『용재총화(慵齋叢話)』에 보면 1494년 원자탄신을 축하해서 소격서(昭格署)에 제사할 때 차린 제물에 차가 있었다. (『용재총화』 2권 참고.)

  임금이 안질과 신병으로 온양에 갔을 때 하연(河演)이 충청감사에게 보낸 시가 있다.

삼월 따뜻한 날에 온양으로 어가를 호종할 때
날마다 다담상 법도대로 올렸다네
三月溫陽扈駕時　　　　茶談日日奉淸儀

-「기충청감사(寄忠淸監司)」

이런 기록들로 보아 임금이 있는 곳이면 언제 어디서나 차가 준비되어 있어 필요에 따라 일상적으로 쓰였음을 알 수 있다. 경연에서 강이 끝나면 신하들과 앉아 차를 마시고 담소하고, 내전에서도 일상으로 또는 손을 맞을 때 은다기로 차를 마셨다. 다음의 기록을 보면 궁중에서도 차는 약으로 상비품이었다는 것을 알 수 있다.

선조 34년(1601) 오월에 임금이 감기로 아파서 약방에서 올린 약에 가래를 없애고 갈증을 치료하기 위해서 사백산에다가 맥문동 일전과 오미자 9알을 다탕에 넣어서 끓였다.

繼爲進御 以祛痰根 且煩渴時 瀉白散加麥門冬一錢 五味子九粒 煎湯作茶.

-『선조실록』

2. 다방과 사존원

설치

태조 4년 9월에 대묘(大廟)와 새 궁궐이 준공되니 390여 간에 모든 부서가 다 들어갔다. 그중 양전(兩殿)에 속한 내시, 다방(茶房)도 새 궁궐 안에 자리 잡았다. 태조 14년의 기록으로 보아 전대보다 다방에 관한 업무도 늘고 인원도 많아졌다는 것을 알 수 있다.

태조 14년 12월에 심장고(沈藏庫)를 바꾸고 대전과 중궁, 양전의 내주(內廚) 소채(蔬菜)를 다방으로 하여금 공급하게 했다. (중략) 그러니 예조에서 아뢰기를 "이제 심장고를 다방에 이속하였으니, 바라건대 심장고의 미포출납(米布出納)

의 예에 따라 다방으로 하여금 청대(請臺)하여 출납하게 하고 인신은 다방의 인(印)을 쓰고, 그 영사는 사선서에 속한 자 외에 권지 직장 5인과 영사 5인을 다방에 붙이어 일을 맡기고 부리되……."

十四年甲午十二月壬辰 草沈藏庫 兩殿內廚蔬菜 令茶房供之 (중략) 禮曹啓曰 今者心藏庫 移屬茶房 請依沈藏庫 米布出納之例 令茶房請臺出納 印信則用茶房之印 其令史 屬司膳署外 權知直長五人 及令史五人 屬於茶房 任使.

- 『태조실록』

『태조실록』

그리고 세종 29년(1447) 2월에 다방을 사존원(司尊院)으로 바꾸었다 (二十九年丁卯二月丙辰 改茶房爲司尊院, 『세종실록』).

소임

기존 다방에서 맡았던 의식 때 식장의 준비, 차와 창고 관리, 의식에 직접 참례하는 것에다가 더 많은 임무가 주어졌다. 양전 내주방에 소채를 공급하고 미포를 출납하는 일과 이궁을 수직(守直)하는 일, 낙천정의 수직 등을 다방에서 하였다.

세종 9년 사신을 청해서 다례를 행할 때, 왕세자의 좌석은 서북에서 남쪽으로 설치하고, 다방에는 주준탁을 동편 자리 아래에 남쪽 가까이 설치하고 잔 하나를 탁자 위에 놓아둔다. (중략) 첨지통례가 왕세자를 인도하여 서계로 올라 자리의 서편에 남향하고 선다. 다방의 제거가 자리에서 술을 부어가지고 세자의 서남쪽으로 나아가 동향하고 서면 왕세자가 재배하고 자리에 올라 남향

제6부 • 조선 전기의 차 문화 299

하여 꿇어앉아 홀을 꽂고 술잔을 받는다.

王世子席 位於西北南向 茶房設酒罇卓 於東序下稍南 置盞一於卓上 (중략) 僉
知通禮 引王世子 詣西階升 就席西南面立 茶房提擧 酌酒於序 進詣王世子 西
南東面立 世子再拜 升席南面跪 搢笏受盞.

- 『세종실록』

세종 11년 정월에 시행한 문과별시의(文科別試儀) 때 내시다방의 참상 참외가 뜰에 들어가서 사배례를 하고 동서로 나누어 서고 다음에는 행수 견룡이 뜰에 들어서서 사배례를 행하고 나누어 선다.

次內侍茶房 參上參外 入庭行四拜禮 東西分立 次行首牽龍 入庭行四拜禮 分立.

- 같은 책

세종 14년 4월에 상정소(詳定所)에 명하기를 (중략) "내시 다방은 의대를 챙기는 일이다."

下詳定所曰 內侍茶房 (중략) 衣襨着備而已.

- 같은 책

이상으로 다방에서 하는 일이 다양하여 왕의 의복 시중까지 들었던 것으로 볼 수 있다. 게다가 중종 23년의 기록을 보면 "왕이 관가(觀稼)나 타위(打圍) 때에 소주정소(小晝停所)에서 쉬게 되면 대소인원들이 각기 의막(依幕)으로 돌아가 차를 마시는 것이 규례인데, 이즈음은 대가가 소주정소에 들지도 않았는데 대원들이 말 위에서 다담(茶啖)을 든다"고 하며 시정을 요구했다. 이를 보면 왕의 행차 때 반드시 다방의 관원과 소속원들이 수행하여 다담 준비를 했음이 확실하다.

관원

다방의 모든 관원들은 이조(吏曹) 소속의 사람들이기 때문에 그 안에서 이동되는 일이 많았다. 고려 때는 다방태의소감이나 다방시랑을 두었으나 조선에 와서 기구를 확대하면서 높은 품계보다는 왕의 측근에서 여러 모로 편리하게 이용할 수 있는 기구로 변했다. 우선 태조는 11년에 공신의 자제로서 처음 입사(入仕)한 자는 모두 다방에 붙이라고 했다. 고려에는 다방의 군사 수가 많아서 줄인 예가 있으나 조선은 관직으로서 정원(定員)이 많았다.

세종 8년 4월 이조에서 아뢰기를 "『경제대전』에 '모든 문음 출신자인 정1품과 종1품의 장자는 정7품과 종7품을 허락하고 정2품과 종2품의 장자는 정8품과 종8품을 허락하고 차자도 동일하게 이를 서용(敍用)한다' 하였습니다. 그러나 자손은 많은데 벼슬은 한정이 있으므로 일시에 다 쓰기가 어렵게 되었으니, 이로 인해 한관(閑官), 산관(散官)이 내시(內侍)·다방·선차방(宣差房) 등의 성중(成衆)으로 벼슬을 얻고 싶어하는 사람이 많으니 그 지원하는 바에 따라 재능대로 정해 보내소서" 하니 그대로 따랐다.

八年丙午四月 吏曹啓 經濟大典內 允門蔭出身者 正從一品長子 許正從七品 正從二品長子 許正從八品 次子亦同 徵此敍用 然子孫衆多 官職有限 一時盡用爲難 因此閑散 欲於內侍茶房宣差房等 成衆處從仕者有之 從其自願 量才定送從之.

− 『세종실록』

세종 26년 7월에 이조에서 전지하기를 "내시·다방·지인·녹사를 취재할 때 글씨, 셈, 법률, 가례, 원속육전 중에서 세 가지만 합격하면 뽑고, 대장이나 대부의 취재에 합격한 자는 차비군을 거치지 않고 바로 임명되며, 습음취재(襲蔭取才) 때에는 강경(講經) 세 곳 중에서 한 곳만 합격하면 뽑도록 한다."

二十六年甲子七月 傳旨吏曹 內侍茶房知印錄事取才者 書算律家禮元續六典 內三才入則取 隊長隊副取才者 除差備軍直差 襲蔭取才者 講經三處內 一處入則取.

- 같은 책

이상의 사실들로 수많은 공신들의 자제가 다방으로 입사했음을 알 수 있다. 시험을 보았지만 거의 부담이 없을 정도로 특별 우대를 한 것이다. 이로 인해서 상당한 문제가 제기되어 대간에서 시정을 요구하기도 했다.

세종 10년 정월에 좌사간 김효정 등이 상소하기를 "결성현감 유맹하는 이전(吏典) 출신으로 권지직장이 되어 별요별좌의 공으로 본직을 제수했으나 재주와 행실이 천거를 보장할 만한 것이 없습니다. 신등이 생각하건대 영락 12년 의정부의 수교에는 각 관사의 이전이 거관한 뒤에 내시·다방의 성중처에 소속되고저 하는 자는 재행을 겸비하고 천거가 확실하게 보장된다면 입속시키는 것을 허락한다 했는데 신등이 생각하건대 이전 출신자는 성중관으로 입속될 때에도 이 같이 했는데, 하물며 수령은 한 고을의 걱정거리를 맡아야 하는 지극히 중한 자립니다."

十年戊申正月丙申 左司諫金孝貞等 上疏曰 結城縣監柳孟河 出身權知直長 以別窯別坐功除本職 而無才行保擧 臣等竊見 永樂十二年二月十日 議政府受敎 各司吏典去官後 屬內侍茶房 成衆處者 才行兼備 保擧明白則 許令入屬 臣等以爲 吏典出身者 於成衆官 入屬之際 尙且如此 況守令分憂一邑 其任至重.

- 같은 책

또 세종 13년 3월에는 중부교수관(中部教授官) 정종본(鄭宗本)이 성균 출신의 좋은 인재가 많은데 별시위, 양관 녹사, 내시, 다방 등의 출신자를 문과 쪽으로 많이 선발해서 선비들의 학문적 의욕을 꺾어서는 안 된다고 했다.

여기에 관한 문제가 상당히 많이 제기되었으니 세종 16년 11월에 도승지 안숭선(安崇善)도 수령은 오래 한 곳에 머물게 하여 민폐를 줄여야 하는데 요사이 내시, 다방, 군녹사에서 거관(去官)한 자들이 너무 성적이 좋지 않아 6개월 만에 바꾸는 일이 있으니 참고해야 한다고 했다. 이에 관한 구체적인 얘기가 다음 기록에서 알 수 있다.

세종 16년 11월 임진(壬辰)에 정사를 보다가 임금이 말하기를 "근래 수령으로서 최하위의 성적을 받는 자는 모두 내시, 다방 출신자들이다. 전조 말년에는 대개 이전(吏典)으로 거관한 참외로서 품질이 낮은 인물을 수령으로 임명해서 용렬하고 옳지 못한 일이 많았다. 그래서 태조께서 지현(支縣)을 혁파하여 주군(州郡)의 수를 정하고, 어질고 능한 사람을 신중히 선택하여 임명했다. 또 내시, 다방의 거관한 자들도 모두 신중하게 뽑아 임명하였으나 전최(殿最)할 때 하등인 자 모두 내시, 다방 출신들이니 이는 무슨 까닭인가" 하니 영의정 황희가 아뢰기를 "내시, 다방은 여러 가지 사무를 거치지 않고 오직 연한만 채우고 갑자기 수령의 직책을 받았기 때문에 이 같은 폐단이 생깁니다" 했다. 임금이 "내가 마땅하게 잘 의논해서 처리하겠다" 했다.

十六年甲寅十日月壬辰 受常參視事 上曰 近來守令居殿者 皆内侍茶房出身人也 前朝之季率以吏典 去官參外 秩卑者爲守令 故庸瑣不法 太祖愛念此弊 先革支縣 定爲州郡之額 愼簡賢能以差遣之 至於内侍茶房去官者 亦皆愼簡差任 然殿最之際 其在下列者 皆内侍茶房 去官之人 是何故也 領議政黃喜界曰 内

侍茶房 不經庶務 徒滿差年 遽受臨民之職 故其弊如此 上曰 予當熟議處之.

- 같은 책

그러니 내시, 다방이라는 것이 그 임무보다는 장차 지방의 고을 자리 하나라도 얻어 벼슬하려는 사람들의 머물러 가는 곳 정도로 인식되었던 것이다. 말하자면 기초적인 교육이 제대로 안된 관원의 양산지 같은 느낌이다. 어쩌면 차의 본질적인 데에 접근하지 못한 주변적인 것에 관심이 더 깊었던 기구였으니, 진정한 차인들은 고귀한 이상을 가진 학자나 선승들에게서 찾을 수 있었다.

| 제거(提擧) |

정3품이나 종3품의 벼슬로 정제거(正提擧, 정3품)면 내시, 다방, 사옹원의 각 책임자가 된다. 앞에 나온 세종 9년 4월의 기록에도 사신맞이 다례에서 다방 제거가 자리에서 술을 부어 왕세자의 서남쪽으로 나아가 동향하고 선다고 했다.

세종 21년 3월 2일 예조에서 강무(講武)한 뒤에 풍정의주(豊呈儀註)에 대한 절차를 보면 다방제조(茶房提調)가 수준(壽樽)을 전상에 설치하고 사옹제조(司饔提調)가 안(案)을 올리면 풍악을 연주한다고 했으니 여기서 제조는 어떤 행사를 위해 임시로 맡은 직책이고 제거는 항구적으로 있는 직급이다.

| 별감(別監) |

원래 5, 6품 정도의 관원으로 별좌(別坐)라 하기도 했다. 그러나 일반적으로는 궁궐의 각 전각, 특히 대전과 내전 등에서 근무하는 하위직을

말하기도 한다. 여기엔 내직과 외직으로 구분하고, 참상(參上)과 참외(參外)로 나누었다. 이들도 자기 부서의 행사에 나아가 예에 참여하기도 했으며 임금께 직접 고하기도 했다.

| 직장(直長) |

7품 정도의 벼슬로 여러 부서에 많은 인원이 있어서 실무를 관장했다. 다방에서도 심장고가 없어지면서 그쪽에 근무하던 직장 5명이 차출된 일이 있었다.

| 참상원(參上員)·참외원(參外員) |

이것도 맡은 일에 관한 것이지 직급이라고 보기는 힘들다. 참상은 6품 이상이고, 참외는 7품 이하가 많았다.

| 좌번(左番)·우번(右番) |

이것도 소관하는 바에 따라 붙인 이름이다.

이상의 관원 이외에도 많은 인원이 근무하였다.

3. 의식다례

앞에서도 서술한 바와 같이 궁중의 의식은 『경국대전』이 나오면서 불교적 색채가 많이 없어지고 관혼상제의 모든 부분에서 유교적인 예법을 주로 했다. 연등회나 팔관회 같은 행사는 차츰 없어지고 오히려 기악(伎

樂)이나 무용을 동반한 나례 같은 것이 더러 함께하기도 했다.

무어라 해도 가장 중요하고 빈번한 것이 외국의 사신을 맞는 행사였다. 사신들이 한번 오면 정사, 부사, 서장관 등이 때로는 따로 임금을 만나기도 하고 같이 만나기도 하는데, 그때마다 다례를 행하는 것이 보통이었다. 그러니 그들이 한번 오면 하루 이틀에 가는 것이 아니고, 한 달 가까이 있기도 하니 그 접대가 보통 신경 쓰이는 일이 아니었다.

다음으로 많은 것이 주다의(晝茶儀)였다. 주다의는 인산(因山) 후 3년 안에 아무 때나 산능(山陵)에서나 혼전(魂殿)에서 올리는 다례라 할 수 있다.

세종 28년 7월 19일 주다의 : 정오가 되면 능사가 향로·향합과 초를 영좌 앞에 설치하고, 다음에 다병과 다종을 받들어 존소의 지게문 밖에 두고 서쪽을 향해 부복하고 끓어앉는다. 내시가 문 안에 들어가서 서쪽을 향해 부복하고 일어나서 영좌 앞에 나아가 부복하고 끓어앉아 세 번 향을 피우고 조금 뒤로 물러나서 끓어앉는다. 내수가 빈 상 하나를 들고 섬돌 위에 나가면, 능사가 받아 들고 문에 들어와서 내시에게 준다. 내시가 받아서 영좌 앞에 둔다. 내시가 반에 두 가지 색의 떡과 여러 과일과 청밀·한채를 각각 한 그릇에 담아 수저와 같이 상에 둔다. 능사가 잔에 차를 따러서 내시에게 주면, 내시가 전해 받들어 반에 두고 모두 문밖에 나와서 부복하기를 한 식경 동안 한다. 내시가 다시 들어가서 부복했다가 끓어앉아 제찬을 거두어 치운다.

二十八年丙寅七月 晝茶儀 午正時至 陵司設香爐香盒 幷燭於靈座前 次捧茶瓶及鍾 置于尊所戶外 西向俯伏跪 內侍入戶內 西向俯伏興 詣靈座前 俯伏跪三上香 小退跪 內豎擧公案一 就階上 陵司傳捧入戶 以授內侍 內侍傳捧置于靈座前 內侍以槃 盛兩色餠 各色實菓 淸蜜漢菜各一器 筯楪置于案 陵司以鍾酌

茶以授內侍 內侍傳捧 置于槃 俱出戶外 俯伏如一食頃 內侍還入 俯伏跪徹饌.

-『세종실록』

『명종실록』을 보면 원년에만 영모전(永慕殿)에서 주다례를 다섯 번이나 올렸으며 그럴 때마다 헌다를 했다. 사실 의례에서 차는 주가 되지는 않지만 그 절차상 들어가야 하는 것이었다. 그 예로 세종 23년 9월에 치른 빈소(殯所)를 여는 전의(奠儀)를 보면 "술잔은 셋이고 찻잔은 하나다. 여러 집사들의 손 씻는 물도 동남쪽에서 북쪽을 보고 설치한다. (중략) 집사자 한 사람은 향합을 들고 다른 한 사람은 향로를 받들고 꿇어앉아 올리면 상주가 세 번 상향(上香)한다. 집사가 차와 술을 올리면 상주가 차를 올리고 술을 세 번 드린다."(『세종실록』 참고.)

이처럼 대부분의 의식에서 차는 술보다 중요한 제수는 아니었다. 그러나 없어서는 안 되는 것이어서 다례(茶禮)라고 했다.

다음은 상대례(相對禮)인데 이는 서로 대등하게 마주 앉아 차를 마시던 다례를 말한다.

단종 3년 4월에 도승지 신숙주를 보내어 사신에게 문안하고 수양대군 또한 사신에게 문안하니, 사신이 상대례를 강권하여 수양은 동벽에 앉고 반관 박중손과 권준 및 신숙주는 서벽에 앉아 다례를 행하였다.

三年乙亥四月戊戌 遣都承旨申叔舟 問安宇使臣 世祖亦問安使臣 强相對禮 坐之東壁 館伴朴仲孫權蹲 及申叔舟 坐西壁 行茶禮.

-『세종실록』

그리고 별다례(別茶禮)라는 이름이 많이 나오는데, 명종 2년에만 영모

『세종실록』

전에 상식을 지내고 이어서 별다례를 행했다고 한 것으로 보아 정해진 의례 이외로 올리는 다례라 하겠다.

여타의(餘他儀), 칙사의(勅使儀), 탄생하의(誕生賀儀), 책봉의(冊封儀), 군신의(君臣儀), 가의(嫁儀) 등은 거의 그대로 행해졌고 태묘의(太廟儀)나 영모전(永慕殿)에 드리는 의식은 그 횟수가 늘어난 것이다.

첨기할 것은 의식 때 차와 술이 모두 나오는데 거의 차를 먼저 올리고 다음에 술을 드렸다. 그래서 다주례(茶酒禮)라고 하였음을 알 수 있다. 『선조실록』과 『명종실록』에는 다례를 행하고 주례를 행하는 것이 격식에 맞고, 상대편에서도 흡족해했다. 만약 둘 중에 하나를 생략할 때는 반드시 주례를 빼고 다례를 행했다. 선조 32년에는 다례만 행했다가 사신들의 기분을 상하게 한 일도 있었으나 대부분의 경우는 두 가지를 다 행했다.

사원의 차 문화

1. 개관

앞에서 서술한 바와 같이 고려 말에 불교가 배척된 까닭은 사찰이 지나치게 토지를 많이 소유하고, 승려들이 수도(修道)에 힘쓰지 않고 세속적인 데 물들어서 타락했고, 다분히 무속적이고 미신적인 데 기울어져 혹세무민(惑世誣民)하는 폐단이 있었기 때문이다. 그런 시기에 정주학(성리학)이 들어와서 신진 유학자들로부터 공격받기 시작했다.

조선이 건국되면서 정주학이 경국(經國)의 이념이 되고 초기의 왕들이 전제적인 절대왕권을 확립하면서, 사정은 아주 달라졌다. 고려 때는 정치 구조가 왕권이 있어도 각 지방의 호족들의 힘이 강해서 그들이 모두 신도로서 사원과의 관계가 균형을 유지하면서 지냈으나, 절대왕권이 확립되면서 지방에는 행정 책임자가 따로 임명되니 그런 유대가 깨졌다.

더구나 제의를 위시한 모든 의식이 유교이념에 입각한 형태로 바뀌고, 그를 법으로 정해서 백성들과 더욱 멀어지게 되었다. 거기에 태조는 이제까지 면세의 혜택을 완전히 없애고, 도첩제(度牒制)를 실시하여 승려의 수를 제한했다. 태종은 사원의 정비작업을 통해 토지와 노비를 몰수했으며, 세종은 전국의 사찰 수를 36사로 하고 승려 수를 3,700명으로 줄였다. 거기에 칠종(七宗)의 유파를 선교(禪敎) 양종으로 통합시키니 교세는 줄고, 차의 생산이나 보급도 자연히 위축되었다. 성종은 도첩제마저 폐하고 일체 출가를 불허했고, 중종은 승과(僧科)도 폐지했다.

반면에 전통적으로 불교를 신봉하던 왕실과는 돈독한 관계를 가지기도 했는데 세조는 원각사를 짓고 불경을 간행했다. 그리고 많은 사찰의 주지에 양반 자제들이 많아서 왕실이나 관료들과 잘 소통했다. 명종 때 문정왕후는 보우(普雨)를 통해 불교를 많이 후원하였다. 또 임진란 때는 승병들이 의병을 일으켜 국가에 세운 공이 많아서 대접받기도 하였다.

그러나 부녀자들의 사원 출입을 막고 서울에 승려들의 거주를 불허하는 등 전반적으로는 억불정책을 썼다. 이로 인해서 문화재급 사원이 황폐하게 되고 선가의 차 문화는 서리를 맞게 되어, 일부 승려들에 의해 간신히 명맥을 유지하게 되었다. 그러니 많은 승려들이 탁발을 다니고, 신분이 격하되어 백성들도 숭배하지 않을 정도였다. 이 같은 현상은 요업(窯業)에까지 영향을 주어서 아름답던 청자 문화가 쇠퇴하고 말았다. 이렇게까지 되는 데는 몇 가지 좋지 않은 일이 발생한 것이 촉발제가 되었다.

세종 원년 11월에 의정부에서 상소하기를 "석가는 천축(天竺) 정반왕(淨飯王) 의 아들로 담을 넘어 집을 나와서 설산에서 도를 닦고 성 중에서 걸식하며 도를 이루었다. 처음 달마(達摩)로부터 혜능(惠能)에 이르기까지 승복을 입고,

혹 면벽하기도 하고 방앗간 일 같은 궂은일도 감수하면서 종들의 도움 없이 홀로 수행했다. 나라에서 회암사(檜巖寺)를 작법(作法)의 장으로, 진관사(津寬寺)를 수륙제(水陸祭)의 장소로 여겨 노비와 공양을 특별히 한 것은, 여기에 기거하면서 청정한 마음으로 욕심을 버리고 부처의 뜻을 본받고 나라의 은혜를 중히 여기라는 것이었는데, 이제 두 곳의 중 수십 여인이 일상 사비(寺婢)들과 음행을 자행하고 삼보(三寶)의 깨끗함을 더럽히니 나라 사람들에게 어찌 명찰이라 할 것이며, 다른 절까지 오염될까 걱정되옵니다. 이는 절에 노비들이 함께 기거하기 때문이니, 이들을 모두 공비(公婢)로 하여 석가와 불조들의 뜻에 어긋나지 않고 청정한 속에서 수도하는 곳이 되게 하소서"라 하였다.

議政府上書曰 釋迦以天竺淨飯王之子 踰城出家 修道雪山 乞食城中 初祖達摩 六祖惠能 或被衲面壁 或祖爲舂役. 國家以檜巖 作法之場 津寬水陸之所 優給奴婢 以資供養 居是者 誠宜淸淨寡慾 以續佛祖 壽君福國 以報重恩 今檜巖寺 僧可休正厚 津寬寺僧斯益省珠等 數十餘人 常與寺婢 恣行淫慾 汚染三寶 以干邦憲 號爲名刹 尙且乃爾 其他社僧徒 汚穢無行 斷可知矣 諸寺之有奴婢 蓋因舊弊 未能遽革 是使僧徒 陷於罪屎 (중략) 今之各寺僧人 役使奴婢 飽暖安逸 肆行淫穢 豈其師敎哉 檜巖津寬 號爲淸淨 今其寺僧 姦其婢子 或至二三 陰陽相求 理之常也 日夜親近 安能不犯哉.

－『세종실록』

세종 16년 4월에 성균생원 방운(方運) 등이 상서를 올렸는데, "수해(水害)와 한재(旱災)가 연이어서 곡식이 익지 못해 백성들의 생계가 조석을 잇지 못하는데, 승도(僧徒)들의 먹을 것은 풍년이나 흉년이나 한가지여서 백성은 굶어죽는 이가 있어도 승도가 굶어죽는 일은 없습니다. 누에도 치지 않고 밭도 갈지 않는 자가 앉아서 따뜻하고 배부름을 누리게 되어 수많은 사람의 재산을 허비하면서도 털끝만큼의 재정의 이익을 주지 못합니다. 더구나 거기에다 교만하고 방자한 버릇이 생기어 어떤 자는 다사(茶肆)나 술집에 나와 놀면서 잘난 척하고 뽐내며, 혹자는 약한 백성과 서로 이익을 다투어 재물 모으기를 꾀하고, 처자를 끼고 먹이어 청정한 곳을 더럽히고, 추악한 행동을 하오니 어찌 절을 찾는 사람들이 자비의 베풂을 듣고 기뻐서 따르며 그 문을 지나는 자들이 더러운 죄를 지었단 말을 듣고 그들을 공경할 수 있겠습니까"라고 했다.

十六年甲寅四月 成均生員 方運等上書曰 近年以來 水旱相仍年穀不登 吾民之生 朝夕不繼 被僧之食 豊饒如一 民飢而死者死者鮮矣 不蠶不耕 坐獲溫飽虛費 億兆之財 無益毫釐之用 遞生驕恣 或游於茶酒之肆 自相誇尙 或相與小民爭利 謀營貨財擁畜妻子 悖淸淨之方 彰福惡之行 仍何窺其室者聽慈悲之設 而靡不悅 從過其門者 聞罪褐之言 而亦皆敬信乎.

-『세종실록』

이 같은 기록들은 정책 입안자들에게 좋은 구실을 제공하여 척불의 여론을 강화해서 사찰을 정비하게 되었다. 오로지 경전과 교리에만 몰두하던 일부 선승들도 한꺼번에 내몰리었다.

그러나 심산에 묻혀 수도에만 전념하던 고승들은 직접 농사짓고 고행하면서 차를 직접 기르거나, 그렇지 못하면 남쪽의 생산지에서 구해서 마셨다. 이는 이 시대에 출현한 선다승들의 숫자나 행적으로 짐작된다.

2. 선가의 차인들

함허기화(涵虛己和 : 1376~1433)

고려 우왕 2년 충주에서 태어나고, 속성은 유(劉), 법호는 득통(得通), 당호(堂號)는 함허, 법명은 기화이다. 21세에 친구의 죽음을 보고 생각하는 바 있어 회암사의 무학(無學)에게 출가했다. 그 후 여러 곳을 다니며 수행하고, 임금이 불러서 4년 동안 어찰에 머물다가 봉암사(鳳巖寺)로 가서 있다가 입적했다. 『원각소(圓覺疏)』3권과 다시 몇 수가 전해진다.

이 차 한 사발은
내 옛정의 표현이오
차에는 조주의 풍정(風情)이 들었으니
권하노니 그대여! 한 잔 드소서

此一碗茶　　　露我昔年情
茶含趙老風　　勸君嘗一嘗

ㅡ「위옥봉각령헌향헌다헌반수어(爲玉峰覺靈獻香獻茶獻飯垂語)」

옥봉각령의 영전에 향, 차, 밥을 올린 글 중에 있는 시다.

한 잔의 차는 한 사람의 참된 정성이고
그 참된 정성이 이 한 잔 차 안에 있다네
마땅히 이 차 한 잔 맛보소서
그리하면 응당 한없는 즐거움 생길 거외다

一椀茶出一片心　　　一片心在一椀茶

현등사에 있는 함허기화의 부도

當用一椀茶一嘗　　　一嘗應生無量樂

- 「위진산화상헌향헌다수어(爲珍山和尙獻香獻茶垂語)」

그는 또 「배석실탑(拜石室塔)」이란 시에서 "그 같이 뜻한 바를 이루지 못하고, 이제 한 잔 산차를 올리노니(緣差志不得遂 今用一椀山茶)"라고 하며 무용대화상의 영전에 올렸다. 일상 마시는 차도 마음의 소산이긴 하지만 특히 영전에 올리는 차야말로 고인과의 옛정을 올리는 것이다. 이것이 바로 한재(寒齋)가 말한 오심지차(吾心之茶)니, 삶과 죽음이 함께하고, 영(靈)과 사물이 같이하는 통로가 차에 있음에랴.

깊은 산 좁은 골에 찾는 이 없고
종일토록 쓸쓸히 세상과는 멀리 있네
낮이면 한가로이 산 위의 구름 보고
밤들면 시름없이 중천의 달을 보네
화롯가엔 차 연기 가득 퍼지고
향기 가득한 마루엔 옥으로 전서를 쓰네
속세의 번잡스러움 생각지 않고
오직 선의 기쁨으로 세월 보낸다네

山深谷密無人到	盡日寥寥絶世緣
晝日閑看雲出岫	夜來空見月當天
爐間馥郁茶煙氣	堂上氤氳玉篆煙
不夢人間喧擾事	但將禪悅坐經年

- 「산중미(山中味)」

  수련(首聯)과 함련(頷聯)에는 세속을 떠난 은자의 생활이 자연과 일체가 되어 한가와 여유로움이 가득하다. 무인도(無人到)와 절세연(絶世緣)이 짝이 되고, 함련의 두 구가 대(對)를 이루어 빈틈없이 말끔하게 처리되었다.

  경련(頸聯)도 서로 대를 이루고 있으나 앞의 구는 연기이기보다는 향기 쪽으로 해석하고 뒤의 구는 연기 쪽으로 보아야 후각과 시각으로 대(對)가 된다. 밤중에 달빛 아래 차 연기가 피어오르는 모양을 옥으로 전서를 쓰는 것에 비유한 솜씨는 돋보인다. 그리고 미련(尾聯)에서 다선일미를 그대로 합치시켜 자연스럽게 끝맺었다. 선역(禪域)에 이른 차인의 모습이다.

벽송지엄(碧松智嚴 : 1464~1534)

당호는 벽송당(碧松堂), 호는 야로(埜老), 속성은 송씨이다. 여진과의 전쟁 후 계룡산 와초암에 들어가 출가했다. 금강산에서 『고봉어록(高峰語錄)』을 보고 크게 깨닫고 지리산에 들어가 수도하여 총림의 종사가 되었다. 제자 부용영관에게 법을 물려주었다.

삼라만상으로 말한다면
모두 여래의 실상이니
보고 듣고 느껴 아는 것이
신령스런 진리의 빛 아님이 없도다
이는 천마종족이나 외도의 사악한 무리들도 같다
일미선(一味禪)이란 어떻게 생기는가
불자를 들어 흔들어 떨고
시자 불러 차 달여 오라 말하고 조금 지나 읊기를
푸른 대나무 곧은 바람과 잘 어울리고
붉은 꽃은 이슬과 향기를 머금고 있다네

若言萬像森羅	悉是如來實相
見聞覺知	無非般若靈光
猶是天魔種族	外道邪宗
怎生是一味禪	拈拂子搣一搣
喚侍子點茶來	良久云
翠竹和風直	紅花帶露香

-「증일선선화자(贈一禪禪和子)」

이 글을 받는 사람이 일선(一禪)이므로 그 일선에 연관시켜 심오한 불성을 말했다. 일체중생이 실유불성이니 나쁜 일을 하는 사람도 그 바탕에는 불성이 있거늘 어찌 함부로 대할 수 있겠는가. 이때 그 참다운 이치를 깨닫게 하는 것도 역시 한 잔의 차다. 차를 마시면서 고요히 생각하면 게(偈)의 내용을 이해하게 된다.

벽송사 전경 원래 신라 말에 창건되었으나 벽송지엄이 1520년에 중창하였다.

푸른 대나무가 곧게 자라는 데 바람은 좋은 요소가 아니지만 그래도 바람과 조화를 이루어 성정대로 바르게 뻗고, 붉은 꽃이 향기를 내는 데 이슬이 좋지 않으나 그 이슬을 머금으면 더 아름다운 자태를 연출할 수 있지 않는가. 이 모두가 다성(茶性)을 닮았다.

허응보우(虛應普雨 : ?~1565)

호를 허응당, 혹은 나암(懶庵)이라 하고, 법명은 보우였다. 백담사에 있다가 문정왕후의 신임을 얻어 봉은사의 주지로 있으면서 봉은사를 선종의 수사찰(首寺刹)로, 봉선사를 교종의 수사찰로 정했다. 많은 유신의 반대에도 없어진 승과(僧科)를 회복하고, 승려에게 다시 도첩제를 시행하여 불교 중흥의 때를 맞는다. 그 후 문정왕후가 죽자 유신들에게 내몰려 제주로 귀양 갔다가 그곳 목사에게 피살당한다. 그러나 불가에는 큰 공을 남긴 승려였다. 문집으로 『허응당집(虛應堂集)』을 남겼다. 차를 즐겨 상음했고 다시도 20여 수가 남아 있다.

하늘에 높이 솟은 작은 암자에

백발의 선승은 조는 듯 앉아 있네

운무에 취하여 시비(是非)를 잊어버리고

피는 꽃 지는 잎에 세월 안다네

늙은 학 한 쌍이 차 연기 너머 놀고

첩첩한 산속에 약방아 찧네

이 안에 신선세계 있다던데

우리 스님 아마도 영랑선인(永郞仙人)일세

小庵高幷廣寒隣	白髮禪僧獨坐眠
醉霧酣雲迷甲乙	開花脫葉紀時年
一雙鶴老茶煙外	萬疊峯回藥杵邊
聞說此中仙境在	吾師無乃永郞仙

― 「상수미암(上須彌庵)」

작은 창 높은 누각 선상은 싸늘한데

물 길어 차 끓이니 솥 안에 달 가득히

두견새 노래 즐김 알 수 없으나

같은 밤 나와 함께 남쪽 향해 노래하네

小窓高閣冷禪床	汲水煎茶月滿鐺
不識子規何所樂	與吾同夜叫南崗

― 「월야문자규(月夜聞子規)」

첫 번째 시는 앞 두 연에서 수미암에 살고 있는 선승의 생활환경을 노래하고 있다. 탈속의 산속에서 세상 시비 모두 잊어버리고, 자연의 일부로 살아가니 세월에 관심 있을 리 없다. 거기에 학을 벗 삼아 차를 마시고 양생의 약을 만드니 정녕 이곳에 사는 주인은 신선임에 틀림없을 것이다.

이에 비해 두 번째 시는 다분히 선적(禪的)이다. 달빛 아래 물 길어 차를 끓이니 솥에 가득 달이 비친다. 이는 벌써 차를 끓이는 것이 아니고 달을, 아니 달 같은 자기의 마음을 끓이는 것이리라. 두견새는 흔히 한(恨)을 노래한다고도 하고 봄날의 정을 이기지 못해 슬피 운다고도 하지만 지금 이 밤 내가 차 마시면서 가지는 이 감정을 이해나 하는 것일까. 아니면 나보다 더 깊은 깨달음의 경지에 이른 노래가 아닐까 하는 생각도 해본다.

또한 그는 옛것, 때로는 고향이나 친구에 대한 그리움을 좀더 승화시켜 노래했다.

차우물에는 이끼 끼어 덩그마니 달만 잠겨 있고
봄빛 따스하면 돌문에는 등넝쿨만 늘어지겠지
茶井苔深空鎖月　　　石門春暖謾垂藤

— 「회구억(懷舊憶)」

산이 좋아서 세속을 떠났으나
고향 땅 잊지 못해 구름 헤치고 간다네
縱願樂山辭世繫　　　難忘懷土出雲濱

— 「차김상사운송별(次金上舍韻送別)」

고향은 마음의 안식을 주는 그리움의 땅이다. 속진을 벗어 던지고 출가했지만 그래도 고향의 어린 시절의 정경은 혈육과 이웃에 얽히어서 잊히지 않는다. 이것은 인지상정이니 선승이라고 다르겠는가. "머리 들어 산 위의 달 바라보다 고개 내려 고향 생각에 잠기네(擧頭望山月 低頭思故鄕)"라고 한 이백의 심경과 다를 바 없는 것이다.

그대 오직 참다운 은사(隱士) 사모해
벼슬 버리고 표연히 여기에 왔네
달밤엔 그윽한 아취 얘기하고
신선의 부뚜막에선 차 연기 이네
기이한 만남 어찌 우연만이겠나
숙세(宿世)의 서원으로 끊임없이 잘 만난 것이지
마음에는 절조 굳게 지키며
청산에서 함께 늙으리라 생각했는데

君獨慕眞隱　　　舍笏來飄然
月夕話幽趣　　　丹竈生茶煙
奇遇豈偶爾　　　宿誓喜相圓
意擬堅靜節　　　共老靑山邊

-「기취선(寄醉仙)」

언제쯤 선정에서 풀려 대지팡이 짚고 가서
달빛 아래 차 끓여 마시며 얘기 서로 해볼까

何當出定携筇去　　　煮茗相傾月下談

-「차승사운(次嵩師韻)」

차 끓여 같이 마실 생각 그 얼마나 하였으며
시 지을 때마다 함께 읊고픈 마음 간절하였겠나

茗熟幾多懷共酌　　　詩成何但想同謳

- 「차은법사운(次訔法師韻)」

유수 같은 세월은 늙음이 침노하는 구실이고
뜬구름 같은 명예는 선정(禪定)을 방해하는 마물이라네
다로에 차 익으면 같이 마시고 싶고
서실(書室)에서 시 지으면 함께 읊고 싶었네

流水光陰侵老祟　　　浮雲名譽損禪魔
茶爐茗熟懷同飮　　　書幌詩成憶共哦

- 「기명웅이우(寄明雄二友)」

「기취선」에선 같은 길을 걷다가 떠나간 벗에 대한 간절한 그리움이 서렸고, 다음은 숭법사(嵩法師)와 함께했던 지난날을 회고하며 만날 날의 아득함을 아쉬워한다. 한편으로는 젊은 날의 추억으로 은법사(訔法師)와 시 쓰며 차 마시던 생각을 하고, 명(明)과 웅(雄) 두 벗도 시 짓고 차 마실 때마다 잊지 못하고 있으니 지기(知己)들을 그리워하는 마음에는 승속이 다르지 않을 것이다.

그는 차의 깊은 경지에 이른 차인이었으니, "달 밝은 정자에서 끓인 차가 오미로 상큼하고(月榭茶烹五味酸)"라 하여 차의 오미를 노래했고, 언제나 식후에 차를 마셨으니 "언제나 재 올린 다음엔 청고함이 있으니 한 줄기 차 연기 석양을 물들이네(淸高更有常齋後 一抹茶煙染夕陽)"라 했다.

또 종교계의 지도자답게 현실적인 것에 대한 수용에도 남다른 아량을 보였다. 한 선비가 절에 와서 불교를 배격하고 스님을 우습게 보아서 공양 간 사람들이 기분이 상해 그를 공경하지 않는데, 그가 게를 지어 달랬다 한다.

임금 위하느라 불교 배척함은 참다운 선비가 할 일이고
부처 받들고 선비 공경함은 곧 선가의 풍조로다
더우나 주인으로 손님 공경한다면
어떤 손이 우리 몸을 함부로 해하리
원하노니 재를 준비하는 신성한 부엌에서 일하는 분들
열심히 끓인 다탕으로 이 부처님 궁전 빛내주오

爲君排釋眞儒事	戴佛尊儒是釋風
況以主能恭彼客	有河賓謾毁吾躬
願諸丹竈修齋輩	勤辦茶湯耀梵宮

-「불욕경봉이게시지(不欲敬奉以偈示之)」

끝으로 그의 화엄사상의 묘체(妙諦)를 잘 표현한 다시 「화엄불사의묘용송(華嚴不思議妙用頌)」에서 "참다운 묘용을 알고 싶다면 일상에서 천연스러움을 따르라(欲知眞妙用 日用事天然)"하여, 차 마시고 잠 잘 자는 일을 모두 하늘의 이치에 맡겨 자연스러움을 잃지 않는다면 그것이 바로 묘용이라 했다. 이는 바로 화엄의 요체인 '행행도처 지지발처(行行到處 至至發處)'가 아니고 무엇인가.

청허휴정(淸虛休靜 : 1520~1604)

흔히 서산대사(西山大師)라 부르며 속성은 최씨, 이름은 여신(汝信),

법호는 청허, 법명은 휴정이고, 별호로 백화도인(白華道人), 묘향산인(妙香山人) 등 많았다. 어려서 부모를 여의고 안주목사의 도움으로 성균관에서 공부했으나, 진사시에 낙방하고 지리산에 들어가 공부하다가 부용영관의 제자가 되어 법을 이었다. 33세에 승과에 급제하고 후에 양종판사(兩宗判事)를 지나 봉은사의 주지가 되었다.

임란이 일어나자 승병을 모집하여 서울을 탈환할 때 공을 세우고, 나이 들어 제자 유정(惟政)에게 의발(衣鉢)을 물려주고 묘향산에 있다가 입적했다. 저술로 『선가귀감(禪家龜鑑)』, 『설선의(說禪儀)』, 『청허당집(淸虛堂集)』 등이 있다.

대흥사에 있는 청허휴정의 영정

낮에는 한 잔의 차 마시고
밤들면 한 자리 잠자네
푸른 산 흰 구름이 함께 있어서
생멸이 없음을 같이 얘기한다네
晝來一椀茶   夜來一場睡

青山與白雲　　　共說無生死

— 「천옥선자(天玉禪子)」

흰 구름은 옛 벗 되고
밝은 달은 내 삶이라네
이 깊은 산속에서
사람을 만나기만 하면 차를 낸다네

白雲爲故友　　　明月是生涯
萬壑千峰裏　　　逢人卽勸茶

— 「시행주선자(示行珠禪子)」

중의 평생 일
차 달여 조주께 바치는 일

衲子一生業　　　烹茶獻趙州

— 「도운선자(道雲禪子)」

그에게는 차가 일상이었다. 이는 당시 선승들의 생활 그 자체라 하겠다. 선에도 차가 따르고 사유에도 차가 필요했다. 자연을 벗하며 생멸(生滅)을 말할 때도 차를 마셨고, 혹 찾는 이 있으면 반드시 차를 내었으니 이것이 바로 조주의 끽다거(喫茶去)가 아니고 무엇인가.

또 그는 선의 깊은 세계를 마음에 항상 지니고 있었다.

산비는 솔 평상을 울리는데
옆 사람은 떨어지는 매화를 읊네

어지러운 한바탕 봄꿈 끝나니

시자는 차를 달여 가져온다네

松櫊鳴山雨　　傍人詠落梅

一場春夢罷　　侍子點茶來

- 「우음(偶吟)」

함께 달 비친 시냇물 길어

차 달이니 푸른 연기 흩어지네

날마다 어떤 일을 얘기하는가

염불과 참선이라네

共汲一澗月　　煮茶分靑烟

日日論何事　　念佛及參禪

- 「두류산내은적암(頭流山內隱寂庵)」

　비가 내리고 꽃이 지는 것은 큰 자연의 이법으로 보면 순리일 뿐인데도 사람들은 비가 오는 것은 활기차게 느끼고 꽃이 지는 것은 소멸이라 생각한다. 이것은 다 마음의 소산이지 본질적으로는 그렇지 않다. 그것은 흡사 격랑에 휘말려 사물을 바로보지 못함과 같다. 그럴 때 차를 마시면 평상심을 찾을 수 있으니 차와 선은 같은 경지다.

　달빛 아래 물을 긷는 것은 물을 가져오는 것이 아니고 달을 길어오는 것이다. 그래서 차를 마시는 것은 달을 마시는 것이니, 그게 바로 다선일미요, 방촌일월(方寸日月)의 경지다.

　게다가 재상 박순(朴淳)에게서 차와 죽지(竹枝)를 받고 당나라 때 유명하던 운유(雲腴)를 말할 정도로 차에 대하여 해박한 식견을 가졌었다.

정관일선(靜觀一禪 : 1533~1608)

연산 사람으로 속성은 곽씨, 법명은 일선이니, 유정(惟政), 언기(彦機), 태능(太能) 등과 함께 휴정의 제자이다. 대둔사(대흥사)에서 거의 일생을 보냈으며『정관집(靜觀集)』한 권을 남겼다.

솔바람소리 듣는 이의 마음 맑게 하고
개울물소리는 꿈속처럼 들리네
재 올린 다음 한 잔의 차는
절에서 아침저녁 맛보는 풍월이라네

松韻淸人耳　　溪聲葱夢魂
齋餘茶一椀　　風月共朝昏

- 「제대둔사(題大芚寺)」

깊은 산속의 송뢰(松籟)와 계성(溪聲)이 속진을 말끔히 씻어준다. 절 사람들이 아침저녁으로 불전에 예불하고 난 후 공양을 마치고 마시는 차는 바로 생활이다.

그는 차를 즐겨 언제나 행담에 넣고 다녔던 모양이다. 봄날 옛 절을 지나다 날이 저물어 바위 옆에서 차를 끓이는데, 황폐하게 변한 절은 돌보는 이 아무도 없고 까마귀 떼만 날아다니고 있었다. "봄날 나그네 쓸쓸한 옛 절 찾아드니, 저녁연기 퍼지는 속에 바위 옆에서 차를 달이네(客心蕭寺正春天 煮茗巖前起夕烟)"라고 노래했다.

어느 때 고운사에서 도솔사를 향해 가다가 날이 저물어 약사암에 이르니 노승이 맞아서 중국차를 달여 주기에 반갑게 마셨다. 여기서 16세기 말의 우리 사원차의 실상을 보는 듯하다. 지나는 사람에게 차를 대접하는 것이 일상이던 때이다.

운곡충휘(雲谷沖徽 : ?~1613)

법호는 운곡으로 정관일선의 법제자이다. 시에 능해서 당대의 유명한 문인인 동악(東岳) 이안눌(李安訥), 지봉(芝峯) 이수광(李睟光), 계곡(谿谷) 장유(張維) 같은 대가들의 시에 차운한 일도 있다. 해인사와 백련사에서 오랫동안 수도했으며『운곡집(雲谷集)』한 권이 전해진다.

세월이 지나니 머리 온통 희어지고
봄이 되니 낮이 길어졌구나
시서는 흐르는 물에 부치고
늙은이의 병은 남은 세월에 연연하네
아지랑이 풍로의 연기와 섞여 푸르고
샘물은 차와 어울려 맛과 향 낸다네
조그만 강 위 절에서
밤새우며 맑은 얘기해 보세나

歲去頭全白	春來晝正長
詩書付流水	老病戀殘陽
靄雜爐烟碧	泉和茗味香
一宵江上寺	淸話廢眠床

-「증혜천사(贈惠天師)」

수구(首句)의 두 줄이 좋은 대를 이루었다. 시간이 가고 오는 것이나 정(正)과 장(長)이 그럴듯하다. '시서'나 '노병'에 대한 우리의 생각도 고

칠 필요가 있다. 아지랑이 끼는 봄날 차 연기 오르고, 좋은 물로 차를 끓이니 향미가 한결 새롭다. 그러니 그리운 친구와 만나서 강가의 정자에서 밤새 얘기하고 싶어진다.

깊어가는 절 밤에 동자는 차를 끓이고
가을의 옛 단에선 스님이 게를 설한다네
시를 읊으며 성긴 숲으로 걸어 나가니
찬바람이 일어 버들가지가 머리에 스치네

童子煮茶深院夜　　眞僧說偈古壇秋
吟詩步出疎林外　　風起寒沙柳拂頭

-「차동악이명부운(次東岳李明府韻)」

구천동(九千洞) 백련사(白蓮社)에서 이안눌의 시에 차운한 것에서 뽑았다. 차를 끓이는 것과 가을밤 스님의 설법이 잘 어울린다. 나중 두 구는 선적(禪的)이다. 걸어가는 주인공이 이때 무엇을 생각하고 무엇을 얻었을까. 머리가 산듯해지는 장면이다.

대부분의 한시가 중국시를 많이 모방하거나 인용하는데 이 분의 시도 예외는 아니다. 시 안에 원숭이가 등장하는 것은 현실적으로 불가한 것이고, 설혹 다른 이면적인 것도 드러나지 않는다.

"산동이 잠 깨어 차절구를 찧더니, 한 줄기 가벼운 연기가 석양에 퍼지네(山童睡起敲茶臼 一抹輕烟逗夕陽)"는 원경과 근경을 대비시킨 것으로, 당시에 사용한 차가 가루차인 연고차라고는 할 수 없고 병차임을 말한다. 시대적으로 산차를 많이 썼지만 전차 모양의 것이 있었을 시기니 절구에 부셔서 끓여 마셨을 것이다. 이 시기의 다승 가운데 드물게 10여 수의 다시를 남긴 분이다.

부휴선수(浮休善修 : 1543~1615)

속성은 김씨로 남원 근처인 오수 출신이며, 법명은 선수, 법호는 부휴이다. 어려서 지리산 신명에게 출가하고, 부용영관의 도를 이었다. 글씨를 잘 썼고 칠불암에서 입적했다.

천지를 휘둘러보고
내 잠깐 스쳐가는 나그네임을 알았네
숲 사이 뚫어 헤쳐 새 차 심고
솥을 씻어서 약을 달이네
달 뜨는 밤이면 달빛을 즐기고
가을이면 산에서 저녁을 보낸다네
구름 깊으니 물 또한 깊고
찾는 이 없이 스스로 즐긴다네

俛仰天地間	暫爲一時客
穿林種新茶	洗鼎烹藥石
月夜弄月明	秋山送秋夕
雲深水亦深	自喜無尋迹

-「산거잡영(山居雜詠)」

"하늘과 땅은 만물이 쉬었다 가는 여숙이고, 광음이란 영원토록 천지를 지나가는 나그네다"라는 이백의 말이 생각나는 구절이다. 그러니 새 차 심어서 차를 마시며 양생에 힘쓰고, 자연을 벗 삼아 그 이법대로 살겠다는 생각이다. 마지막 두 구가 자득(自得)한 경지다. 세상의 모든 것이 상대적이다. 대소(大小), 고저(高低), 심천(深淺)이 다 짝을 맞추는 것이니, 이는 자연의 이법에 맞는 것이다. 찾는 이 없이 혼자 즐기는 경지는 바로 혼자서 차 마시는 신(神)의 경지다. 기발한 종결이다.

그는 이미 「엄사백(巖禪伯)에게 주는 시」에서 이 같은 진리를 터득했었다.

생애 살살이 살펴봐도 남은 물건 하나 없고
한 잔의 햇차와 한 권의 경전일세

生涯點檢無餘物　　一椀新茶一卷經

-「증엄사백(贈巖禪伯)」

사명유정(四溟惟政 : 1544~1610)

밀양에서 출생하고, 속성은 임씨, 법명은 유정, 법호는 송운(松雲), 혹은 사명당이다. 처음 한학을 공부하다가 직지사(直指寺)의 신묵(信黙)에게 출가했다. 승과에 합격하여 직지사 주지를 사양하고 묘향산의 휴정에게 가서 그의 법을 이었다. 임진왜란에 스승을 따라 의병을 모아 큰 공을 세우고, 적진에 드나들며 회담을 성공시키는 데 힘을 쏟았다. 종전 후에 왕의 특명으로 일본에 가서 화친하고 잡혀간 우리 백성 3,500여 명을 데리고 돌아왔다.

죽림원엔 차 연기 푸르고
꽃핀 삼월이 맑기도 하네
강호엔 따뜻한 기운 서리고

버드나무는 푸른 실로 희롱하네

竹院茶煙翠　　　　晴花三月時
江湖浮暖氣　　　　楊柳弄青絲

― 「제상야수죽림원벽상(題上野守竹林院壁上)」

일본의 상야수 죽림원에 가서 벽에 쓴 자작시다. 마침 꽃피고 차 마시는 계절이니 섬나라의 봄 경치가 아름다웠을 것이다. 그러나 그는 이다음에 이어지는 마지막 구절에서 상방에서 다시 만날 것을 기약한다(同遊心不盡 重結上方期). 얼핏 보면 아쉬워서 하는 말 같지만 지금의 정세가 거꾸로 되어서 너희 일본 사신이 우리나라에 오는 날을 기약한다는 뜻이 들어 있다.

그렇게 전란으로 동분서주하는 그를 일부에서는 승려의 신분으로 수도에 전념하지 않음을 말하는 사람도 있고, 선비들은 그들대로 좋지 않게 보기도 했다. 그런 사람들에게 자신의 심경을 보여준 시가 전해진다.

옆 사람들이여 세월 헛보낸다 하지 마라
차 달이는 틈 한가로울 때 흰 구름 쳐다본다오
傍人莫道虛消日　　　　煮茗餘閒看白雲

― 「증지호선백(贈智湖禪伯)」

또 다른 일본에서 쓴 작품들을 보면, 일본인들은 대부분 사미승을 시켜 차 시중을 들게 하는 것이 우리와 비슷했다.

앞에 소개한 선가의 차인들 이외에도 "서늘한 가을 좋은 달밤에 바위

사명유정의 영정

쓸고 찻자리 열었네(凉秋佳月夕 掃石開茗筵)"라 노래한 혜일(慧日), "봉래섬에서 약을 캐고 차를 달인다(採藥蓬萊島 烹茗方丈雲)"고 한 경헌(敬軒), "벗과 강마을에서 걸식하며 가노라니, 부엌에서 동자가 솔차 끓임 알겠네(友也江村乞食去 知廚童子煮松茶)"라고 한 청매인오(靑梅印悟)가 있다.

이처럼 선다승들이 많다는 것은 선가의 다맥이 끊임없이 계승되었음을 분명히 증명한다.

관료와 문인들의 차 문화

1. 개관

고려가 건국부터 말기까지 불교를 정신적인 바탕으로 삼아왔지만 광종 연간부터는 최언위(崔彦撝)를 위시한 유학자들의 힘을 얻어 나라를 다스리는 데 많은 도움을 받았다. 이는 과거제도와 맞물려 정치 쪽에서는 문신들의 힘을 빌리지 않을 수 없었기 때문이다. 실제로 불승들의 정치 참여는 여러 면으로 어려움이 많았기 때문이다.

말기에 이르면 안향(安珦) 이후, 정주학이 크게 일어나 학통(學統)이 이어지고, 조선에 이르러서는 유교입국(儒教立國)이라 할 정도로 근간적인 학문이 된다. 특히 정도전(鄭道傳), 신숙주(申叔舟) 같은 이는 새 국가의 기틀을 짜는 데 크게 노력한 사람들이다.

나라는 『경국대전(經國大典)』에 의해서 다스려지고 말썽 많던 불사와

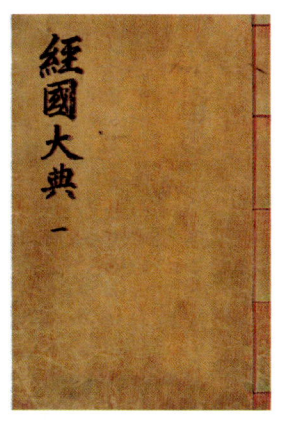
『경국대전』

승려들은 태조, 태종, 세종을 거치면서 많이 위축되었다. 따라서 차 문화도 선가에서는 외부로 융창하지 못하고 안으로 자급하면서 맥을 이어왔지만, 선비들에게서는 시문과 함께 뚜렷하게 발현되기 시작했다.

이는 무엇보다 문신들의 생활의 안정에서 오는 문운의 융성이었다. 고려가 망하면서 몰수된 토지와 그렇게 많던 사원의 토지며 사노비(寺奴婢)들을 개국공신과 원종공신(原從功臣)들에게 녹봉으로 내리고 새로운 벼슬자리도 많아져서 여유가 생긴 것이다. 따라서 차를 마시며 시를 짓고 모임도 가지게 되니, 대부분의 시인 묵객들이 차를 좋아하게 되었다.

국가의 지도이념이 주자학이고 과거의 시험과목이 유학서이기도 하고 임금이 매일같이 경연(經筵)에 나아가 관료인 학자들과 학문, 정치부터 문화, 예술에 이르기까지 국정 전반에 관해서 토의를 했으니 선비들의 입지가 크게 부각될 수밖에 없었다. 그래서 집현전이 각광 받고 대간(臺諫)이나 승정원(承政院)이 힘을 받게 된다. 당연히 그들은 높은 문화의 주인공들이었고 차 문화는 그중에도 차원 높게 인식되고 있었다.

선비들의 차 문화에 무엇보다 크게 영향을 미친 것이 『주자가례(朱子家禮)』라고 본다. 주자는 차의 고장인 복건성(福建省)의 무이(武夷) 지방에 살면서 무이정사(武夷精舍)를 짓고 자연 속에서 학문을 닦으며, 차를 즐긴 차인이다. 당시에 크게 꽃피웠던 남종선(南宗禪)의 헌다례(獻茶禮)를 수용하여 가례를 만들고 행례용다(行禮用茶)를 주장했다. 특히 예를 강조한 조선왕조에서는 이 문공다례(文公家禮)가 전본이 되어 수많은 가례집이 만들어졌다. 그러니 자연스럽게 크고 작은 모든 의식에는 차를 쓰게 된 것이다. 이는 선가의 모든 규례가 『백장청규』에서 유래한 것과 같았다.

주자학은 우주와 인간의 질서를 이기론(理氣論)을 통해 통일된 원리로 파악하려는 학문이다. 이기론이란 우주의 삼라만상이 모두 형이상적인 이(理)와 형이하적인 기(氣)라는 두 가지의 결합으로 구성되어 있다. 이는 물(物)의 성(性)을, 기는 물의 형(形)을 각각 결정하기 때문에 인간의 성의 근원은 이이며 그 형태는 기가 근원이 되는 것이니, 전자는 본연의 성이고 후자는 기질의 성이다. 인성이란 원래 순정무구(純淨無垢)하지만 타고난 기의 작용으로 그것이 맑거나 탁해진다. 따라서 사람은 누구나 수양에 의해서 기질의 성으로 이루어지는 혼탁을 버리고 본연의 성을 찾아야 한다는 것이다.

이 점이 바로 그들이 차를 가까이하는 까닭이다. 유학이 우리에게 도학(道學)으로 일컬어지는 것은 선비의 지향하는 바가 지절(志節)을 생명처럼 중시하는 군자행(君子行)이기 때문이다. 다성(茶性)이 그들의 지표에 맞고 학문을 닦는 데 힘이 될 수밖에 없는 것이다.

그들은 중앙 관계에 진출했다가도 자신이 속한 학문적 계보, 곧 당파적 이론에 맞지 않으면 조금도 굽히지 않고 상대를 매도하거나 그렇지 않으면 물러나 경제적 기반이 있는 향리(鄕里)로 돌아간다. 이것이 바로 차의 성질과 같았으니 선비는 자연이 차를 가까이할 수밖에 없었다.

또 향리로 물러난다는 것은 자신의 학문적 이론을 굽히지 않을 뿐만 아니라 겸양의 미덕으로 인정될 수 있었으니 세속적 환로(宦路)에서 이전투구(泥田鬪狗)하는 것은 다심(茶心)에 맞지 않는 것이다. 그래서 퇴계를 위시한 많은 관료들이 벼슬을 사양하는 상소를 수없이 많이 올렸던 것이다. 물러나 초연하게 살면서 도가적인 양생론에 힘쓰기도 하고, 깊은 선적 경지에 우유하기도 했으니, 때문에 차를 많이 마시게 되었다.

조선이 개국하자 고려왕조에서 벼슬하던 사람들은 두 길을 선택하게 되었다. 하나는 새 왕조에 출사하여 새로운 앞날을 향해 충성하는 쪽이고, 다른 하나는 충신불사이군(忠臣不事二君)의 절의념(節義念)을 내세워 은둔하는 쪽이었다. 어느 길을 선택하든지 그들은 차를 멀리하지 않았다. 출사한 사람들은 모든 것이 잘 되었으니 평소에 좋아하던 차를 많이 마시고, 은둔한 쪽은 또 그들대로 세상과 인연을 끊고 초연한 속에서 살아가자니 차를 마시게 되었다.

길재(吉再), 원천석(元天錫) 같은 이는 후자에 속하고, 권근(權近), 이행(李行), 변계량(卞季良), 하연(河演), 유방선(柳方善) 같은 이는 전자에 속한다. 이 같은 다풍은 다음 세대로 이어져 정극인(丁克仁) 서거정(徐居正), 김시습(金時習), 김종직(金宗直)과 그 문하로 계승되어 성현(成俔), 이식(李湜), 홍언필(洪彦弼) 부자, 김안국(金安國) 형제, 서경덕(徐敬德), 이황(李滉), 이이(李珥), 유성룡(柳成龍), 이산해(李山海), 허균(許筠) 일가, 임제(林悌) 등 수많은 차인들이 배출되어 조선 전기의 찬란한 차 문화를 연출했다.

2. 다시

왕조가 바뀌었어도 다시(茶時)란 전 왕조의 제도를 그대로 시행하여 좋은 결과를 낳았다. 시작은 사헌부였으니 이곳은 지금의 사법부와 같아서 재상 이하 모든 관리들을 대상으로 사찰하고 죄를 논하는 곳이기 때문에 소홀히 결정할 수가 없었다. 그래서 하루에 한 차례씩 모여서 차를 마시면서 의논하여 결정하는 좋은 제도가 바로 '다시'였다. 그러기에 소속된 관원들의 기강이 엄격하고 언행도 신중하였다. 후에 다른 부서에서도 이 제도를 시행한 일이 있었으나 점차 없어지고 조선 말(고종 때)까지 사헌부에는 남아 있었다.

『조선왕조실록』에도 다음과 같은 글이 있다. "태조가 고려의 법을 좇아서 사헌부를 두어 시정(時政)의 득실(得失)을 논의 쟁집(爭執)하고 백료(百僚)를 규찰(糾察)하여 기강을 떨치고 풍속을 바로잡으며, 원통하고 억울함을 펴게 하며, 참람한 것과 거짓된 것을 금하는 등의 일을 맡겼다. 그 밑에 감찰방(監察房)을 붙여두었고 대사헌(大司憲)·중승(中丞)·겸중승(兼中丞) 각 1명과 시사(侍史)·잡단(雜端) 각 2명과 감찰(監察) 20명을 두었다. 태종이 고쳐서 대사헌 1명, 집의(執義) 1명, 장령(掌令) 2명, 지평(持平) 2명을 두고, 감찰 25명은 다른 관리로 겸하게 하였다. 세종조 때 1명을 줄여 모두 본직(本職)을 갖게 했는데, 그 뒤에 또 11명을 줄여서 문관 3명과 무관·음관 각각 5명으로 하였다. 연산 때 지평을 없애고 장령 2명을 더 두었다가 중종 초에 예전대로 회복하였다."

다음의 기록들도 사헌부에 관련된 것들이다.

사헌부의 청사(廳事)가 둘이 있는데, 하나는 다시(茶時)고 하나는 재좌(齋坐)다. 다시라는 것은 다례(茶禮)의 뜻을 취한 것이니, 고려와 우리나라 국초의 대관은 언책(言責)만 맡고 서무(庶務)는 보지 않았다. 하루에 한 번씩 모여서 차를 마시는 자리를 베풀고 끝냈는데 국가의 제도가 점점 갖추어짐에 따라 대관(臺官)도 송사(訟事)를 심리하는 일을 겸했다. 일이 매우 번거로워지자 드디어 이곳을 상시 출근하는 장소로 만들었으니 그래도 정식 관아는 아니었다. 재좌라는 것은 모여서 상의하는 날에는 크게 모여서 큰 예(禮)와 큰일을 강의하는 것이니, 그 재좌의 의식은 출입·영송(迎送)·진퇴(進退)·배읍(拜揖)의 절목(節目)이 자세하고 엄숙하여 다른 관서의 그것과 비할 바가 아니다. 또 대중(臺中)의 고사(故事)를 추려서 겸하여 쓰기 때문에 그 예절이 비록 번거로우나, 상하 사이에 은연중에 경계하는 뜻이 있다.

府之廳事有二 曰茶時 曰齊坐 茶時者 取茶禮之義 高麗及國初 臺官只任言責 不治庶務 日一會 設茶而罷 國家制度漸備 臺官亦兼聽斷 履事惟繁 遂爲常仕之所 然非正衙也 齊坐廳者 諏日大會 講大禮議大事之地 其齊坐之儀 出入迎送 進退拜揖 節目詳嚴 非他司會遇之禮之比 又採摭臺中故事而兼用之 禮雖繁然上下之間 隱然有警誡之意.

- 서거정, 「재좌청기(齋坐廳記)」

대관(臺官)과 간관(諫官)은 비록 일체라고 말하나, 그 실상은 같지 않다. 대관이란 풍화(風化)와 법도를 규찰하는 것이고, 간관이란 임금의 과실을 바르게 하는 것으로서 대관은 계급 차이가 엄격하다. 지평(持平)은 뜰에 내려가서 장령(掌令)을 맞았고 장령은 집의를 또 그와 같이 맞았으며, 집의 이하는 모두 내려가서 대사헌을 맞는 것이 상례(常例)다. 보통 때는 다시청(茶時廳)에 앉았으며, 재좌하는 날에는 재좌청(齋坐廳)에 모여 앉는데, 이른 아침에 사대장(四臺長)이 먼저 재좌청에 들어가면 집의는 따로 그 청(廳)에 들어가는데, 만일 하관(下官)들이 오지 않았으면 먼저 온 상관(上官)이 막(幕)에 의지해 있다가 하관이 온 뒤에야 비로소 들어가야 한다. 대사헌이 문에 들어오면 사대장은 중문 밖에서 공손히 맞고, 집의는 중문 안에서 공손히 맞아서 도로 재좌청으로 나가면 대사헌은 대청(大廳)에 앉고 도리(都吏)가 대장청(臺長廳)에 나가서 큰 소리로 "재좌(齋坐)" 하고 거듭 네 번 외치고는 집의청(執義廳)에 나가서

"재좌"하고 한 번 외치며, 또 대사헌 앞에 나가서 "재좌"하고 한 번 외치고 물러난다. 그런 뒤에 집의가 대청 북쪽 바라지문[牖]으로부터 휘장을 걷고 들어와서 재배(再拜)의 예를 행하고 나면 사대장은 뜰 밑에서 북쪽 문으로부터 들어와 뜰 위에 벌여 선 뒤에 청(廳)에 올라와서 재배의 예를 행한다. 그러고 나면 여러 감찰(監察)들이 뜰에 들어와서 뵙기를 청하는데, 분대(分臺)의 서리(書吏)들이 분주히 와서 고하면 감찰이 차례로 청에 올라와서 예를 행하고 물러난다. 서리와 나장(羅將)들도 각각 차례로 들어와서 재배한다. 그리고는 각각 제자리에 앉게 되는데, 대사헌도 교의에 앉고 그 나머지는 모두 승상(繩床)에 앉는다. 그런 뒤에 서리 6명이 각각 탕약(湯藥) 종지를 들고 나와서 여러 관원 앞에 꿇어앉은 뒤에 한 서리가 "봉약(奉藥)"하고 외치면 모두 종지를 잡고, 또 "정음(正飮)"하고 소리치면 마시고, "방약(放藥)"하고 외치면 약종지를 내려놓는다. 또 한 서리가 "정좌정공사(正坐正公事) 제위(諸位)·기(起)·읍(揖)·환(還)·좌(坐)"하고 드디어 당중(堂中)에 원의석(圓議席)을 펴고 모두 의자에서 내려앉는다. 벼슬에 임명된 사람이 있을 때는 서경(署經)하고 탄핵할 일이 있으면 논박(論駁)한다. 이날 재좌청의 일이 끝나면 집의 이하는 도로 자기의 청으로 갔다가 조예(皂隷)가 중문 안에서 "신시"하고 세 번 외친 다음에, 또 한 서리가 문안에서 "공청봉궤(公廳封櫃)·대장가출(臺長可出)"이라고 외치면 각각 차례로 공경해서 전송(祗送)하는데, 그들이 길을 갈 때에도 역시 차례대로 간다. 이것이 대관의 예다.

臺官諫官 雖云一體 其實不同 臺官糾察風敎 諫官正君過失 臺官一位嚴於一位 持平下階迎掌令 掌令迎執義 執義以下迎大憲例也 常時坐茶時廳 齊坐之日 坐齊坐廳 其日早晨 四臺長先入其廳 執義別入其廳 若下官未至 則雖上官先至 而寓諸依幕 待下官然後乃入 大憲入門 四臺長祗迎中門外 執義祗迎中門內 還就其廳 大憲坐大廳 都吏詣臺長廳 高唱齊坐四聲 詣執義廳 唱齊坐一聲 又詣

大憲前唱齊坐一聲而退 執義從大廳北牖 捲簾而入 行再拜禮訖 四臺長從庭下
北門而入 列立階上 然後升廳上 再拜禮訖 諸監察入庭請謁 分臺書吏 奔走來
告 監察以次升廳 行禮而退 書吏羅將 各以次入再拜 於是各就坐 大憲奇倚 其
餘皆繩床 有吏六人 各執湯藥鍾就跪諸位前 一吏唱曰奉藥執鍾 唱曰正飲則飲
之 唱曰放藥則去鍾 又一吏唱曰正坐正公事 諸位起揖還坐 遂鋪圓議席於堂上
皆下坐有拜職者 則署而經之 有彈劾之事 論駁之 是日廳事畢 執義以下還就其
廳 皂隷在中門內 唱申時者三 又有一吏在門內 唱曰公廳封匱 臺長可出 於是
各以次祗送 其行路時 亦以次各行 此其臺例也.

-『용재총화』

여기서 탕약이란 바로 다탕을 말하는데, 이 다탕을 마시면서 의논했기 때문에 '다시'라는 이름이 붙은 것이다.

사헌부는 백관을 규찰(糾察)하는 관계로 공무가 몹시 번거로우며, 모든 사무가 다 엄정하고 신숙(愼肅)하여 다시(茶時)라 하고, 재좌(齋坐)라 하는 것도 예절과 법도가 각각 달랐다. 집의(執義)가 출입할 때는 대리(臺吏)가 겨드랑을 부축하고 다녔으니, 이것은 고려 때에 늙은 집의에게 하던 고사(故事)를 답습한 것이었다. (중략) 만일 금주(禁酒)할 때를 당하면 대관(臺官)은 마시지 않아도 간관(諫官)은 태연히 술을 마신다. 간관은 붉은 옷을 입은 하인이 앞에서 인도하고 대관은 검정 옷을 입은 자가 앞에서 인도한다. 언젠가 금주할 때에 붉은 옷을 입은 자가 매우 취해서 검정 옷을 입은 자를 보고 조롱하기를, "나는 날마다 잔뜩 취해서 얼굴이 붉기 때문에 옷도 역시 붉지만, 너는 너의 대관(臺官)처럼 썰렁하니 술을 마시지 않아서 얼굴에 늘 검은 빛이 있기 때문에 옷도 역시 검은 것이다" 하여 듣는 자가 모두 웃었다.

憲府糾察百官公務繁劇 凡事務皆嚴正愼肅 然臺中禮度頗有殊異 與他司不同 曰茶時 曰齊坐 禮度各異 執義出入 臺吏挾腋而行 襲前朝老執義故事也. (중략) 然後臺長以次出 若値禁酒 臺官不飮 諫官歡飮自若 諫官以朱衣爲前驅 臺官以 烏衣爲前驅 嘗於禁酒時 朱衣大醉詆 烏衣曰 我則日月沈 醉面朱故衣亦朱 汝 則如汝臺官酸冷 不飮酒 面長有黑色故衣亦烏 聞者皆笑.

- 『필원잡기(筆苑雜記)』

태종 5년 7월 올린 사헌부의 상소에 "감찰의 인원수가 많은 것은 오직 각사(各司)의 분대(分臺) 때문입니다. 각사에서 청대(請臺)하는 것을 하루 전 다시(茶時)를 본부(本府)에 통보하고, 본부에서는 즉일로 직좌(直坐)할 사람은 나누어 정하고 그 나머지 사람은 본부에 사진(仕進)하게 하여 출입할 때는 동료와 함께 다니지 말고 일반 사람[常員]과 같이 다니지 말게 하여 첨시(瞻視)를 존엄하게 한다. 새 감찰은 신구 대장(臺長)의 예에 의하여 공경과 겸양으로 서로 접하고, 혹 동관이 될 수 없는 사람이 있거든 그 사실을 분명히 대장에게 고하고 난침(亂侵), 간방(看訪), 허참(許參), 복지(伏地) 등 제반 희학(戲謔)하는 일들은 일체 금단(禁斷)하여 묵은 폐단을 고치소서"하니 왕이 그대로 따랐다.

五年乙酉七月 司憲府上 監察員數多者 專以各司分臺 其各司請臺 令前一日茶時 報于本府 卽日分定 其日直坐 其餘監察 仕于本府 出入不得與同僚竝行 不得與常員偕行 以尊瞻視 新監察 依新舊臺長例 敬讓相接 或有不堪同官者 以其實明告臺長 其亂侵看訪許參伏地 諸般戲謔等事 一皆禁斷 以草舊弊 從之.

- 『태종실록』

그리고 이익(李瀷)은 『성호사설(星湖僿說)』에서 야다시(夜茶時)에 관해 기록해 놓았다.

그 당시에 '야다시'라는 말이 있었는데 이는 재상 이하 누구든지 간사하거나 범람하여 불법을 저지른 자가 있으면 여러 감찰들이 야다시를 틈타 그 근처에 가서 그의 죄악을 흰 판자에 써서 그 판자를 문 위에 걸고 가시나무로써 다시 그 문을 봉한 뒤에 서명하고 흩어진다. 그러면 그 사람은 출입을 못 하고 영원히 기물(棄物)이 되고 만다. 그런데 야다시라는 한 마디가 세속에서 잠깐 사이에 남을 때려잡는 말로 전해지니, 아! 이 나라의 아름다운 풍속을 어디서 다시 보겠는가.

當時有夜茶時之語 自宰相以下 或有奸濫不法者 諸監察乘夜茶時 于其近地書 其罪惡於白板 掛諸門上 以荊棘封其門 著署而散 其人遂禁錮 永爲棄物 夜茶時一句 俚俗猶傳爲造次搏擊之語 嗚呼國朝美風 何可復見.

-『성호사설』

이외에도 유희춘(柳希春)의 『미암일기초(眉巖日記草)』에는 혜민서(惠民署)에서도 다시를 행했다고 했다.

3. 유가의 차인들

원천석(元天錫 : 1330~?)

여말선초의 문인으로 자를 자정(子正), 호를 운곡(耘谷)이라 했다. 어려서부터 학문에 몰두하여 이름을 얻었으나 환로(宦路)의 어지러움을 개탄하고 평생 벼슬하지 않았다. 한때 이방원(태종)을 가르친 일이 있어 태종이 수차 벼슬을 내렸으나 출사하지 않았다. 그리고 사후에도 그의 묘비에는 '고려국자진사원천석지묘(高麗國子進士元天錫之墓)'라고 썼으니,

이는 바로 그의 개결한 차 정신 때문이었다.

이색 등과 교유하며 고향 치악산 속에서 평생 은거했다.『운곡시사(耘谷詩史)』에「회고가(懷古歌)」한 수가 유명하고 여타의 문집은 전하지 않는다. 뒷날 강원도 관찰사 박동량(朴東亮)에 의해 기록된『운곡행록(耘谷行錄)』5권이 있으며, 그는 차를 즐겨 다헌(茶軒)이라는 말을 자주 썼다.

굉(宏)이라는 스님이 상원사(上院寺) 근처에 무주암(無住菴)을 지었기에 쓴 시에는 "바람 잔 다헌엔 이내 절로 자욱하고, 깊은 밤 선탑에는 달이 바로 장명등이라네(風定茶軒烟自鎖 夜深禪榻月長明)"라 했고, 환희사(歡喜寺)에서 쓴 시에는 "새가 다헌 가까이 날아와 관관거리고 운다네(飛近茶軒款款鳴)"라고 했다.

그리고「우사심과(又謝沈瓜)」라는 시에서는 "마땅히 다헌을 쓸고 정결히 준비해야지(宜須淨備掃茶軒)"라 했으며,「선옹견화(禪翁見和)」라는 시에서도 "다헌엔 연기 가득하고, 약포에는 비가 솔솔 내리네(茶軒烟羃羃 藥圃雨絲絲)"하고 노래했다. 그는 차를 마시는 장소를 다헌이라 한 것이다.

한 바리의 밥과 납의(衲衣)로 세월 보내는데
사방의 중생들이 유독 어질다 칭송이라네
때때로 그대 문전에 가고 싶지만
지팡이에 미투리로 애쓰는 번잡함이 두려웠다네
구레나룻 드리운 선탑은 곧 시 쓰는 곳이고
매양 생각느니 소나무 아래 차 향기라네
벌써 봄기운 흥흥하게 피어나고
나물 잎 고사리 싹이 하루 다르게 자라네

이미 참다운 법으로 벼리를 정돈했으니
차 끓이며 부를 때가 가까웠구려

一盃一衲送流年	四方四衆稱獨賢
時時我欲踵門前	恐煩杖屨勞送延
鬢絲禪榻是詩場	每思松下茶甌香
邇來春氣已發陽	蔬葉蕨芽隨日長
旣於眞法整其綱	煮茗招呼時近當

　　　　　　　-「차도경소시시운 정만세당두좌하(次道境所視詩韻 呈萬歲堂頭座下)」

일어나 화로 옆에 차를 끓이니
서봉에 해 지는 것 등불 같구려

起來煎茶對爐火	西峰落日如懸燈

　　　　　　　-「고한시운(苦寒詩韻)」

선 하는 늙은이는 보기 드문 선비이고
시 짓는 나그네는 간혹 보는 영웅일세
서로 만나 품은 마음 얘기할 때면
차 연기 대 바람에 나부낀다네

禪翁稀世彦	詩客間時雄
相對論懷處	茶煙颺竹風

　　　-「차송헌납우 상흥법장실시운(次宋獻納愚 上興法丈室詩韻)」

　　운곡이 차를 마시는 모양은 자연스런 멋을 지녔다. 어느 새해 아침에 쓴 시에는 "벼룻물 얼어서 붓 놀리기 힘들어 화로에 차 달인다네. 누워서

운곡의 「회고가」가 새겨져 있는 시비 치악산 아래 석경사에 세워졌다.

수수 끓는 소리 들으니 누가 나의 즐거움 알기나 할까(硯氷難援筆 爐火可煎茶 臥聽蕭蕭響 誰知自意嘉)"라고 했다.

　그의 많은 시가 선가(禪家)와 연관되어 있는 것은 그의 마음이 고려왕조 쪽에 더 가 있음을 나타내는 것이다. 새 왕조의 사람들은 사원 출입을 삼간 것이 사실인데, 그는 그럴 이유가 없었다. 원래 그는 유불선(儒佛仙)을 따로 떼어서 생각지 않았고, 특히 불교 쪽에 많이 기울어져 있었다. 은거하면서 사는 것은 벼슬에 뜻이 없기 때문이고(一生終不羨三公), 상산(商山)의 사호(四皓) 같은 초연함이었다(且學商山四老翁).

그 같은 삶을 선택한 자신의 처지를 잘 표현한 다시가 있다.

자고나니 시상이 한없이 일어나고
찻사발의 깊은 향기 더욱 좋구나
내 생애 단오가 몇 번인지 손꼽으니
관복 하나 없이 늙은 몸 고향에 살고 있네

睡餘詩思轉悠長　　　且喜茶甌深更香
屈指吾生幾端午　　　身無綵縷老於鄕

－「단오(端午)」

정해진 일이나 만나야 할 사람이 없으니 시간에 쫓길 것도 없고 한잠 자고 일어나서 찻사발 대하니 시상이 한없이 떠오른다. 그러면서 자신이 살아온 길을 반추하며 앞날을 생각해 본다. 평생 외로 걸어온 삶이나 아닌지, 이것이 최선이었는지, 그것은 누구도 알 수 없는 일이지만 그래도 후회는 않고 있다.

끝으로 운곡의 차에 관한 전반적인 것을 보여주는 시가 있다.

그리운 서울 소식 시골집에 이르니
가는 풀로 새로이 봉한 작설이라네
식후의 차 한 사발 그 맛 뛰어나고
취한 뒤의 세 잔은 제일 좋다네
마른 창자 씻기니 심누(心累)도 없어
병든 눈 맑아지니 사물도 바로 뵈네
이 차 신령스런 공덕 헤아리기 어렵고

시상이 다가오니 수마가 물러나네

惠然京信到林家	細草新封雀舌茶
食罷一甌偏有味	醉餘三椀最堪誇
枯腸潤處無查滯	病眼開時絶眩花
此物神功試莫測	詩魔近至睡魔賒

– 「사제이선차사백혜다(謝弟李宣差師伯惠茶)」

세상과 인연은 끊어도 가까운 사람들과는 언제나 그리워하며 지낸다. 새봄에 햇차를 보내며 소식이 온 것이다. 무릇 차를 마시는 이라면 누구나 식후의 한 잔과 취후의 차 맛을 별다르게 치니, 운곡도 그 맛을 음미한다. 차를 마시니 온갖 물루(物累)가 사라지고, 사물에 대한 기준이 바르게 서고, 시의(詩意)가 도도하여 잠이 달아난다.

여기 소개한 것 외에도 그의 다시는 많고, 다풍은 한가로움과 여유 그 자체라 할 만하다. 그리고 선기(禪氣)를 멀리하지 않았다.

권근(權近 : 1352~1409)

고려와 조선의 문신으로 자를 가원(可遠), 호를 양촌(陽村)이라 했고, 검교정승(檢校政丞) 희(僖)의 아들이다. 공민왕 때 문과급제하고, 성균관 대사성을 거쳐 좌대언을 지냈다. 명에 두 차례나 다녀왔고, 그로 인해 귀양살이도 했다. 귀양에서 풀려 나와서 조선이 개국되자 태조 때에 입사하여 중추원사(中樞院使)를 역임하고 정도전이 죽자 정당문학, 의정부찬

권근이 편찬한 『동국사략』

성사, 좌명공신(佐命功臣)에 올랐고, 『동국사략(東國史略)』을 찬하고 시호를 문충(文忠)이라 했다.

　양촌은 차를 많이 마셨는데 그 원인 중의 하나가 일종의 소갈병을 가졌던 것으로 보인다. 양홍달의 집에서 걸어와 볏짚을 태워서 마시고 지은 시를 보자.

폐와 목마르는 병이 낫지 않아서
밤만 되면 차솥에 샘물 길어 붓는다
목마름이 단 솥에 물 붓는 듯하여
큰 냇물 들이키는 고래 같이 마신다네

肺渴喉乾苦未瘥　　夜來茶鼎繼山泉
急如漏甕沃焦釜　　飮似長鯨吸百川

－「회탕지갈(灰湯止渴)」

밤이 고요하니 병풍에 기대서 잠드는 것은
아픈 다음이라 근력이 피로해서라네
차 가져오라 해서 갈증 나는 속에 물 대고
시구(詩句)를 찾느라 흰 수염 매만지네

夜靜倚屛睡　　病餘筋力疲
呼茶澆渴肺　　覓句撚霜髭

－「야좌(夜坐)」

　이럴 때는 차가 약으로서의 의미가 강하지만 그래도 마신 다음에 좋은 시구를 얻으려고 손끝으로 수염을 매만지는 모습을 눈에 보이듯이 그렸다.

새 도읍지엔 집이 없어 셋집에 살면서
눈을 보고 시 읊으며 차를 마시네
병중에 한가롭게 베개 베고 누웠으니
고요한 문 앞 골목 아침 햇살 비친다네
흰 눈은 집집마다 새하얗게 내렸는데
새벽에 아이 불러 차 끓여 오라 하네
요컨대 시상에 맑은 기운 들게 하여
종이 가득 붓을 놀리니 고운 석양 이르렀네

新都僦屋任無家	對雪哦詩只啜茶
病裡得閑高枕臥	寂寥門巷日初斜
皚皚白雪遍人家	晨起呼童便煮茶
要使詩脾淸氣入	滿牋揮筆任欹斜

- 「설중음성(雪中吟成)」

시냇머리에 집을 지으니 땅이 절로 외지고
대울타리 사립문이 추운 하늘을 가렸네
선옹을 우연히 만나 얼굴 펴고 웃으니
사람과 매화가 함께 환히 빛나네
섣달이 다 간 계곡에 눈이 개고
찬 매화가 처음 피매 그윽한 향기가 풍기네
우연히 선옹을 만나 차 달이는 곳에
성긴 그림자 가로 비꼈는데 물은 절로 맑네

卜築溪頭地自偏　　竹籬柴戶掩寒天
仙翁邂逅開顏笑　　人與梅花共粲然
臘盡溪山雪向晴　　寒梅初綻暗香生
仙翁邂逅煎茶處　　疏影橫斜水自清

-「매계상인송평전(梅溪上人送平田)」

　온 천지가 눈으로 뒤덮였는데 이른 새벽에 시동더러 차 끓여 오라는 구절은 좋은 대(對)를 이룬다. 시각과 청각이 마주하고, 시흥이 도도하여 가만있지 못하는 주인공의 심정을 이해할 만하다. 그리고 한적한 곳에 거처를 마련하고 뜻 높은 사람들과 만나서 매화를 완상하며 차를 마시는 모습은 임포(林逋)를 닮았다. 그래서 그의 시구를 빌려온 모양이다.

　양촌도 역시 다객이라 번잡한 것은 싫어했다. 지관사(止觀寺)의 서봉(西峰)에 올라 쓴 시에 "차 달이며 자연의 고운 소리 듣고, 지팡이 짚고 높은 언덕 향해 오른다네(煮茶聞軟語 策杖上高丘)"라 하여 정신적 혹은 학문의 세계에 끝없이 도전하려는 학구적인 각오가 역력하다.

　이행(李行 : 1352~1432)
　고려와 조선의 문신으로 자는 주도(周道), 호를 기우자(騎牛子)·일가도인(一可道人)이라 했으며, 공민왕 때 문과에 급제했다. 좌사의대부와 대제학을 역임하고 조선이 건국하자 예천동에 은거했다. 수차 벼슬을 내려도 사양하다가 태종 때 대제학, 판돈녕부사, 형조판서를 지냈다. 시호는 문절(文節)이라 했다.

　그는 차를 좋아해서 수품(水品)에 조예가 깊었다는 일화가 전한다.

상곡(桑谷, 成石珚)은 기우(騎牛) 이공(李公)과 서로 좋아했는데, 이공은 성 남쪽에 살고 상곡은 서산에 살았다. 서로 5리쯤 떨어져 있어서 혹 지팡이 짚고 서로 만나기도 하고 혹 시를 수창(酬唱)하기도 했다. 상곡은 정원에 작은 집을 지어 위생당이라 하고, 매양 집안의 아이 종들을 시켜 약을 조제하였다.

이공이 시 짓기를 "새집의 흰 판자문이 깨끗하고 도서와 화죽은 깊은 뜻 있네. 담 머리 세 그루 느티나무는 옅은 녹색인데 한두 마디 꾀꼬리소리는 좋기도 하여라" 하였다. 한번은 이공이 오니, 상곡이 공도공을 시켜 창밖에서 차를 달이게 했다. 마침 찻물이 새어서 다른 물을 더 부었더니, 이공이 맛을 보고 "이 차에 네가 두 가지 생수를 부었구나" 하였다.

공은 물맛을 분간할 수 있었는데, 충주 달천 물을 제1로 삼고, 금강산에서 한강 가운데로 흐르는 우중수(牛重水)를 제2로 삼고, 속리산 삼타수(三陀水)를 제3으로 삼았다.

桑谷與騎牛李公相善 李公居城南 桑谷居西山 相距纔五里許 或杖屨相從 或以詩相酬唱 桑谷於園裡搆小齋 名曰衛生堂 每聚家僮 日以劑藥爲事 李公作詩曰 蕭洒新堂白板平 圖書花竹有深情 墻頭嫩綠三槐樹 好箇黃鸝一兩聲 李公嘗到堂桑谷令恭度公烹茶於窓外 茶水漏 更添他水 李公嘗之曰 此茶女添二生水 公能辨水味 以忠州達川水爲第一 自金剛山出來 漢江中之牛重水爲第二 俗離山之三陀水爲第三.

— 『용재총화』

상곡의 집안이 원래 유명한 차인이 많고, 기우자 또한 품수(品水)의 솜씨로 보아 예사 차인이 아니었을 텐데, 『기우집(騎牛集)』에 남은 몇 안 되는 시 안에 다시는 전하지 않는다. 기록에 의하면 그는 시재가 유별했다는데 문집의 작품 수가 적어서 이상하다.

참고로 독곡(獨谷)이 지방의 감사(監司)로 있을 때 기우가 가서 쓴 시가 전한다.

나무 숲 우거져 성을 막아 둘러 있고
돌아보니 한낮에 도깨비 보일 듯하구나
사람들아 감사님 게으르다 말게나
여덟 군과 세 주를 벌써 두루 돌고 왔다네

樹木深嚴擁廢城　　還疑白日見妖情
傍人莫道監司懶　　八郡三州已扁行

-「차성독곡운(次成獨谷韻)」

어떻든 두 사람 사이의 이야기는 우리 차 문화 역사상 눈여겨볼 일화다.

변계량(卞季良 : 1369~1430)

고려와 조선의 문신으로 자는 거경(巨卿), 호는 춘정(春亭)이며, 검교판중추원사(檢校判中樞院事) 옥란(玉蘭)의 아들이다. 이색과 정몽주의 문인으로 14세에 진사가 되고 3년 뒤에 문과에 급제하여 진덕박사(進德博士)로 있었다. 조선에서 여러 관직을 거치고 태종 때 문과 중시에 급제하여 관직이 점점 올라 대제학을 20여 년이나 지냈다. 특히 시문에 출중하여 실록의 편찬과 비문 등이 많이 남아 있다. 차를 좋아해서 다시 10여 수를 남겼다.

깨끗하고 조용하니 이 바로 선가라네
언제나 스님 만나면 합장하곤 한다네

산속이 추워지면 사슴 가끔 찾아들고
낮 시간 길어지니 사미는 차 끓이네
소나무 위 눈덩이는 때때로 떨어지고
돌 사이 맑은 물은 비스듬히 흐른다네
북당의 어머님 편안한지 궁금해서
날마다 머리 들어 경도를 바라보네

淸虛寂寞是禪家	每引胡僧手共義
晝鹿山寒時入院	沙彌晝永解煎茶
松頭晴雪時時落	石底澄流脈脈斜
想得北堂安穩未	日興翹首望京華

- 「재백화사망경도(在百華寺望京都)」

깊은 계곡에 스님네 밤 물 긷고
절이 조용하니 새벽 사슴 지나가네
이곳에 다다르면 마음이 푸근해져
소리 높여 읊다가 차 달이곤 한다네

澗深僧夜汲	院靜鹿晨過
到此心偏穩	高吟更煮茶

- 「유성지사(遊聖知寺)」

비 내리니 냇물소리 급해지고
소나무 그림자는 구름 속에 비껴 있네
하루가 다 가도 할 일이 없는데
사미는 차 끓이며 무료함을 푼다네

경남 밀양에 있는 변계량비각 이 비각은 1946년에 후손들이 세웠다.

泉聲和雨急　　松影拂雲斜
竟日無餘事　　沙彌解煮茶

- 「제오원용봉사(題五原龍鳳寺)」

　선가는 그때에도 찾는 이 없이 조용하여 심신을 쉬고 독서하기 위해 많은 문인들이 찾던 곳이다. 그래서 앞의 시는 모두 절에서 쓴 것이니, 당시 사찰의 다습(茶習)을 잘 알 수 있다. 거의 모든 절에서는 매일같이 차를 달였고, 그 대부분은 사미승들이 맡아했다.
　집 떠나 있으니 자연 늙으신 어머니가 염려되고 조석으로 모시지 못하는 것이 죄송하다. 그러나 춘정은 차를 마시면 어떻게 된다는 말은 하지 않았으니, 모두가 알고 있는 차의 보편성 때문이리라.

처마 끝에 해 비치자 봉창이 밝아지고
창밖에 푸른 산은 그림 그린 병풍이네
한낮이 되어서야 숙취가 가시기에
화롯불 피워 놓고 찻물을 끓이었지

茆簷日靜小窓明　　窓外靑山作畫屛
宿醉醒來時政午　　手開爐火煖茶甁

- 「오수(午睡)」

화로에 숯불 피고 등불 다시 켜놓고서
밤 깊도록 앉아 있자 물 열려고 하는구나
차 달이는 일 말고는 할 일이 전혀 없어
이 근래 내 마음이 중보다 담담하네

小爐熾炭復張燈　　坐盡深更水欲氷
除却煎茶更無事　　向來情思淡於僧

- 「야좌(夜坐)」

이 두 작품은 낮과 밤이라는 대칭적인 시간을 배경으로 한다. 낮에는 숙취가 깨지 않아 차를 달이고, 밤에는 이 생각 저 생각에 무료해서 차를 마셨더니 마음이 맑아졌다. 밤에 혼자서 숯불 피우고 앉아서 차를 우리는 모습이 구체적으로 표현된 수작(秀作)이다.

돼지 가슴 용 머리를 쪼아내고 다듬으니
무엇보다 차 달일 때 가장 좋구나
용헌께서 정중히 역참 관리 시키어서
멀리서 병든 내게 은혜 베푸셨다네

豕腹龍頭切琢磨　　　□□最宜□煎茶
容軒鄭重煩郵吏　　　遙惠春亭病者家

언제나 그대 생각하고 있지만
돌냄비 보고 나니 또다시 한스럽네
어느 때나 등불 밑에 무릎 서로 대고서
화로 끼고 삼경까지 시구를 엮어볼지

區區常抱憶君情　　　石銚看來恨又生
何夕一燈相促膝　　　擁爐聯句盡三更

부녀자들 이 솥 모양 웃을는지 모르지만
밥솥이나 국솥이나 두루 쓸 수 있지
서재에서 차 달일 때만 쓴다 하지 말게나
국을 끓여 임금님께 드리고 싶었다네

縱然婦女笑形模　　　見用還將鼎鼐俱
莫謂小齋徒煮茗　　　調羹直欲獻天廚

산 샘물에 차를 넣고 활화에 달여 내어
한 잔을 마시자 선골이 되려 하네
어쩌하면 집집마다 이 맛 나누어서
천하의 비린내를 앉아서 씻어낼까

香茶活火煮山泉　一椀才傾骨欲仙

安得家家分此味 坐令天下洗羶羶

- 「서경사상용헌이공혜석요 이시답지(西京使相容軒李公惠石銚 以詩答之)」

예로부터 선물이란 마음의 정표였으니, 더구나 그것이 자기가 항상 그리워하는 사람에게서 받는 것이라면 더욱 반가울 것이다. 요새처럼 앉아서 택배로 보내는 것과는 달리 직접 물건을 구해서 사람을 시켜 인편으로 보내는 그 정성이 오죽하겠는가?

선물을 받고 나니 그가 더욱 그리워진다. 이렇게 솜씨 좋게 만든 돌솥을 보니 당연히 임금님 생각나고, 그래서 이공갱(伊公羹)의 고사가 떠오른 것이다. 차솥에 다른 누린내 나는 음식을 요리하면 안 되는 것을 몰라서 한 말이 아니다. 역시 임금의 선정을 보좌하는 신하로서 세태의 혼탁함을 모르지 않으니, 이 같이 좋은 '차 정신'을 널리 보급하여 천하가 깨끗해지길 바란다.

끝으로 그의 글 「제망우오씨문(祭亡耦吳氏文)」에서 "차떡을 올린다(奠以茶餠)"는 말이 나오는 것으로 이때까지는 고려의 다습대로 병차를 많이 사용했음을 알 수 있다.

하연(河演 : 1376~1453)

고려 우왕 때 진주의 명문에서 태어났으며, 자는 연량(淵亮), 호는 경재(敬齋)였다. 정몽주의 문인으로 조선 건국 후에 문과에 급제하여 여러 관직을 두루 거쳐 영의정을 역임했다. 『경상도지리지(慶尙道地理志)』, 『성리대전(性理大全)』 등의 책을 편찬했으며, 신언서판(身言書判)이 다 좋고 문장이 전아(典雅)하여 이름을 얻었다.

그는 차인으로 43세에 지이조내시다방사(知吏曹內侍茶房事)를 역임했고, 태어난 곳이 차의 고장이었기에 차를 즐겨 마셨다. 그리고 『경재집(敬齋集)』에 다시 7편이 전해진다.

화개골의 차 좋단 소문 익히 들었는데
맑기가 양선차 같다네
차 향기 중하기는 금옥 같기에
이 차에 마음 담아 노자로 보낸다오

聞道花開谷　　　清如陽羨山
香茶金玉重　　　贐此謝心肝

－「민판서의생조천 이화개다봉신(閔判書義生朝天 以花開茶奉贐)」

차를 달이니 향기 한층 경이롭고
다죽 끓이니 그 맛 더욱 좋구나
가난한 사람 이 좋은 것 얻었으니
호련이 아니어도 만족한다네

煎茶香更異　　　烹粥味尤嘉
家貧聯得此　　　瑚璉未爲加

－「사우인송수철탕관(謝友人送水鐵湯罐)」

양주 정원의 잣을
올해 또 나누어 보냈구려
차 끓여 함께 먹으면
속이 확 트이지

楊州園裏栢　　　今歲又分來

茶茗兼調嚼　　　　　　胸腸一豁開

　　　　　　　　　　　　　　　－「사산옹송해송자(謝山翁送海松子)」

진주 연못가의 풍미를 봄 전 섣달에 맛보니
지리산 자락 초목들이 새롭게 느껴지네
금옥 같은 가루를 달이니 더욱 좋고
색 맑고 향기 좋고 맛은 더욱 좋다네
晉池風味臘前春　　　智異山邊草樹新
金屑玉屑煎更好　　　色淸香絶味尤珍

　　　　　　　　　　　　　　　－「지리산승송신다(智異山僧送新茶)」

지난 날 입신 위해 붕새 되길 바랄 때
함께 나는 동료들보다 높이 날기 좋아했지
아련한 30년 전의 옛일
등불 아래 얘기하며 차 한 잔을 함께 못한다네
昔意靑雲萬里鵬　　　却隨群翼惜飛騰
可憐三十年前事　　　未共茶談一夜燈

　　　　　　　　　　　　　　　－「기금부사 안경(寄金府使 安卿)」

삼월에 온양으로 어가를 호종할 때
날마다 다담상을 법도대로 올렸다네
이로 인해 그대 믿음 크게 되었고
행궁의 만복 누림 모두 알고 있다네
三月溫陽扈駕時　　　茶談日日奉淸儀

賴有大興傳信字　　　行宮萬福已詳知

－「기충청감사(寄忠淸監司)」

사랑으로 백성 돌보는 마음 원래 깊었고
불리는 구절마다 아름답구려
향차와 좋은 술 잔칫상에 있으니
두보의 벌목시가 저절로 읊어지네

愛育情懷素已深　　　招邀絶句更芳音
香茶美酒瓊筵上　　　伐木詩篇得見吟

－「차령의정증시청연운(次領議政贈詩請宴韻)」

　길 떠나는 이에게 자신의 마음을 담은 차를 보내는 것이 차인의 정성이다. 그것도 마셔본 중에서 제일 좋다는 화개차다. 그는 이미 송대 중국의 양선산에서 나는 나개차를 알 정도로 차에 해박한 지식을 가졌다.
　차를 즐기는 사람이니 다구를 선물로 받고 무척 감사하게 생각했다. 더구나 구하기 어려운 철관이니 자기의 분수에 지나치다고 겸손해한다. 이것이 차인의 마음이다. 보내온 잣을 다식으로 먹는 즐거움이나, 지리산에서 보내 온 햇차 맛을 옆에서 보는 듯이 그렸다.
　무엇보다 젊었던 시절 공정고(供正庫)에서 청운의 뜻을 품고 함께 일하던 안경에게 보낸 시는 나이 든 사람들에겐 공감이 가는 부분이다.
　그가 68세의 노령으로 세종이 온양으로 행행할 때 호종했는데, 그때 충청감사가 애를 많이 써서 칭찬하는 시를 썼다. 이들 작품에서 보듯이 당시에는 거의 모든 자리에 차가 함께했음을 알 수 있다.

유방선(柳方善 : 1388~1443)

서령군(瑞寧君) 유숙(柳淑)의 증손이고 서흥부원군(瑞興府院君) 기(沂)의 아들로 자는 자계(子繼), 호는 태재(泰齋)이며 권근, 변계량에게 배웠다. 사마시에 합격하여 성균관에서 공부했다. 처음엔 법을 어겨 귀양 갔다가 모함으로 긴 세월 유배생활을 했다. 후에 벼슬을 내렸으나 출사치 않았다. 그는 시문, 역학, 산수화에 능했고, 문하에 서거정(徐居正), 이보흠(李甫欽) 등의 학자가 나왔다. 그의 집안은 대대로 차를 좋아해서 많은 다시를 남겼고, 그 경지가 깊었다.

태재는 벼슬길에 나아간 일이 적고 유배나 전원생활을 많이 했기 때문에 산승(山僧)들과 차를 마시거나 승사(僧舍)에서 기거하기를 즐겼다. 때로는 직접 차를 심기도 하고, 식후나 술을 마신 다음에 차를 마시고 난 후 시심(詩心)이 일거나 정신이 맑아져서 붓을 들기도 했다. 그것은 모두 한 유한 속에서 찾는 고매한 차 정신이었다.

나이 들어 혼자서 그윽한 것이 좋아
먼 산에 거처를 마련했다네
약포를 마련하여 차 심고
대나무 깎아 낚싯대를 만드네
봄 경치에 취해 낮잠 안 자고
새소리에 지루하지 않다네
이 띳집에서 누워 한없는 즐거움을
누린다는 것을 그 누가 알까

晩歲愛幽獨　　　卜居投遠山
種茶開藥圃　　　栽竹製漁竿

春色惱無睡　　　鳥聲啼破閒
誰知茅屋下　　　自有臥遊寬

　　　　　　　　　　　　　　　－「즉사(卽事)」

마른 풀에는 새싹 돋고
추위에도 묵은 가지엔 꽃봉오리 맺네
이웃 절 스님 왔기에
웃으며 차 달일 준비하네

宿草生新葉　　　寒葩發舊柯
隣僧時見訪　　　微笑索煎茶

　　　　　　　　　　　　　　　－「우작(偶作)」

개울물 성긴 대밭으로 흘러 잘 보이지 않고
아지랑이 기둥 쪽으로 끼이네
긴 낮에 솔밭은 고요하고
가랑비 내릴 땐 찻병을 꺼내네

暗水通疏竹　　　晴嵐入小楹
日長松院靜　　　細雨出茶缾

　　　　　　　　　　　　　　　－「효과승사(曉過僧舍)」

한가한 가운데 느티나무 아래 꿈꾸고
밥 먹은 다음에 옥천차 마신다네
모든 일이 성글고 게을러서
사람들이 은자의 집이라 이른다네

閒中槐國夢　　　飯後玉川茶
萬事從疏懶　　　人稱隱者家

- 「산거(山居)」

예부터 은자는 자신의 거처가 공개되는 것을 꺼렸다. 그리고 나이 들면 번잡한 것을 싫어하게 마련이다. 왕유(王維)가 말한 "나이 들어 도(道)를 좋아해서(中歲頗好道) 늦게 남산 기슭에 산다네(晚家南山陲)"와 같은 심정이다. 그리고 그곳에서 차 마시면서 한가로움을 만끽한다. 그래도 가장 자주 만나는 사람이 승도들이다. 동병상련인지는 모르나 공통적인 감정이 있으리라 생각된다.

여름날 새벽에 절 옆을 지나는데 부슬비가 내리니 절에 들어가 비도 피하고 차도 마신다. 산에서 사니 시간에 맞추어 해야 할 일도 없고, 잠자다가 남가일몽(南柯一夢)에서 깨면 밥 먹고 차 마시니 남이 나를 은자(隱者)라 하더라.

몸이 아프니 때가 와도 움직일 생각 없고
한가한 가운데 도를 향해 오른다네
차를 달이니 지나는 스님 머물고
술을 사 오면 시우(詩友)가 온다네
새가 날면 숲속의 꽃 지고
고기가 잠긴 돌 위의 물은 맑기도 해라
애초에 영화와 욕된 일 없거늘
두려워 마음 쓸 일 무엇인가

病裏機心息　　　閒中道氣增

煮茶留野衲　　　　　賣酒引詩朋
鳥踏林花落　　　　　魚潛石澗澄
自無榮辱事　　　　　何必戒兢兢

-「병중(病中)」

　세속을 떠났으니 속박되는 일이 없고 오로지 도를 향해 자기 수련에 힘쓸 뿐이다. 그래도 차와 술이 있어 외롭지 않고, 주변의 자연은 티 하나 없구나. 지금 내가 바라는 바가 없거늘 어찌 신경 쓸 일이 있겠는가. "본래 내가 가진 바 하나 없거늘 어느 곳에서 먼지 일어날 수 있으리(本來無一物 何處惹塵埃)"라는 혜능(慧能)의 심경이다. 이것이 바로 선(禪)의 경지요, 오도(悟道)의 세계다. 이 같은 시로는 다음의 「영회(詠懷)」가 또 있다.

순수 차 달이니 맑은 향기 잔에 가득하고
밝은 창 앞에서 한 모금 마시니 속이 시원하네
이미 속된 생각 일어날 데가 없으니
다시 무슨 마음을 잡고 좌망을 배우리

手煮清茶滿椀香　　　　晴窓一啜淨肝腸
已敎塵念無從起　　　　更把何心學坐忘

　완전한 다선일여(茶禪一如)의 경지다. 진리에의 도달은 누가 대신할 수 없는 것이니, 오로지 자신이 노력해서 얻지 못하면 이를 수 없다. 원인이 없으면 결과도 없는 법이니, 이제 굳이 심재(心齋)나 좌망(坐忘)을 위해 애쓸 일이 무엇인가. 차에 관한 이런 깊은 세계는 그의 「백연암기(白

蓮菴記)」에서도 읽을 수 있다.

눈이 가득 내린 그 뜰을 생각한다. 납의를 걸치고 눈을 감고서 벽을 향해 선정에 들면 추위와 더위가 살갗에 닿는 것도 느끼지 못하고, 달빛은 탑상에 비추고 옷깃은 헐어져 뼈가 앙상히 드러났다. 차 달여 한 모금 마시고 마음이 맑아지면 이미 좋아서 하고 싶은 감정도 사라져 가히 명예나 이익을 초탈한 현허(玄虛)한 세계를 즐기는 것이다.
想夫積雪盈其庭 擁衲瞑目 入定面壁 不覺寒暑之切肌 明月滿其榻 披襟露骨 煎茶一啜淡然方寸 已無嗜欲之感情 可謂遺外聲利而樂空虛者也.

이런 깊은 차의 경지는 선정과 다름이 없는 것이니 태재야말로 드물게 만나는 차인이다. 그러니 그의 다시 대부분은 이런 초연한 세계를 노래했다. 그가 이수재(李秀才)에게 준 시에는 "친구는 모두 청빈한 사람이었고, 서로 오감에 속되지 않네. 문밖엔 오직 푸른 소나무가 있을 뿐이고, 몇 년이나 차에 빠져 있으면서 이름은 알려지지 않았다네(結交盡淸寒 往來無塵俗 門外且何有 靑靑但松竹 聞名未曾見 幾歲抱茶毒)"라고 칭찬한 것을 보면 태재의 사상이 확연하게 보인다.

또 여가에 차도 심고(蒔茶分色味) 소나무, 대나무도 가꾸며〔栽松多作樹 種竹已成竿,「기호

원주 법천사지
유방선은 이 절에 머물며 권람, 한명회, 강효문, 서거정 등을 가르쳤다고 한다.

제6부 · 조선 전기의 차 문화 365

상인(寄浩上人)」, 뜨락에 차를 반 심고 꽃을 반 심었다〔稚松疏竹屬山家 有園不是謀生計 半種仙茶半種花,「희제옥벽(戲題屋壁)」〕. 그러다가 술에 취하면 차를 마시고, 술이 깨면 시를 썼다〔晚來獨酌成微醉 童子煎茶報 解醒,「독작(獨酌)」〕.

태재는 여기서 말한 작품 말고도 「우거승사(寓居僧舍)」, 「답조중경시 재송도독서(答趙仲敬時在松都讀書)」, 「정각호상인(定覺浩上人)」, 「명곡상 인재공덕사(明谷上人在功德寺)」, 「설후즉사(雪後卽事)」, 「송성철상인(送 性哲上人)」 등 승도들과의 교류를 노래한 것이 많다.

정극인(丁克仁 : 1401~1481)

문신으로 자를 가택(可宅), 호를 불우헌(不憂軒)·다각(茶角)·다헌(茶 軒)이라 했으며 태인 사람이다. 문과에 급제하여 정언을 지냈으나 세조 의 등극 때 사직하고 고향에서 후진을 양성했다. 성종 때 삼품산관(三品 散官)의 가자(加資)를 받았고, 최초로 완성된 형태의 가사 「상춘곡(賞春 曲)」을 지었다. 그는 차를 아주 즐겨 호를 '茶'자가 들어간 것으로 했다. 문집인 『불우헌집(不憂軒集)』이 전한다.

눈 녹인 물 차 달이니 녹유(綠乳)가 넘쳐나고
창에 비친 매화는 거문고와 어울리네
새하얀 눈바다 보면 시 절로 읊어지니
흥겨운데 어디 가서 더 좋은 것 말하리

雪水烹茶漲綠雲　　　梅䯻日映對桐君
光搖銀海堪吟賞　　　乘興何須訪戴云

— 「부우헌음(不憂軒吟)」

전북 정읍시 칠보면에 있는 정극인의 묘소

눈을 녹여서 달인 차는 멋스럽기도 하려니와 별다른 운치가 있다. 다탕이 푸른색인 것으로 보아 녹차(綠茶)일 것이다. 불우헌은 선비의 집이니 거기에 매화와 거문고가 마주했다. 하나는 고고한 절의(節義)와 암향(暗香)을 가졌고, 하나는 유장(悠長)한 음률로 정감을 표현하니 감각의 대비가 좋다. 더구나 눈 덮인 넓은 들판이 앞에 있으니 그 경관을 보면 저절로 시가 나오지 않을 수 없을 것이니 이보다 더 좋은 경치가 어디 있겠는가.

한 생애 살아가며 고통스런 고비
온갖 근심 안고서 견디기 어려워라
병에 차 달이는 연기마저 꺼져가는데

초막에선 땀이 비오는 듯하네

세 가지 업보 벗어나지 못하니

여섯 가지 신통력 어디서 닦을고

원하여 아뢰노니 큰 은혜 베푸시어

소를 타고 지나며 널리 구하소서

苦節一生內　　難堪抱百憂
茶瓶煙欲絶　　草幕汗如流
三業未能脫　　六通何處修
願言施大惠　　普濟馱經牛

　　　　　　　　－「이고음기고부군백(尼姑吟寄古阜郡伯)」

　　승니(僧尼)들이 어렵게 초막에서 수도하고 있는 것이 딱해서 고부 군수에게 도움을 청한 것이다. 무엇보다 그런 어려운 상황에서도 차를 마신 것은 차가 불가에서 어떤 위치인가를 보여준다.

　　그리고 『불우헌집』에는 그가 사헌부의 감찰(監察)로 있었던 얘기를 쓴 글이 있는데, 거기에 다시(茶時)에 관한 기록이 있어 흥미롭다. 감찰의 수가 25명이고, 지평, 대사헌이 있었으며, 오래된 사람이 방주가 되었다(公時爲司憲府監察　監察同僚共二十五員　凡持平以上大司憲以下　員有未備或未及入侍　則托以暫退　點茶以療飢　故監察以茶時二字入啓　其僚員之位高仕久者　稱曰房主　幷以先至者爲先生　分管八道利害勤慢　以資持平以上論啓).

　　그는 꾸준히 사헌부 출신들의 끈끈한 의리와 동료애를 시로 읊었다. 그중에도 "지란과 같은 우정 그 누가 알며, 금석의 맹약을 누가 전하리(芝蘭之臭有誰知　金石之通有誰傳)"라고 하여 자손대대로 물려가며 잊지 말아야 한다고 했다.

김수온(金守溫 : 1409~1481)

문인으로 자는 문량(文良), 호는 괴애(乖崖)로 문과에 급제하여 집현전을 거쳐서 문과중시에 급제했다. 중추원부사(中樞院副使)로 중국에 다녀오고, 발영시(拔英試)와 등준시(登俊試)에 급제하여 영중추부사(領中樞府事) 영산부원군(永山府院君)에 봉해졌다. 많은 서적 출판에 힘썼고, 국어 발전에도 공을 세웠다.

종일토록 제호조가
처마를 돌며 가까이서 울지만
주인은 이미 술을 끊었으니
목마르면 맑은 차를 마신다네

終日提壺鳥　　　巡簷傍我鳴
主人曾斷酒　　　渴則飮茶淸

— 「제호조(提壺鳥)」

일흔이 다된 관원 폐가에 편히 누워
찻사발에 술병까지 있구려
허슬한 대문은 세상과 등져 있고
높은 걸상은 다만 좋은 손을 위해 있다네

垂老官閑臥弊廬　　　茶甌兼復酒樽餘
衡門不向世人設　　　高榻只爲佳客除

— 「사풍기금공견방 유화악상인년팔십삼(謝豐基金公見訪 有華岳上人年八十三)」

제호조는 새 이름인데 그 글자는 술병을 가진 새라는 뜻이니, 재치 있게 처리한 시다. 이때의 차는 일상적 음료였다. 그리고 화악상인은 많은 나이에도 차를 즐겨 마시는 은사로 그 고고함이 엿보인다.

마른 입술 때때로 차 달여 축이고
한낮에 보리밥으로 창자를 채운다네
청빈은 예부터 뼈에 사무쳤으니
이 집이 부원군 집이라 말하지 마오

枯吻時時只點茶　　撑腸麥飯午交加
淸貧徹骨猶依舊　　莫道封侯府院家

- 「낙장(落張)」

차는 먼 시장 다리 옆에서 사지만
시는 깊이 사귀는 자리에서 이루어진다네
골짜기 어귀에 한 줄기 개울물이
종종거리며 흘러 웅덩이 된다고 들었네

茶因遠市橋邊買　　詩爲交深坐上成
聞道洞門溪一派　　淙淙流下碧爲泓

- 「우서교도 차등계시권운(右敍交道 次登階詩卷韻)」

비록 부원군이라는 높은 신분이지만 청빈하여 보리밥에 차 한 잔으로 살아가는 깨끗함이 돋보인다. 옛날에도 친구를 사귀는 것에 이해득실을 따져서 참다운 친교가 드물었던 모양이다.

날이 저무니 산이 어둑어둑하고
깊은 골짜기엔 구름이 아득하네
밤 깊어 온갖 소리 잠잠한데
솔바람만이 쓸쓸히 부는구나
차를 달이며 부드러운 말하고
무릎 맞대고 둘러앉았네
노선사께 현묘한 도리 물어보고
낮은 소리로 오묘한 요결 두드려보네

日暮山昏昏	幽壑雲漠漠
夜深聲寥寥	松風吹瑟瑟
煮茗接軟語	團圞初促膝
玄機訊老禪	微言扣妙訣

-「증성철상인(贈性哲上人)」

차와 선이 함께하는 다석(茶席)이다. 깊어가는 밤 상인의 선실에서 차 마시며 선문답(禪問答)을 주고받는 고아함이 배어 있는 시다. 이렇게 보면 차를 누구와 어디서 마시느냐가 중요하다 하겠다.

서거정(徐居正 : 1420~1488)

문신으로 자는 강중(剛中), 호는 사가정(四佳亭)으로 문과에 급제하여 여러 벼슬을 거쳐 이조참의로 있을 때 명에 사은사로 다녀왔다. 대사성, 대사간을 비롯하여 육조판서(六曹判書)를 다 거치고 달성군(達城君)에 봉해졌다. 45년간 여섯 임금을 섬기고, 『경국대전(經國大典)』, 『동국통감(東國通鑑)』, 『동국여지승람(東國輿地勝覽)』 등의 편찬에 참여했다. 특히

『동인시화(東人詩話)』,『동문선(東文選)』등 중요한 사료를 남겼다.『사가정집(四佳亭集)』,『태평한화골계전(太平閑話滑稽傳)』,『필원잡기(筆苑雜記)』등이 전한다. 차를 아주 즐겨 평시에 상음했으며, 다시만 80여 수에 이른다. 그는 양촌의 외손(外孫)으로 차인 유방선의 문하였기에 어려서부터 차에 관해 다방면으로 깊이 알아 김시습과 쌍벽을 이루는 차인이었다.

● 아취(雅趣)에서 청담(淸談)의 경지로 흘렀다

공명은 진정 그림의 떡이고
속세에 사는 몸 세파를 따르는 어려움 있네
때마침 산승이 이르렀기에
한 잔 차 앞에 놓고 청담을 논한다네

功名眞畫餅　　　身世愧隨波
時有山僧到　　　淸談一椀茶

-「우차잠상인(又次岑上人)」

반달 쳐다보고 앉아
석 잔 차 기울이네
어인 일로 양 날개 찼는가
달 속에 계수나무 구경하려네

坐對半輪月　　　爲傾三椀茶
何由揷兩翼　　　去賞天桂花

-「대월음다(對月飮茶)」

세속에 살면서 속진(俗塵)에 초연하기란 힘든 일이다. 그래서 선력(禪力)이 높은 잠상인(岑上人)과 고아한 얘기를 나누어서 속기(俗氣)를 없애려 한다. "다른 날 고승과 함께 선문답하고 돌솥에 솔바람소리 나게 차 달이며 보내리(移時軟共高僧話 石鼎松聲送煮茶)"도 같은 맥락에서 감상할 수 있다.

밤에 달을 바라보면서 차를 여러 잔 마시는 것은 달을 완상하기 위함이라 했다. 이는 단순히 달을 구경하는 것이 아니고, 찻잔을 앞에 놓은 주인공의 마음이 벌써 지상을 떠나 달나라에 가 있는 것이다. 내 마음 안에 달을 포용하는 드넓은 경지가 아닐 수 없다.

그것은 곧 "눈 위에 달빛 내리는 창가에 앉아 차를 달이는(雪窓茶鼎月相兼)" 장면이라든가 "차탕 앞에 앉으면 생각이 거울 같아지는(茶湯思淡淡)" 현상이다. "돌솥에 차 달이며 말없이 앉았으니, 사람은 물론 새마저 날지 않네(石鼎煎茶坐無語 鳥飛更絶人不來)"는 바로 선석(禪席)이다.

● 늙어서 문원병이 있어 차를 더욱 마셨다

조그만 세 칸의 낡은 헌 집에서
십 년 동안 이 잡으며 고아한 담론했네
차솥에선 솔바람소리 들리고
문원병 앓으며 한 생의 풍미에 젖었네

三間破屋蝸同小　　十載高談蝨獨捫
茶鼎松風時送響　　一生風味渴文園

— 「야음(夜唫)」

몇 년 동안 앓으니 뼈가 앙상하게 드러나고
동창 아래 잠깨니 차 한 잔 간절하네
홀연히 영남의 햇차 이르렀으니
돌솥에 작은 꽃이 뜨는 것 앉아서 보고 있네

年來病骨瘦槎牙　　　睡起東窓苦憶茶
忽爾嶺南春色到　　　坐看石鼎細生花

－「사경상함감사기다묵초포(謝慶尙咸監司寄茶墨椒脯)」

　평생 가난하게 살면서 처음 뜻 굽히지 않고, 차 마시며 자연과 함께 지낸다. 그러다 보니 몸이 좋지 않아 당뇨로 소갈이 있지만 이렇게 차 마시며 지내는 것이 뜻에 어긋나지는 않는다. 병을 앓아 몸이 좋지 못해도 차를 잊은 적은 없다. 마침 함감사(咸監司)가 영남의 햇차를 보냈으니, 고맙게 받아 정성을 다해 돌솥에 달이는 모습을 보는 듯하다.
　"늙어서 목마를 때 『다보』를 사랑하여, 오직 모름지기 활화에 차 달이네(老渴憐茶譜 唯須活火煎)"라고 한 것이나, "늙어서 얻은 병 끝없이 목마름 어이 하리. 긴긴 날 때때로 차 달이기 좋아하네(老病纏綿抱渴何 日長時復愛煎茶)"라고 한 것과, "오래 앓은 소갈병을 어이 하리, 소중한 그대 좋은 차 보내는 번거로움 끼치네(年來病渴可如何 珍重煩君寄美茶)"도 그런 내용이다.
　그래서 "찻사발 약탕관에 병 덜해지고(茶甌藥鼎病初定)"라던가, "화롯불에 차솥 올려 약사발 데우고(藥甌茶鼎火爐溫)"에서는 차를 마시고 병에 도움이 되었다고 했다. 혹 그렇지 못하더라도 그는 차를 마시며 높은 운치를 잊지 않았으니, "게 눈물로 달인 향차 목마름을 다 고치지 못해도, 창 앞에 높은 베개 베고 솔소리를 듣노라〔蟹眼香茶渴未消 小窓高枕

경기도 용인시 기흥읍 상갈리에 있는 서거정의 묘지석

聽松濤, 「기파와금(棄罷臥唫)」"라고 하여 차를 즐기는 모양을 실감나게 그렸다.

● 여름차는 차게 겨울차는 눈물(雪水)에 마셨다

병든 사람 한낮까지 이불 속에 자는데
다만 눈 녹인 물로 차 달이면 된다네
病夫日高擁衾眠　　　　只解雪水茶堪煎

- 「대풍설 효기유작(大風雪 曉起有作)」

한 잔의 향차를 찬물에 접다하여
조금씩 마시면서 더위를 씻는다네

一椀香茶小點氷　　　啜來端可洗煩蒸

- 「삼복(三伏)」

　겨울에는 추워서 늦도록 안 일어나니 따뜻한 차로 일어나고, 여름엔 찬물에 점다해서 더위를 식혔다. "얼음차를 다 마시면 뼛속까지 시원해라(飮罷氷茶徹骨淸)"와 같이, 차를 생활에서 떼어내지 못하니 계절에 맞게 마시도록 습관이 된 것이다. 그가 안견(安堅)이 그린 겨울 산수도에 붙인 제시(題詩)에 "늙어지니 별다른 흥 없이 섬계에 이르러, 오직 도곡의 차를 돌솥에 끓일 뿐이라네(老來無興到剡溪 石鼎聊試陶公茶)"라 한 것도 도공의 설차(雪茶)를 말한다.

● 차에 인삼이나 생강 복령을 넣어서 약용 겸 마셨다

　병으로 고생했기에 차에 인삼과 복령을 넣어서 약으로 마시기도 하고(渴思茶鼎煮蔘苓), 예로부터 약효가 알려진 뽕잎을 넣어서 마시기도 했다(桑茶香潤更搜腸). 또한 "병후에 메마른 창자 우레소리 들리니, 생강과 인삼을 차에 잘라 넣어 끓여 마신다(枯腸病後如雷吼 手切薑蔘點小茶, 「야음(夜吟)」)"고 했다.

● 다조(茶竈)·석정(石鼎)·지로(地爐) 등의 다구를 애용했다

노란 노아를 따고 따서
다조 가운데 있는 물에 넣어 씻어
오로지 활화로 달이면

문득 하늘의 향기 맡으리

采采金露牙　　　　竈在水中央
聊以活火煎　　　　便覺聞天香

　　　　　　　　　　　　－「다조(茶竈)」

연전에 남곽사의 일 생각하니
지로에 차솥 걸고 스님과 얘기했네

憶得去年南郭寺　　　地爐茶鼎話高僧

　　　　　　　　　－「설행유혜음령(雪行踰惠陰嶺)」

혜음령을 넘으면서 한 이 생각은 "열 권의 능엄경을 등 아래 펼쳐놓고, 지로에 차솥 걸고 고승과 얘기하네(十卷楞嚴一點燈 地爐茶鼎話高僧)"와 같은 시구를 쓰고 있다.

몇 년째 목마른 병 어이할거나
소중한 그대가 좋은 차 보냈구려
돌솥에 잘 달이니 게눈이 일고
잠을 쫓고서 시사를 돋운다네

年來病渴可如何　　　珍重煩君寄美茶
石鼎好煎生蟹眼　　　睡魔驅盡又詩魔

　　　　　　　　　－「사진원박태수기다(謝珍原朴太守寄茶)」

게다가 "차 달이는 낮은 맑기도 하고, 돌솥에서는 봄 강물 흐르는 소리 들리네(煎茶坐淸晝 石鼎咽春江)"라고 읊기도 했다.

● 차 끓는 소리는 '구인성(蚯蚓聲)', 모양은 '해안(蟹眼)'을 많이 썼다

"찻사발은 지렁이 굴인지(茶甌蚯蚓竅)"라던가, "때로는 차솥에서 지렁이 우는 소리 들리고[時聞茶鼎鳴蚯蚓],「병중(病中)」"에서 보듯이 물 끓는 소리를 그렇게 비유했다. 그리고 차 끓이면 게눈 같은 물방울이 생기는 것을 자주 말했는데, 이는 물의 온도가 어느 정도에서 차를 우렸는지를 가늠할 수 있다. "한가할 때 『다보』를 읽고, 끓일 때는 해안에서 그쳤다(閑或編茶譜 唯須蟹眼煎)" 등은 모두 그런 표현이다.

● 심오한 정신적 경지에 이르렀다

문 닫고 청산 속에 홀로 앉아
세속 일 잊고 고아한 얘기 종일토록 한다네
작은 집 정갈하여 세속 것 하나 없고
약화로와 차솥이 거문고와 같이 있네

掩門獨坐靑山近　　揮塵高談白日長
斗室蕭然無俗物　　藥爐茶鼎共琴床

－「차소요정견기시운(次逍遙亭見寄詩韻)」

선차의 묘함을 너무 사랑해
처음부터 령 넘어 오게 되었네
깨끗하게 씻은 병에 새물 길어서
옛 솥에 끓이니 우레소리 들리네

이른 봄 북원에서 말린 차 나누어 주니

남가의 꿈 불러오네

내 옥천자와 같이

차 석 잔으로 시 짓기를 재촉하네

絶愛仙茶妙　　　初從嶺外來

澹瓶新汲水　　　古鼎故鳴雷

北焙分春早　　　南柯喚夢回

我如玉川子　　　三椀要詩催

－「전다(煎茶)」

솔바람소리 골짜기에 가득한데

달빛이 눈에 비쳐 하늘까지 벋었다네

화로의 불 강약을 맞춰가며

향차를 정성껏 달인다네

松聲風滿壑　　　月色雪連天

文武爐中火　　　香茶細細煎

－「오용전운 기홍남양(五用前韻 寄洪南陽)」

차에 몰입한 경지가 자못 깊다. 혼자서 그것도 아무도 없는 산속에서 홀로 마시는 것이라면 선의 세계다. 차 마시며 자연을 듣보고 때로 흥이 솟으면 거문고를 퉁기며 울어나는 시구를 읊조렸을 것이니, 한 폭의 신선도가 아니겠는가. 옥천자는 물론 북원(北苑)의 신배(新焙)도 익히 알고 있다. 문무화를 알맞게 조정하고, 새 솥보다 옛 솥이기 때문에 손에 익어 마음대로 잘 달였다. 차를 얼마나 좋아하면 집을 나와서까지 몰두할까 하는 생각이 든다.

그가 차를 끓일 때도 정성을 쏟고, 마실 때도 음미하였으니 "맑은 차 조금씩 마시면 막혔던 창자가 씻기고(清茶細啜沃煩腸)"라고 했다. 때로는 조용한 것을 좋아해서 "사립을 닫아걸고 손들은 거절하며, 차솥을 열 때쯤은 스님 몰래 오라네(柴門深閉曾揮客 茶鼎開時密約僧, 「한중즉사(閑中即事)」)"라고 할 정도였다.

● 생활에서는 잠에서 깬 후, 그리고 술 마신 다음에 주로 마셨다

누구나 그렇듯이 술 마시고 난 다음에 차 마셨고(茶從醉後煎), 잠에서 깬 후에 차를 찾았으며(只知睡後苦思茶), "조그만 창 앞에서 잠 깨니 목이 말라 병 가득 물 길어 차를 달이네(睡覺小窓思轉渴 一瓶新水自煎茶)"라고 하였고, "자다가도 차를 마신 일이 있다〔夢中解渴手煎茶, 「아가(我家)」〕"고 하였다.

상인(上人)은 오랫동안 산중에서 살았으니
산속의 즐거운 일 무엇인지 잘 알 걸세
봄 우레 치지 않고 겨울잠 깨기도 전에
산 차는 뾰족뾰족 새싹이 튼다네
옥구슬 뿌린 듯 황금 같은 덩어리
한 알 한 알 진정 구환단 같다네
상인은 흥에 겨워 지팡이 짚고 나가
따고 또 따 대바구니 벌써 푸르게 가득 찼네
돌아올 때 좋아하는 혜산천 물 길어서

알맞은 활화로 애오라지 손수 달이네

향과 색, 맛은 진정 기릴 만하고

마음 열려 상쾌하니 신기하기도 하구려

상인은 속세 사람 깊이 염려하는데

십 년이나 갈증으로 앓고 있다네

계림의 설색지로 꾸려 싸고

두세 자 달필로 봉하였구려

봉한 것 열어보니 하나하나 봉황의 혀요

가볍게 불에 쬐어 곱게 갈아내니 옥가루 날리는 듯

아이 불러 다리 없는 솥 씻게 하고

눈 녹인 물에 생강 넣어 맑게 달인다네

게눈 단계 지나서 고기눈 생기면

때맞추어 지렁이가 우는 듯 쉬파리가 우는 듯

한 모금에 평생 울적한 마음 씻어내고

두 모금에 십 년 고황에 깊이 든 병 녹여내네

어찌 다만 노동의 찌든 마음에서 나온 오천 자 뿐이리

이백의 고운 마음에서 나온 삼백 편의 시도 나올 듯하네

필탁은 부질없이 독 아래서 잠자고

여양은 공연히 술수레에 떨어져 침 흘리네

어떻든 이 한두 잔의 차 마셔야

겨드랑이에 날개 생겨 봉래를 날으리

어느 때 은자의 옷으로 지금 옷 갈아입고

스님 따라 산속으로 돌아올거나

부들방석 깨끗한 안석 종이창 앞에서

돌솥의 솔바람소리 함께 들으리

上人長向山中居	山中樂事知何如
春雷未動蟄未驚	山茶茁茁新芽成
排珠散玉黃金圓	粒粒眞似九還丹
上人乘輿去携筇	採採已滿蒼竹籠
歸來好汲惠山泉	文武活火聊手煎
香色臭味眞可論	開襟爽懷多奇勳
上人遠念紅塵客	十年臥病長抱渴
裏以鷄林雪色紙	題封二三龍蛇字
開緘一一鳳凰舌	輕焙細碾飛玉屑
呼兒旋洗折脚鐺	雪水淡煮兼生薑
蟹眼已過魚眼生	時聞蚓竅蒼蠅鳴
一啜	滌我萬古勃鬱之心腸
再啜	雪我十載沈綿之膏盲
豈但搜盧仝枯腸文字卷五千	
亦可起李白錦肝詩句三百篇	
畢卓謾向甕底眠	汝陽空墮麴車涎
那如飮此一兩杯	兩腋生翰飛蓬萊
何時青藤布襪拂我衣	尋師去向山中歸
蒲團淨几紙窓明	石鼎共聽松風聲

- 「사잠상인혜작설다(謝岑上人惠雀舌茶)」

설잠(雪岑) 김시습이 보낸 차를 받아 달여 마시고 쓴 시다. 이때 설잠은 납의를 입고 있을 때다. 그리고 직접 기른 차를 손수 따서 만들어 보낸 것이다. 친구 사이에도 쉽지 않은 끈끈한 우정이 이 시 속에 배어 있다.

아마도 계림(鷄林)의 설색지라는 말로 보아 동봉이 금오산에서 『금오신화(金鰲新話)』를 쓸 즈음이 아닌가 싶다. 차를 길러 따는 데서부터 달이는 과정을 하나하나 자세히 묘사하고 있다. 드물게 대하는 두 사람의 차에 얽힌 우정을 다시로 지금도 읽을 수 있음이 다행스럽다.

사가(四佳)는 28년 동안 문형(文衡)을 지냈으며, 경연(經筵)에서 시종한 것이 45년이다. 그는 자기의 소임에 철저했으며(守職) 남이 하는 일에 간섭하지 않았다(越職). 만 수가 넘는 시를 남겨 멀리 중원에서부터 유인일사(幽人逸士)와 산승야객(山僧野客)에 이르기까지 그의 시를 좋아하지 않는 이가 없었다. 그의 시는 굉심광활(宏深廣闊)하고 왕양호한(汪洋浩汗)하여 물이 흘러 바다에 이르는 듯하였다.

이는 모두 차 정신에 젖어 사심을 버리고 마음을 비웠기 때문이다. 이런 생각을 잘 표현한 것이 「허곡기(虛谷記)」라 하겠다.

> 위로 하늘이 덮고 아래로 땅이 있는데 그 사이가 비어 있지 않으면, 많은 형체들을 수용할 수 없으며, 강과 바다가 빈틈이 없으면 수많은 시냇물을 받아들일 수 없으며, 산과 수풀이 빈 곳이 없다면 뭇 나쁜 것들을 감출 수 없다. 모든 사물이 빈 곳이 있기 때문에 바람이 불어 소리를 내고, 만 가지 사물이 틈이 모두 비어 있기 때문에 해와 달의 빛을 받아들이게 된다.
>
> 天覆乎上 地載乎下 不虛 無以圍群形 河海不虛 無以納百流 山藪不虛 無以藏衆疾 萬竅至虛也 風蕩之鳴 萬隙至虛也 日月容其光.
>
> ―「허곡기(虛谷記)」

이어서 "허와 실이 둘이 아니고 하나라고 역설했다(虛與實 非二物也)."

그야말로 일체개공(一切皆空)인 돈오의 경지다. 무엇이나 다 수용하는 마음 그것이 바로 차인의 마음이다. 그냥 마음을 비우라는 말보다 너무 절실하여 하루도 잊을 수 없는 생활의 예지라 하겠다.

이승소(李承召 : 1422~1484)

문신으로 자는 윤보(胤保), 호는 삼탄(三灘)이다. 식년 문과에 장원, 중시에 급제하여 여러 벼슬을 두루 거쳐 명나라에 다녀오고, 이조판서를 역임했다. 양성군(陽城君)에 봉해지고 우참찬에 올랐으며, 학문에 조예가 깊어 신숙주 등과 『국조오례의(國朝五禮儀)』를 편찬했고, 시호를 문간(文簡)이라 했다. 차를 즐겨 10수 이상의 다시를 남겼다.

평생의 누(累)를 벗어던지고
참선 하나에 깊이 빠졌네
몸이 한가로우면 응당 늙지 않고
마음이 고요하면 잠이 없다네
약재를 대바구니에 말리고
솥에는 눈물로 차를 달이네
이 가련한 속세의 나그네는
하는 일마다 얽매임 있다네

抖擻百年累	深參一味禪
身閑應不老	心靜更無眠
藥料筠籠曬	茶鐺雪水煎
最憐塵世客	役役常在纏

—「증일암전장로(贈一菴專長老)」

산동자가 절구에 차 찧으니

달 같은 덩이 부서져 옥가루 날리네

끓이니 게와 고기눈 생겨

마시면 아름다운 마음 흐르게 하네

시가 이루어지면 응당 귀신도 울고

마음이 안정되고 잔잔해진다네

돌솥에는 세찬 소리 흘러나와

흐르는 개울물소리보다 크게 들리네

山童敲茶臼	玉屑碎月團
煎出蟹魚眼	時澆錦繡肝
詩成鬼應泣	心定幷無瀾
石鼎龍頭句	從來壓倒難

-「일암팔영 자다련구(一菴八詠 煮茶聯句)」

 차를 마시면 마음이 편해지고, 시상이 떠오르는 것은 차인들이 느끼는 공통된 현상이다(潤肺催茶椀 題詩覓管城). 문사(文思)가 트여 신운(神韻)이 표묘(縹渺)하는 작품을 남긴 기쁨을 귀신도 시기하는 것으로 표현했다. 그리고 가슴이 답답할 때는 언제나 차를 찾았으니, "가슴 답답할 때는 차 마시고 싶은 생각 간절하네(渴肺欲乾思茗飮)"라고 했다.

 한번은 어디 가는 길이 급해서 밤새 걸어 우장(牛莊)에 이르러 "희미한 등불 돋우니 닭이 세 회나 울었다. 옆에 차를 마시고 사발을 모아둔 것을 보니[挑殘灯火鷄三叫 飮罷茶甌眺一場,「야도우장(夜到牛莊)」]"라고 한 것을 보면 차가 우리가 아는 것보다 훨씬 흔하게 마신 음료임을 알 수 있다. 또 유구의 사신이 자고 일어나 차를 손수 달이는 것을 좋게 말했다(睡罷

煎茶手自調). 이로 보면 차인들 중에는 상당수가 직접 달이는 경우도 있었다고 보인다.

김시습(金時習 : 1435~1493)

세종과 성종 연간의 학자요, 승려로 생육신의 한 사람이다. 호는 매월당(梅月堂)·동봉(東峰)·청한자(淸寒子)이고 법명은 설잠(雪岑)이라 했다. 어려서 신동이라 칭해서 세종을 알현하고 뒷날을 약속 받았다. 이계전·김반·윤상 등에게서 배우고 서거정·신숙주·남효온·김일손 등과 교유했다. 후에 학조(學祖) 등의 승려와도 사귀고 삭발하였다가 다시 환속하는 등 풍운의 생애였다.

1455년 삼각산 중흥사에서 공부하다가 세조의 찬위 소식을 듣고 읽던 책을 불태우고 삭발하여 전국을 방랑했다. 경주 금오산실(金鰲山室)에서 『금오신화(金鰲新話)』를 쓰고, 성종 때(1481) 환속하여 취가(娶嫁)하였다가 다시 유랑의 길을 떠났다.

유가와 불가의 합일점을 추구하여 치국평천하(治國平天下)를 안민제중(安民濟衆)으로 설명하고, 이사현묘(理事玄妙)의 법을 이기성정(理氣性情)으로 설파했다. 미신적 요소를 척결하고 농민에 대한 애정이 깊어 후세인들의 우러름을 받는다.

정해진 생활이 없으니 차 생활도 격식을 벗어던지고 실용적인 방향으로 갔고, 다법도 자유로워 호방·활달한 그의 성격대로 했다. 또 김명배는 그를 이르기를 차의 아홉 단계를 수련하여 덕망을 쌓은 차인이라 했다. 이는 곧 대부분의 차인들이 만들어진 차를 마시는 것이 보통인데 김시습이나 정약용, 그리고 초의 같은 이들은 직접 채취해서 만들어 마셨다는 말이다. 그러나 예로부터 직접 만들지 않는 차인들이 더 많았는데 그렇다고 참다운 차인이 아닌 것은 아니니, 차를 마시는 마음과 자세가 그를 차인답게 하는 것이다.

그의 행다법(行茶法)과 정신은 준장로(俊長老)에 의해서 일본으로 건너가 초암다류(草庵茶流)를 이루고, 지금의 이천가(裏千家, 우라센케)의 기본 행다법이 되었다는 주장(최정간, 석용운 등)이 점점 굳어져 가고 있다. 5년여에 걸쳐 경주 금오산 용장사지(茸長寺址)에 산실(山室)을 짓고 수많은 장서를 읽으며 차를 심어서 직접 만들고 친지들에게 보내기도 했다. 지금까지 알려진 그의 다시는 60수가 넘는다.

경주 금오산(남산) 용장사지
김시습이 『금오신화』를 쓴 절터이다.

집 북쪽의 산에 차 심으며 세월 보내고
산 남쪽에서 약을 캐며 봄을 지나네

堂北種茶消白日　　山南採藥過青春

– 「천자여구(千字儷句)」

차에 관한 한 매월당(梅月堂)은 부러울 만큼 풍후하고 다채로워 그 경지가 닿지 않는 곳이 없다.

● 한가로운 속에서 끝없는 사색을 즐겼다

오늘도 이렇다 할 일 하나 없어
작은 솥에 차 끓이며 연못 바라보고 있다네
이 고요 속에 삶의 뜻 있음 홀연히 기뻐하고
산바람 세게 불어 계화가지 꺾어놓았네

如今一事亦無之　　　小鼎煎茶面曲池
忽喜靜中生意動　　　山風吹折桂花枝

세간에선 안락을 청복으로 삼지만
이어서 차 달이며 평상에 앉았다네

世間安樂爲淸福　　　聯爲煎茶一據牀

- 「산거집구(山居集句)」

원래 차의 특색이 한유한 것이기는 하나 그의 차 정신은 깊은 철학의 세계다. 큰 도는 원래 구속이 없다(從來大道無拘束)는 그의 생각은 바로 대도무문(大道無門)의 경지인 것이다.

● 그는 차에 대하여 범우주적 사고의 세계로 생각한다

우주란 하나의 여숙(旅宿)일 뿐인데
어찌 동서가 있다고 내 생각 돌리리

乾坤一箇長亭耳　　　那有東西我欲旋

- 「부정환산(赴程還山)」

승가(僧家)에 몸담은 까닭도 있겠지만 생사에 관한 초월의지(超越意志)는 "인간세상 풍파도 잠깐이라서 저절로 옮아감이 꿈과 같다네(人世風波須臾 推遷如夢)"라 했고, "이제야 알았다네 떠내려가는 뗏목의 신세임을(方知身世似浮槎)" 하고 노래했다. 이는 삶을 주체로서 바라보지 않고 객체(客體)로 볼 수 있는 드넓은 사고에서 나왔다.

● 탈속한 세계에 노닐며 한 점의 근심도 없었다

내 보현(절)에 들고부터
마음도 한가롭고 지내기 또한 좋아
돌솥에 새 차 달이니
탕관에 푸른 안개 피네
나 방외(方外)의 사람으로
세속 밖의 스님 따라 논다네

自我來普賢　　　心閑境亦便
石鼎沸新茗　　　金爐生碧煙
以我方外人　　　從遊方外禪

－「보현사(普賢寺)」

차 연기 나부끼는 곳에 학이 날고
약 절구 찧는 소리에 구름이 머문다네

茶煙颺處鶴飛去　　　藥杵敲時雲闌珊

－「송정(松亭)」

이 산속에 내 숨어 살며

그대와 더불어 평생 얘기해 볼까

此峰吾欲隱　　　　重與話平生

– 「여근사화(與根師話)」

운산(雲山)과 화월(花月)로 길이 짝하며

시주(詩酒)와 향차(香茶)로 근심 지우네

촛불 돋우어 밤차 마시니 맑은 밤 깊어지고

근심 사라지니 밤이 짧아 새도록 노닌다네

雲山花月長爲伴　　　　詩酒香茶自買憂

剪燭夜飮淸夜永　　　　銷沈宵短繼宵遊

– 「남산칠휴(南山七休)」

유랑의 벽(癖)이 울분에서 나온 것이지만, 평생 그는 보헤미안이었다. 한 곳의 규구(規矩)에 가두어 두기에는 너무 호대한 인물이었다. 그러나 차가 있는 한 그는 울분도 근심도 없는 명상가가 되었다.

● 차를 대하면 그는 자유를 만끽하는 흥으로 가득 찼다

생애 되뇌어도 구속될 것 하나 없고

한 솥의 햇차와 피고 있는 향뿐일세

生涯點檢無拘束　　　　一鼎新茶一炷香

– 「우후(雨後)」

책은 상 위에 널려져

어지럽게 흩어져 있네

질화로엔 향 연기 일고

돌솥엔 차 끓는 소리 들리네

圖書抛在床　　　卷帙亂旁午

瓦爐起香煙　　　石鼎鳴茶乳

- 「탐수(耽睡)」

늙은이들 하릴없이 화롯가에 둘러앉아

도공(陶公)의 차 한 잔을 달여서 마신다네

老夫無事圍爐畔　　　拈却陶公茗一杯

- 「간설(看雪)」

비가 개고 울어대는 매미소리 들으며 지난날 생각하니 하나의 미련도 거리낌도 없다. 오직 다향(茶香)에 젖은 내가 있을 뿐이다. 낮잠 즐기고 일어나니 책은 여기저기 흩어져 있고 한줄기 비가 해당화를 적시고 지나갔다. 밖에 내리는 매화 같은 눈을 보며 화롯가에 둘러앉아 차 마시는 흥겨움은 바로 자유에의 만끽이며 자연의 일부임을 실감케 한다.

● 도연(陶然)히 차에 취하고 청정심(淸淨心)에 몰입되어 삼매(三昧)의 경지를 맛보는 차인이었다

작설 향기로운 차를 손수 달이니

이 순간은 자미에 흠뻑 젖는다네

누가 세상 일로 바쁜 사람인가
내사 평생 아무 구애됨이 없다네
만사를 덜고 나니 가난이 곧 즐거움이고
한 몸 한가하니 늙어감도 싫지 않네

雀舌香芽手漫煎　　此間滋味頗陶然
誰爲四海捿捿者　　我己平生蕩蕩焉
萬事省來貧是樂　　一身閑了老非厭

－「화종능산거(和鍾陵山居)」

새벽 해 떠오르면 금빛 전각 빛나고
차 연기 흩날리면 서린 용이 난다네
맑고 한가로운 곳에 노닐면서
세상의 영욕 모두 잊었다네

曉日升時金殿耀　　茶煙颺處蟄龍翔
自從遊歷淸閑境　　榮辱到頭渾兩忘

－「장안사(長安寺)」

등잔 아래 차 끓는 소리 들으며
꼿꼿이 앉은 모양 나무 등걸 같고
이 육신 물거품 같은데
이 그림자 끝내 멍청하구나

燈下茶聲咽　　惺惺坐似株
此身如幻沫　　此影竟塗糊

－「등하(燈下)」

마음 바탕 깨끗하기 물과 같고
혼연히 트여서 막힘이 없다네
이것이 바로 우리 모두를 잊는 것
찻잔 가득 차 따라 마신다네

心地淨如水　　　脩然無礙隔
正是忘物我　　　茗椀宜自酌

- 「고풍(古風)」

구하는 바가 많으면 욕됨이 있다고 했으니, 약초밭에 사슴이 놀아도 차마 쫓지 못하고, 자연 그대로 버려둔다. 이것은 바로 선의 경지니 "배움은 마음을 따라야 얻음이 있다(道學只從心上得)"는 생각이었다.

고요한 장안사(長安寺)에 늙은 스님 선정(禪定)에 들고 흰 구름만 깔렸는데
야학(野鶴)이 깃들이니 맑은 운치 길기도 해라

老僧入定白雲鏁　　　野鶴移捿清韻長

- 「장안사(長安寺)」

여기에서 야학은 자신을 표현한 것일지도 모른다. 거기에 아침 해 뜨고 다연(茶烟)이 오르니 바로 선계가 아니고 무엇인가.

한밤 등불 아래 조용히 선정에 드니 정신은 벌써 육신을 떠나 명계에 노니는데, 빈 껍질인 육신과 그 그림자만은 여전하구나. 이어서 그는 밖에 눈이 내리고 구름 덮여도 곧 사라지는 것을 생각하며, 촛불 지우고 방바닥에 누워 생멸의 이치를 생각한다. 이럴 때 차를 찾았으리라. 그리고 「석로(釋老)」라는 시에서 늙은 선사의 생활을 다심(茶心)과 결부시켜 세

속에서 얻을 수 없는 청정함을 노래했다.

● 때로는 눈을 녹여 차를 끓이기도 하고, 예불에 차를 올리는 데 동참하며 야다회(野茶會)를 즐기기도 했다

어제 저물녘 구름 컴컴하게 흐리더니
오늘 밤 상서로운 눈 퍼붓네
(중략)
한 사발 녹여 차 달이는데
이 저녁 고즈넉하기도 하이
昨暮陰雲黑　　　今宵瑞雪濃
(중략)
一椀融和茗　　　前來境寂寥

－「야설(夜雪)」

동산에 서리 맞은 밤[栗]을 추수했으니
화로에 눈 녹여 차 끓일 때로다
園收霜栗後　　　爐煮雪茶時

－「차사가운산상인(次四佳韻山上人)」

상인은 다병에 손수 차 달여
서방의 아미타불에게 예배하네
上人携瓶自煎茶　　　禮拜西方極樂佛

－「오대산(五臺山)」

한밤에 내리는 함박눈을 구경하다가 홀연 시심이 일고 차 마시고 싶어 눈을 녹여 차를 달이니 고요 속에 끓는 소리만 들려온다. 책력도 없는 산중이라 경물을 보고 사시(四時)를 짐작한다. 지금 서리 내리고 밤을 추수했으니 이제 곧 눈이 내릴 것이다. 그러면 또 눈물로 달인 차를 마시게 될 것을 그려보는 풍류로움이 있다.

차에 관한 한 그의 관찰은 세밀하고 실질적이다. 「산거(山居)」에서 도인(道人)이 손수 용단차(龍團茶)를 갈라내어 눈 녹은 맑은 물에 달여 작은 다관에 따르는 모양을 옆에서 보는 듯이 노래했다.

또 「게절간중반석(憩絶澗中盤石)」에서 시냇물 가운데 널찍한 반석이 평평하여 십 여 명 앉을 수도 있고 차솥도 걸 수 있어 앉았다 누웠다 즐긴다. 물베개 삼아 고인들을 생각하고 자신의 속진(俗塵)을 씻어낸다. 그러다 서산에 해 기우는 줄도 모른다. 흡사 왕유(王維)가 숲속의 늙은이와 얘기하다 집으로 돌아갈 것은 잊고 있는 모습이다.

그리고 그는 땅을 파서 화로를 만들어 차 끓이고 따뜻이 하는 특이한 지로(地爐)를 애용하여 그것이 일본에까지 전파되기도 했다.

● 그의 차 생활을 대표하는 시에 「양다(養茶)」라는 시가 있다

해마다 차 나무에 자라나는 새 가지를
그늘에 키우려고 울 엮어 보호하네
육우의 『다경』에는 색과 맛을 논했으나
관가의 세다(稅茶)에는 창기(槍旗)만을 취한다네
봄바람 불기 전에 싹 먼저 돋아나고
곡우가 돌아오면 잎이 반쯤 피어나네

조용하고 따뜻한 작은 동산 좋으니
비 맞고서 옥 같은 싹 많이 피면 좋겠네

年年茶樹長新枝　　陰養編籬謹護持
陸羽經中論色味　　官家權處取槍旗
春風未展芽先抽　　穀雨初回葉半披
好向小園閒暖地　　不妨因雨着瓊甤

- 「양다(養茶)」

양애음림(陰崖陽林)의 원칙에 맞추려고 울을 높이 두르는 것이나, 관가에서 차 생산의 실상도 모르면서 차를 세금으로 받는 모순 등을 말하고, 그래도 풍년 들기를 비는 것은 백성들을 생각해서였다.

남국의 봄바람 부드럽게 부니
차 숲의 잎새엔 뾰족한 싹 머금었네
가려낸 어린 싹 신령스러움과 통하고
그 맛과 품수는 육우 『다경』에 실렸다네
자순은 창과 기 사이에서 따고
봉병과 용단은 모양만 본떴다네
벽옥의 다관에 활화로 끓이면
게눈거품 일며 솔바람소리 들리고
산사의 고요한 밤에 손들이 둘러앉아
운유 한 모금 마시니 두 눈이 밝아지네
당가에서 얕게 잔질하는 저 멋모르는 사람
설다(雪茶)의 그 맑음 어이 알리오

南國春風軟欲起	茶林葉底含尖觜
揀出嫩芽極通靈	味品曾收鴻漸經
紫笋抽出旗槍間	鳳餠龍團從範形
碧玉甌中活火烹	蟹眼初生松風鳴
山堂夜淨客圍坐	一啜雲腴雙眼明
黨家淺斟彼粗人	那識雪茶如許淸

- 「작설(雀舌)」

이른 봄 따는 어린 싹이 영(靈)과 통함은 자고로 햇곡식에 대한 소중함이나 고마움을 넘어 신비스런 기를 인정하는 것이다. 자순을 기창 사이에서 따고 해안과 송풍성, 운유차(雲腴茶)까지 꿰뚫어 알고 당가(黨家)의 고사를 섭렵한 정도이니 다학에 박식함이나 조예의 깊음을 헤아리고도 남는다. 여기서도 그는 눈 녹인 물로 달인 차를 말했고, 또 작설차는 앞에서 언급한 바와 같이 병차(餠茶)였을 것이 확실하다.

세속 싫어하는 천성 내 자신도 이상하지만
문에 '鳳' 자를 쓴 일 이미 젊음은 지났다네
차 끓일 때 누런 잎을 그대는 아는가
시를 쓰다 숨어 삶이 누설될까 두렵다네

自怪生來厭俗塵	入門題鳳已經春
煮茶黃葉君知否	却恐題詩洩隱淪

- 「자다(煮茶)」

어릴 때 천재라고 칭찬하며 자기에게 기대를 걸었던 주변에 실망을 주고, 자신의 신념과 희망이 산산이 부서져 마음도 몸도 정착하지 못하는 허탄함이 서린 시다. 그의 이런 심정은 "평생의 모든 일을 강굽이에 붙여 두고, 먼 길 가는 돛단배로 아직도 오간다오(平生萬事付江灣: 萬丈風帆尙住還)"라고 노래했다. 이런 마음 벗기 위해 차를 마시고 달였을 것이다.

객이 있네 객이 있어 꽃다운 나이라네

서른이 못 되지만 문예에 정심(精深)하고

펄펄 나는 고니 모양 종왕필재(鍾王筆才) 이어받고

알알이 여의주로 성당(盛唐)을 뛰어넘네

흰 구름 쌓인 곳에 나를 끌고 놀다가

우연히 작별하고 신주(神州)로 돌아갔네

(중략)

십 년을 유랑하며 자연과 놀다보니

자연의 고질병에 춥고 더움 겁이 나고

큰 뜻은 남았으나 근력이 쇠하여서

여윈 학이 공연스레 높이 날려함과 같네

만 권의 책과 함께 이 산에서 늙으려니

그대 돌아오기 원하여서 내 그대 기다리리

훗날 석간변(石澗邊)에 차 달이며

옷소매 같이 날려 산 이내 흩어보리

有客有客美如英	年未三十文藝精
翩翩雲鵠繼鍾王	顆顆驪珠優盛唐
白雲堆裏携我遊	偶然別我還神州

(중략)

十年流浪山水間　　烟霞痼疾怕寒暑
壯志未消筋力疲　　恰似瘦鶴空軒擧
萬卷圖書老此山　　願子歸來吾遲汝
他年煎茶石澗邊　　衫袖共拂靑山烟

- 「민상인(敏上人)」

이 시는 자신의 생애를 객관화하여 지은 것이다. 반생(半生)의 역정과 아쉬움, 그리고 모든 것 다 떨치고 초연해지는 과정을 상징적으로 표현했다. 문필에 대한 대단한 자부심을 끝내 제대로 펼치지 못하고 신주로 돌아간다. 이는 곧 자신의 근거가 속세가 아님을 말하는 것으로 연하고질(煙霞痼疾)에 젖는다.

그래도 떠나지 않는 미련이 남았으나 이미 때가 지난 것으로 인정하고 자연으로 돌아간다. 그는 "하늘, 곧 자연의 이법을 공경하면 공경 또한 성실할 것이고, 하늘을 예도(禮道)로 받들면 예 또한 허망하지 않을 것이다〔以此敬天敬亦誠矣 以此禮天禮非妄矣,「천형(天形)」〕"라고 하였다. 즉 자연의 이법대로 돌아간다면 평상심을 잃지 않고 모든 것이 조화로워진다는 말이다. 그런 계기는 언제나 차에서 찾고 있다.

차인 매월당의 모습과 깊은 경지는 이 정도의 예로도 짐작 가는 바이다.

김종직(金宗直 : 1431~1492)

세종에서 성종 연간의 학자로 자를 계온(季溫), 호를 점필재(佔畢齋)라 했다. 길재(吉再)의 학통을 이어받은 영남학파의 종조(宗祖)라 칭했다.

문하에 정여창(鄭汝昌), 김굉필(金宏弼), 김일손(金馹孫), 남효온(南孝溫), 유호인(兪好仁), 조위(曺偉), 이목(李穆), 정희량(鄭希良), 홍유손(洪

밀양시 북부면 제대리에 있는 김족직의 생가 추원재(追遠齋)

裕孫) 등이 배출되었다. 후에 이들을 많이 등용했다가 훈구파와 반목 대립하게 되었다.

그가 쓴 「조의제문(弔義帝文)」이 사관으로 있던 제자들에 의해 사초에 올려지자 훈구파에서 문제 삼아 무오사화(戊午士禍)가 일어났다. 점필재는 부관참시(剖棺斬屍)되고 문인들도 참화를 입었다.

효제충신(孝悌忠信)을 주로 하는 실천적 학문을 중시하고 인정(仁政)을 이상정치(理想政治)의 표본으로 생각하여 사농공상(士農工商)을 모두 그 직업에 안정시켜 편안히 살 수 있게 하는 것이 그의 정치 목표였다. 그러자면 무엇보다 향교 교육을 강화하고 원훈(元勳)의 후예들을 세습적으로 등용해서는 안 되고 널리 사림(士林)에서 인재를 찾아야 한다고 주장했다.

특히 그는 우리 다사(茶史)에서 우뚝한 자리에 있으니, 유가에 다풍(茶風)을 크게 진작시킨 계기를 마련했고, 차의 생산과 공다(貢茶)에 대한 폐해를 시정해 보려는 노력을 몸소 실천한 진정한 차인이다.

만약 그때 위정(爲政)의 책임자들이 점필재의 건의를 받아들여 개인 다농(茶農)들을 살리고 국가적 산업으로 육성할 수 있는 계획을 실천했더라면 조선의 다사(茶史)는 간단없이 흘렀을 것이다. 그랬다면 그 맥이 뚜렷하게 이어지고 높이 승화 발전하여 오늘의 이 부조화는 낳지 않았을 것이다.

성종 2년(1471) 늙은 어머니를 봉양하기 위해 함양군수로 부임하고 보니, 그 지역에는 벌써부터 차 수확이 거의 없는 상태였다. 그런데도 백성들은 전대(前代)처럼 차를 공납하고 있었다. 차 한 홉을 구하려고 쌀 한 말을 팔아 먼 타지(他地)까지 가서 차를 사서 바치는 형편이었다.

이 같은 폐단을 목격한 점필재는 우선 여기저기서 차를 구해 공납하는 한편, 『삼국사기』의 기록을 참고로 노인들에게 물어 엄천사(嚴川寺) 대밭 속에서 야생 다목(茶木)을 발견하고 그곳을 다원(茶園)으로 개발했다. 백성들의 고통을 덜어준 목민관(牧民官)으로서의 마음도 중요하나, 이런 좋은 본보기를 실증으로 제시한 것은 높이 평가받을 일이다.

이런 역사적 사실이 오늘의 위정자나 다농(茶農)들에게도 그 취지를 잘 인식시켜 차 산업에 국제 경쟁력을 키우도록 국가적인 정책 배려가 병행해야 한다. 이는 겉치레 행사가 중요한 것이 아니고, 그 실상이 어떤지를 알고 그에 상응하는 방향 설정이 우선해야 된다는 것이다. 지금 같은 상황이 계속되면 멀지

『점필재선생문집』

않아 남의 차 가지고 대신 잔치해 주는 문화적 예속 현상이 현실로 닥치지 않는다고 누가 말할 수 있겠는가.

영묘한 싹 받들어 임금님 장수 빌고져
오랫동안 잃었던 신라의 차를
이제야 두류산에서 얻었으니
우리 백성 한결 쉬워져 더욱 기쁘다네
대밭 옆 거칠어진 몇 묘의 언덕에
자줏빛 새부리차 언제나 자랑스럽지
다만 백성들의 마음고생 덜고져 하니
대바구니에 좁쌀 같은 싹 담을 필요 없다네

欲奉靈苗壽聖君　　新羅遺種久不聞
如今擷得頭流下　　且喜吾民寬一分
竹外荒園數畝坡　　紫英鳥觜幾時誇
但令民療心頭肉　　不要籠加粟粒芽

　　　　　　　　　　　　　　-「다원(茶園)」

돌솥에는 마음 씻어주는 차가 있고
난등 켜진 방에는 서가에 가득한 책이라네
가는 한 해 잡아맬 수 없으니
내일은 생각이 어떻게 될지

石銚澆腸茗　　蘭燈滿架書
徂年不繫日　　明日意何如

　　　　　　　　　　　　　　-「제야(除夜)」

이 시를 읽으면 그가 차의 생태나 산지에 대해 해박한 지식을 가지고 있다는 것을 알 수 있다. 『다경』을 위시하여 많은 다서(茶書)를 읽어야 죽로차(竹露茶)를 만들 수 있다. 그런데 그는 대밭 주변에서 발견된 신라 유종을 이식(移植)하지 않고 그 자리에 두고 다원을 만들었다. 이것은 대나무와 다목(茶木)이 서로에게 좋은 것을 알고 있었고, 차 나무는 이식하면 안 된다는 것도 알았다는 것을 의미한다.

차가 장수에 좋다는 기본은 물론 조취(鳥觜)라는 차 이름을 모문석(毛文錫)의 『다보(茶譜)』에서, "농가속립아(籠加粟粒芽)"는 소식(蘇軾)의 시에서 인용할 정도로 두루 꿰고 있었다. 더구나 차가 고장(枯腸)을 씻어내는 것은 다시나 다서를 두루 섭렵해야 알 수 있는 것이다. 아마도 그가 생장한 곳이 차의 산지에 가까웠기 때문에 어려서부터 차에 관심이 있었을 것이라고 짐작할 수 있다.

그가 남긴 다시 20여 수가 있는데 그중 엄천사(嚴川寺)에서 자면서 "차 달이며 맑은 얘기 깨끗함이 맘에 들고(煮茗淸談愜素期)"라던가, "바위 사이에서 차 달이니 개울에 비친 달 한결 맑고, 경을 말하는 자리에는 산 위의 구름이 한가롭네[煮茗巖間溪月淨 談經榻畔嶺雲閑, 「중송민상인환오대(重送敏上人還五臺)」]"라고 노래한 시가 있다. 이로 보면 점필재도 절과 스님에 관해 상당히 친근하게 왕래했다는 것을 알 수 있다. 기영회(耆英會)의 다석에 지나는 스님을 부른 것이나, 스님들에게 보낸 시가 여러 편인 것을 보면 짐작할 수 있다.

유호인(俞好仁 : 1445~1494)

세종에서 성종 연간의 학자로 자는 극기(克己), 호는 뇌계(㵢溪)라 했다. 중앙관서와 거창현감, 합천군수를 지내다가 병몰(病沒)했다. 부모를 봉양하러 지방관원을 청했을 때, 성종의 총애가 지극하여 만류하는 노래를 내렸을 정도였다.

　　이시렴 부디 갈다 아니가진 못할소냐
　　무단히 슳드냐 남의 말을 들었느냐
　　그래도 하 애닯구나 가는 뜻을 일러라

-『청구영언(靑丘永言)』

시·문·서에 모두 뛰어나 당대의 삼절(三絶)로 불렸다. 그도 역시 점필재의 문하답게 차를 좋아해서 다시 10여 수를 남겼다.

　　수염 쓰다듬으며 자연을 거느리니
　　이 곧 큰 벼슬임을 알겠네
　　버들 눈 벌써 눈섭처럼 퍼지고
　　멧새들은 소리 내어 울어댄다네
　　시상(詩思) 찾아 얼음산길 찾아갔더니
　　온갖 물색 참으로 놀랍구려
　　안장 버리고 걸어서 절로 오르니
　　산은 어두운데 소나무 위의 달은 둥그네
　　호승(胡僧)이 일주차 끓여주어
　　몇 잔 마시니 마음이 깨끗해지네
　　이 몸 이미 세속을 떠났으니
　　그대 나를 벼슬아치라 생각지 마오
　　撚髭管溪山　　　做此一大官

柳眼已舒眉	山鳥聲間關
探詩氷山路	物華屬駭觀
卸鞍步琱臺	山暝松月圓
胡僧茶日鑄	數椀燒肺肝
此身已塵外	莫作使君看

— 「이봉친관사요자택득군강남(以奉親官舍要自擇得郡江南)」

중앙에서 언제나 조심하고 신경 쓰다가 이제 시골로 오니 편안한 마음으로 자연 속에 노닐 수 있어 이 정말 높은 벼슬자리라 하겠구나. 때는 이른 봄이라 버들 싹 트고 산새 노래하는데 시흥(詩興)에 겨워 밖에 나오니 경물이 아주 새롭구나. 걸어서 절에 오르니 달이 훤한데 산승이 올리는 차 마시니 마음이 개운해진다.

이때는 벌써 속인이 아니다. 그리고 벼슬아치도 아닌 산속에 묻힌 자연인이다. 진정 차는 현실과 이상 사이에서 옷을 입은 나와 옷 벗은 나를 갈라놓는 선약(仙藥)이다. 그가 이처럼 차에 심취했다면 이미 참다운 차인임에 틀림없다. 이 같은 내용은 다음 시에도 나온다.

개인 창 아래 여름옷 걸치고 오비(五沸)의 탕성(湯聲)을 들으니,
한가롭고 고요한 속에 그 소리 좋기도 해라
메말랐던 문사(文思) 삼천 권의 책으로 넘치고
벼슬 떠난 지금부턴 맑은 꿈만 꾸겠네

白袷晴牕五沸鳴	可憐閑味靜中聲
枯腸剩汲三千卷	遊宦從今入夢淸

— 「영다(詠茶)」

지난해 눈 속에 와서 놀 때는
온 골짜기 달빛으로 경궁요대(瓊宮瑤臺)이러니
석루의 서쪽 물가 싯자리(詩席)는 찾았건만
차 달여 내던 호승은 자취조차 없구나

去歲來遊臘雪霏　　瓊瑤萬壑月輝輝
石樓西畔尋詩處　　煮茗胡僧錫已飛

-「관음굴잡영(觀音窟雜詠)」

　무더운 여름날 시원한 홑바지 바람으로 바람 들어오는 창 앞에서 차를 마시니, 막혔던 시사(詩思)가 물고 트이듯 쏟아져 나온다. 더구나 답답한 벼슬자리에서 멀리 있으니 더 말해 무엇 하리. 작년 납일에는 눈 속에 와서 호승과 함께 서쪽 물가에서 차 마시며 시 짓고 즐거웠는데, 지금은 그도 떠나고 쓸쓸한 추억만이 남았다.

　이런 기분은「복령사(福靈寺)」에서도 "내 서루에서 차를 마시며 시 읊으니, 뜰 가득히 꽃잎 떨어지네(茶罷西樓看我吟 滿庭細雨落花深)"라고 하였는데 이처럼 그의 '차'에는 서정적인 면과 시문이 자주 등장했다. 뇌계는 차에서나 시에서나 언제나 정도(正道)를 택했다. 물 끓는 소리를 듣고 설유차를 달이는 과정은 정말 실감나는 장면이다〔是間端合松聲沸 聊試江南雪乳茶,「매창소월(梅牎素月)」〕.

　그가 단속사(斷俗寺)에 갔을 때 산승이 석양에 절문에 나와 맞으며 오는 길이 어려웠음을 위로한다. 들어가 방장실에 앉으니 향기 방에 가득하고 어느 때 쓴 시인지 모르고 잘 보이지도 않는 벽에 걸린 족자를 떼어들고, 차를 마시며 천천히 읽어본다. 요행스럽게 아침저녁으로 옛사람의 필적을 더듬을 수 있어서 좋았다(夕陽僧倚門 迎我慰艱澁 坐我方丈間 桂風香

滿室 不知何代詩 掛壁字埋沒 手拂看銀鉤 啜茗仍細讀 何幸朝暮遇 收拾古人迹).

나그네 방 밖엔 안개 속 새벽달 자욱하고
차 연기 하늘하늘 코 밑으로 스미네
임금님 은혜로 홍문관에 듦은 분수 넘치고
절에 다시 와보니 생각이 망연하다네

曉月濛濛羈枕外	茶煙裊裊鬢絲邊
承恩玉署慙非分	桑下重來意惘然

— 「숙엄천사(宿嚴川寺)」

외로운 성에 지난밤 비 내리니
깊은 봄 곳곳이 꽃이 피었구나
이 관원은 오직 나라 생각에
좋은 계절에 집으로 못 돌아가네
꿈 깨니 새가 화들짝 놀라게 하고
차 마시니 근심스런 마음 적셔지네
앞에는 향기로운 냉이 깔려 있어
아낙들 재잘거리며 캐고 있다네

昨夜孤城雨	春深處處花
一官專爲國	佳節未歸家
夢破驚心鳥	愁思潤肺茶
前材香薺遍	采婦一時譁

— 「우중 차장완구운(雨中 次張宛丘韻)」

지난 날 스승이 와서 다원을 이룬 곳에 다시 찾아와서 차 마시고, 스승은 물론 임금의 은혜에 감사한다. 그는 솔바람소리를 들으면서 차가 막 익어가는 것을 알았고(松濤沸耳茶初熟), 온갖 번뇌를 차로서 씻으려 했다.

남효온(南孝溫 : 1454~1492)

단종에서 성종 연간의 학자이다. 생육신의 한 사람으로 자는 백공(伯恭), 호를 추강(秋江)이라 하고 김종직의 문인이다. 김시습과 교유하며 유랑했고 반주자학적(反朱子學的)인 노장(老莊) 쪽으로 흘렀다. 호방 강개(慷慨)한 성격으로 갑자사화 때 부관참시되었으나 그 후 신원되어 시호를 문정(文貞)이라 했다.

그는 젊은 날 술을 좋아했으나 어머니의 꾸중으로 다시는 입에 대지 않았다. 「지주부(止酒賦)」를 쓰고 매월당에게도 술의 좋지 않은 점을 써 보냈다. 이에 대해 김시습은 술을 완전히 끊어 한 모금도 안 마시는 것은 임금과 어버이를 받들고 조상에 제사 지내는 도리에 어긋나는 것이므로 공자의 말씀처럼 난(亂)에 이르지 않으면 된다고 설득했다.

이어서 김시습은 "나는 오직 제사 때와 병을 치료할 때는 술을 폐할 수가 없고 그밖에 꽃을 볼 때나 달을 대하거나 손을 맞거나 명절을 즐길 때는 송명(松茗)으로 술을 대신하여 마신다"고 했다. 추강(秋江)이나 매월당은 이런 인연으로 인해 더 가까이하고 차에 관한 생각도 교환한 듯하다. 저서에 『추강집(秋江集)』, 『추강냉화(秋江冷話)』, 『육신전(六臣傳)』 등이 전한다.

일찍이 세속일로 동분서주 하였더니
오래 찌든 뱃속 솔개소리 나는구나
저녁 강이 추워져 아이 불러 차 달이니
불길 이는 이 마음을 가라앉혀 주는구나
텅 빈 방 밝은 데서 온갖 생각 가다듬고
긴긴 날 책상에서 아무것도 듣보지 않네
동화문 밖 시비는 한결같아서
왁자지껄 떠들어도 그 소리 안 들리네

會向世間馳東西	十年枯腹飢盞啼
呼童煮茗暮江寒	醫我渴肺心火低
百慮漸齋虛室明	日長烏几收視聽
東華門外競是非	呶呶聒耳不聞聲

－「은당자명(銀鐺煮茗)」

은솥(銀鐺)은 고급스런 다구(茶具)다. 중국에서도 십육탕품(十六湯品)에 이르기를 금은의 다구는 좋지만 손에 넣기 힘들다고 했으니 귀한 것이다. 그렇다고 추강의 성품에 거금을 주고 샀을 리 만무하고 누가 차를 사랑하는 마음을 나누고자 선물로 주었든지, 아니면 자신의 다구를 미화했을지도 모른다.

젊던 날 세속적인 일로 분주하여 마음이 황폐해진 것을 차를 마시며 가라앉힌다. '십년고복(十年枯腹)', '갈폐심화(渴肺心火)' 등은 그의 고뇌와 비분을 표현한 것이다. 황폐한 마음은 곧 세상일에서 풀려나고 번뇌가 사라져 안정을 얻는다. 오직 독서에 열중하여 어떤 시끄러운 속사(俗事)에도 초연해지는 것이다. 바로 다삼매(茶三昧)의 경지에 이른다.

추강은 유학과 노장, 그리고 불학(佛學)과 차를 두루 섭렵했기에 사승(寺僧)들과 많이 만나고 글도 남겼다. 특히 금강산 표훈사 주지 지희(智熙)와는 가까웠으며, 「지리산일과(智異山日課)」에서는 화엄사의 연기설화(緣起說話)를 잘 기록하였다.

절의 옛 이름은 화엄이니 명승 연기가 창건했다. 절 양 옆은 모두 대숲이고 뒤에는 금당이 있으며 금당 뒤에 탑이 있으니 아주 밝고 깨끗하다. 차꽃과 대나무, 석류, 감나무 등이 옆을 둘러싸고 있다. 내려다보면 넓은 들이 펼쳐졌고, 긴 냇물이 아래로 가로 흘러 웅연을 이루었다. 뜰 가운데 석탑이 있는데 탑의 네 귀퉁이를 기둥으로 받히고 그 안에 부인이 서서 이고 있는 모양이다. 중이 말하기를 이것이 연기의 어머니로 여승이 되었다. 그 앞에 작은 탑이 있는데, 역시 네 귀퉁이에 기둥으로 탑을 받혔고, 그 가운데 남자가 머리에 이고 서서 부인께 바치는 모양을 하고 있으니 이가 연기이다. 원래 신라 사람으로 그 어머니를 따라 이 산에 들어와 절을 창건할 때 제자 천 여 명을 데리고 와서 정성을 다해 불도에 정진했기에 불가에서 조사라고 칭한다.

寺古名花嚴 名僧緣起所創 寺兩傍皆竹林 寺後有金堂 堂後有塔殿 殿最明淨 茶花 鉅竹 石榴 柿木環繞其傍 俯視大野 長川橫跨其下 爲熊淵 中庭有石塔 塔四隅 有四柱戴塔 又有婦人中立頂戴狀 僧曰 此緣起母爲尼者也 其前有小塔 塔四隅 亦有四柱戴塔 亦有男子中立頂戴仰向於戴塔婦人狀 此緣起也 緣起者 故新羅人 從其母入此山創寺 率弟子千人 精盡話道 禪林號爲祖師.

-「지리산일과(智異山日課)」

선령(先靈)의 전사(奠祀)를 절에서 지내고 영전에 차를 올린 것은 유학자로서 보기 드문 일이었다(主人許我誠 呼俸奠祀事 炊飯禮金身 酌茶奠先

靈). 그리고 여행 중에도 차는 계속 마셨으니 향수암(香水庵)에 머물면서 차를 마시고 청취한 기분을 맛보았다(啜茶淸趣轉奇哉).

조위(曺偉 : 1454~1503)

단종에서 연산 연간의 학자로 자를 태허(太虛), 호를 매계(梅溪)라 했다. 과거에 급제한 후 여러 번 시제(詩製)에 장원하여 성종의 극진한 총애로 응교(應敎), 도승지, 충청관찰사, 지춘추관사(知春秋館事)를 역임했다. 1498년 성절사(聖節使)로 중국에 갔다 오는 도중 무오사화가 일어나서 의주에서 구금되어 장류(杖流)되고, 배소(配所)에서 임종했다. 스승 점필재와 신진사류의 지도적 선비로 성리학의 대가였다.

바위에서 솟은 샘물 대통으로 이어져서
암자 앞에 쏟아지니 시원하고 맑구나
산승이 움켜 마시니 아침 시장기 달래고
맑고 달기는 강왕곡수보다 훨씬 좋다네
손이 와서 스님 불러 일주차 끓이는데
풍로에 숯불 타니 설유가 솟아 뜨네
누가 석 잔의 차 노동에게 보내고
또 더 좋은 차로 육우에게 자랑할고
평생토록 많은 먼지 할 수 없이 먹었으니
창자도 시들고 입술도 말라 거칠다네
꽃잔에 눈 같은 차 거침없이 기울이니
갑자기 온몸이 새롭게 맑아지네

連筒泉水出嵓腹　　來瀉庵前寒更淥

山僧掬飮慰朝飢　　淸甘遠勝康王谷
客至呼僧烹日注　　活火風爐飜雪乳
誰持三椀寄盧仝　　更將絶品誇陸羽
平生厭食幾斗塵　　肺枯吻渴無由津
花甌快傾如卷雪　　頓覺六用俱淸新

- 「가섭암(迦葉庵)」

아마 그가 충청관찰사로 있을 때 가섭암을 찾았을 것이다. 대통으로 석간수(石澗水)를 끌어오는 것은 지금도 우리 절에서 많이 볼 수 있는 정경이다. 깨끗한 물을 아침에 마시는 것은 식전의 요기일 뿐만 아니라 약이 된다. 중국에서 손꼽히는 강왕곡(康王谷)의 물이라 한들 이 물은 당할 수가 없다.

당시는 승려의 격(格)이 선비나 관원에 비할 수 없이 낮았으니, 차 시중을 드는 것이 이상할 것 없다. 그런데 매계는 차에 대해 많이 알고 있었다. 일주차를 끓이고 설유(雪乳)가 활화(活火)에서 만들어지며, 노동과 육우는 말할 것도 없고 화구(花甌)를 애용하는 정도면 더 물어볼 것이 없는 것이다. 더구나 도곡(陶穀)의 차를 알고 있을 만큼 차에 밝았다.

'염식두진(厭食斗塵)'이나 '폐고문갈(肺枯吻渴)'은 그의 개인적 고뇌이면서 시대적 고뇌였다. 개혁의 포부는 컸지만 현실의 벽은 높기만 했다. 스승의 주장대로 현실정치에 몸담았지만 뜻이 같지 못한 데서 오는 고뇌였다. 그리고 설유나 화구로 미루어 그가 마신 것은 병차에서 가루 낸 것임을 알 수 있다.

가을날 글을 읽다가 아이 불러 차절구를 찧게 해서 차를 마시고(空喚僕敲茶臼), 홍주에서는 단차 한 잔을 마시고 임금님 생각을 하는 충신이기도 했다(啜罷龍團一椀茶 夢回猶記紫宸衙).

스승의 운(韻)에 맞추어 석대에서 차를 달이고(茶煙颺石臺), 술을 마신 다음에도 차를 마셨다(薄酒當煎茶). 매계(梅溪)도 승사(僧寺)에서 차를 마신 시가 여럿 있다.

정희량(鄭希良 : 1469~?)

자는 순부(淳夫), 호는 허암(虛庵)이다. 과거에 급제하여 벼슬길에 올랐으나 무오사화로 유배되었다. 1501년 방면되었으나 다음 해에 행방을 감추고 사라졌다. 서른 살의 유배객은 울분을 삭이느라 술에 취해 있다가도 저녁 늦게 차를 끓여 마시며 현허(玄虛)한 세계에 노닐었다. 원래 양명학(陽明學)에 밝고 단학(丹學)에 경도되었는데, 매월당(梅月堂)의 도교적 사상에 영향을 받았다. 그래서 그는 은둔생활에 깊은 동경을 가지고 차를 마셨다. 산림에 숨는 것은 소은(小隱)이고 시성(市城)에 숨는 것은 대은(大隱)이라며 차를 통해 선경에 몰입하고 세속의 허탄함을 느끼게 된다.

밤은 얼마나 깊었는지 하늘엔 눈이 오려는데
등불 밝힌 옛집은 추위에 잠들기 힘드네
상머리 낀 이끼 말끔히 닦아내고
바닷물처럼 차디찬 물 콸콸 부어서
화력의 강약을 알맞게 맞추니
벽 위에 달 비치고 맑은 연기 피어나네
솔바람 끓는 소리 온 골짜기 울리고
세차게 끓어올라 긴 시내 다 울리네

우뢰 번개 세찬 기세 끝나기도 전에

급히 달리는 수레가 험한 산꼭대기를 넘더니

잠깐 사이 다시 구름 걷히고 바람 멎어

파도 일지 않고 맑은 물결 지네

표주박 기울이니 빙설처럼 희어서

마음이 확 트여 신선과 통한다네

천천히 혼돈의 구멍 깨어 뚫어

홀로 신마 타고 선계에 노닌다네

돌아보니 지나온 길 자갈밭인데

요사스런 속된 생각 모두 사라지고

마음 바탕 드넓음을 깨달아서

속사를 뛰어넘어 소요세계 노니는 듯

좋은 곳 향해 나아가 오묘한 곳 이르면

손뼉 치며 즐겁게 이소경을 읊으리

듣자니 선계의 진인들은 깨끗함을 좋아하여

이슬을 마시면서 배설도 하지 않고

노을과 옥을 먹어 오래 살면서

마음 씻고 터럭 베어 동안처럼 곱다네

나도 세상 대함 이와 같거늘

어찌 말라버린 나무들과 오래 살기 다투리

그대는 알지 못하는가

노동이 배고플 때 차 삼백 편 즐겼고

『도덕경』 오천 자는 부질없는 문자임을

夜如何其天欲雪　　青燈古屋寒無眠

手取床頭苔蘚腹	瀉下碧海冷冷泉
撥開文武火力均	壁月浮動生晴烟
松風颼颼響空谷	飛流激激鳴長川
雷驚電走怒未已	急輪轉越轅轅巓
須更雲捲風復止	波濤不起淸而漣
大瓢一傾氷雪光	肝膽炯徹通神仙
徐徐鑿破渾沌竅	獨取神馬遊象先
回看向來矸磧地	妖魔俗念俱茫然
但覺心源浩自運	揮斥物外逍遙天
漸窮佳境到妙處	拍手朗詠離騷篇
吾聞上界眞人好淸淨	噓吸沆瀣糞穢痊
餐霞服玉可延齡	洗髓伐毛童顔鮮
我自世間有如此	豈與枯槁爭長年
君不見盧仝饑弄三百片	文字汗漫空五千

― 「야좌전다(夜坐煎茶)」

　많은 차인들이 이 시를 좋아하는 것은 후탕(候湯)의 모든 것이 다 들어 있으면서 그 깊은 정신적 세계에 노닐기 때문이다. 오비순숙탕(五沸純熟湯)을 끓이며 문무화력(文武火力)을 마음대로 조절하는 경지는 벌써 금단(金丹)을 연성하는 섬세함과 공력이 통달한 선의 경지다. 심신이 추위에 고달파 잠 못 이루는 밤에 먼지 앉은 다구를 닦고 물 부어 차 끓이는 것은 몸도 녹이고 마음도 맑게 하기 위해서다. 그러니 온 정성 다 들여 한 순간도 소홀함이 없이 정해진 대로 끓인다.
　그가 삼대변(三大辨) 중 성변(聲辨)의 오소변(五小辨)을 중심으로 표현한 것은 그것이 밤이기 때문만은 아니다. 그의 전다 솜씨가 득도의 경지에 이르렀기 때문이다. 활화 위에 솥을 얹고 눈을 감고 앉아서 초성(初聲), 전성(轉聲), 진성(振聲), 취성(驟聲) 다 지나고 직지무성(直至無聲)에 이르는 과정을 꿰뚫고 있는 것이다. 그는 이 마지막을 "잠깐 사이 구름 걷히고 바람 멎어 큰 파도 일지 않고 맑은 물결 지네"라고 노래했다.

이렇게 우려낸 차를 마시니 고뇌에 가득 차서 혼돈스럽던 머리가 맑아져 선계에 있는 듯하고, 지나온 세속의 일과 자신의 자욱이 속되고 험난했음을 회고한다. 이제 모든 것을 떨치고 초연한 세계에 노닐며 더러운 현실을 잊으려는 마음은 바로 『다부』를 쓴 한재의 마음과 같다.

긴 여름날 한가한 여관에서 잠만 오기에
차 끓여 마시니 졸리던 눈에 생기도네
평생 흙먼지 더러운 것 씻어버리고
고산을 친히 보니 옥인(玉人)이 왔다네
한 가닥 솔바람 네 벽을 차게 하고
나비 꿈 깨고 나니 정신이 안정되네
하루 종일 창 앞에서 향 피우고 앉으니
마음은 혼돈의 아득한 세계에 노닌다네
남강에선 붕어회 먹기 싫어했더니
북창에는 한가로이 눈발이 휘날리네
「이소」를 낭랑하게 읊으니 마음 시원해지고
하늘은 우리에게 더 궁구하라 가르치네
바둑판의 죽은 돌은 삼백이고
가슴 속 문자는 오천이라네

선생의 홀로 즐김 그려보니

물가 숲 아래의 신선이구려

日長旅館閑生睡	煮啜瓊漿病眼開
抔洗百年塵土穢	姑山親見玉人來
一陣松風四壁寒	夢回蝴蝶覺神閑
晴窓盡日焚香坐	心在鴻濛太極間
南江懶膾金鱗鯽	北戶閒揮玉塵風

[梅溪有南湖釣魚之約懶不從故云云]

浪讀離騷成一快	天敎我輩不曾窮
局上枯棋三百	胸中文字五千
想見先生獨樂	水邊林下神仙

―「독좌전다봉정매계(獨坐煎茶奉呈梅溪)」

매계(梅溪) 조위(曺偉)에게 바친 시다. 매계는 그와 동문(同門)이면서 15년이나 연장(年長)으로 남호(南湖)에서 성중엄(成重淹)과 함께 논 적이 있다. 그때 허암(虛庵)은 매계를 따라 낚시하지 않았다는 내용의 주(註)를 달아놓았다.

이 시는 처음부터 탈속(脫俗)을 노래한다. 세속의 혼탁을 씻고 찻자리에 앉으니 마음이 본래대로 돌아가 '평상'을 찾고 무한한 우주의 진리는 장주의 호접몽 후에야 얻어지는 것이니, 어찌 「이소(離騷)」를 읽지 않으리. 이런 시간에 「이소」 읽기를 좋아한 것은 고뇌에 찬 굴원의 마음에 무척 공감했기 때문인 것이다. 그가 차를 끓이며 「이소」를 읊은 얘기는 『해동잡록(海東雜錄)』에도 나올 정도다. 「이소」를 즐겨 읊고 『도덕경』을 상고하며 찻잔 앞에서 홀로 앉은 것은 벌써 신의 경지에 이름을 나타낸 것이다. 자신의 그런 모습이 상대인 매계에로 옮겨지며 공감대를 형성한다.

몸 닦기를 청렴결백(淸廉潔白)하게 하여, 비유컨대 강리(江離)·벽지(辟芷)로 옷을 입고 추란(秋蘭)을 실로 꿰어 차고 있듯이 자신을 닦았다(扈江離與辟芷兮 紉秋蘭以爲佩). 그래서 처음 임금께 벼슬할 때는 나를 믿으시고 나 또한 충성을 맹세하여 흡사 남녀가 혼인하듯 했는데 중도에 나를 버리시고 참소하는 자의 말을 들으시는지(黃昏以爲期兮 羌中道而改路)라는 「이소」의 구절을 읽으면서 자신은 천지 사이의 보잘 것 없는 과객임을 통감했으리라. 그래서 34세의 젊은 나이로 종적을 감추고 말았다.

그의 감정이 지나치게 이상을 좇고 현실에 염증을 느낀 점이 없지 않으나, 노장(老莊)의 정신에 매료된 차인으로 뚜렷한 철학을 가졌던 것은 사실이다. 그리고 차가 생활에 배어 있기에 조금도 어색하지 않으면서 깊이가 있었다. 털옷 껴안고 차 달이는 청고한 맛(擁褐煎茶淸味永)이라든가, 현실적인 근심도 차만 만나면 시흥이 도도해졌다(傷心鬢自華 詩添今日興)라는 표현에서 잘 알 수 있다.

이목(李穆 : 1471~1498)

성종 대에서 연산군 사이의 문인으로 자는 중옹(仲雍), 호는 한재(寒齋)라 했다. 19세에 과거에 급제하여 진사로 성균관에 들어가 수학했고, 24세에 대과에 장원으로 급제하여 영안도평사(永安道評事)를 지냈다. 무오사화(戊午士禍) 때 훈구파인 윤필상의 모함으로 김일손 등과 함께 참형에 처했다. 1506년에 면과복관(免過復官)되고 후에 충현서원에 배향되었다.

1495년 중국을 다녀온 후 썼을 것으로 보이는 『다부(茶賦)』는 현재 전

경기도 김포 애기봉 입구에 있는 한재사당 정간사(貞簡祠)

해오는 우리 다서(茶書)로는 가장 오래 되었을 뿐만 아니라 그 내용의 깊이를 헤아리기 힘들 정도이다. 도학(道學)에 전념하는 유학자들은 유명한 차인들이라도 시편(詩篇)에 자기감정을 담은 예는 많으나 한재처럼 다론(茶論)을 저술한 예가 거의 없고, 더구나 형이상적 심오한 정신을 설파한 이가 없다.

  차 생활의 저변에 노장사상이 혼재되어 양생(養生)에서 군자지도(君子之道)에 이르는 이상을 다성(茶性)에 결부시켜 선계에 이르기까지 확대시켰다. 『다부』를 쓰게 된 동기와 배경을 먼저 병서(竝書)에 적고 차의 산지, 생활환경, 전다(煎茶), 효능을 칠수(七修), 오공(五功), 육덕(六德)으로 나누어 노래하고 끝에 자신의 차 정신을 피력했다.

그의 차 정신은 점필재의 문하답게 도학(道學)정신에 바탕을 두어 철저한 성리학적 사고가 중심이 된다. 공부하기 위해 집을 떠나는 동생에게 준 시를 보면 그의 정신이 뚜렷함을 알 수 있다.

우리 집안 예로부터 글을 했기에
책을 즐겨 하고 재물에는 생각 없었네
부모님 이미 늙으시고
우리는 아직도 서생의 몸이라네
바위 옆 노송 위에 학의 꿈 엉글고
달빛 아래 집 주변엔 차 연기 피어나네
도를 구함에 한결같이 하고
산봉우리 위의 구름엘랑 한눈팔지 말게나

李氏自文學	愛書不愛金
爺孃已白首	吾汝猶靑衿
鶴夢巖松老	茶煙洞月陰
慇懃求道處	且莫看雲岑

-「송사제미지 지송경독서(送舍弟微之之松京讀書)」

어려움 속에서도 체모를 잃지 않고 학업에 정진하면서 명리(名利)에 현혹되는 일이 없기를 당부한 내용이다. 학몽(鶴夢)은 집안의 품위이고 다연(茶煙)은 그의 정신이었다. 이것이 바로 육우의 『다경』을 읽고 그가 터득한 다성(茶性)의 실천이다. 그래서 그는 제례(祭禮) 때도 철갱봉다

(撤羹奉茶)를 철저히 행했다.

또 그는 어느 다서(茶書)에도 쓰지 않았던 한(蔒)과 파(葰)를 써서 자신이 그 이름을 상고했음을 보여준다(考其名).

차는 단순한 음료가 아니라 양생(養生)에는 양약(良藥)이요, 정신에는 청량제니 그것은 차가 천지의 순한 기운을 머금고 일월(日月)의 정화(精華)를 호흡했기

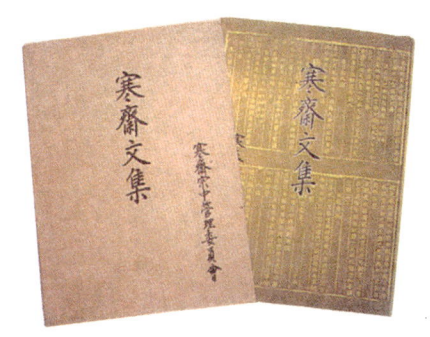

『한재문집』

때문이다. 더구나 차의 생육지(生育地)가 한재 자신이 처한 입장과 유사하고 그 신비와 경이로움이 그의 높은 정신세계와 통한다고 믿었다.

그는 전다(煎茶)에 관한 삼대변(三大辨)과 십오소변(十五小辨)을 터득했고 노동의 「칠완다시」를 암송하며 한시도 공맹(孔孟)의 정신을 잊지 않았다. 그래서 삼매경(三昧境)에 들면 곧 방촌일월(方寸日月)의 경지에 이르렀다. 시공을 초월한 영원한 광명의 세계에 노닐게 되니 나 자신은 없고 오직 우주만이 존재하는 세계다. 바로 '소아'가 '대아'로 확대되어 육신에 담긴 정신이 우주공간을 만들어 영혼을 다스리는 초탈의 세계다.

차에는 다섯 가지 공(功)과 여섯 가지 덕이 구비되어 있으니, 군자행(君子行)을 지향하는 한재 자신이 멀리할 수 있었겠는가. 지난 역사 속에 선인들이 즐겼듯이 잠시도 떨어지지 않고 함께 있었으니 그의 정신 속에는 언제나 그의 '마음의 차(吾心之茶)'가 가득 차 있었다.

그는 다른 글에서 "하늘의 성이 바로 나의 성이고, 하늘의 마음이 내 마음이며, 하늘의 도가 나의 도요, 하늘이 좋아하고 싫어하는 바가 바로 내가 좋아하고 싫어하는 바이니, 까닭에 내 마음 안에 하늘의 마음이 있다(天之性吾之性 天之心卽吾之心 天之道卽吾之道 天之好惡卽吾之好惡 故

吾心之內在天心)"고 하여 자신의 지향하는 바가 천도(天道), 곧 본연의 자연스러움에 있음을 말했다.

한재는 철저한 도학자요, 실천하는 차인이었다. 또한 『다부』라는 불후의 명편을 남겼으니 우리 다사에서 태산북두(泰山北斗)처럼 영원할 것이다.

홍귀달(洪貴達 : 1438~1504)

문신으로 자는 겸선(兼善)이고 호는 허백당(虛白堂)으로 별시 문과에 급제하여 동부승지를 지내고, 좌참찬에 이르렀다. 연산이 손녀를 궁에 들이라는 명을 어겨 유배 중에 교살되었다. 성격이 곧고 원만한 차인이었다. 『허백당문집』이 전한다.

동각의 고결한 선비 붓 휘두르고 싶은데
서호의 처사는 시상에 젖어 앉았다네
서로 말없이 한참 앉았다가
노동의 한 잔 차 부른다네

東閣高人生筆力　　　西湖處士坐詩魔
相看寂寞無言久　　　時喚盧仝一椀茶

— 「매창소월(梅牕素月)」

냉랭한 베갯머리 자리는 찬데
맑은 달을 찻병에 따른다네
푸른 정원에서 시 읊으며 들어오니
외로운 등불 하나 졸고 있다네

簟冷氷敲枕　　　茶淸月瀉瓶
入吟庭樹綠　　　照睡壁燈靑

관에 들어가니 바닥에 깔린 것과 방석 자리가 심히 더러워 모두 바꾸라고 명했다. 이에 자리와 방석을 깨끗이 하고 차를 올리니 좋은 작설차였다. 뜰 가운데 오래된 느티나무 두 그루가 있어 그늘지고, 밤에 등을 밝히라 하고 앞길을 계획하여 그믐께 서울에 도착하도록 했다.

入館 管鋪鋪靘汚甚 令改之 乃鋪簟極新 仍進茶 眞雀舌也 庭有古槐兩株 陰厚 夜命張燈 坐計前途 月晦 當入京.

- 「숙동관역즉사(宿東關驛卽事)」

차와 시는 선비들에게서 뗄 수 없는 관계다. 시상이 고갈되어 막힐 때는 의례 차를 찾는 것이 당연했다. 어찌 시객에 한하겠는가. 객지에서 긴 여행을 하는 사람에게도 차는 있어야 했고, 술병이 난 사람에게도 차는 필요했다(肝腸病酒進新茶).

이때 사람들이 말하는 차에 용단(龍團)이나 건차(建茶) 등이 등장하는데, 이는 벌써 예전에 존재했던 차들이고 다만 그때의 차 이름이 남아서 중국차나 혹은 좋은 차를 칭할 때 구분 없이 부르지 않았나 하는 생각이다(茶鐺小試龍團餠).

성현(成俔 : 1439~1504)

　문신으로 자는 경숙(磬叔), 호는 용재(慵齋)·허백당(虛白堂)이다. 과거에 급제하여 대사간, 대사성을 지내고 중국에 두 번이나 다녀왔다. 음악에 능해서 『악학궤범(樂學軌範)』을 편찬했고 『용재총화』를 남겼다.

열어놓은 선실에는 심기가 가라앉고

나그네 마시는 찻사발은 색과 맛이 수척하네

나옹화상의 선적(仙跡)을 받들어 읽었는데

한산비석의 글자들은 반쯤이 희미하네

僧開禪室心機靜 　　　客索茶甌色味臞

仰讀懶翁神仙跡 　　　韓山碑字半糢糊

　　　　　　　　　　　　　－「제보은사(題報恩寺)」

소나무 숲 우거진 연봉 둘러 있는데

집 건너 스님 불러왔다네

차솥 앞에 놓고 앉아 종일 얘기하니

장차 이 몸 맑고 깨끗한 속에 맡겨둘거나

蒼松無數鎖峯巒 　　　隔屋相呼衲子還

坐對茶鐺終日話 　　　却將身世付淸間

　　　　　　　　　　　－「삼척죽서루팔영(三陟竹西樓八詠)」

아주 마시지 않고

공연히 작설만 마신다네

맑은 날 늦도록 난간에 기대서

처마가 기울 때까지 괴롭게 읊조리네

不酌鵝兒酒 　　　空斟雀舌茶

憑欄晴日晚 　　　吟苦帽簷斜

　　　　　　　　　　　　－「차기재헌운(次麒蹄軒韻)」

찻병에 가늘게 지렁이 우는 소리
밤들어 경서 읽으니 촛농이 흐르네
바람이 수수 부니 선탑에 흰 머리 날리고
밤이 깊어 가는데 푸른 솔바람 함께하네

茶甁細作蚯蚓號　　看經夜燭紅流膏
鬢絲禪榻風颼颼　　夜闌共作蒼松濤

- 「영명심승(永明尋僧)」

선비가 차를 마시는 것은 술을 빨리 깨게 한다거나 하는 경우도 있지만, 시와 정신을 맑게 하는 데 목적이 있었다. "정자의 선비는 몸과 마음 청정하여, 차솥을 앞에 두고 용단을 달인다네(亭前騷客骨更淸 茶鐺小試 龍團餠)." 마음 맞는 사람과 종일 앉아서 선어(禪語)를 주고받거나 시문을 논하는 것이다. 절에 들렸더니 그 절의 중이 아는 듯 친절히 읍하고, 차를 주면서 시 한 수를 써 달라는(居僧來揖如相識 勸我斟茶又索詩) 대목은 실감난다.

밤늦도록 촛불 켜놓고 책을 읽다가 차 마시는 사이에 흰머리 날리는 자신의 삶과 때맞추어 들려오는 솔바람소리를 듣는 주인공은 바로 신선이다. 그런데 그의 시 중에 씀바귀와 오랑캐꽃의 싹을 마신다는 내용이 있어서(茶菫叢生味似飴; 菫茶如飴)『시경』에 나오는 대목과 연관 지어 봄직하다.

이식(李湜 : 1458~1488)
　세종의 손자로 부림군(富林君)에 봉해졌으며, 자는 낭옹(浪翁)이고 호는 사우정(四雨亭)이다. 시문에 능한 명창이었으나 젊은 나이에 죽었다.

문집 『사우정집』이 전한다.

앉아서 찻사발에 흰 거품 보노라니
고요한 숲에서 구슬 흩어지는 샘물소리 들리네
반쯤 닫힌 사립문엔 오는 이 하나 없고
서울 있는 벗들은 나를 잊지 않았는지

坐見茶甌辰白浪　　靜聞林澗散珠流
蓽門半掩無人到　　京洛親朋憶我不

－「즉사(卽事)」

욕실의 소나무 물통 정갈하기도 하고
찻사발 안의 찻잎 많기도 해라
두레박은 샘에 드리워 있고
누각엔 아침 안개 피어오르네

浴室松槽淨　　茶甌茗葉多
桔槹通澗水　　樓閣隱朝霞

－「회암상방(檜菴上方)」

방에는 수많은 책들이 쌓였으나
두세 집뿐인 외로운 마을이라네
글 읽는 소리 옥을 굴리듯 맑고
붓을 휘두르니 새들이 어지럽게 나네
들에는 아침 내 안개 덮이고
산 빛엔 옅은 땅거미 덮인다네

할 일 없이 낮잠 자고 나니
때맞추어 노동의 차 끓이고 있네

書史十千卷　　孤村三兩家
詞音淸夏玉　　醉墨亂鬪鴉
野色終朝暗　　山光薄暮多
閒眠無箇事　　時煮玉川茶

-「차금헌운(次琴軒韻)」

　귀하게 태어나서 서울 떠나 있으니 자연 그리운 얼굴도 많고 궁금하기도 했을 것이다. 그리고 아무데를 가든지 특별한 대우를 받았으나 마음은 언제나 한쪽이 텅 빈 듯했으니, 그를 달래기 위해 차를 놓지 않았다.

　궁중에서 익힌 다풍이니 금로사주(金爐麝炷)도 나오고, 그를 맞는 사람들도 정성을 다했다. "장노가 흔연히 맞아, 은근한 정으로 차를 달이네〔長老欣邀我 慇懃爲煮茶,「정인상(正因上)」〕"라고 읊었다. 그러다 보니 자연 절을 많이 찾았고, 불가에 대해서도 많은 지식을 가지고 있었다(優曇花雨曼陀月; 遙想茶餘慇佛處).

　그의 시에 질로 구운 솥에 차를 달인 기록이 나오는 것은 눈여겨볼 일이고(瓦鼎烹茶起素濤), 눈물에 차를 끓이기도 했으며(雪水煎茶擬古人), 활혈(活穴)에 차를 달인 것은 활혈이 전대에 나온 지로와 무관하지 않다는 생각이다(活穴煮新茶).

홍언필(洪彦弼 : 1476~1549)과 섬(暹 : 1504~1585)

　홍언필은 자를 자미(子美), 호를 묵재(默齋)라 하였다. 과거에 급제하여 벼슬길에 올라, 명에 다녀오고 여섯 차례나 대사헌을 지냈으며 여러 판서를 두루 지나 영의정이 되었고 익성부원군(益城府院君)에 봉해져서 궤장을 받았다.

등 앞에 어린 계집종은 이미 정신없이 잠들어서
물이나 차 마시고 싶어 불러도 꼼짝하지 않네
燈前小婢已僵臥　　　欲水欲茶呼不應

구름처럼 떠도는 남자에게 차솥이 없으니
병을 위해 할 수 없이 환으로 만든다네
雲衲無營茶鼎在　　　病優窮術弄丸餘

-「효음(曉吟)」

중국에 다녀온 후 차를 자주 마셨다. 그의 시 중에도 절에서 마신 차에 관한 시가 전하니, "찻사발에 게눈 생기고, 석장에는 용무늬 꿈틀거리네 (茶甌添蟹眼 錫杖拂龍甌)"라고 했다. 특히 「효음」에서 차솥이 없어서 환(丸)을 만들어 복용했다니, 이 또한 다사에서 특이한 현상이다.

홍섬은 언필의 아들로 어렸을 때부터 총명했다. 자를 퇴지(退之) 호를 인재(忍齋)라 한 조광조의 문인이다. 과거에 급제하여 여러 벼슬을 지나는 중 김안로를 탄핵하다가 귀양도 갔다. 후에 양관 대제학을 거쳐, 영의정을 세 차례나 지내고 궤장을 받아 아버지의 뒤를 이었다.

산의 형세 삼각산에 이어져 있고
몇 백 년을 경영해서 이루어졌으리

봄이 오면 두견새 울고
비 지나면 폭포가 걸린다네
어린 나물 연암에서 뜯고
단차는 눈 녹여 달인다네
당시에 시제가 걸렸던 곳은
십 년의 꿈속에 아득한 선(禪)이라네

山勢連三角　　　經營幾百年
春來啼杜宇　　　雨過掛飛泉
嫩菜緣巖摘　　　團茶帶雪煎
當時題柱處　　　十載夢朦禪

- 「몽향림사(夢香林寺)」

목마름으로 차 자주 달이니
병이 들어 잔 잡기 게을리 하지 못함일세

茶因解渴頻添火　　　病欲侵人懶把杯

- 「차우인운(次友人韻)」

그는 도곡의 차도 알고(陶家剩有烹茶水), 단차를 눈 녹인 물로 달일 정도로 차에 박식했다. 구리 병에 햇차를 비 내리듯 투다하는 묘사는 참 좋다(銅甁如雨茗新添). 이 집안처럼 조선시대에는 차 마시는 것이 가풍으로 정착된 예가 많다.

김안국(金安國 : 1478~1543)과 정국(正國 : 1485~1541)
김안국은 문인으로 자는 국경(國卿), 호는 모재(慕齋)이며, 김굉필(金

宏弼)의 문인이다. 과거에 급제하여 여러 벼슬을 두루 거치고 대사헌, 판서, 찬성에 판중추부사를 역임했다. 천문과 역학, 농사, 국문학에 조예가 깊었다.

봉오리 튼 작은 복숭아가지 처마에 보이고
춘곤을 못 이긴 은사는 낮잠을 자네
한낮에 잠 깨니 별 할 일이 없어
텅 빈 찻사발에 또 한 잔을 붓는다네

小桃紅萼映茅簷　　春懶幽人入黑甜
過午覺來無箇事　　茶甌水減正須添

― 「춘일즉사(春日卽事)」

절에서 차 마시고 나그네 돌아가려는데
솔솔 불던 맑은 바람 부슬비 몰고 왔네
산 사람들 머물게 하고픈 마음 누가 이리 맞추었나
시를 써 달라던 스님 또한 기를을 벗네

禪窓茶罷客將歸　　颯颯淸風細雨霏
山意欲留誰得會　　乞詩僧亦解山機

― 「유장흥사(遊長興寺)」

달 밝은 장흥사에
가을이 드니 기분 한결 맑구나
초암에 모여 밤새우며
찻잔 기울이며 함께하던 일 잊지 못하네

明月長興寺	秋來想倍清
草庵曾伴宿	甌茗憶同傾

　　　　　　－「병와 장흥조우사문신 주필답(病臥 長興祖遇師問訊 走筆答)」

　무료한 시간에 혼자 앉아서 이 생각 저 생각에 차만 계속 마시는 모양을 잘 그렸다. 그리고 모재는 절에서 인기가 좋았던 모양이다. 가는 곳마다 그의 시나 글씨를 받고 싶어한 모양이 자주 보인다. 비 온 후의 작약을 보러 장흥사에 들렀더니, 사미가 달 밝을 때 차 달여서 권하는 것이 눈에 보이는 듯하다〔芍藥來看雨後花 沙彌烹勸月中茶,「증장흥사사미사운(贈長興寺沙彌思雲)」〕.

　모재는 자신이 지난 날 다독에 걸린 일도 있다고 했고(昔我罹茶毒), 개울가의 산채와 야생의 차가 절집의 맛이라고 했다(溪蔬山茗禪窓味). 또 신광한이 보낸 시에 화답할 때는 오구(烏甌)를 애기할 정도로 차에 깊은 지식을 가지고 있었다.

　김정국은 모재의 동생으로 자는 국필(國弼)이고 호는 사재(思齋)이며, 역시 김굉필의 문인이다. 별시 문과에 장원으로 벼슬길에 나아가 전라·경상의 관찰사를 지내고, 예조·형조 등의 참판으로 사퇴했다. 그는 모재만큼 차를 즐기지는 않았으나 차인이었다.

송창 아래 일찍 일어나 햇차 한 잔 마시고
눈 닦고 책을 보니 글씨가 반이나 기울었네
松窓晨起啜新茶　　　拭目看書字半斜
　　　　　－「송석선생이소륙노년화사무중간일구(松石先生以少陸老年花似霧中看一句)」

낮잠 달게 자고 맑은 차 다 마시니
남은 꿈은 산승이 불러오네

啜罷淸茶酣午睡　　　喚回殘夢有山僧

-「서경희사축(書敬熹師軸)」

사재는 차를 마시고 난 다음이 항상 특이하다. 꿈과 현실이 섞여 있는 상황이라고나 할까. "맑은 차 한 잔 마시고, 비단 금침 당겨 그 위에 누워, 눈을 감고 꿈속에서 자연의 소리를 듣는다(啜一椀淸茶 引錦衾臥繡褥 合眼和夢而聽之)"라고 했다.

이행(李荇 : 1478~1534)

문신으로 자는 택지(擇之)이고 호는 용재(容齋)로 과거에 급제하여 폐비 윤씨 문제로 귀양을 갔다. 중종 때 다시 등용되어 명에 다녀오고, 후에 좌의정에 올랐다가 다시 유배되어 배소에서 죽었다. 문장에 뛰어나고 글씨와 그림에도 능했다.

지난 인연 아직도 문자에는 남았는데
늘그막엔 좋은 경치 무심해지네
갠 날 홀로 앉아 머리 빗고서
흙풍로에 새 불 피워 햇차 달이네

宿緣未盡唯文字　　　老境無心向物華
獨坐晴簷搔髮罷　　　土爐新火試新茶

-「신춘(新春)」

무엇이 이 외로움 위로하는가
쓸쓸한 바람 받는 남쪽 언덕 대나무지
혼자서 건계의 차를 달이면
여기엔 속된 것 하나 없다네
머리카락 휘날리는 찬바람 불면
갈건을 어찌 술 거르는 데 쓰리

何以慰幽獨	蕭蕭南塢竹
自試建溪茶	無此亦令俗
散髮北窓風	葛巾安用漉

— 「죽오전다(竹塢煎茶)」

사람들은 "나쁜 술도 다탕보단 낫다" 하지만
내 말은 "나쁜 술 먹을 수 없네"
다탕은 깨끗한 본성 지녔으나
나쁜 술은 시고 달아 바르지 않다네
다탕은 저절로 내 갈증 풀지만
박주는 도리어 내장을 멍들게 한다네

人言薄酒勝茶湯	我言薄酒不可嘗
茶湯淡泊有眞性	薄酒酸甜敗其正
茶湯自可解吾渴	薄酒祗使肝肺閼

— 「박주(薄酒)」

 용재는 정말 차를 사랑한 흔적이 배어 있는 시를 많이 남겼다. "술잔은 사람의 진성을 상하게 하나, 찻잔은 우리 속을 촉촉이 적셔준다(酒杯且戒

傷眞性 茶椀唯宜潤渴喉)." 그리고 대숲을 옆에 두고 혼자서 차를 즐기는 세계는 선과 통한다.

이런 심정은 여러 곳에 보인다. "산에 밤드니 바람은 풍경소리 내고, 한 사발 차 마시니 마음 넉넉해(入夜山風送磬聲 一甌茶罷有餘淸)"라던가 "어느 때 우리 여기서 다시 만나, 말없이 함께 차 끓여 보리(安得逢迎地 忘言共點茶)"처럼 간절하게 표현했다. 그리고 "비바람 부는 저녁에 마주 앉아, 차를 품평하고 글을 논하며 밤새워 보리(准擬對床風雨夜 評茶論字 不須眠)"라고 했다.

소세양(蘇世讓 : 1486~1562)

문신으로 자는 언겸(彦謙)이고 호는 양곡(陽谷), 퇴재(退齋)라 했고, 여러 벼슬을 거쳐 양관 대제학을 역임하고, 좌찬성으로 사직하고 낙향했다. 명에 다녀오고 율시에 능했으며 글씨를 잘 썼다. 사신을 접대도 하고 직접 다녀오기도 해서 차와 접할 기회가 많았다. 그리고 황진이와 만난 이야기도 전한다.

찻사발에 자작하며 「이소」를 읊으니
바람은 불어서 흰 머리칼 쓸쓸히 날리네
남쪽에 오거든 나이를 묻지 마오
뜰에 매화 심어 까치집 짓게 할 테니까

| 自酌茶甌詠楚騷 | 天風吹鬢白蕭蕭 |
| 南來莫問年多少 | 手種庭梅欲勝巢 |

– 「자작(自酌)」

산비 송탑을 울리고
차 연기 죽로를 감싸네
한가로운 속에 낮잠 이루니
그윽한 꿈속에서 강호로 가리

山雨鳴松榻　　茶煙繞竹爐
愛閑成午睡　　幽夢到江湖
　－「오수기청구자(午睡寄淸臞子)」

전북 익산에 있는 소세양신도비

그는 다분히 차를 마시므로 세속의 것을 잊고 시문을 벗하며 살기를 바랐다. "아이 불러 차 달이며, 도연명의 시를 읊으리(呼兒烹茶鐺 仍吟淵明詩)"라고 읊기도 하고, "한 잔의 다탕은 온갖 근심 다 지운다(一味茶湯百慮空)"라 하기도 했다.

시 가운데 떡차를 받은 일이 있는데 아마 이때까지도 병차가 있었음이 틀림없다(謾將茶餠薦). 그리고 어안(魚眼), 해안(蟹眼)과 석정(石鼎), 죽로(竹爐)는 물론 자고반(鷓鴣斑)까지 아는 것으로 미루어 차에 해박한 지식을 가졌음을 알 수 있다.

서경덕(徐敬德 : 1489~1546)

학자로 자는 가구(可久), 호는 화담(花潭)이다. 여러 학문을 두루 섭렵했다. 출사의 기회가 많았으나 사양하고 화담에 은거하였다. 성리학 연구에 전념하여 도학, 수학, 역학 연구로 평생을 보냈다.

내 운암에 살기로 한 것은
다만 성품이 못나고 성글기 때문이라네

숲속에 앉아 새들과 벗하고

개울가 거닐며 고기들과 같이 즐긴다네

한가할 땐 꽃 언덕길 쓸고

때로는 호미 들고 약밭 매러 간다네

이 외엔 아무 일 없으니

차 마시고 고서 읽고 있다네

雲巖我卜居　　端爲性慵疏
林坐朋幽鳥　　溪行伴戲魚
閒揮花塢帚　　時荷藥畦鋤
自外渾無事　　茶餘閱古書

-「산거(山居)」

은자들의 생활을 그대로 보는 듯이 실감나는 시다. 생활이 바로 선이라 할 수 있는 경지다. 그는 물 흐르듯이 살았다.「차심교수(次沈敎授)」라는 시에서 대관이라는 이가 쌀말을 보내 왔으니 또 그것을 끓여 먹으면 된다(大觀先生不世翁 遺余斗米資茶鼎)고 하였는데, 이때 차솥을 말한 것은 가난 때문에 따로 둘 수 없는 상황을 말하는 것이었다.

정사룡(鄭士龍 : 1491~1570)

문신으로 자는 운경(雲卿)이고 호는 호음(湖陰)으로, 정광필(鄭光弼)의 조카였다. 급제하여 대제학 예조판서를 역임하고 이량(李樑)의 무리라 하여 삭직되었다. 시문, 음률에 능했으나 탐학한 경향이 있었다. 중국에 두 번이나 다녀와서 차에 관해 많이 알고 있었다.

평진문 안에서 만난 중은 떠나고
독락료 안은 눈이 내려 한기가 도네
늙은 숙객 와서 부드러운 얘기 하고
다병에선 쉬파리 지렁이 소리 들린다네

平津門裏逢僧去　　獨樂寮中犯雪零
老宿招邀供軟話　　蒼蠅蚓竅咽茶鉼

- 「옥전현(玉田縣)」

세속의 생각에서 모두 다 깨고
스님 주는 차 잠 속 꿈을 씻어주네
여년을 향산의 일에 기울여
벼슬 버리고 서울 떠나 글이나 쓰러 오겠네

塵念攝齋神頓醒　　僧茶洗睡夢先回
殘年擬結香山社　　洛下休官便賦來

- 「숙유점사(宿楡岾寺)」

　중국에 사행으로 다녀왔기에 공식적인 다사(茶事)나 차 얘기는 많은데 자신이 차에 이끌려 젖어들어 쓴 시는 드물다. "차 이야기 아직 끝나지 않고 잠은 오지 않는데, 멀리 닭 우는 소리 벌써 세 번이나 들리네(茶話未茶殘夢斷 遠鷄三叫漏頻傳)"라고 한 것이나 "경서 옆에 차솥 두고 앉아 선정에 들기 즐겨하네(經卷茶鐺愛坐禪)"라고 읊은 것은 차의 경지에 몰입한 모양이다.

주세붕(周世鵬 : 1495~1554)

문신으로 자는 경유(景游)이고 호는 신재(愼齋)·무릉도인(武陵道人)이다. 과거에 급제하여 풍기군수로 있을 때, 안향의 사당 회헌사(晦軒祠)를 세우고 백운동서원(白雲洞書院)을 창설했다. 후에 동지중추부사(同知中樞府事)를 지냈다. 「도동곡(道東曲)」, 「육현가(六賢歌)」, 「군자가(君子歌)」 등 국문학 작품도 전한다.

헤어진 지 아득히 십 년 전인데
오늘에야 우연히 다시 만남 어인 일인가
사방엔 눈 덮인 산이 옥을 쌓은 듯하고
차솥에선 김 오르고 물 끓는 소리 벌써 세 번째라네

悠悠作別十年前　　　此日重逢豈偶然
雪岫四環遙積玉　　　茶鐺三沸暗浮煙

－「차손교리운 증자미(次孫校理韻 贈子美)」

하늘을 근심해서 백발만 생기니
아득히 멀고 깊은 데 바라보네
눈 개이니 추위 한결 더해서
화로를 옮겨놓고 차를 달여 마시네

憂天生白髮　　　望越暗玄花
雪霽寒猶逼　　　移爐自捧茶

－「설후야좌(雪後夜坐)」

오래전에 헤어진 친구를 이 눈 덮인 곳에서 우연히 만났으니, 그 구구

소수서원 주세붕이 설립한 백운동서원이 이 서원의 시초이다.

절절한 사연이 밤을 새고도 남을 것이다. 그 옆에 차가 있다. 눈 내리는 밤에 홀로 앉아 삶의 깊은 뜻을 생각하며 차를 마신다. 가도 가도 끝없는 진리의 세계는 멀기만 한 것을…….

이런 선적인 경지는 의림사(義林寺)에 갔을 때도 같이 느꼈다. "고사리 꺾는 주변엔 파란 어린 싹 돋았고, 미나리 자른 칼 아래는 맑은 샘물 흐르네. 돌아와 송창 아래서 차 한 잔 마시니, 뜰에 달빛 환한데 어디서 산새 소리 들리네〔采蕨手邊晨靄綠 翦芹刀末石泉明 歸來茶罷松窓下 明月一庭山鳥聲,「서여항산의림사(棲餘航山義林寺)」〕"라고 읊었는가 하면, "아침에 일어나니 창에 햇빛이 환하게 비쳤는데, 차솥에선 흰 김이 무럭무럭 나고 있다(紙窓紅日出 茶鼎白雲生)"라고도 읊었다. 차인들이 그리는 흐뭇한 정경이 아닐 수 없다.

박상(朴祥 : 1474~1530)과 임억령(林億齡 : 1496~1568)

박상은 문신으로 자는 창세(昌世), 호는 눌재(訥齋)이다. 급제 후 여러 벼슬을 거쳐 나주목사로 있다가 사퇴하고 낙향했다. 청백리로 문장이 좋았으나, 몸이 좋지 않아 차를 늘 마셨다.

청명이 되니 마음 환히 트여 나를 감싸네
세속의 찌꺼기가 어찌 다시 마성을 만들 수 있으리
오경이 다 가도록 보고 또 보아도 싫지 않으니
그윽한 향기 바람에 흔들려 조그만 찻잔에 떨어지네
清明作儻如撩我　　塵垢何由更做魔
到盡五更看不厭　　暗芬飄颻矮甌茶

- 「매창소월(梅窓素月)」

작은 찻잔을 앞에 놓고 삶을 뇌고 있는데 매화 꽃잎이 바람에 불려 그 잔 안에 떨어지는 선경이다. 그의 시에서 '인삼다수'와 '송화다식'을 말한 것도 있는데 여염에서 인삼차를 마신 일도 많았던 듯하다(人蔘茶水松花飯).

임억령은 문신으로 자는 대수(大樹), 호는 석천(石川)으로 박상의 문인이다. 급제하여 금산군수로 있을 때 동생 백령(百齡)이 소윤(小尹)에 가담하자 벼슬을 사퇴했다. 그 후에 강원관찰사를 지냈다. 고향이 해남이라 차를 좋아해서 스승과 차인으로 알려졌다.

띳집 지금도 해운가에 있고

대숲에선 학들이 차 연기 피하고 있네

동문들은 평생 도연명처럼 초야에서

주자를 공부하며 오가는구려

茅廬寄在海雲邊	竹裏烹茶鶴避煙
師友平生陶處士	研朱點檢去來篇

- 「월야여향인개작(月夜與鄕人開酌)」

시에는 숲속의 새가 답하고

차는 어린 중에게 달이게 하네

음악이 없다고 말하지 말게나

바람의 거문고가 옛 가락 퉁긴다네

詩從幽鳥答	茶使小僧煎
莫道無絲竹	風琴弄古絃

- 「야작(野酌)」

만년에 돌아와 오직 선객으로 머무니

한 줄기 차 연기가 대나무를 감싸네

暮年還往唯禪子	一穗茶煙繞竹間

- 「차증희설(次贈熙說)」

그의 차 생활에는 선기(禪氣)가 서렸다. 바람의 거문고가 옛 줄을 퉁기는 경지는 예사롭지 않다. 아마 개결한 그의 성격에서 나온 것이리라. 그 당시에도 사람들은 명예나 이욕에 정신을 쏟고, 문학이나 차에는 별 관심이 없었던 모양이다. "인정은 글 쓴 종이에 가볍고, 세태는 차에 냉담했다(人情輕似紙 世態淡於茶)"고 했다.

이황(李滉 : 1501~1570)

학자로 자는 경호(景浩), 호는 퇴계(退溪)·청량산인(淸涼山人)이다. 숙부 이우(李堣)에게 글을 배워 성균관을 거쳐 과거에 급제했다. 여러 관직을 두루 거쳐서 예조판서, 우찬성, 양관 대제학을 지내고 고향으로 은퇴하였다. 도산서원을 세워 후진 교육에 힘썼으니, 문하에 유성룡, 김성일 등 수많은 인재가 배출되었다.

청량산의 아름다운 경관을 소요하며 「도산육곡(陶山六曲)」을 짓고, 많은 저술을 남겼다. 선생은 차에 대해서 깊은 소양이 있었으나 경도되어 상음한 것 같지는 않고, 차에 관한 의식이나 다성(茶性)을 사랑한 것 같다.

    내 월란암에 머물 때
    그윽한 마음 자못 적응하지 못했네
    낡은 집 허물어져 비 새고
    남은 중은 선에 들어 고요했네
    버드나무 아래 오목한 우물에 물을 길으려면
    청개구리들이 바글거리며 뛰어다니네
    내 조물주에게 괴이하게 생각하는 것은
    처음에 이 아름다운 경치를 열면서
    맑은 개울과 푸른 봉우리를 두어
    산 나그네들을 충족시키면서

도산서원 전경

유독 차 샘은 두지 않았으니

어이 잔과 구기를 깨끗이 하리오

我寓月瀾庵	幽意頗不適
老屋匪蕭洒	殘僧昧禪寂
柳下汲坳井	蝦蟆所跳擲
我怪造物翁	爰初佳境闢
淸溪與碧嶂	設奇餉山客
獨無煮茶泉	何以淨甌勺

- 「암하유대 왈고반 대하득천 왈몽천 기상유거사토실구기
(庵下有臺 曰考槃 臺下得泉 曰蒙泉 其上有居士土室舊基)」

맑은 물 한 줄기 몇 천 년 흘렀는가
지금 이 소객은 낚싯배 위에 앉았네
출렁거리며 물결 따라 물안개 너머로 가다가
휘돌아 올 때는 달을 향해 떠 있는 듯하네
필상과 다조로 오리와 얘기하고
부슬비 빗기니 갈매기도 날지 않네
가득 차고 텅 비는 것이 원래 정해져 있음 알기에
내 길이 시골로 감에 마음 쓰지 않네

一泓流閱幾千秋	今見騷人上釣舟
蕩漾只從烟裏去	洄旋時向月中浮
筆牀茶竈能言鴨	細雨斜風不舞鷗
但識盈虛元有定	未妨吾道付滄洲

- 「선창범주(仙倉泛舟)」

숲 사이 높은 집 작은 배 같은데
늦게 평대에 올라 흐르는 파란 물 내려다보네
나뭇잎 떨어질 때 소나무 절개 굳음을 알고
서리 내릴 때에야 국화 향기 짙음을 깨닫네
산 동자는 차의 물 끓음 잘 알고
금비는 뱃머리에서 <수조가>를 부르네
스스로 세속 마음 끊지 못함 부끄럽고
상암의 선경에 노닐며 얻은 바 크다네

林間高閣小如舟	晚上平臺俯碧流
木落始知松節勁	霜寒更覺菊香稠

山童解辨茶湯眼　　　琴婢能歌水調頭
自媿塵心渾未斷　　　商巖仙境得陪遊

　　　　　－「작배농암선생 퇴이유감작시(昨拜聾巖先生 退而有感作詩)」

　차를 좋아하는 이가 차 마실 기회를 놓친다는 것은 참기 힘든 일이다. 월란암의 아름다운 자연 속에 좋은 물로 차 한 잔 마셨으면 좋으련만 우물이 더러워 못 마시게 되니, 조물주에게 안타까움을 푸념해 본다. 세상의 모든 일이 빠짐없이 갖추어지기란 어려운 것이리라.
　인생이란 원래 배 위에 앉은 것 같아서 임의로 되는 것이 아니기에, 물결치는 대로 운명에 맡겨 놓을 수밖에 없다. 많이 가지고 누리든지 적게 가지고 즐기든지 하는 것은 이미 정해진 것이거늘 애쓴다고 잘 되는 것도 아니다. 이제 모든 것 버리고 돌아가는 곳은 바로 선경(仙境) 같은 내 고향이다. 이렇게 생각하니 필상과 차 부뚜막도 내 마음 같고 오리도 내 마음이 된다. 곧 방촌일월(方寸日月)의 경지다.
　높은 숲속에 집 짓고 자연과 함께 지내며, 다동이 차 달이고 금비가 거문고 퉁기며 〈수조가〉를 부르는 이곳은 정녕 신선이 사는 곳 같구나. 더구나 농암 선생의 고고한 절의야 말로 소나무처럼 푸르고 국화같이 향기로운 고고함이 서려 있으니 자신을 되돌아보는 마음이 생긴다. 멀지 않은 곳에 있던 농암의 거처를 다녀와서 쓴 시다.
　『퇴계집』에는 시 말고도 다례에 관한 기록들이 많다. 그중 여러 군데에 제의에 차를 쓰는 문제에 관한 것들이 등장한다. 조전(弔奠) 때에 쓰는 차와 촛불을 상식(上食)에는 왜 쓰지 않는지에 관해서, 원래 쓰는 것이 옳으나 우리나라 사람들이 차를 쓰지 않았기 때문에 안 쓰지만 마음이 편한 것은 아니라고 했다〔弔奠 有用茶燭之說 而朝夕奠上食時無之 何也 旣有

청량사 전경

奠與上食 不可無茶燭 而家禮丘氏禮 皆無之 恐或有義 未敢臆說 儀註則有燭而無茶 東人固不用茶 其進湯 乃所以代茶 而幷無之 亦恐未安,「답금이정(答金而精)」).

그리고 옛날에는 의식에 차를 사용했다고 분명하게 했다(茶是古人常用 故祭亦用之 今旣罕用點茶 何以爲之 今人進湯水 是古進茶之意). 이런 원인으로 우리 제의에 부녀자들이 참례하지 않기 때문에 차를 내기가 어렵다고 했다(今主婦不參祭 扱匕點茶 主人爲之否 當然,「답정도가문목(答鄭道可問目)」). 또 그 때에는 혼례에도 차를 쓰지 않았다고 했다(有獻茶酒之禮 今不用茶 只以酒果告爲當).

이 같은 그의 다례에 관한 이론은 주자에게서 왔으나, 우리의 현실에 맞도록 했기에 후대의 유가에서 제의를 비롯한 절차를 논할 때 의례 퇴계의 말을 인용하게 되었다.

그 근엄한 학자도 계수나무로 죽원에서 차를 달이는 멋을 간직한 차인이었다(拾桂烹茶竹院幽). 매화를 특히 아낀 것도 다성에 부합되고, 임금이 벼슬을 내렸을 때 수십 번을 사양한 것도 차에 어울리는 군자행이었다.

최연(崔演 : 1503~1550)

강릉 출신으로 호를 간재(艮齋)라 했다. 과거에 급제하여 여러 관직을 거쳐 형조판서를 지내고, 동지사로 중국에 다녀오다가 평양에서 죽었다.

시호를 문양공(文襄公)이라 했고 『간재집』이 전한다. 차인 임형수(林亨秀)와 친구로 다시 여러 편을 남겼다.

시 지어 갚을 빚 너무 많아서
한가롭게 차솥에 햇차 달이네
객지 어느 곳 봄맞이 좋으리
오직 머릿결 희어지니 햇수를 알겠네

詩壘幾多尋舊債　　茶鎗閒却試新芽
客中何處春深好　　唯覺年華上鬢華

-「대동강선중(大同江船中)」

천 편의 시로도 돈 한 푼 되지 않고
주머니 안의 옥이라도 법을 전할 수 없다네
밤들어 창자의 우레소리 견디지 못해
일어나 햇차 찾아 손수 달이네

千首詩無直一錢　　囊中飧玉法空傳
夜來不禁腸雷吼　　起索新茶手自煎

-「야래 초각기장 희작(夜來稍覺飢腸戲作)」

차 달일 때는 문무의 불이고
술을 따를 때는 성현의 잔이라네
먹고 자는 것 외에 다른 일 없으니
즐거운 마음으로 재를 뒤적이네

烹茶文武火　　斟酒聖賢杯

眠食無餘事　　　　芳心已作灰

－「정중(靜中)」

사발의 유화 가볍게 떠 둥글게 되니
활화로 응당 육우샘물 달였다네
처음엔 용아가 맷돌에서 가루됨이 즐겁고
이어서 게눈 뜨고 끓는 소리 들리네
석 잔을 기울이니 막힌 속 빨리 씻기고
속이 따뜻해져 공력 깊으니 만전의 값이네
문득 맑은 바람 겨드랑이에 불어오니
봉래산으로 신선 되어 날 듯하네

一甌花乳汎輕圓	活火應烹陸羽泉
初喜龍牙隨屑碾	俄聞蟹眼試湯煎
搜腸效速傾三椀	暖胃功深直萬錢
乍覺淸風生兩腋	蓬萊從可趁飛仙

－「음다(飮茶)」

예전엔 선유를 하면서 배 안에서 차를 마신 일이 많았다. 차에는 항상 시가 아니면 술이 따라다녔다. 배를 타고 대동강을 흐르면서 자못 장엄한 삶에 대한 생각을 해보며 시상을 떠올리려 했을 것이다.

　한가롭게 앉아서 이 생각 저 생각하며 차도 마시고 술잔도 기울인다. 묘는 문무화(文武火)의 대구(對句)로 성현배(聖賢杯)를 맞춘 것이 재미있다. 그리고 불을 뒤적이는 것은 여유와 한가로움을 나타낸다.

　마지막 시는 노동의 「다가(茶歌)」나 한재의 『다부』를 줄여놓은 것 같다. 맷돌에 가루 내는 것으로 보아 병차임이 틀림없다. 우리나라에서도 생산되었지만 중국에서 병차가 들어오기도 했다. 그래서 옛 법대로 달여 보았으리라. 중국에 다녀와서 좀 오래 살았더라면 더 좋은 차의 기록을 볼 수 있었을 텐데 안타깝다.

정유길(鄭惟吉 : 1515~1588)

문신으로 자는 길원(吉元)이고 호는 임당(林塘)이며, 영의정 광필(光弼)의 손자다. 과거에 급제하여 여러 벼슬을 지내고 윤원형의 두터운 신임을 받아 좌의정으로 궤장을 받았다. 시문에 능했고 글씨를 잘 썼으며, 『임당유고(林塘遺稿)』가 전하고, 차를 즐겼다.

차 달이는 것은 감천만 있으면 아무 데나 좋고
눈 바구니 가져와 맛보니 역시 깨끗하구나
이 신령스런 연원이 양자로 들어가니
어찌 참다운 맛이 조선에 있음을 알리오
처음 좁쌀알 유화 떠오르는 것 보고
다음엔 하늘로 퍼지는 솔소리 요란하네
두 겨드랑에 맑은 바람 불어 오는 것 느껴지니
노동의 시구가 바로 그럴듯하네

試茶無地酌甘泉	雪實嘗來更澹然
共道靈源入楊子	豈知眞味在朝鮮
初看粟粒浮蒼靄	漸聽松聲鬧碧天
兩腋淸風聊可驗	玉川詩句政堪傳

-「차한정사상옥류천운(次韓正使嘗玉溜泉韻)」

북쪽 기러기 바람에 놀라 돌아오는 소리 들리더니
남쪽 그리는 가락 속에 달빛 창에 가득하네
맑은 차 마시니 밤잠 달아나서
한 잔의 풍미가 천 항아리의 술보다 낫다네

聞回北雁風驚塞　　　欲操南音月滿窓
啜得淸茶夜驅睡　　　一甌風味勝千缸

- 「복첩전운(復疊前韻)」

뱀 허물 벗듯 먹고 나서 창에 기대서
용봉의 햇차를 좋은 불에 달이네
스님 왔다 가는 것은 한바탕 꿈이고
학이 앉은 물가에 봄 하늘 드리웠네

委蛇退食倚窓眼　　　龍鳳新茶活水煎
僧到僧歸一場夢　　　鶴邊斜日下春天

- 「제감상인권(題鑑上人卷)」

내 견불산 띳집에 있을 때 소나무와 넝쿨들이 골짜기에 가득하고, 가을바람이 쌀쌀한데 중 다섯이 서로 차례로 이어서 이르렀다. 내 농조로 말하기를 "나는 이미 산에 들어왔지만 어찌 산사람이 이토록 많은가" 하며 이어 차를 달여 마셨다. 외로운 등불 하나가 밝혀주는 속에 서로 각각 가진 것을 내어놓았다. 산과 물에 관한 것으로 모두 자기가 가진 것 중 좋은 것이었다. 심히 기이하여 오늘 저녁의 모임이 한 사람의 세속 선비와 다섯의 산사람이니, 산사람이 많고 속인이 적으니 속이 산을 이길 수 없겠군.

余在見佛山之茅舍 松蘿滿洞 秋雨蕭蕭 有僧五人相踵而至 余乃調之曰 余已入

山耶 是何山人之多也 仍典之點茶 青燈一榻 相與各進其所有焉 山山水水 皆自牙類中出來 甚可奇也 今夕之會 一俗士而五山人 山多而俗寡 俗不可勝山.

-「제승축소서(題僧軸小序)」

중국에 가서 차를 마시고서 우리 차의 맛이 좋다는 생각을 한다. 물 때문이기도 하려니와 차를 진정 즐기는 사람이야 어딘들 상관하랴. 맑은 차 한 잔 마시고 선경에 이르는 경지는 누구나 원하는 바가 아니겠는가.

오고가는 것에 어찌 승속의 차별이 있으리오마는 불문의 일이니 더욱 그렇게 느꼈을 것이다. 그리고 이어지는 학과 그 배경의 묘사는 단순한 것이 아니고 내재된 의미가 좋다. 견불산의 얘기도 당시의 다속(茶俗)을 잘 표현하였다.

황준량(黃俊良 : 1517~1563)

문신으로 자는 중거(仲擧)이고 호는 금계(金溪)로 퇴계문인이다. 과거에 급제하고 단양군수, 성주목사를 지냈다.

청명한 긴 낮에 한가한 손님과 바둑 두고
푸른 산 그윽한데 중과 온갖 세상 얘기하네
송창 아래서 차 마시고 맑은 흥을 읊조리니
밝은 달은 성긴 발에 기울지 않네

閑客對棋晴晝永　　談僧揮塵碧山幽
松窓茶罷吟淸興　　明月疏簾不下鉤

-「영지정사(靈芝精舍)」

스님은 밤에 송암에서 거처하고
맑은 새벽 차 연기는 비에 젖었다네
마주보고 세 번 웃으니 푸른 이끼 갈라지고
푸른 넝쿨 그림자 흔들리니 물도 파랗게 되네

高人夜傍松菴棲　　清曉茶煙帶雨濕
相看三笑破蒼苔　　碧蘿影搖山水綠

-「차증희안상인(次贈希安上人)」

학의 울음에 솔잎 끝 맺힌 이슬 외롭고
차 연기는 산 중턱까지 그늘 지우네
고승은 세속 일에 관심 없고
한 남자는 스잔하게 읊조리네

鶴唳孤松露　　茶煙半嶺陰
高僧灰世念　　一衲擁寒吟

-「우증우사(又贈牛師)」

　한가한 속에 차 마시고 바둑 두고 시 읊으며 즐기는 것이야 대부분의 선비 차인들이 즐기는 코스다. 그런데 금계는 시를 이루는 데 자신의 묘(妙)를 얻었으니, 발 너머 비치는 달이 멈추어 선 듯한 표현이나, 새벽의 차 연기가 비에 젖었다는 표현은 절묘하다. 학의 울음이 솔잎에 맺힌 이슬을 외롭게 하는 것은 또 어떤가.
　차를 즐기는 마음이 곳곳에 배어나는 시들을 썼다. 다천이 흐르는 봄이 너무 좋고(茶泉潤蔌春方好), 차 마시고 나니 시흥이 일어 신선되어 날 듯한 기분에 젖는다(茶餘詩興挾飛仙).

차에 관한 그의 체험은 다양하면서 실감 난다. 다로에 대나무를 태워 보기도 했고(茶爐燃竹翠煙生), 저녁때까지 술 마시다가 맥없이 돌아와서 어린 사미더러 차를 재촉하는 모습이 웃음을 자아내게 한다(日暮酒醒還悄悄 松窓催喚少僧茶).

때로는 차를 마신 후 시흥이 동해서 매화를 찾아 나서기도 하고, 외직으로만 다니기에, 꿈에 임금이 있는 곁으로 가기도 했다(茗罷尋梅詩興動 高懷寧夢帝王居). 혹은 차 마시며 눈 내린 창가에서 더듬거리며 시를 읊고(茗飮雪窓低唱澁), 여행 중에 옆 방 사람들이 차를 달이는 것을 부러워하는 어린애 같은 천진함이 있다(閉戶羨他烹茗客).

권벽(權擘 : 1520~1590)과 필(韠 : 1569~1612)

권벽은 문신으로 자는 대수(大手), 호를 습재(習齋)라 했다. 과거에 급제한 후 이이의 천거로 출사하여 사관(史官)을 역임하고, 중종, 인종, 명종의 실록 편찬에 참여했다.

좋은 차는 애오라지 눈물에 달이니
이는 옛사람들 모르는 이 없었다네
메마른 창자는 저절로 햇차 맛 좋아하는데
마침 술 마시고 돌솥에선 물 끓는 소리 나네
풍로의 문무화는 거의 다 타고
두어 개 짧고 긴 것 남았구려
지금에야 노동의 말 믿을 것 같아
겨드랑에 서늘한 바람 이니 다음 삶을 생각하네
佳茗聊將雪水烹　　昔人持此比傾城

枯腸自嗜金芽味	駭浪方酣石鼎聲
燒盡爐中文武火	數殘城上短長更
如今始信盧仝語	兩腋淸風取次生

— 「동야전다(冬夜煎茶)」

여름 나무 번성하여 그늘져 퍼졌는데
공당의 한낮은 언제나 조용하네
향을 피우니 마음 맑아지고
차 마시며 하루를 보내네
부슬비 내려 서쪽 숲 젖고
남쪽 산 위로 구름 피어오르네
돌아와 내 거처에 앉은 것 같이
누워 쉬면서 속사(俗事)를 잊는다네

夏木布繁陰	公堂晝恒靜
焚香覺心淸	啜茗消日永
微雨灑西林	疊雲吐南嶺
還如在衡門	偃息塵事屛

— 「하일우직(夏日寓直)」

　우리 선인들이 중국의 소인묵객(騷人墨客)들은 물론 고전들에서 인용하는 전고(典故)가 많았으니 그것은 문화적인 영향력 때문이었다. 여기서도 소식과 노동의 시가 인용되고 문무화(文武火)가 등장한다.
　여름날 일직(日直)을 서면서 한가로이 차 마시고 시정에 잠기는 것도 차를 즐기기 때문이리라. 시구의 대(對)가 아주 잘 이루어졌다. 그는 상원일(上元日)에도 집에서 조용히 차를 즐겼으니 차 달이기 좋은 때와 장소를 알았다. 그리고 다탕의 변화에 민감한 것을 보면 대단한 차인이었다 (幽齋正好煎佳茗 鼎面貪看素浪翻).

권필은 벽의 아들로 자는 여장(汝章), 호는 석주(石州)라 했으니, 정철의 문인이다. 벼슬에 뜻이 없어 시주로 낙을 삼고, 청빈하게 살았지만 문장으로는 이름을 떨쳤다. 광해군 때 이이첨과 외척을 탄핵하고 비방해서 유배되는 도중에 폭음하고 죽었다.

돌아갈 손이 말에 오르려 하니
주인은 차 달인다고 만류하네
좋은 음식 대접은 사양할 수 없으나
복숭아꽃 질까봐 걱정이라네

歸客欲騎馬 　　　主人留煮茶
不辭鷄黍約 　　　唯恐失桃花

　　　　　　　　　－「제침상지유거(題沈尙志幽居)」

앵두나무 언덕 아래 새 우물 파니
그 물 길어 차 끓임이 하루에 몇 번인가

櫻桃坡下井新開 　　　汲取煎茶日幾回

　　　　　　　　　－「병중문야이(病中聞夜而)」

집 동쪽에 조그만 언덕이 있는데 처음엔 버리는 땅이었다. 이른 여름에 종들을 시켜 우거진 풀을 자르고 썩은 그루를 없이 하고, 앵두나무 아래에 작은 대를 만들었다. 그 크기가 평상을 놓을 만하고 높이는 마루에 미칠 만하다. 다 이루어짐에 작은 오건을 쓰고 당시(唐詩) 한 권을 손에 들고 그 위에 반듯이 누우면, 새소리와 꽃 그림자가 술병과 차솥 안에 어리어, 내 비로소 편안해진다. 중간에 그 편안함을 잊어버리면 끝내 그 편안함을 맛보지 못하게 된다.

堂之東 有小丘 其始棄地也 孟夏之初 課隷人刱奧草 去朽枿 作小臺于櫻桃樹下 其大受牀 其高及堂 旣成 戴小烏巾 手執唐人詩一卷 偃仰乎其上 鳥聲花影 不違酒壺茶鼎之內 余始而適 中而失其所以適 終而未嘗適也.

- 「화하소대기(花下小臺記)」

계집종이 밭을 파다가 한 덩어리의 물건을 얻었는데 두드리니 댕댕하는 소리가 들리거늘, 흙 붙은 것을 깎고 이끼 자국을 떼어내니 이에 조그만 돌솥이었다. 손잡이가 세 치이고 중간에 두 되 정도가 들어갈 만했다. 모래로 문지르고 물로 씻으니 빛깔이 보기 좋았다. 내 명하여 옆에 두고 차를 끓이고 약을 달이는 기구로 쓰게 했다. 다시 그것을 손으로 어루만지면서 우스갯소리로 "솥아! 솥아! 하늘이 돌을 만든 것이 그 몇 년이며, 장인이 쪼아서 그릇으로 만든 것이 그 몇 년이고, 사람들의 집에 그릇으로 쓰인 것이 또 몇 년이며, 흙 속에 묻혀서 세상 사람들이 보지 못해서 쓰지 못한 것이 몇 년인데 지금 와서 내 손에 들어왔구나." 아! 돌이란 사물 가운데 가장 천하고 우둔한 것인데도 그 나타나고 숨는 것이 이처럼 수없이 많음을 어쩔 수 없는데, 황차 아주 귀하고 신령스러운 것이야 말할 게 무엇인가. 드디어 명(銘)을 지어서 그것을 새기니, 얻은 날이 을미 정월 16일이고, 명을 새긴 날이 그달 23일이다. 명에 가로되 "버리면 돌이요, 쓰면 그릇이다."

女奴於田中掘地 得一物塊然 叩之聲硜硜 剜土痕剔蘚紋 乃小石鐺也 柄三寸 中可受二升許 沙以磨之 水以滌之 光潔可愛 余命置諸左右 以供烹茶煮藥之具

時復摩挲以戲之曰 鐺乎鐺乎 與天作石者幾年 巧匠斲而器之 爲人家用者又幾年 埋在土中 不見用於世者又幾年 而今爲吾所得 噫 石 物之最賤且頑者 其隱顯之間 不能無數也如此 況最貴最靈者耶 遂作銘以刻之 得之日 乙未正月十六 銘之日 其月之二十三 銘曰 捨則石 用則器.

-「고석당명(古石鐺銘)」

석주는 요사이 말로 재기 발랄하고 강직하지만 시상(詩想)에서는 일탈(逸脫)의 흔적이 많다. 꽃을 바라보면서 차를 홀짝이며 마시기도 하고(對花空啜一甌茶), 비가 내릴 때 부들방석에 조용히 앉아, 차 향기 맡기를 좋아했다(最愛團蒲靜 茶煙惹鬢絲).

거기에 곰살가우면서도 운치가 흐르는 생활을 즐겼다. 조그만 동산을 만들어서 앵두나무를 심고, 그 아래 대(臺)를 만들고 거기서 자연과 벗하며 즐기는 멋이 있었다. 이는 하루아침에 이루어지는 것이 아니고 전대부터 내려오는 가풍(家風)에서 이루어지는 품격이라 하겠다.

권호문(權好文 : 1532~1587)

학자로 자는 장중(章仲), 호는 송암(松巖)으로 퇴계의 문인이다. 진사시에 급제했으나 연이은 상사로 벼슬을 포기하고 청성산(靑城山) 기슭에 무민재(無悶齋)를 짓고 유유히 살았다. 유성룡, 김성일 등에게 학행을 높이 평가받았고, 국문학의 「독락팔곡(獨樂八曲)」과 「한거십팔곡(閑居十八曲)」을 남겼다. 그는 차를 아주 즐긴 차인이었다.

소나무 숲 깊은 곳에 두어 간 암자
시원하게 혼자 누워 학의 꿈에 젖었네

관물당(觀物堂) 권호문이 1569년에 건립하여 학문을 강론하던 정자

나그네 문 두드리는 소리에 낮잠 깨어
차 마시며 나누는 얘기 흥겹기도 하다네

松林深處數間庵　　　　孤臥風簾鶴夢酣
客扣雲扉驚午睡　　　　一場茶話興難堪

- 「차변생원마감암제(次邊生員麻甘庵題)」

눈이 환한 산방에서 글 얘기하니
한 만남이 백 번 듣는 것보다 낫다는 걸 알았네
낮차 달이는 것 끝나니 연기 홀홀 날고
얘기하며 깊어가는 창에는 달빛이 가득하네

雪明山榻得論文　　　　一見方知勝百聞

煮罷午茶煙細細　　　談闌夜戶月紛紛

－「증로수재송별(贈盧秀才送別)」

담쟁이 잎 사이 달, 사무친 두견소리는 외로운 나그네 꿈이요
차 연기 피하는 학은 괴이한 선담(禪談)을 토하네
내 산에 머무는 것은 구름과 샘을 좋아해서만이 아니고
깨끗함과 묘한 것이 어울린 것을 찾기 위해서라네

蘿月怨鵑愁旅夢　　　茶煙避鶴怪禪談
留山不但雲泉趣　　　好向淸編妙處探

－「제사벽(題寺壁)」

정에 젖어서 봄 보내는 곳
붉은 꽃 지고 푸름 짙어지네
새벽 창엔 환기(喚起)가 깨우고
물오른 나무에는 최귀(催歸)소리라네
차솥엔 향기로운 바람 끓어오르고
회칼에선 흰 눈 어지럽게 날리네

脈脈送春處　　　紅殘綠正肥
曉窓驚喚起　　　芳樹聽催歸
茶鼎香風沸　　　鱠刀亂雪飛

－「만흥(謾興)」

상 위엔 옥 같은 눈 티 없이 빛나고
화로엔 향기 피고 솥에는 차가 있네

밤중에 일어나서 『주역』을 읽으며

밝은 달빛 받은 매화 구경 아주 좋다네

一床玉雪瑩無瑕　　　　鑪有生香鼎有茶

夜半起來讀周易　　　　好看明月透梅花

-「한거록(閒居錄)」

객이 차 마시고 싶어하니

호승이 빨리 물 길어 오네

숲이 깊으니 세속과는 저절로 멀고

좋은 경관 속에 흥이 도연하다네

客子欲煎茗　　　　胡僧催汲泉

林深塵自斷　　　　畢景興陶然

-「이김좌랑사순만산사(聞金佐郎士純寓山寺)」

찻자리 끝나니 중은 한가롭게 자고

소나무에 한기 드니 학은 천천히 나네

산중엔 좋은 일 많은데

이 맑은 밤에 꿈은 어렴풋하다네

茶罷僧閒睡　　　　松寒鶴倦飛

山中多勝事　　　　淸夜夢依俙

-「차이정자공보산중음(次李正字共甫山中吟)」

 송암이 남긴 많은 다시 중에는 문학성을 띠거나 다성(茶性)을 노래한 것이 많지만 지면 관계로 일부만 소개하는 것이 유감이다. 그는 이백의 선인장차도 알았고(不必長生仙掌茶), 노동의 「다가」도 꿰고 있었다(飮盡通靈六碗茶). 만년에는 소갈이 심해서 술을 끊고 차를 더 많이 마신 것 같다(病因傷酒閒醫說).

오천의 후조헌에 갔을 때 쓴 시에 "노승과 함께 차 달이는 것이 즐겁다(一好携老僧煎茶)"고 했으며, 특히 "솔잎에 맺힌 이슬 차 연기 적신다(松露濕茶煙)"라든가, "새벽 샘물 길어서 차솥에 달 끓인다(煎月茶鐺汲曉泉)" 같은 표현은 혀를 내두르게 한다.

마음 맞는 친구와 같이 차 달이며 얘기하면 흥취가 도도하여 밤이 가는 줄 모르기도 했다(洗却塵襟宜煮茗 悠然相對興陶陶; 遲君一訪同煎茗 獨向松間手拾樵).

스님 물 떠 와 차 달이는 소리 들리는데
나그네 등불 아래 누워서 경을 읽고 있다네
서창 밖에서 우는 두견새소리 애련하기 그지없더니
그 소리 그치니 밤은 깊어 자정을 훨씬 넘었다네

僧掏澗聲歸煮茗　　　客分燈影臥看經
最憐杜宇西窓外　　　訴罷幽冤夜丙丁

- 「야기(夜記)」

깊은 밤 산사의 풍경이 눈앞에 보이는 듯하여, 그 정취에 몰입하게 한다.

고경명(高敬命 : 1533~1592)

문인이며 의병장으로 자는 이순(而順), 호는 제봉(霽峰)이다. 과거에 급제하여 벼슬을 하고 서장관으로 중국을 다녀왔다. 동래부사로 있다가 사직하고 낙향했는데, 다음해 임란이 일어나자 의병 6,000여 명을 이끌고 싸우다가 금산전투에서 전사했다. 그는 시·서·화를 다한 차인이었다.

대나무 삿자리엔 찬 기운 돌아 잠 안 오고
찻사발 한 모금에 할 일이 없네
부슬비 내리니 남원의 오이밭 매고 와서
유종원의 「산수기」를 자세히 읽는다네

竹簟生寒淸未睡　　　茶甌一啜無餘事
南園小雨鋤瓜回　　　細讀柳文山水記

- 「만흥(漫興)」

산에 밤비 내려 처마에 지니 꿈자리 어지럽고
골목 안 문에 이끼 낀 집은 가난하다네
오늘 아침 홀연히 편지 전하는 사람 와서
강남의 목마름병자가 놀라 일어났다네
찻사발 새로 씻어 끓이니 아름다운 구름에 용이 나는 듯
잠깨어 일어나니 남창에 비 내리고
그대의 시 읊을수록 깊은 맛이 있어
자색의 진귀한 것을 수없이 달인다네

夜雨山簷入夢頻　　　靑苔門巷一家貧
今朝忽替郵筒信　　　驚起江南病渴人
茶甌新瀹喬雲龍　　　睡起南窓小雨中
咀嚼君詩有餘味　　　珍烹不數紫駝峯

- 「봉차우진사탁기증운(奉次禹進士鐸寄贈韻)」

술 때문에 생긴 병 의사 말 듣고
서둘러 술잔 치우고 후회 많이 했다네
솔바람에 베개 베고 낮잠 이루니
찻사발에 유화 떠서 흰 물결 이루네

病因傷酒聞醫說　　催屛尊罍我悔多
一枕松風成午夢　　茗甌浮雪幕生波

- 「병중(病中)」

　제봉은 차 달이기를 좋아했다. 외로운 등불 앞에 차를 달이며 추위가 가시는 것을 마음으로 즐겼고(青燈照煎茗 心事笑寒悭), 풍로에 활화가 일어 다탕이 끓는 소리를 기꺼이 들었으며(風爐自撥深紅火 閑看茶甁漲白雲), 아무도 없이 혼자서 차를 끓이는 것이 선계에 노닐 듯했다(更喜眼前無俗物 竹爐茶鼎鍊丹丘).

　눈물에 햇차를 달이며 그 끓는 모양을 세심히 보기도 했다(茶煎雪水試槍旗). 그는 술병으로 금주하고 차를 더 가까이하면서 당시 서하당(棲霞堂)에 있던 정철에게 보낸 시에서 이제 술은 마시지 않고 차와 더불어 밤을 지낸다고 했다(問字不須煩載酒 急携湯茗夜相過).

　끝으로 그의 시구 중에는 술을 몇 잔 마신 후에 옆에서 차탕이 끓는 소리를 들으며 창을 통해 들어오는 달빛과 찬 기운이 조화를 이룬다는 내용이 있다(想得酒醒茶鼎沸 冷光和月透窓紗). 이는 곧 선의 경지다.

이이(李珥 : 1536~1584)

　문신으로 자는 숙헌(叔獻), 호는 율곡(栗谷)·석담(石潭)이니 사임당 신씨(師任堂 申氏)가 어머니다. 19세에 금강산에서 불서를 읽다가 유학

이이가 태어난 강릉 오죽헌

을 공부하고 23세에 퇴계를 찾았다. 과거를 여러 번 보아 모두 장원을 하고 서장관으로 중국에 다녀왔다. 그 후 석담(石潭)과 율곡(栗谷)에 물러났다가 다시 양관 대제학을 지냈다. 퇴계의 이원론(二元論)에 대하여 일원론(一元論)을 주장하여 후에 당쟁의 논쟁거리가 되었다. 글씨와 그림에도 능했으며 그의 '십만양병설'은 유명하다.

약 캐다가 홀연히 길을 잊고서
돌아보니 온 산이 단풍잎이네
산승이 물 길어 돌아가더니
숲 끝에서 차 연기 이는구나

採藥忽迷路　　　千峯秋葉裏
山僧汲水歸　　　林末茶煙起

－「산중(山中)」

선생은 용감히 물러나서 도구에 누웠으니
한가롭게 살면서 즐김이 좋다는 것 생각했구려
차솥에 불 사그라지니 솔바람소리 고요하고
대수레 타고 귤나무 숲 안으로 사라지는구려

先生勇退臥菟裘　　　算得閒居樂事優
茶鼎火殘松籟靜　　　竹輿行穩橘林幽

－「기정석천(寄呈石川)」

구름 끼어 비 내리니 숲속은 어득한데
산속의 집은 맑기 이를 데 없다네
차를 다 마시니 할 일이 없어
시와 선에 관한 얘기를 섞어 한다네

雲雨暗幽林　　　山堂轉淸絶
茶罷一事無　　　詩談雜禪說

－「중유풍악(重遊楓嶽)」

처음엔 발 디딜 곳조차 없어 놀라웠는데

오르니 눈에 막힘이 없어 좋다네

기운 상쾌해지니 하늘 가까움 알겠고

산 위가 평평하니 땅 넓다는 것을 깨닫겠네

맑은 강은 넓은 들 휘감아 돌고

저녁 해 긴 모래톱으로 숨는다네

이 당뇨의 갈증 씻어내려고

중들은 늦게까지 차 내어오네

初驚足難著	稍喜眼無遮
氣爽知天近	山平覺地賒
晴川回曠野	斜日隱長沙
一洗文園渴	多僧進晚茶

-「수종사(水鐘寺)」

율곡의 시에는 역시 고아함이 서려 있다. 「산중」에는 선기가 있고, 「기정석천」에는 주인공 임억령을 도덕적인 면뿐만 아니라 차와 결부해서 선화시켰다. 그리고 「수종사」에는 세상 이치의 철학이 담겨 있다.

역시 의례에 차를 쓰는 문제에 대해서, 시제(時祭)에는 주인과 주부가 같이 차를 올리거나 숭늉을 쓰되 여러 자제와 부녀들이 나누어 올린다고 했다(乃啓門 主人以下皆復其位 其尊長休于他所者皆復就位 主人主婦奉茶 或代以熟水分進于考妣之前 徹羹而退 有祔位 則使諸子弟衆婦女分進). 기제(忌祭)에도 합문(闔門), 계문(啓門), 진다(進茶), 사신(辭神)의 순서대로 한다고 했다.

그의 시에 약간의 선미(禪味)가 있는 것은 초년에 불경을 읽은 때문이 아닌가 생각된다.

이산해(李山海 : 1538~1609)

문신으로 자는 여수(汝受), 호는 아계(鵝溪)로 지번(之蕃)의 아들이다. 과거에 급제하여 여러 벼슬을 거치고 북인의 영수가 되어 영의정에 올랐다. 임진왜란 때 탄핵을 받아 영해로 부처되었다. 후에 아성부원군(鵝城府院君)에 봉해졌고, 수묵산수(水墨山水)와 글씨에 능했다. 정권의 소용돌이 속에 있었던 차인이다.

꽃다운 풀 푸르게 이어지니 들판 한층 넓어지고
떨어진 꽃잎 깔리니 작은 개울이 더 환하구나
평생 먹고 마시는 것이 오직 분수에 달렸으니
찻잔과 시통으로 이내 삶 족하다네

芳草碧連平野闊　　落花紅襯小溪明
百年飮啄唯隨分　　茶椀詩筒足此生

- 「절서(節序)」

솔 아래 가는 물 졸졸 흐르고
대밭 서쪽에선 콸콸 소리 들리네
도인은 좋은 차 끓이고
산 위의 달은 좇아가며 비추네

松根細泠泠　　　竹西鳴瀧瀧
道人煮靈茶　　　山月來相逐

- 「서간(西澗)」

돌솥엔 차가 막 익었는데
은사(隱士)는 잠이 아직 덜 깨었네
녹음은 난간 아래 우거지고
꾀꼬리는 한가롭게 울고 있다네

石鼎茶初熟　　　幽人睡未闌

綠陰低小檻　　　黃鳥語間關

- 「녹음(綠陰)」

죽창 아래 차 부뚜막 두고 구름과 벗하고
베옷에 청려장 짚고 사슴과 이웃하네
임금님의 바다 같은 은혜 아니라면
어찌 이 자연 속에서 내 마음대로 하리오

茶竈竹窓雲作伴　　　草衣藜杖鹿爲鄰

若非聖主恩如海　　　那乞林泉自在身

- 「환향(還鄕)」

　　찻잔과 시통으로 평생을 살고 싶은 것이 선비들의 자존심이다. 그런 마음이 「서간」의 도인과 「녹음」의 은사로 표현되었다. 이상과 현실은 언제나 맞지 않는 법이니, 글이란 그 같은 이상의 표출구인지도 모른다. 그래서 그는 「환향」에서 현실로 체험하고 만끽하려 했지만 종말에는 군은(君恩)에로 귀결되고 만다.
　　아계의 시 중에 마음에 드는 구절이 있으니, 대밭 옆에서 끓고 있는 차를 바라보느라고 앞산에 해가 넘어가는 것도 잊어버리고 열중하는 모습이다(竹邊相對茶鳴鼎 不覺前山下夕陰).

다천(茶川)에 다녀와 쓴 글을 보면 아계도 응당 이 샘물로 차를 마시지 않았을까 생각해 본다.

황보의 북쪽에서부터 길이 점점 가파르고, 중턱에서 산정까지 산길 육칠 리는 되는데, 솔숲 사이 골짜기를 흐르는 내가 있어 좋았다. 꼭대기로부터 아래로 고요하면서 깊고, 크면서도 둘러싸여 있어 한 선계를 이루고 있으니, 이것이 다천이다. 어떤 이는 차가 생산되기 때문에 붙은 이름이라고도 하고, 혹자는 물이 맑고 깨끗해서 차를 달이기 좋기 때문에 그 내의 이름이 되었다고도 한다.

自黃保而北 路漸高 由山腹至頂 山行可六七里 有松林澗谷之勝 自嶺而下 窈而深 廓而容 爲一洞府 是爲茶川 或曰茶之所出故名 或曰水澄潔 宜於煎茶故名其川.

―「다천기(茶川記)」

김성일(金誠一 : 1538~1593)

문신으로 자를 사순(士純), 호를 학봉(鶴峰)이라 했으며, 퇴계 문인이다. 과거에 급제하여 정언을 지내고 사은사 서장관으로 중국에 다녀오고, 일본에 통신사의 부사로 다녀왔다. 그때 귀환하여 보고한 것이 문제되었으나 처벌은 면하고 후에 경상관찰사를 지내고 병사했다. 외국에 다녀서 차에 대한 체험이 풍부한 차인이었다.

떨어지는 꽃잎 향기 십이천에 나부끼는데
용차 혜산천 물에 달이니 유화 떠오르네
도인은 면벽하여 사리를 관찰하니

김성일의 생가 안동대학교 앞 국도 35호 변에 있다.

하나의 여의주가 둥글게 떠오르네

花雨飄香十二天   龍茶潑乳惠山泉

道人面壁觀心處   一點摩尼自在圓

-「차오산경운사(次五山慶雲寺)」

수많은 매화나무 눈밭을 이루었고

귤나무는 머리에 여린 금색 이고 있네

차솥 옆엔 경서 몇 권

이르는 곳마다 선(禪)의 마음이라네

萬樹梅成雪 千頭橘嫩金

茶鐺與經卷 隨處著禪心

-「증왜승현소(贈倭僧玄蘇)」

산승은 나그네 갈증 알고서
하얗게 유화 뜬 찻잔 가져오네
비록 노동의 오천의 글이 없더라도
또한 족히 메마른 속을 축일만 하구려
山僧知客渴　　　茶椀雪浮浮
雖無五千文　　　亦足潤枯喉

－「여서장유대덕사대선원(與書壯遊大德寺大仙院)」

늙도록 상여(相如)의 목마름병 오래 품고 있어
주머니 속엔 술 한 병 있지 않다네
절에서 차 한 잔 나누어 준 일 없으니
누가 이 근심을 노동의 가슴처럼 씻어줄거나
老來長抱相如渴　　　囊澁無由酒一中
不有曹溪分一椀　　　乾愁誰滌玉川胸

－「사옥보장로송송십급별의다(謝玉甫長老送松草及別儀茶)」

　경운사에서 본 스님은 선다삼매(禪茶三昧)의 경지에 이르렀고, '수처착선심(隨處著禪心)'의 구는 선비 차인의 심재(心齋)의 경지라 하겠다. 보이는 사물마다 선 아닌 것이 없다는 것은 그야말로 앉아도 선이요, 서도 선인 경지다. 그리고 사마상여의 문원병을 알고 있을 정도로 다사에 해박했다.

　난중에 성일이 함양으로부터 산음에 이르니, 현감 김락이 아정으로 옮겨 다반을 성대히 준비했다. 성일이 이를 보고 얼굴빛을 고치며 현감을 불러 책망

해 말하기를 "이 같은 성찬은 오늘을 견디시는 임금의 신하로서 있을 수 없고, 먹어도 목에 넘어가지 않을 것이다" 하니 현감이 부끄럽게 사죄하고 물렀다.

金誠一自咸陽 到山陰 縣監金洛 館誠一于換鵝亭 盛陳茶盤而進 誠一變色 召洛責之曰 如此盛饌 非臣子今日所忍御 雖食不能下咽 洛慙謝而退.

- 조경남(趙慶男), 『난중잡록(亂中雜錄)』

『학봉집(鶴峰集)』에 「퇴계선생언행록(退溪先生言行錄)」을 실었는데 기일에 술과 고기를 안 쓰고 차만 낸 경우를 들고 있다(忌日 不設酒不受肉 雖不與祭 齊居外寢以終日 其待人亦如是 一日客來將設酒 知其有忌 旋令止之 惟設茶).

유성룡(柳成龍 : 1542~1607)

학자로 자는 이견(而見), 호는 서애(西厓)로 퇴계 문인이다. 과거에 급제하여 춘추관에 있을 때 성절사(聖節使)의 서장관으로 중국에 다녀오고, 여러 벼슬을 거쳐 양관 대제학이 되고 병조, 이조 판서를 거쳐 우의정에 올라 풍원부원군(豊原府院君)에 봉해졌다. 임란이 일어나자 도체찰사(都體察使)가 되어 이순신, 권율 등의 명장을 등용하여 전쟁에 임했고 영의정으로 왕을 호종했다. 도학, 문장, 덕행, 글씨로 이름을 얻었다. 『징비록(懲毖錄)』은 전쟁의 과정을 생생히 적은 명저이다.

초가삼간에 소나무 만 그루
옅은 연기 마을을 옆으로 빗겼다네
오늘은 그대 위해 사립을 열었으니

하회마을 전경 유성룡의 종택이 있는 집성촌을 물줄기가 휘돌아 나가고 있다.

맑은 차와 홍시로 나그네의 갈증을 씻어주게나

茅屋三間松萬株　　　　淡烟連村橫一抹

柴門今日爲君開　　　　紅柿淸茶慰客渴

－「차동파석전역운(次東坡石田驛韻)」

벌써 백발의 가닥가닥 어깨에 닿고

작년보다 금년이 기력도 떨어지네

뜬구름 같은 세상일 흐르는 물처럼 빠르니

남은 생애 차솥과 약 화로 끼고 살겠네

千莖白髮已垂肩　　　　氣力今年減去年

世事浮雲流水外　　　　生涯茶鼎藥爐邊

- 「우음(偶吟)」

　차인으로서는 덤덤하다. 갈증으로 차를 마시는 것은 누구에게나 있는 일이다. 수많은 전란의 소용돌이 속에서 중국 사람들을 상대로 차를 많이 마셨겠지만 거기서 차의 깊은 운의(韻意)를 맛보기란 힘들었을 것이다. 그래서 바쁘게 살아온 후에 나이 들어 한가롭게 차를 마시는 것은 청복을 누리고 싶어하던 까닭이다.

최립(崔岦 : 1539~1612)

　문신으로 자는 입지(立之), 호는 간이(簡易)·동고(東皋)로 율곡의 문인이다. 과거에 급제한 후 벼슬을 하는 동안 이문정시(吏文庭試)에서 다시 장원을 했다. 사신의 질정관(質正官)으로 중국에 네 번이나 다녀오고, 형조참판으로 사직하고 은거했다. 임란 중에 외교문서를 많이 썼고, 문장에 이름을 얻었다.

오 년 동안의 존망이 또한 슬프구나
망룡교 북쪽 마을의 한 사당에서
장로가 차 달이는 뜻을 이제야 알았네
불 불어 길가는 나그네의 추위를 없애려 함이었네

五載存亡亦足悲　　　蟒龍橋北一村祠
方知長老施茶意　　　免使征夫冷火吹

- 「망룡교첩운(蟒龍橋疊韻)」

계집종은 바로 옆의 다천에서 물 긷고
사내종은 풀밭 길 만들기가 어렵지 않다네
그 속에 풍류로운 맛은 마음대로 생각함이니
어느 때 한가롭게 돌아가는 배 탈 수 있을까

婢汲茶泉無只尺　　奴治草逕亦尋常
筒中風味堪遙想　　安得歸帆不作忙

− 「가자정랑(家子正郞)」

처마가 텅 비니 산달이 비치고
방 안이 고요한데 등불이 걸렸네
지팡이에 의지해 자주 일어나고
다탕을 마시니 잠이 적다네

簷虛山月入　　室靜佛燈懸
杖屨與頻起　　茶湯供少眠

− 「유증담란(留贈曇蘭)」

간이는 자신의 차 정신보다는 차에 대한 경험을 노래한 것이 많다. 하지만 "학을 대하면 차 마시지 않을 수 없고(對鶴茶難去)"라던가 우가장에서 물이 나빠 눈으로 갈증을 메우면서 "눈물〔雪水〕로 차 달일 필요 없네(雪水當茶未要烹)"라고 하였다.

특히 그의 시에는 돌솥〔石鼎〕과 지로(地爐)에 관한 것이 있어서 주목할 만하다.

이정암(李廷馣 : 1541~1600)

　문신으로 자는 중훈(仲薰), 호는 사류재(四留齋)이다. 과거에 급제하여 대사간, 이조참의 등을 지내고, 임진왜란·병자호란 양 난에 공을 많이 세워 관찰사, 초토사 등을 역임하고 사직 후 낙향했다.

밤들어 문 닫으니 추위 끝없어
하는 일 없이 술집을 묻는다네
고운 사람 내 뜻 알아서
눈물로 차 끓이기 시작하네

閉戶寒宵永　　　無勞問酒家
佳人知我意　　　雪水起煎茶

―「설야동음(雪夜凍吟)」

섣달이 가까워 옷을 잔뜩 껴입으니
온 집안이 얼어서 생각조차 처연하네
사냥하지 않고 차 달이니 한가해서
회서에서 적을 깨뜨리던 생각난다네

滕六疏疏近臘天　　　寒齋凍縮思凄然
煎茶縱獵渾閑事　　　却憶淮西破賊年

―「복차영운(復次詠韻)」

　"고운 사람 내 뜻 알아서 눈물로 차 끓이기 시작하네(佳人知我意 雪水起煎茶)"는 아무리 생각해도 좋은 구절이다. 더구나 그것이 눈 내리는 밤이니 말이다.

양대박(梁大樸 : 1544~1592)

의병장으로 자는 사진(士眞), 호는 송암(松巖)·죽암(竹巖)·하곡(荷谷)이다. 임진왜란이 일어나자 의병을 모아 고경명의 산하에서 싸우다가 과로로 진산 진중에서 죽었다. 글씨를 잘 썼으며 차를 좋아했다.

한번 불계에 드니
방장실이 훤히 맑구나
뜰 앞엔 늙은 계수나무 섰고
창밖엔 돌샘물소리라네
태사의 말은 고요를 깨고
나그네 위해 햇차 달이네
늦은 산 빛이 더욱 좋고
석양에 앞 기둥에 기대선다네

一入天花界　　　　　脩然丈室淸
庭前桂樹老　　　　　窓外石泉鳴
太士談空罷　　　　　新茶見客烹
山光晩尤好　　　　　斜月倚前楹

- 「마하연(摩訶衍)」

은행나무 아래 담쟁이 얽힌 창엔 스님 얘기 들리고
소나무 평상에 부들방석 놓으니 나그네 마음 맑아지네
찻사발 잡고 달여서 이어 또 맛보니
흰 갈매기 나는 곳에 저녁 안개 짙어지네

蘿窓杏閣逢僧話　　　　蒲薦松牀淨客心

試把茶甌更延賞　　　　白鷗飛處暮烟深

- 「신륵사(神勒寺)」

산중의 눈 샘물로 새 차 달이니
육우의 운치가 여유롭구려
솥에 용단을 끓이니 첫 향기 일고
흰 유화 사발 가득 뜨고 맛도 신선하다네
사모 쓰고 차 마실 적의 기운 몰아
혜자가 <거오>를 읊던 곳에 오르고 싶다네
황제의 덕이 빛나는 오늘 제품을 남기는 것은
이름이 중령수와 함께 길이 전하리

新試山中雪竇泉	陸郎風韻政悠然
龍團沸鼎香初動	玉乳盈甌味更鮮
籠帽啜時將馭氣	據梧吟處欲登天
皇華此日留題品	名與中泠一樣傳

- 「차옥류천자다운(次玉溜泉煮茶韻)」

그의 시는 무장(武將)답게 기개가 높아, 잗다란 기교는 어울리지 않는다. 차를 마시면 청담이 어울리고(淸談宜啜茗 煮茗玄談愜素心) 바람을 타고 내닫고 싶어했다. 송암의 시구 중에 "촛불 희미하니 달 맞기 좋고, 차 향기 맡으니 술 생각 없어지네(燭暗宜迎月 茶香可屏醪)"는 마음에 든다.

임제(林悌 : 1549~1587)

문인으로 자는 자순(子順), 호는 백호(白湖)로 양시에 합격하여 예조정랑, 지제교로 있다가 당파싸움에 개탄하고 명산을 두루 유람하며 여생을 마쳤다. 호방한 시풍과 문장으로 이름을 얻었다.

하루저녁 조계에서 자니
푸른 안개 옷에 스며 차고
두견이소리 슬프고
목련화 피니 봄이라네
(중략)
사미는 역시 할 일이 많네
물 길어서 햇차 달이는구나

一宿曹溪洞　　　芝裳冷碧霞
愁邊杜宇鳥　　　春後木蓮花
(중략)
沙彌亦多事　　　汲水煮新茶

- 「즉사(卽事)」

청산은 고금(古今)을 말하지 않으나
계묵 선승은 마음으로 이미 깨달았다네
차는 다 마시고 향만은 피는데 적적히 앉아
숲에 부슬비 내리는데 우는 새소리 듣고 있네

青山不語古猶今　　　體得禪僧戒默心
茶罷香殘坐寂寂　　　一林微雨聽幽禽

- 「증계묵(贈戒默)」

옛 모습 그대로인 스님이

다만 마을에서 차 한 잔을 마시고

지팡이 짚고 석양을 받으며 돌아가니

이별의 한이 새삼 길기도 해라

古貌猶殘衲　　　村茶只一杯

歸筇帶落日　　　離恨更悠哉

- 「증우로장(贈瑀老丈)」

그는 시풍이 호방할 뿐만 아니라 사람을 대하는 데도 조그만 일에 구애되지 않았다. 선승들과도 교유하고, 그림에도 일가견이 있었다. 지금도 유명한 무위사(無爲寺) 법당 뒷벽의 불화(佛畵)를 시로 읊으면서 "한 잔의 차에 스님 곤한 잠에서 깨고, 한밤의 맑은 종소리 온 골짜기의 숲에 퍼지네(一椀僧茶醒困眠 半夜淸鍾動林壑)"라고 했다. 그림 속에서 잠깬 모습을 찾고, 소리를 듣는 일이 평범하지 않다.

이 같은 표현은 김생(金生)의 〈해장도(海莊圖)〉를 읊는 데에도 있다. "목동들은 피리 빗겨 불며 천천히 돌아오고, 차를 마른 창자에 대느라 우물물 분주히 길어 오네(牧因橫笛歸家緩 茶爲澆腸汲井忙)." 흡사 정지된 그림 속에서 인물의 동작과 마음을 읽고 있는 것이다. 불현듯 그 그림을 보고 싶으나 행적을 알 수 없으니 안타깝다.

그러면서도 그는 참다운 차인이었으니, 차를 다 마시고 향이 피는 데 조용히 앉아 있고, 그 앞 돌상에는 경전 몇 권이 옅은 안개에 젖는다(茶罷香殘坐無語 石床經卷濕靑嵐). 그리고 차와 거문고가 생활의 견인력이 되었으니(茶鐺琴匣生涯足), 송암 양대박과 헤어질 때도 배에 차 부뚜막을 싣고 갔었다(野艇兼茶竈).

이호민(李好閔 : 1553~1634)

문신으로 자는 효언(孝彦), 호는 오봉(五峰)이다. 급제하여 이조좌랑으로 있을 때 임진왜란이 일어나자 중국에 가서 원병을 청한 일에 공이 많았다. 후에 좌찬성에 이르고, 명에 두 번이나 더 다녀왔다. 임란 이후 줄곧 중국과의 관계에 간여했기 때문에 차와 더욱 가까워졌다.

찻잎은 곡우 전에 새 싹 트는데
오의 누에 첫잠 먹이 딸 때라네
구리 맷돌에 푸른 운유 가루 나고
자기 항아리엔 파란 좁쌀 알 모았네
동자가 달이는 솥의 물 끓는 소리 늦고
시옹은 오래 자서 목이 탄다네
오지 사발에 차 마시고 시어를 생각하니
땀구멍이 넓어져서 앉은 자리 풀이 젖네

茶葉新崩穀雨前　　吳蚕採似正初眠
銅磨碾綠雲腴膩　　瓷甕收靑嫩粟鮮
童子烹遲笙響銚　　詩翁睡久火生咽
烏甌喚啜搜文字　　毛孔春泱坐草玄

- 「우곡양전다(右穀兩前茶)」

오래 누워서 창으로 새 바라보는데
찻사발에선 생황소리 들리네
아가위와 배나무에 한 줄기 비가 내려
놀라 일어나 앉아 머리 긁적이네

久臥鳥窺牖　　烹茶笙響甌
楂梨一陣雨　　驚起坐搔頭

- 「우음(偶吟)」

파초 잎엔 비 시원하게 내리고
대로 엮은 지게문엔 바람 솔솔 분다네
갑자기 낮잠 깨어서
홀연히 벌서에 있는 스님 만났네
세상 밖에 구름자리 옮겨 놓고
차 달이는 옆에서 물 끓는 소리 듣는다네
시가 이루어지면 스님께 보내리니
마침 저무는 산사의 종소리 아름답게 들리네

蕉葉冷冷雨　　筠牕靡靡風
蘧然午夢罷　　忽漫墅僧逢
塵外雲移席　　茶邊水響空
詩成送師去　　況聽暮山鍾

- 「제신준축(題信俊軸)」

운유차를 노래하고 물 끓는 소리를 생황과 벌 소리에 비유했다(窓前花妥蜂聲鬧 鼎裡茶烹蟹眼生). 차를 마시고도 시상이 떠오르지 않아 고뇌하는 모습이 인간적이다. 그리고 낮잠에서 깨어 정신이 몽롱한 상태에서 머리를 만지는 것은 바로 옆집 할아버지와 다르지 않게 친근하다.

하지만 "세상 밖에 구름자리 옮겨 놓고"에 이르면 선객(仙客)으로 변한다. 이것 말고도 "물 길어 차 끓이니 흰 유화 뜨고 서생은 냉담하게 느끼는 바 많구나(取水煎茶結素花 書生冷淡覺還多)"의 구나 "봄날 남쪽 교외 따뜻하기에 배에 다조 싣고 호당을 지난다네(春日南郊景載陽 扁舟茶竈過湖堂)" 혹은 "차와 채소가 모두 담박한 데 부들방석 운납승은 깊은 산에 산다네(茶椀蔬畦各淡泊 蒲團雲衲倚岐嶒)" 등은 모두 다른 취향을 노래한 것이다. 때로는 엄정한 서생의 모습으로, 혹은 시객으로, 혹은 선객(禪客)으로 등장했다.

그의 시 중에 선계에 몰입한 수작(秀作)이 있다.

방문 닫고 화로 끼고
편히 앉아 있으니 마음 맑아지네
홀연히 나물 냄새 나기에
문 여니 산승이 서 있네
이에 향 피우고 차 마시며
정토의 좋은 얘기 한다네
문득 나 스님과 떠나려니
소나무에 쌓인 눈이 와르르 떨어지네

閉門擁爐火	宴坐心淸澄
忽有蔬筍氣	窓前立山僧
因言淨土勝	茗椀仍香燈
倘能同我去	松雪落層層

-「차한음운 제승권(次漢陰韻 題僧卷)」

차천로(車天輅 : 1556~1615)

문신으로 자는 부원(復元), 호는 오산(五山)으로 송도 출신이며 서화담의 문인이다. 과거에 급제하여 벼슬을 했으나 친구의 답안을 대신 써준 것이 문제되어 귀양 갔다가 풀려났다. 한호의 글씨, 최립의 문장과 오산의 시를 '송도삼절(松都三絶)'이라 했다. 『오산집』과 『강촌별곡(江村別曲)』을 남겼다.

장사공 이후 세상에 현인이 많았는데
그 영령들이 지선(地仙)이 되었음을 확실히 알았네
뜰의 솔바람이 세속에 물들지 않음 좋고
달빛 아래 눈 녹인 물로 차를 달이네

長沙公後世多賢　　最覺英靈作地仙
庭愛松風塵不染　　茶煎雪水月相鮮

－「증도통판(贈陶通判)」

침석에서 바라보니 바다 물 출렁거리고
발 너머 푸른 산은 거문고와 술병에 있다네
과원과 채소밭엔 이슬 내리고
약 그릇과 찻사발은 따뜻하게 해야 하네

隔岸海潮生枕席　　入簾山翠在琴罇
果坊菜圃行侵露　　藥椀茶甌坐負暄

－「주봉처사초당(酒峯處士草堂)」

많은 다시를 남기지는 않았으나 그의 시는 상징적이고 비약을 하면서도 차의 기본에 관해서는 짚고 넘어갔다. 솔바람과 달빛, 그리고 눈을 녹여 전다하는 멋을 알았고, 거문고와 술, 그리고 차가 함께하는 다석이야

말로 좋은 자리이리라.

　오산은 자신도 차를 즐겼으니 "차분히 책 읽으며 간점 찍다가 샘물 길어 푸른 차 손수 끓이네(滴露硏朱閒點易 汲泉分碧自煎茶)"라는 좋은 구절을 남겼다.

심희수(沈喜壽 : 1548~1622)

　문신으로 자는 백구(伯懼), 호는 일송(一松)으로 노수신의 문인이다. 임란 때 왕을 호종하면서 도승지가 되었다. 명의 사신들을 잘 상대했으며 이조, 호조 등의 판서를 지냈고, 좌의정을 역임했다. 후에 국사를 비관하여 출사치 않고 독서와 시로서 소일했으며, 글씨를 잘 썼다.

이끼 낀 사립에 비 지나가니
대밭 모롱이엔 서늘한 바람 이네
잠에서 막 깨니 흥이 없더니
햇차 한 잔이 맑기도 해라

苔扉秋雨過　　　竹塢晚涼生
睡起無餘興　　　新茶一椀清

-「제의림시권계옹서액(題義林詩卷溪翁書額)」

또 저녁 등 켜니 지난해가 감회롭구나
이는 타향도 아니고 집도 아닐세
제비는 이미 두 번이지만 꾀꼬리는 아직 안 오네
꽃은 다 졌으나 버들은 보기 좋다네
시끄러운 세상엔 탁한 먼지 일고

외로운 인생살이 흰머리만 빗겼네
조용히 산집 창 앞에 앉았으나 주흥이 없으니
한밤에 아이 불러 차 끓이라 재촉하네

又逢燈夕感年華	不是他鄕不是家
燕已重來鶯未至	花雖盡落柳堪誇
紛紛世路黃塵起	子子人生白髮斜
悄坐山窓無酒興	呼兒半夜促煎茶

- 「등석영회(燈夕詠懷)」

벼슬도 없고 덕과 재주도 없으니
괴이하게 스님 따라 매일 온다네
매끄럽지 못한 짧은 시구 몇을 놓고
큰 찻잔 마시면서 애를 쓴다네
남호에 비 내려 물결 급해지고
동령엔 구름 끼어 달도 없다네
어느 때쯤 손잡고 금강산에 가서
우레 같은 구룡폭의 맑은 소리 들을까

無官無德又無才	恠底山僧逐日來
設有酸詩數短句	爭如苦茗一深杯
南湖小雨潮猶急	東嶺陰雲月未開
安得相携往楓岳	九龍湫上聽晴雷

- 「증인산인(贈印山人)」

일송은 인간적이다. 낮잠 자고 일어나서 정신이 흐릴 때 차 한 잔으로 마음 가다듬고, 객지에서 해를 보내며 지난날을 반추해 보는 것은 바로 우리의 자화상이다. 누구나 남의 앞에선 잘난 체 하지만 깊은 밤 등불 앞에서 자신을 돌아보아 부끄럽지 않은 이 그 누구인가.

이항복(李恒福 : 1556~1618)

문신으로 자는 자상(子常), 호는 백사(白沙)·필운(弼雲)이니, 이제현의 후손이다. 과거에 급제하여 여러 벼슬을 두루 거치고 영의정을 지냈다. 임진왜란 때에 병조판서를 수차 지내며 많은 공을 세워 오성부원군에 봉해졌다. 광해군 때 폐모론(廢母論)에 극력 반대하다가 북청으로 귀양 가서 죽었다. 어려운 중에도 당파에 치우치지 않고 공을 세운 청백리였다.

활짝 웃으며 산에 오르는 날
어느덧 산골 샘까지 왔다네
이때 마시는 한 잔의 차를
석 잔의 술과 바꿀 수 있으리

笑殺登高日　　飜成入礀來
那將茶一椀　　換得酒三杯

-「중구 우유영국서원(重九 偶遊寧國書院)」

어느 중양절에 혼자서 영국서원(寧國書院)에 올랐는데, 술도 없이 행낭에 오직 마른 밤과 건차(建茶)가 있어서 차를 달여 마른 밤을 먹으며 요기한 얘기다. 나들이 갈 때도 차를 언제나 준비했다는 것과 그것도 중국차를 항상 마셨다는 것을 알 수 있다.

이곳 처음 와 드높은 절개 흠모해

후의로 감개하여 스님 통해 좋은 차 올리니

꽃다운 넋이 지하에서 혹 안다면

동국의 이재상을 기억할지어다

來遊始慕苦節高　　厚意重感僧茶好

英靈泉下或有知　　倘識東韓李閣老

- 「망부대정녀사(望夫臺貞女祠)」

망부대의 정녀사에 가서 이정구의 「서악묘운(西嶽廟韻)」에 차운한 시의 일부다. 옛날 만리장성을 쌓을 때 범랑(范郞)이란 자가 노역장에서 죽었는데, 그 아내 허 씨가 찾아와서 남편의 시신을 섬에 장사 지내고, 거기서 울다가 죽은 일을 기념하여 장동이란 사람이 대를 쌓고 사(祠)를 지어 비를 세웠다. 오성도 그를 본떠서 차를 올렸다.

이때는 선비라면 누구누구를 따질 것 없이 모두 차를 상음했다는 것을 알 수 있다. 그가 유상서의 별서에 갔을 때도 차를 마시는 것은 특별한 일이 아닌 일상이었다. "길이 피곤하여 차 마시러 왔는데, 주인은 아무 말이 없다네(路困啜茗來 主人無惡語)"라는 시구도 있다.

허균 일가(許筠 一家)

허균(1569~1618)은 문신으로 자는 단보(端甫), 호는 교산(蛟山)·성소(惺所)라 했다. 동지중추부사 허엽의 아들이다. 형인 성(筬 : 1548~1612)은 이조판서를 지냈고, 봉(篈 : 1551~1588)은 창원부사를 지냈으나 벼슬을 버리고 산에 들어가 방랑하다가 죽었다. 봉은 하곡(荷谷)이라 호를 하고, 중국에 갔던 기록인 『조천기(朝天記)』를 썼다. 『조천기』에는 다음과 같이 중국에 가서 차를 마신 내용이 여러 군데 등장한다.

> 우리들은 중문 밖 동랑의 인가에서 소흥차를 사 마셨다. (중략) 또 찻종을 들고 두 대인과 우리들에게 차를 올렸다.
> **余等人中門外東廊人家 買紹興茶以啜 (중략) 門子等捧茶鍾以進于兩大人及余等.**

그리고 누나가 난설헌(蘭雪軒) 초희(楚姬 : 1563~1589)다. 「궁사(宮詞)」에서 "붉은 비단옷에 건계차 마시고(紅羅袳裹建溪茶)"라 노래했다. 드물게 보는 재원이었으나 불행하게 일생을 마친 시인이었다.

집안이 모두 차를 마셨으나 교산의 작품이 제일 많이 남아 있다. 그는 누나와 함께 형의 친구인 손곡(蓀谷) 이달(李達)에게 수학했다. 과거에 급제하여 재기를 떨쳤고, 여러 벼슬을 지냈다. 당파의 소용돌이 속에서 보신을 위해 이이첨에게 아부하여 중국에도 몇 번 다녀왔다. 좌참찬에 올랐으나 반란 계획에 가담했다가 발각되어 처형되었다. 그 유명한 『홍길동전』을 남겼고 『성소부부고(惺所覆瓿稿)』가 있다.

> 새 용단을 갈라 좁쌀 같은 싹 달이니
> 뛰어난 품수는 밀운룡처럼 좋구나
> 의연한 눈물은 한가로운 풍미이니
> 모르는 이들 낙노라 부르지 마오
> 갈증 나서 일곱 잔을 모두 마시니
> 답답함을 없애주니 제호보다 낫구려
> 호남에서 따온 차가 특별히 맛있다니

이로부터 천지차는 종복의 신세라네

新劈龍團粟粒鋪	品佳能似密雲無
依然雪水閑風味	遮莫諸滄號酪奴
消渴能吞七椀無	屛除煩痾勝醍醐
湖南採摘嘗偏美	從此天池是僕奴

- 「음신다(飮新茶)」

새 울음 속에 꽃은 바람에 늘어지고
대숲에 비 내리니 차 연기 젖는다네
맑은 마음 구경하며 반일을 보내고서
평지에도 신선 있음을 이제야 알겠구려

風顫晩花縈鳥語	雨留深竹濕茶煙
脩然半日拚淸賞	平地方知有上仙

- 「최정언가소작(崔正言家小酌)」

소원이라 주랑엔 해 이미 기울었으니
처음 달인 햇차 맛을 은사발로 마셔보세
못에 심은 연꽃 봉우리 잎 위로
비 맞은 장미는 벌써 꽃이 피었구려

小院週廊日已斜	銀甌初瀹試新茶
點池菡萏將浮葉	經雨薔薇已發花

- 「해양기회(海陽記懷)」

비 온 뒤에 물이 불어 물가는 다 묻히고
한 줄기 차 연기는 대 바람에 푸르구나
빗긴 해 발에 걸리니 사람들은 흩어지고
종이창 밝은 아래서 『황정경(黃庭經)』을 읽는다네

雨餘晴漲沒廻汀　　一帶茶煙搖竹靑
斜日在簾人吏散　　紙窓明處讀黃庭

- 「즉사(卽事)」

깨끗하게 솥을 씻고 새물로 차 달이니
바람에 각건 처져 그림자 너울너울

茶淪新泉鼎已湘　　角巾風墊影央央

- 「부사(賦事)」

차솥이나 경권 이것이 바로 살림살이
청려장과 초, 나막신은 여행하는 기구라네
조만간 임금 은혜 돌아감을 허락하면
호숫가에 맨머리로 마음껏 노래하리

茶鐺經卷是生活　　藜杖蠟屐惟行裝
早晚君恩許歸去　　放歌科頭湖水傍

- 「오창(午窓)」

찻사발에 차 달여서 목마름을 없애려니
어찌하면 우통의 좋은 샘물 얻어 올까

茶甌淪茗蠲消渴　　安得于筒第一泉

- 「서회(書懷)」

붓을 던졌으니 업성의 기와 벼루 마른 지 오래고
초강이 이제 막 익었으니 용차나 달여보세
궁벽한 땅이라고 오가는 이 없다 마오
산벌이 제 마음대로 하루 두 번 아참(衙參)하네

鄴瓦久乾抛兔翰　　焦坑方熱試龍茶
休言地僻無來往　　自有山蜂趁雨衙

- 「휘객독좌(撝客獨坐)」

방 넓이 십 홀쯤인데 남으로 문을 둘 내니
낮에는 볕이 쪼여 밝고 따뜻했다
비록 집이라지만 벽만 서 있고 책만은 사방에 두었다
나는 쇠코잠방이를 걸친 탁문군의 짝이 되어
반 사발의 차 마시고 향 한 묶음을 피운다네
한가롭게 묻혀 살면서 건곤과 고금을 생각하네
남들은 누추한 곳에서 어찌 사느냐고 하지만
내 생각에는 맑은 신선의 세계라네
마음과 몸이 이렇게 편한데 누가 누추하다 하는가
내가 누추하다는 것은 몸과 마음 함께 썩는 곳이니
원헌은 띠지게문 집에 살았고 도잠도 흙담집에 살았다네
군자가 산다면 어찌 누추함이 있으리

房闊十笏 南開二户 午日來烘 旣明且煦 家雖立壁 書則四部 餘一犢鼻 唯文君
伍酌茶半甌 燒香一炷 偃仰棲遲 乾坤今古 人謂陋室 陋不可處 我則視之 淸都
玉府 心安身便 孰謂之陋 吾所陋者 身名竝朽 憲也編蓬 潛亦環堵 君子居之 何
陋之有

- 「누실명(陋室銘)」

용단과 속립(粟粒)은 어울리지 않고, 천지차가 종복의 신세라는 것도 생각해 볼 문제이지만, 밀운룡이나 제호를 아는 차인이었다. 새 울음과 늘어진 꽃, 비에 젖는 차 향기, 어느 것 하나 예사롭지 않은 표현이다. 그리고 「해양기회」에서는 사물의 영고성쇠(榮枯盛衰)를 비유했다. 우리의 삶인들 다르지 않을 것이다.

그는 혼자서 차도 달이고 사람들이 떠난 뒤에 『도덕경』을 읽으며 지상에 펼쳐지는 선계를 만끽했다. 때로는 현실의 줄다리기가 너무 힘들고 귀찮아서 모든 것 다 던지고 초야에 묻히길 바랐다.

「누실명」은 그의 평상시의 한 마음 끝을 적은 글이다. 치열하게 현실에 참여하면서 깊은 속 한 곳에 언제나 염원하던 것을 쓴 것이다. 참다운 차인의 마음이라 할 수도 있다. 형이하적인 여러 가지는 문제되지 않는다. 오직 마음이 평화롭고 소심을 지킬 수 있다면 그곳이 바로 선계이다.

그는 젊은 날 방탕한 일도 있었으니, "제멋대로 방랑하여 항간(巷間)에 떠돌아다니면서 찻집이나 술집까지 드나들지 않은 곳이 없었으니〔任誕自放 浮湛於里社中 茶肆酒坊 靡不出入, 「여리대중제일서(與李大中第一書)」〕"라 술회하기도 했고, "옛사람은 술집·다방에도 들어가지 않는다던데, 하물며 이보다 더한 짓이겠어요〔古人有不入酒肆茶房者 況甚於此乎, 「망처숙부인금씨행장(亡妻淑夫人金氏行狀)」〕"라는 아내의 생전의 말을 행장으로 옮기며 울기도 했다.

그는 문집에서 다식은 안동에서 만든 것인데 아주 맛이 좋다고 했다. 밤다식은 오직 밀양과 상주 사람들이 잘 마들고, 다른 지방에서 만든 것은 매워서 먹기 어렵다고 했다〔茶食 安東人造之 味甚好 栗茶食 唯密陽尙州人能造之 他邑造之 則輒辛不可食, 「병이지류(餠餌之類)」〕. 또 차는 순천에서 나는 작설이 제일 좋고, 변산에서 나는 것이 다음이라고 했다(茶 雀

舌産于順天者最佳 邊山次之).

유몽인(柳夢寅 : 1559~1623)

문신으로 자는 응문(應文), 호는 어우당(於于堂)·묵호자(黙好子)이며, 성혼의 문인이다. 과거에 급제하여 벼슬길에 나갔으나 성품이 경박하여 물리침을 당하자 이이첨에게 붙어 중북(中北)을 차지했다. '인조반정'의 화는 면했으나 후에 잡혀 형을 받았다. 글씨를 잘 썼고 설화문학에 공을 남겼다. 『어우야담(於于野談)』과 『어우집』이 전한다.

맑은 창 앞 차 마시니 달콤한 꿈 깨고
푸른 눈의 유마가 홀연히 참예하네
변방의 봄 강에는 붉은 비단 아름답고
이 난간의 푸른빛은 먼 산에 남색이네

晴窓茶罷夢初酣　　碧眼維摩忽告參
塞日春江紅爛錦　　遼山當檻翠按藍

-「차증룡만민상인(次贈龍灣敏上人)」

행장을 벗어놓고 등나무 탑상에 누워서
향차를 마시고 목마름을 해결하네
내 삶이 말 위에서 늙으니
가는 곳이 곧 내 집이라네
어느 곳인들 강산이 없으리오만
힘들고 어려운 긴 여정이여
닭 울면 등불 아래 아침을 먹고

다시 또 동쪽하늘 향해 걸어간다오
卸裝偃藤榻　　解渴傾香茶
吾生馬上老　　隨地卽吾家
何處無江山　　勞勞長逆旅
鷄鳴燈下飯　　且復天東去

-「풍윤효고(豊潤效古)」

그의 다시는 많으나 차가 좋아서 마셨다기보다는 일상적인 생활로 마셨고, 깊은 정신적인 감흥은 찾기 힘들다. 절실한 내심으로부터 우러나는 욕구가 아니기 때문에 우리에게 와 닿는 바도 적다. 하지만 "차를 달이면 사는 이치 깨닫고(煑茗自知生理足)" 같은 좋은 구절도 있다.

이준(李埈 : 1560~1635)

문신으로 자는 숙평(叔平)이고 호는 창석(蒼石)이며, 유성룡의 문인이다. 과거에 급제하여 벼슬길에 나갔다가, 임진왜란 때 의병을 모집하여 공을 세우고 서장관으로 중국에 다녀왔다. 정묘호란 때도 의병을 모아 공을 세워 첨지중추부사가 되었다. 차를 즐겨 많은 다시를 남겼고 깊은 경지에 이르렀다.

나랏일에 조금도 보탬 된 일 없이
여생은 다만 자연에서 지내려네
창을 열면 첩첩한 산봉이 좋은 손님 되고
연못으로 흘러드는 찬 샘에 맑은 사귐 의탁하네
배고플 때 차 마시면 가난도 즐겁고

흥이 나면 붓을 돌려 늙은 호기 부린다네
세상의 비방과 칭찬 내 어이 관여하리
양웅이 조롱을 벗어나려 속인 것이 가소롭다네

國事曾無補一毫	餘生只合臥林皐
牎迎疊嶂爲嘉客	塘引寒泉托淡交
飢至啜茶貧亦樂	興來揮筆老猶豪
世間毀譽吾何預	可笑楊雄謾解嘲

- 「유거(幽居)」

낚시하면 언제나 갈매기를 침범하고
차를 따면 신선들을 번잡케 하네
어떤 인연으로 정자 아래서 함께 배 타고
넓은 물에 부슬비 내릴 때 쓰러져 잠들고

垂釣每侵鷗鳥界	採茶頻赴羽人期
何緣共泛孤亭下	睡到空溟細雨時

- 「기제락고초당(寄題洛皐草堂)」

차솥과 약 화로는 새 생활의 계책이고
넝쿨에 걸린 달과 솔바람은 지난날의 인연이네
옆 사람들 다른 뜻 있느냐고 묻지를 마오
내 신세 지금이 선정에 든 듯하오

茶鼎藥鑪新活計	松風蘿月舊因緣
傍人莫問行藏事	身世如今入定禪

- 「병중서회(病中書懷)」

풍로에 눈물 끓이니 푸른 연기 수수 나고
한 잔의 제호로 온 몸이 신선 된 듯
육우가 여기 와도 제품을 잘못할 터
달고 맑음과 혜산샘물 뿐이러니

風爐雪水颺靑煙　　　一椀醍醐骨欲仙
陸羽向來題品誤　　　淸甘但說惠山泉

－「청풍계십이절 설수전다중동(淸風溪十二絶雪水煎茶仲冬)」

나랏일에 보탬이 없었다는 것은 겸손이고, 산봉(山峰)과 청천(淸泉)을 벗 삼고 안빈낙도를 누리니 세속의 입놀림에는 아예 관심도 없다. 낚시할 때 갈매기들을 생각하고, 차 따며 다른 사람을 배려하는 차인의 마음을 노래했다. 그러면서 자신도 선계에 대한 꿈을 꾸기도 하고, 차를 마시며 선(禪)에 들기도 했다.

그리고 차를 마실 때 차의 품질을 논하고 물을 말함은 육우 정도의 수준이고, 자신의 그 높은 정신세계는 그런 것을 초월한다는 자신감이 서려 있다. "따뜻한 화로 옆에 차를 마시며 진결을 강한다(茶椀薰爐講眞訣)"든지 "강가 정자에 매화 찾을 때 차 마시면 좋기도 하다(江閣尋梅好啜茶)" 같은 구절에는 선미가 서려 있다. 그가 요동 백마사에서 읊은 시에 "길 가다가 우연히 고승과 얘기하면 서쪽 여정 아득함을 잊어버리네(經過偶與高僧話 忘却西征路渺茫)"라고 한 시구는 일품이다.

여기에 소개한 차인들 외에도 평생 차를 즐기며 애용한 분들이 많다. 그래도 기억해야 할 몇 사람의 이름만이라도 소개하여 후학들에게 도움을 주었으면 한다.

| 이첨(李詹 : 1345~1405) |

눈 위 달 밝은 동창 앞에 홀로 앉아
돌솥에 차 달이며 솔소리 듣는다네
  坐久東窓雪月明   煎茶石鼎聽松聲

            -「우금필감촌재(遇金祕監村齋)」

| 조준(趙浚 : 1346~1405) |

솔소리 비 맞으며 차 연기 피어나고
달 비친 매화 그림자 용트림 하는구나
  松聲挾雨茶煙細   梅影如龍月彩多

            -「월하기남정당(月下寄南政堂)」

돌솥에 솔바람 물결 일고, 흰 유화 떠 구슬꽃 피네
한 잔 마시니 날개 돋고 두 잔 마시니 맑은 바람 인다네
  松濤起石鼎   雪乳開瓊花
  一甌羽翼生   二甌淸風多

            -「사사송다(謝師送茶)」

| 정총(鄭摠 : 1358~1397) |

우물물 길어서 차를 끓이며
침상에 의지해 솔소리 듣는다네

煎茶汲井水　　　　欹枕聽松風
- 「방안화사천택상인불과(訪安和寺天澤上人不過)」

| 이직(李稷 : 1362~1431) |

약솥과 찻사발 놓인 방장실 깨끗하기도 하고
솔바람 강 달빛 아름다운 밤 영원하여라
藥鼎茶甌方丈淸　　　松風江月良宵永
- 「차우산장로(次牛山長老)」

| 박팽년(朴彭年 : 1417~1456) |

차 마시고 난 다음에 시를 읊는다네
吟風喫茶之餘
- 「송죽헌기(松竹軒記)」

| 신숙주(申叔舟 : 1417~1475) |

도갑산 개울물로 작설 달이고
옹기촌 울타리에 설매가 떨어지네
道岬山溪雀舌茶　　　甕村籬落雪梅花
- 「선종판사견방(禪宗判事見訪)」

| 성삼문(成三問 : 1418~1456) |

절에서 마시는 차 어이 이리 찬고

禪社茶何冷

— 「사가수창(賜暇酬唱)」

| 강희맹(姜希孟 : 1424~1483) |

차는 기운을 보태고 맑고 건강하게 하고, 차의 성질을 모르더라도 속에 있는 더러운 것을 깨끗이 씻어준다. 배고픈 사람에게는 좋지 않고, 배가 부른 사람에게는 아주 좋다.

氣益淸健 殊不知茶性 蕩滌腥穢 不宜於虛 而最宜於飽者也.

— 「답이평중서(答李平仲書)」

| 성간(成侃 : 1427~1456) |

동산에 빨리 올라 차를 달인다네

走上東山欲試茶

— 「절구(絶句)」

| 홍유손(洪裕孫 : 1431~1529) |

자기 잔에 차 따라 올리니 향미 좋기도 해라

瀉茶磁奉淸甘   — 「원각사동상실(圓覺寺東上室)」

| 김흔(金訢 : 1448~?) |

밤에 중의 평상에 등불 밝히고
차솥에 나는 솔바람소리 듣는다네
夜借僧床一燈明　　　茶鐺時作松風聲

－「차숙도운(次叔度韻)」

| 이원(李黿 : ?~1504) |

물방앗간 바람소리는 봄의 운치이고
차솥에 비친 달은 흩어져 사라지네
水碓風春韻　　　茶鐺月散華

－「장유내산(將遊內山)」

| 김일손(金馹孫 : 1464~1498) |

신선의 경전 다 읽으니 꽃도 함께 졸고 있고
마음을 씻으려고 용차를 또 끓이네
讀了仙經花共睡　　　洗心聊復試龍茶

－「사십팔영(四十八詠)」

| 김세필(金世弼 : 1473~1533) |

때 되면 차솥에 눈물 끓이니

이 같은 풍류로운 맛 뉘와 함께 같이할고

茶鼎有時煎雪水　　　　此間風味與誰同

－「기경기도사(寄京畿都事)」

| 홍언충(洪彦忠 : 1473~1508) |

반생의 사업이 선비 된 것 잘못이니
벼슬길 험난하여 편할 날이 없구나
오늘 선탑 옆에 차를 달이며
발 밖에 부슬비 내리는데 포단에서 잠들었다네

半生事業誤儒冠　　　　宦海波瀾跡未安
今日煮茶禪榻畔　　　　一簾微雨睡蒲團

－「정인사(正因寺)」

| 김극성(金克成 : 1474~1540) |

지팡이 짚고 문을 나서 구름 속을 걷다가
집에 들면 달 비친 난간에서 차를 달이네

出門扶杖倩雲間　　　　入戶煎茶對月欄

－「송란(松欄)」

| 심의(沈義 : 1475~?) |

반찬 없는 밥 좋지 못한 차로 메마른 창자 채우네

淡飯粗茶充枯腸

- 「청학동(青鶴洞)」

| 김안로(金安老 : 1481~1537) |

목마르면 차솥에 물 부어 강물소리 듣고
渴澆茶鼎聽鳴江

- 「우용전운(又用前韻)」

다당에는 봄날 넓은 강 물결 이네
茶鐺濤起浩春江

- 「대사자서답(對使者書答)」

| 신광한(申光漢 : 1484~1555) |

산사람 매양 햇차 덩이 보내고
山人每寄新茶片

- 「한중우의(閑中寓意)」

응당 차 맛은 중영의 물보다 좋다네
只應茶味勝中泠

- 「경장오영(慶莊五詠)」

| 김정(金淨 : 1486~1521) |

그윽한 샘물 솔바람소리 한밤에 들리니
꿈속에는 차 끓는 소리라네
눈 떠보니 벽등은 꺼지고
텅 빈 창밖엔 달만 환히 밝다네
幽澗寒松竟夜鳴　　　夢中時作煮茶聲
覺來一壁燈光盡　　　窓外人空月自明

- 「절구(絶句)」

푸른 산속 혼자 사는 집 냉랭한데
차 끓인 후에 연기는 집밖으로 피어나네
靑山影裏空堂冷　　　茶罷微煙屋外橫

- 「화언수이시(和彦叟以詩)」

솔 아래 샘물 손수 길어다
창문 열고 눈물에 차를 달이네
自汲松根井　　　開窓煮雪茶

- 「차우인운(次友人韻)」

| 심광언(沈光彦 : 1490~1568) |

차솥의 차야말로 시의 갈증 풀어주네
茶鐺也解詩喉渴

- 「삼척(三陟)」

▎조성(趙晟 : 1492~1555)▎

맑은 차 가득한 잔을 여러 번 기울이네

澄光滿椀茶屢傾

- 「중추견월유감(仲秋見月有感)」

▎송순(宋純 : 1493~1583)▎

꽃구경 할 때 이웃과 함께였는데
차 마시고 난 다음엔 바위 언저리에 차병만 뒹구네

看花時與隣人共　　　茶罷巖邊有臥瓶

- 「차송강부유거(次松岡賦幽居)」

▎김의정(金義貞 : 1495~1546)▎

차 연기 조금씩 침방 앞에 피어나고
나뭇잎 우수수 뒤뜰에 떨어지네

茶煙細細生前閤　　　樹葉蕭蕭點後園

- 「용전운(用前韻)」

▎성운(成運 : 1497~1579)▎

깨끗한 꽃길 걸으니 맑은 이슬 옷 적시고
대나무로 차 달이니 푸른 연기 나풀나풀

제6부・조선 전기의 차 문화　505

掃逕踏花紅露濕　　　　烹茶燒竹翠煙輕

　　　　　　　　　　　　　　　　　-「신거(新居)」

| 임형수(林亨秀 : 1504~1547) |

봄의 찻사발은 세속 마음 씻어내고
들의 깨끗한 눈빛은 흐린 안목 밝게 하네
春茶甌試塵襟爽　　　　野雪光凝病眼明

　　　　　　　　　　　　　　-「납청정유감(納清亭有感)」

| 엄흔(嚴昕 : 1508~1553) |

한가로이 차솥에 햇차 끓이네
茶鐺閑却試新芽

　　　　　　　　　　　　　　-「대동강주중(大同江舟中)」

| 김인후(金麟厚 : 1510~1560) |

흰 유화가 붉게 변해 무리가 된다 해도
솔바람은 어느 누가 소리 없이 흘으리
雪乳若爲紅有暈　　　　松風誰與散無聲

　　　　　　　　　　　　　　-「급강전다(汲江煎茶)」

| 이정(李楨 : 1512~1571) |

시정이 삭막해서 사영운(謝靈運)을 생각하고
맑은 차 맛은 건계차보다 좋다네
詩情索寞思靈運　　　茶味淸泠勝建溪

－「차제천눌재운(次堤川訥齋韻)」

푸른 가지 잎 사이에 구슬 같은 꽃봉오리 돋아
촘촘 피어나니 빛나는 별이라네
어찌 노동의 석 잔 차 부러워하리
꽃을 보자 몸과 마음 저절로 개운히 맑아진다네
靑枝綠葉着瓊英　　　簇簇開來粲列星
何羨玉川數三椀　　　繞花心骨自輕淸

－「추일다화(秋日茶花)」

| 유희춘(柳希春 : 1513~1577) |

연정(蓮亭)에서 비록 육안차 마셔도
머리 돌려 선도(仙桃)를 보는 뜻 적지 않다네
蓮亭雖飮陸安茶　　　回首仙桃意味多

－「추석유감(秋夕有感)」

| 노수신(盧守愼 : 1515~1590) |

새벽까지 차 마셔도 몸은 강건하다네

趁晨茶罷身猶健

- 「차운선외조고(次韻先外祖考)」

| 송인(宋寅 : 1516~1584) |

깊은 밤 촛불 돋우고
목말라 찻사발 기울이네

夜闌呈燭跋　　　喉渴索茶甌

- 「객야주성(客夜酒醒)」

활화에 차 달이며 손으로 장단치네

活火烹茶手自敲

- 「화둔암북창(和鈍庵北窓)」

| 노진(盧禛 : 1518~1578) |

방장실에 차 끓이는 연기 흩어지려 하고
뜰 소나무에 비춘 달 밝아 잠 못 이루네

丈室煎茶煙欲歇　　　一庭松月耿無眠

- 「차정로경(次鄭魯卿)」

황금 같은 여린 싹 따서
부들잎으로 향기 둘러쌌다네
새 샘물을 센 불로 달이니
청명한 한낮에 차솥에서 바람소리 들리네
고기눈 떠올라 찻빛 가리고
솔바람소리 시원하게 들리네
삼비(三沸)의 탕수에 차 우려 마시니
그윽한 생각 한없이 넓어지네

試摘金芽嫩	旋包蒻葉香
新泉兼活火	淸晝費風鐺
魚眼浮光蹙	松聲入耳凉
一甌三沸後	幽思浩難量

- 「약다(瀹茶)」

구봉령(具鳳齡 : 1526~1586)

내 마음 내켜 다시 읊으면 자연과 함께 기분 좋아지네
하지만 『다경』 읽고 마음이 깨끗하고 엄정해지는 것만 못하다네
다시를 피부라 하면 『다경』은 혈맥이라네
육우는 진정 기이한 선비니 근간부터 세밀한 것까지 남겼다네
한 번 읽으면 신령과 통하고 두 번 읽으면 혼을 단련시키네
이어서 또 좋은 차 마시면 양쪽 겨드랑이에 바람 솔솔 인다네
의연히 내 신선 되어서 맑은 달나라에 날아오른다네

| 我欲詠茶詩 | 煙霞爽牙頰 |

不如讀茶經	氷雪生肺膈
茶詩狀皮膚	茶經搜血脈
鴻漸信奇士	相骨遺毛色
一讀通神靈	再讀鍊精魄
因復啜玉乳	習習風生腋
依然駕我仙	飛上淸都月

- 「독다경(讀茶經)」

 이상으로 조선 전기를 장식한 서거정, 김시습의 차 정신과 김종직과 그 문하들의 차 생활을 보면 차가 그들의 정신생활에서 점하는 위상과 크기를 헤아리고도 남는다. 만약 당시 사회가 상생하는 조화를 이루고 있었다면 그들의 이 아름다운 차의 정신은 온 나라에 두루 퍼져 순후한 다풍을 진작시켰을 것이다.

 그러나 고금을 막론하고 국론이 분열되고 파쟁을 일삼는 무리들이 사회를 횡행하며 그들의 힘을 휘두르는 한, 아무리 좋은 정신과 이념도 헛된 기념탑으로밖에 남을 수 없음을 다시 한 번 생각게 한다. 그들 정상배의 무리에겐 국가보다는 자파의 이익, 나아가서는 자신의 이익을 위해서는 아무것도 생각할 여지가 없다. 지금 우리나라의 형편을 둘러보아도 극명하게 보이고 우리 다계(茶界)를 보아도 뚜렷하게 보이지 않는가.

韓國茶文化史・上

초판 1쇄 인쇄 2007년 2월 13일
초판 4쇄 인쇄 2021년 10월 25일

지 은 이 류건집

펴 낸 이 김환기
펴 낸 곳 도서출판 이른아침
주   소 경기도 고양시 일산동구 정발산로 24 웨스턴타워 T4동 718호
전   화 031-908-7995
팩   스 070-4758-0887
등   록 2003년 9월 30일 제 313-2003-00324호
이 메 일 booksorie@naver.com

ISBN 978-89-90956-81-1 03900
      978-89-90956-79-8 (세트)

※ 이 책의 무단 복제 및 전재를 금합니다.
특히 한시 등의 번역문은 저자에게 그 저작권이 있으므로 무단으로 사용할 수 없습니다.